Wolfgang Kemmetmüller/Stefan Bogensberger

HANDBUCH DER KOSTENRECHNUNG

Wolfgang Kemmetmüller/Stefan Bogensberger

HANDBUCH DER KOSTENRECHNUNG

Das Grundlagenwerk zu Kostenrechnung
und Kostenmanagement

8., aktualisierte und erweiterte Auflage

Service Fachverlag
Wien 2004

Die Deutsche Bibliothek – CIP-Einheitsaufnahme

Ein Titeldatensatz für diese Publikation ist bei der Deutschen Bibliothek erhältlich.

ISBN 3-85428-463-2

Umschlaggestaltung: A+H Haller, Wien
Datenkonvertierung: Ecotext, Wien
Druck: Facultas AG, Wien
Printed in Austria 2004

Vorwort

Die Veröffentlichung des vorliegenden „Handbuches der Kostenrechnung“ hat zwei Gründe:

Einerseits den Wunsch der Praxis nach einer Publikation, die sowohl die theoretischen Grundlagen als auch unmittelbar anwendungsorientierte Hilfestellungen bezüglich der Kostenrechnung bietet. Andererseits den Wunsch der Studenten, eine Unterlage für Veranstaltungen zur Kostenrechnung zu bekommen, die neben fundierter theoretischer Aufbereitung des Stoffes auch Hinweise zur praktischen Verwertbarkeit bietet.

Die 2. Auflage wurde gänzlich überarbeitet und durch vier neue Kapitel (Prozentrechnung, Exportkalkulation, Glossar und Stichwortverzeichnis) ergänzt.

Die 3. Auflage mußte im Hinblick auf die große Steuerreform zur Gänze überarbeitet werden.

Die 4. Auflage wurde in Hinblick auf die Reform der Rechnungslegung aktualisiert und um die Kapitel Plan- und Prozeßkostenrechnung erweitert.

Die 5. Auflage enthält die Auswirkungen des EU-Beitritts auf die Kostenrechnung sowie die neuesten Ansätze in der modernen Kostenrechnung, sodaß nunmehr von einem Handbuch gesprochen werden kann.

Für die 6. Auflage wurde das Kapitel Strategisches Kostenmanagement wesentlich erweitert, wobei Frau Mag. (FH) Elisabeth Dubrovich besonderer Dank für ihre wertvolle Mitarbeit auszusprechen ist.

Die 7. Auflage wurde zur Gänze überarbeitet, aktualisiert und um das Kapitel Balanced Scorecard (BSC) erweitert.

Die 8. Auflage wurde überarbeitet und die Beträge auf Euro umgerechnet.

Aufbauend auf dieses Handbuch stellen die Werke „Übungsbeispiele zur Kostenrechnung für Einsteiger und Fortgeschrittene“ – von denselben Autoren, im selben Verlag – eine Übungsunterlage mit ausführlichen Beispielen und Lösungen in kommentierten Lösungsschritten dar. Der Leser wird durch diese beiden Bände sukzessive zu den komplexen Problemstellungen des Bandes „Fallstudien zur Kostenrechnung“ – vom selben Herausgeber, im selben Verlag – hingeführt.

Der heutigen Entwicklung folgend wurde 2003 eine CD-ROM herausgebracht, die sowohl Inhalte des Handbuches als auch des Übungsbuches 1 enthält.

Die Fortsetzung von Tabellen auf einer nachfolgenden Seite ist mit dem Symbol ➤ gekennzeichnet.

Wolfgang Kemmetmüller und Stefan Bogensberger — Wien, im März 2004

Hinweise zur Vorbereitung auf Prüfungen

Beachten Sie bitte, daß das Handbuch für Anfänger und Fortgeschrittene des Faches Kostenrechnung bestimmt ist. Das Handbuch enthält Inhalte für Einsteiger bis einschließlich des Abschnittes Kostenverrechnung zu Teilkosten. Ab dem Kapitel Plankostenrechnung sind die Inhalte für Fortgeschrittene bestimmt.

Für schriftliche und mündliche Prüfungen gibt es grundsätzlich folgende Arten:

1. Rechnungen,
2. graphische Darstellungen und
3. Texte.

Die Bücher Übungsbeispiele sind bereits für die Zielgruppen Einsteiger und Fortgeschrittene in zwei Bücher getrennt worden.

Zur Vorbereitung auf Prüfungen wird empfohlen, das Stichwortverzeichnis zu verwenden. Die Stichworte sind durch Sterne gekennzeichnet. Je mehr Sterne ein Stichwort hat, desto wichtiger ist es für Prüfungen. Aber auch Stichworte ohne Stern sind prüfungsrelevant. Allerdings werden Fragen oder Rechnungen oder graphische Darstellungen zu diesem Stichwort weniger häufig für Prüfungen eingesetzt. Aufgrund von Stichworten werden Sie auch zu den Übungsbeispielen geleitet. Jedes Stichwort ist einem Kapitel zugeordnet, z. B. der Kostenart Personal. Diese Kostenart finden Sie wieder im Übungsbuch und können dort entsprechende Beispiele samt kommentierte Lösungen finden. Dies gilt sowohl für Einsteiger als auch für Fortgeschrittene.

Inhaltsverzeichnis

A.
Einführung

1. Allgemeines

In Zeiten eines weltweiten Wettbewerbs gewinnt die Kostenrechnung für alle Unternehmen zunehmend an Bedeutung, da sie die für Entscheidungen notwendigen zahlenmäßigen aktuellen Grundlagen liefert. Von diesen seien beispielhaft einige herausgegriffen:

Bei Produkten oder Diensten sind die Selbstkosten eine Grundlage für die Preisfestsetzung durch das Unternehmen. Durch Gegenüberstellung der erzielten oder erzielbaren Marktpreise und der Selbstkosten läßt sich der Erfolg (kalkulatorischer Gewinn oder Verlust) jedes Kostenträgers (Produkt, Ware oder Dienstleistung) errechnen. Der Deckungsbeitrag gibt Anhaltspunkte für die Gestaltung des Sortiments (Ausscheiden von Verlustartikeln). Die variablen Kosten sind die kurzfristige Preisuntergrenze.

Diesen sehr wichtigen Informationen, die die Kostenrechnung bietet, stehen allerdings auch Kosten gegenüber, die die Durchführung der Kostenrechnung verursacht. Als solche sind insbesondere Personalkosten und auch EDV-Kosten zu nennen, die durch die geordnete Zeit- und Materialwirtschaft als Voraussetzung jeder Kostenrechnung entstehen.

Unter anderem aus diesen Gründen verfügen nicht alle Betriebe über eine Kostenrechnung. Es ist allerdings für jede Unternehmensführung unumgänglich notwendig, zumindest ein Minimalwissen aus Kostenrechnung zu haben. Grundsätzlich ist diese Kenntnis für alle Entscheidungen im Unternehmen erforderlich, z. B. Betriebsgründung, Einführung neuer oder Auflassen alter Produkte, Investitionsentscheidungen, Rationalisierungsentscheidungen. Ob ein Betrieb eine geschlossene Kostenrechnung verwendet, hängt vor allem von der Betriebsgröße, der Branche und der Betriebsstruktur ab. Auch die Art der verwendeten Kostenrechnung ist betriebsindividuell verschieden.

2. Das Unternehmen als Objekt der Kostenrechnung

Jedes Unternehmen ist eingebettet in Beschaffungs- und Absatzmärkte. Roh-, Hilfs- und Betriebsstoffe, Anlagen, Dienstleistungen, Kapital etc. werden von den diversen Beschaffungsmärkten bezogen. Im Unternehmen erfolgt sodann, je nach Branche, eine mehr oder weniger starke Verarbeitung dieser Güter zu absatzfähigen Waren oder Diensten. Diese werden in der Folge auf den Absatzmärkten verkauft. Den Weg der Güter von den Beschaffungsmärkten über das Unternehmen zu den Absatzmärkten bezeichnet man als *Güterstrom.*

In entgegengesetzter Richtung verläuft von den Absatzmärkten über das Unternehmen zu den Beschaffungsmärkten der *Zahlungsstrom.*

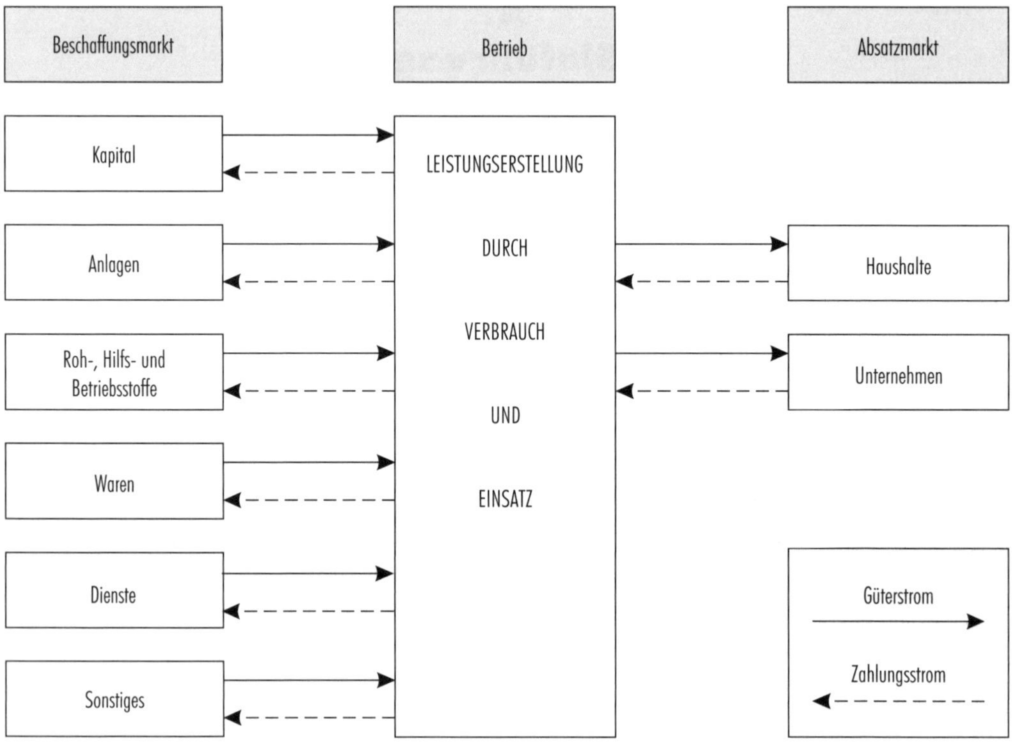

Die Kostenrechnung orientiert sich, wie noch gezeigt werden wird, am Güterstrom.

3. Die Kostenrechnung als Teil des Rechnungswesens

Wie nachstehende Graphik veranschaulicht, ist die Kosten- und Leistungsrechnung nur ein Teil des gesamten Rechnungswesens.

Die zahlenmäßige Erfassung der Güterströme sowie der Zahlungsströme erfolgt im betrieblichen Rechnungswesen. Darunter versteht man ein System, das Zahlen über die vergangenen, gegenwärtigen und zukünftigen wirtschaftlichen Vorgänge im Betrieb und in der Beziehung des Betriebes zu seiner Umwelt ermittelt, festhält und verwertet.

Die wohl bekannteste Einteilung des betrieblichen Rechnungswesens knüpft nicht an die Güter- und Zahlungsströme an, sondern unterscheidet vier Bereiche laut folgender Abbildung:

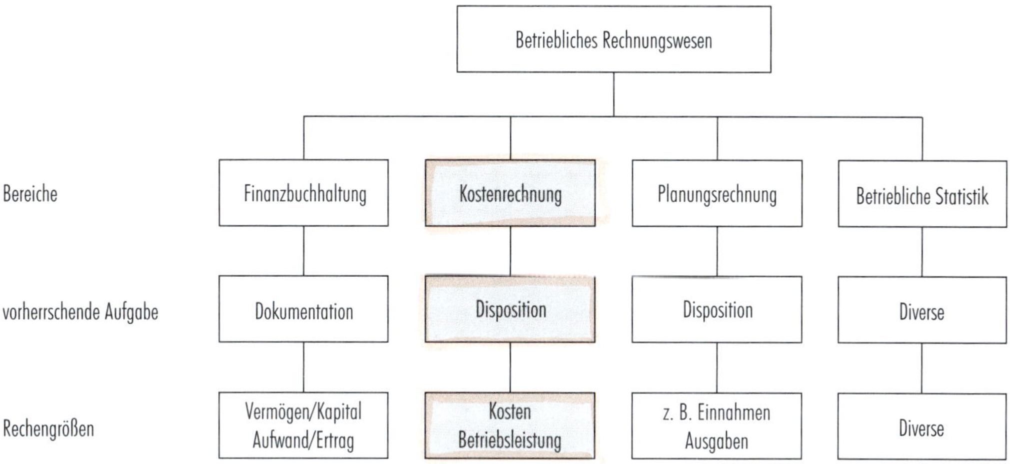

4. Aufgaben der Kostenrechnung

Die Kostenrechnung dient der Erfassung und Verrechnung der Kosten der im Unternehmen erbrachten Leistungen.

Diese Leistungen können Erzeugungs-, Dienst- und Handelsleistungen sein. Somit liefert die Kostenrechnung aktuelle Unterlagen für unternehmerische Entscheidungen.

Beispielsweise seien genannt

- Ermittlung der Selbstkosten als eine Grundlage der Preisfestsetzung für den Absatzmarkt;
- Errechnung der Wirtschaftlichkeit einzelner Betriebszweige, einzelner Produktgruppen oder einzelner Produkte als Grundlage für die Produktions- und Absatzplanung;
- Ermittlung von Preisuntergrenzen im Verkauf, bis zu denen Aufträge angenommen werden können (Preispolitik des Unternehmens);
- Ermittlung von Preisobergrenzen im Einkauf;
- Entscheidung über Selbsterstellung oder Fremdbezug (z. B. Ist eine eigene Reparaturwerkstätte günstiger oder soll ein anderes Unternehmen mit der Durchführung der Reparaturen beauftragt werden?);
- Ermittlung von Zuschlagsätzen für die bilanzielle Bewertung von Halb- und Fertigerzeugnissen und selbsterstellten Anlagen;
- Ermittlung der Grundlagen für Preisanträge bei preisgeregelten Produkten in manchen Ländern.

In Anlehnung an Federmann lassen sich die Aufgaben der Kostenrechnung wie folgt darstellen:

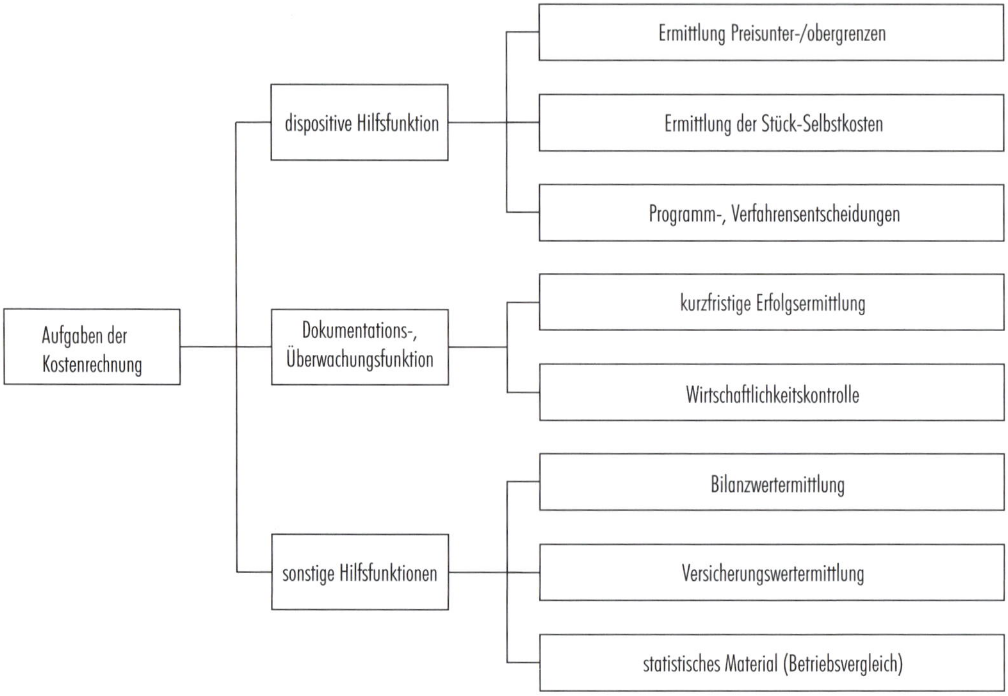

Zentrales Prinzip der Kostenrechnung zur Erfüllung ihrer Zwecksetzungen ist das **Verursachungsprinzip**. Darunter versteht man, daß diversen Bezugsgrößen (Kostenträgern, Kostenstellen) nur jene Kosten zugerechnet werden, die durch die jeweilige Bezugsgröße betreffende Maßnahmen verändert werden können.

Neben dem **Kostenverursachungsprinzip** gelangt unter bestimmten Voraussetzungen auch das **Kostentragfähigkeitsprinzip** zur Anwendung (siehe dazu Abschnitt Kuppelproduktkalkulation).

5. Richtlinien für die Kostenrechnung

Allgemein kann gesagt werden, daß die Kostenrechnung keinen rechtlichen Vorschriften unterliegt. Ausnahmen bestehen allerdings für die gemeinnützige Wohnungswirtschaft.

Empfehlungscharakter haben die „Richtlinien für die Kostenrechnung in der österr. Wirtschaft" vom Österreichischen Kuratorium für Wirtschaftlichkeit aus dem Jahre 1949. Diese Kostenrechnungsrichtlinien beziehen sich ausschließlich auf die Kostenrechnung und die-

1 Vgl. Federmann, R., Allgemeine Betriebswirtschaftslehre, Grundlagen in visueller Form, Wiesbaden 1976, S. 437.

nen in keiner Weise der Preisregelung. Inhaltlich enthalten sie einen auf Tagespreisen beruhenden wertmäßigen Kostenbegriff. (Unter Tagespreis versteht man den Marktwert eines Wirtschaftsgutes am Bewertungsstichtag.) Sie haben ihre historischen Wurzeln in der Kriegswirtschaft (Richtlinien für die Preisbildung bei öffentlichen Aufträgen [RPÖ] und Leitsätze für die Preisbildung auf Grund der Selbstkosten für öffentliche Auftraggeber [LSÖ]).[1]

6. Organisation der Kostenrechnung

Die Kostenrechnung ist in Österreich im allgemeinen von der Finanzbuchhaltung getrennt *(Zweikreissystem)*. Ausnahmen sind wieder gegeben z. B. in der gemeinnützigen Wohnungswirtschaft, die – ähnlich dem deutschen Kontenrahmen – ein *Ein-Kreis-System* hat.

Die Österreichische Kostenrechnungsrichtlinien sehen eine Überleitung der Aufwendungen in Kosten mit Hilfe des Betriebsüberleitungsbogens vor (siehe dazu eigenes Kapitel).

7. Systeme der Kostenrechnung

Siehe umseitige Abbildung.

- *Istkosten* sind die Kosten des tatsächlichen Verbrauchs und sonstigen Einsatzes, bewertet zu Istpreisen.
- *Normalkosten* sind der Durchschnitt der Istkosten mehrerer Abrechnungsperioden.
- *Plankosten* sind die Kosten bei geplantem Beschäftigungsgrad und wirtschaftlichster Leistungserstellung, bewertet zu Planpreisen.

Alle drei Grundsysteme können als Voll- und/oder Teilkostenrechnung ausgebildet sein (zur Unterscheidung siehe Kapitel D und E), sodaß sich insgesamt sechs verschiedene grundsätzliche Systeme ergeben.

Dieses Buch behandelt in den Anfangskapiteln die Istkostenrechnung. Im Kapitel F finden Sie einen Überblick über die Plankostenrechnung und im Kapitel G eine Zusammenfassung der Entwicklungstendenzen der Kostenrechnung.

Istkostenrechnungen dienen zwei wesentlichen Aufgaben:
1. Preispolitik,
2. Wertansatz für die Bilanzierung von Halb- und Fertigerzeugnissen und selbsterstellten Anlagen.

Für die Zwecke der Planung und Kontrolle eignen sich ausschließlich Plan- und Normalkostenrechnungssysteme, die in der Praxis nur bei Großbetrieben Verwendung finden.

1 Vgl. Illetschko, L. L., Praktische Kostenrechnung, Wien 1954, S. 36.

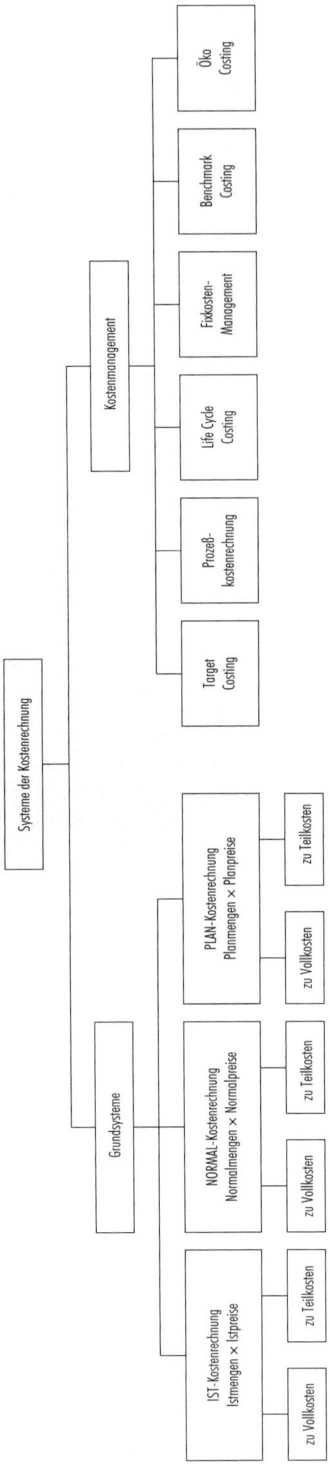
Systeme der Kostenrechnung
Grundsysteme
Kostenmanagement
IST-Kostenrechnung
Istmengen × Istpreise
zu Vollkosten
zu Teilkosten
NORMAL-Kostenrechnung
Normalmengen × Normalpreise
zu Vollkosten
zu Teilkosten
PLAN-Kostenrechnung
Planmengen × Planpreise
zu Vollkosten
zu Teilkosten
Target Costing
Prozeß-kostenrechnung
Life Cycle Costing
Fixkosten-Management
Benchmark Costing
Öko Costing

8. Ablaufschema der Kostenrechnung

Ablaufschema der Kostenrechnung

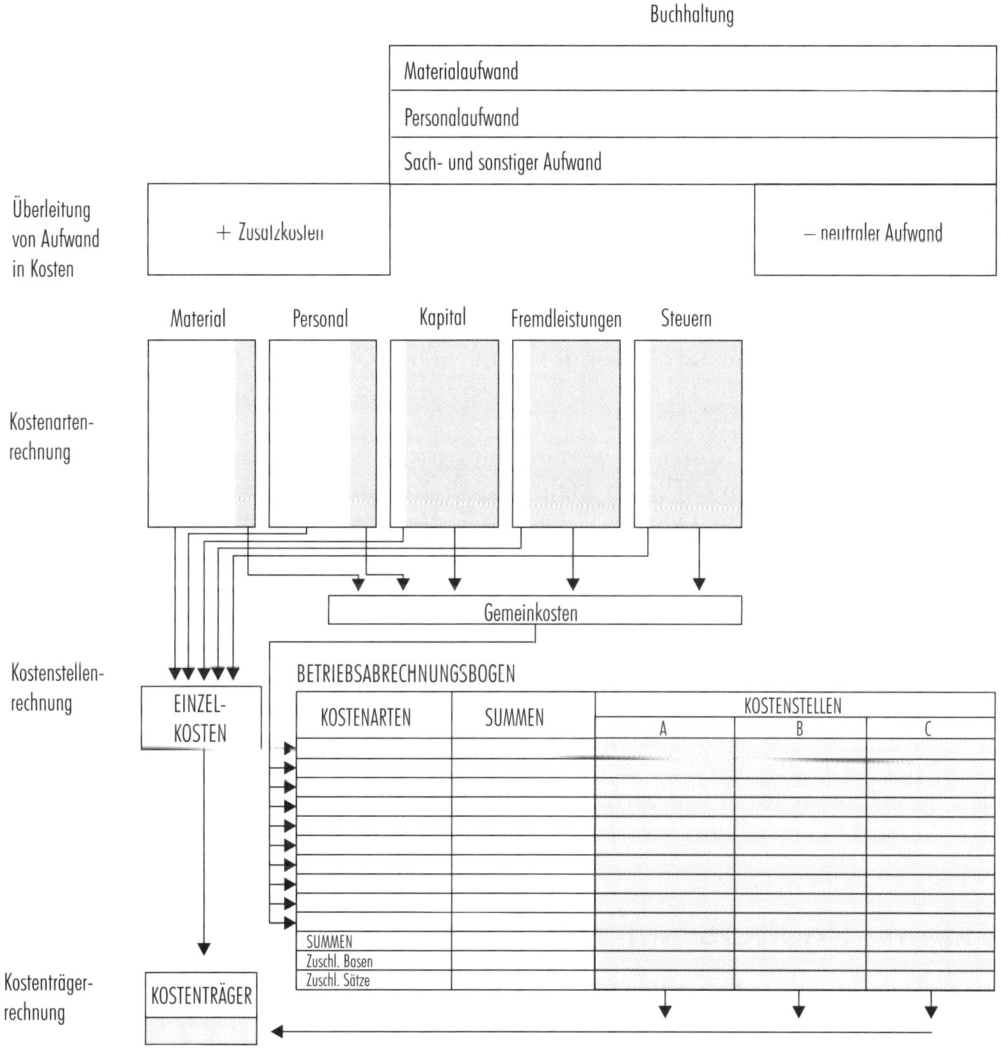

Kosten des Kostenträgers als die Grundlage für z. B.
- Preis- und Sortimentspolitik
- Investitionsentscheidungen
- Bewertung für bestimmte Bilanzpositionen

9. Kostenbegriff

Kosten sind betriebsbedingter, periodenbezogener, bewerteter Verbrauch bzw. Einsatz von Gütern und Leistungen. Daraus folgen zwei Hauptmerkmale
1. Der Verbrauch
2. Die Bewertung

ad 1. Kosten entstehen nur dann, wenn in einem Unternehmen Güter oder Leistungen verbraucht werden (Benzinkosten entstehen daher nicht beim Tanken, sondern erst während der Fahrt.). Der Verbrauch wird auch als das Mengengerüst der Kosten bezeichnet, während sich aus der Bewertung das Preisgerüst der Kosten ergibt.

ad 2. Zum Zwecke der Rechenbarkeit wird der Verbrauch bewertet, d. h. die einzelnen Verbrauchsgrößen in kg, Stk. etc. werden mit dem Preis multipliziert und ergeben damit erst die Kosten.
Was nun die Bewertung anlangt, ergeben sich drei Möglichkeiten
1. Wertmäßige Kosten (Bewertung mit Wiederbeschaffungspreisen)
   Der wertmäßige Kostenbegriff beruht auf der Zielsetzung einer langfristigen realen Erhaltung des Eigenkapitals. Es werden daher mehr Faktoren als Kosten angesehen als bei den
2. Pagatorischen Kosten (Bewertung mit Anschaffungspreisen)
   Diese umfassen nur jenen Verbrauch als Kosten, der irgendwann zu Zahlungen führte oder führen wird.
3. Ausgabenwirksame Kosten (Bewertung mit Anschaffungspreisen, die kurzfristig zu Ausgaben führen)
   Diese umfassen nur einen Teil der tatsächlichen Kosten. Unternehmungen, die diese Kosten in ihren Kostenrechnungen und Kalkulationen anwenden, befinden sich im allgemeinen in wirtschaftlichen Schwierigkeiten.

Der pagatorische Kostenbegriff lag vielfach der amtlichen Preisregelung zugrunde. Er beruht auf der Zielsetzung einer langfristigen *nominellen* Eigenkapitalerhaltung, was natürlich in Inflationszeiten mit hoher Wahrscheinlichkeit zu einer zunehmenden Verschuldung der Unternehmungen führt.

Exkurs: Kapitalerhaltung

Wenn Sie heute einem Bekannten € 1.000,– borgen und das Geld in drei Jahren zurückbekommen, sind Sie betragsmäßig nicht ärmer geworden (= nominelle Kapitalerhaltung). Tatsächlich haben Sie aber durch die Inflation eine Vermögenseinbuße erlitten (Kaufkraftminderung).

Wenn Sie die Rückzahlungsmodalitäten so vereinbaren, daß Ihnen der rückzuzahlende Betrag die gleiche Kaufkraft sichert, könnte man das reale Kapitalerhaltung nennen.

Übertragen wir die Gedanken auf Betriebe:

Ein Betrieb verkauft ein Produkt und will durch den Verkauf nicht „ärmer“ werden. Wie hoch muß seine Preisforderung sein? Die Antwort ist nicht eindeutig, wir müssen erst festlegen, was „ärmer" bedeutet: Begnügen wir uns damit, daß all jene Beträge, die wir für Herstellung aufwenden mußten, im Verkaufserlös zurückfließen oder fordern wir, daß wir soviel vergütet bekommen, daß wir aus den Erlösen ein neues Gut der gleichen Art produzieren können?

Im ersten Fall sprechen wir von nomineller Kapitalerhaltung, im zweiten von realer. Nur in einem Fall entsprechen nominelle und reale Kapitalerhaltung einander: bei gleichbleibenden Preisen. Schwanken aber die Einstandspreise, so folgen aus nominellen und realen Kapitalerhaltungsintentionen unterschiedliche Preisforderungen.

Bei steigenden Preisen liegen die Preisforderungen bei realer Kapitalerhaltung über jenen bei nomineller Kapitalerhaltung; bei sinkenden Preisen müßte das Verhältnis konsequenterweise umgekehrt sein.

Was bewirken nun die Kapitalerhaltungsintentionen in der Kostenrechnung? Reale Kapitalerhaltung (d. h. vereinfacht langfristige Existenzsicherung der Unternehmung) bedarf des wertmäßigen Kostenbegriffes (Tagespreise, Wiederbeschaffungspreise), nomineller Kapitalerhaltung genügt der pagatorische Kostenbegriff (historische Anschaffungspreise).

10. Dem Kostenbegriff verwandte Begriffe

a) Ausgaben (korrespondierender Begriff: Einnahmen):

Ausgaben sind Zahlungen jeglicher Art, die einen Geldabfluß aus dem Unternehmen darstellen. Ausgaben sind zeitpunktbezogen, z. B.

- Bezahlung der Miete,
- Überweisung der Stromrechnung,
- Barzahlung der Reparaturrechnung für eine Maschine,
- Rückzahlung des Darlehens.

b) Aufwand (korrespondierender Begriff: Ertrag):

Aufwand sind alle während einer Abrechnungsperiode im Unternehmen verbrauchten und in Anspruch genommenen Mittel. Der Aufwand ist also periodenbezogen (d. h. zeitraumbezogen) z. B. vom 1. 1. bis 31. 12. eines Jahres.

Der Aufwand ist ein Begriff der Buchhaltung. Die Zahlen der Finanzbuchhaltung werden vielfach nach rein steuerlichen Gesichtspunkten ermittelt. Die dort verbuchten Aufwendungen unterscheiden sich oft erheblich von den Kosten. So kommt z. B. durch die Inanspruchnahme eines Investitionsfreibetrages ein Aufwand zustande, der wesentlich höher ist als die gebrauchs- und zeitbedingte Wertminderung eines Anlagegutes.

Es bedarf also einer genau überlegten Umwertung, um von den Aufwendungen des Gewinn- und Verlustkontos zu den Kosten zu gelangen.

c) **Ausgaben – Aufwendungen – Kosten (Einnahmen – Erträge – Leistungen):**

Das Verhältnis von Ausgaben zu Aufwendungen zu Kosten und das der korrespondierenden Begriffe Einnahmen, Erträge und Leistungen läßt sich wie folgt darstellen:

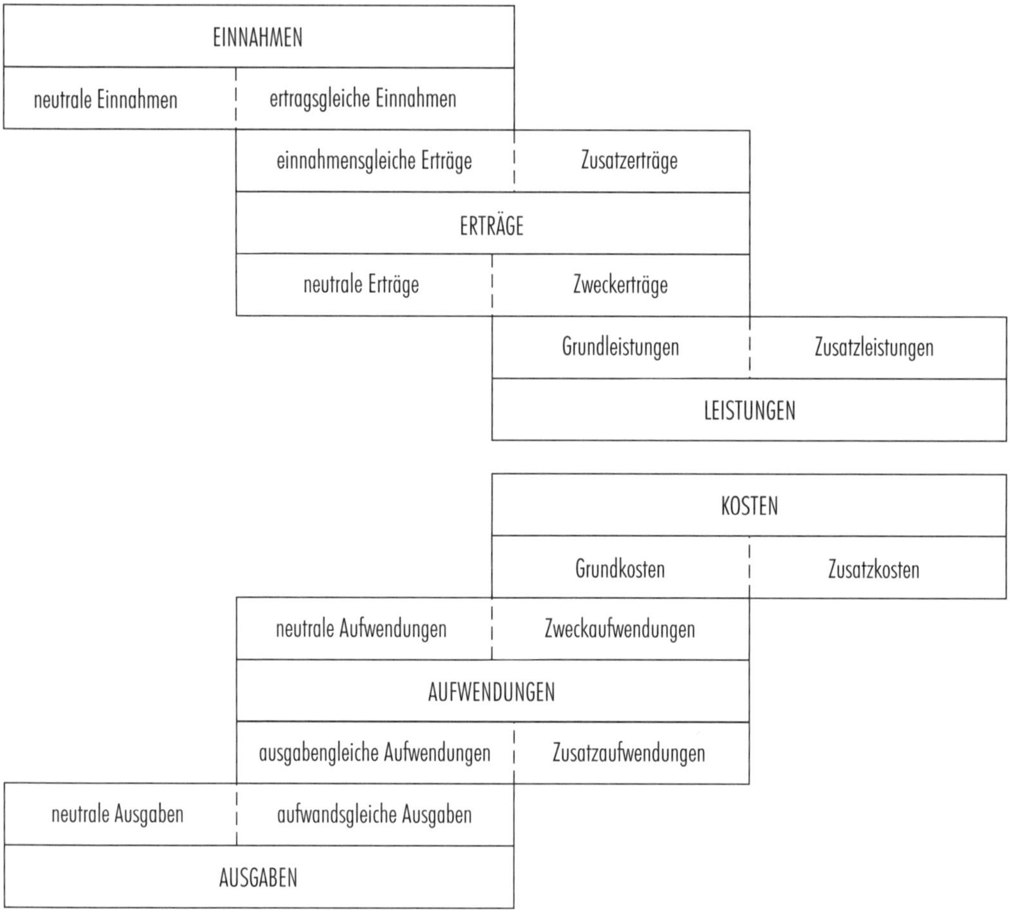

11. Gliederung der Kosten

Es gibt zahlreiche und sehr unterschiedliche Möglichkeiten, die Kosten einzuteilen; z. B. nach

- dem Zeitraum (Jahr, Monat),
- ihrer Entstehung (für Material, Personal, o. a.),
- ihrer Zurechenbarkeit zu einzelnen Produkten und Dienstleistungen (direkt oder indirekt zurechenbar),
- ihrem Verhalten bei wechselnder Beschäftigung (fix oder variabel).

Welche Gruppierung gewählt wird, hängt von Art und Zweck der jeweiligen Rechnung ab.

Entsprechend ihrer Entstehung kann man die Kosten gliedern in
- Materialkosten,
- Personalkosten oder Arbeitskosten,
- Kapitalkosten,
- Fremdleistungskosten (z. B. Energiekosten),
- Steuerkosten.

Entsprechend den Bereichen, in denen Kosten entstehen, gliedert man sie in
- Lagerkosten,
- Fertigungskosten,
- Verwaltungskosten,
- Vertriebskosten.

Je nachdem, ob Kosten einer betrieblichen Leistung direkt zurechenbar sind oder nicht, unterscheidet man:
- direkte Kosten, die einer Bezugsgröße (z. B. Kostenträger) direkt zurechenbar sind *und* auch direkt zugerechnet werden = *Einzelkosten*
- indirekte Kosten, die einer Bezugsgröße (z. B. Kostenträger) nicht direkt zugerechnet werden, entweder weil sie nicht direkt zugerechnet werden können (echte Gemeinkosten), oder weil die direkte Zurechnung unwirtschaftlich wäre (unechte Gemeinkosten) = *Gemeinkosten.*

Direkte Kosten (Einzelkosten):

Einzelkosten werden dem einzelnen Kostenträger (der betrieblichen Leistung) direkt zugerechnet.

Die wichtigsten Einzelkosten sind:
- Fertigungslöhne (= Löhne, die für eine bestimmte Leistung, z. B. für die Herstellung eines bestimmten Produktes, verrechnet werden),
- Fertigungsmaterial (= Material, das in ein bestimmtes Produkt eingeht) oder Handelswaren,
- Sonderkosten der Fertigung (z. B. Patentkosten, Lizenzkosten, Kosten für Spezialwerkzeuge, Konstruktionskosten),
- Sonderkosten des Vertriebs (z. B. Kosten für Luftfracht, Sonderverpackung, Zoll).

Die Kalkulation wird umso genauer, je besser die Organisation des Rechnungswesens entwickelt ist, d. h. je mehr Kosten als Einzelkosten erfaßt werden können.

Indirekte Kosten (Gemeinkosten):

Gemeinkosten werden einem bestimmten Kostenträger (einer betrieblichen Leistung) nicht direkt zugerechnet. Sie betreffen ganz allgemein die gesamte Leistungserstellung des Betriebes oder einzelne Bereiche; z. B. Mieten, Versicherungen, Zinsen, Abschreibungen, Beheizungskosten, Gehälter des Verwaltungspegrsonals, aber auch Hilfsstoffe.

Die Gemeinkosten müssen den Kostenträgern indirekt, d. h. in Form von Zuschlagsätzen oder Verrechnungssätzen, zugerechnet werden.

Eine detaillierte Gliederung[1] der Kosten nach verschiedenen Kriterien finden Sie auf der nächsten Seite.

12. Kostenstellen

Kostenstellen sind Betriebsbereiche, denen die Kosten entsprechend ihrer Verursachung zugerechnet werden.

Sie sind häufig örtliche Bereiche im Betrieb, die nach kostenrechnerischen Gesichtspunkten abgegrenzt und selbständig abgerechnet werden können; z. B. Dreherei, Gießerei, Maschinenarbeitsraum, Handarbeitsraum, Baustelle.

Daneben gibt es aber auch durch die Aufbauorganisation geschaffene – unter Umständen örtlich nicht abgegrenzte – Kostenstellen, z. B. Vertrieb, Verwaltung.

13. Kostenträger

Die Kostenträger sind die Erzeugnisse, Dienstleistungen oder Handelswaren, denen die Kosten zugerechnet werden, d. h. also die **Marktleistungen** des Betriebes.

Die Erzeugnisse, Dienstleistungen und Handelswaren werden deshalb Kostenträger genannt, weil sie sämtliche Kosten tragen; z. B. Anzug, Fernseher, Kasten, Haarschnitt, Reparatur eines Autos, Kreditgewährung, Kontoführung.

Innerbetriebliche Leistungen (z.B. die Leistung einer Werksküche) sind solche, die der Erstellung von Marktleistungen mittelbar dienen. Auch ihre Kosten müssen von den Marktleistungen getragen werden. Auch innerbetriebliche Leistungen können Kostenträger sein, wenn deren Kosten ermittelt werden müssen, um beispielsweise ihre Wirtschaftlichkeit festzustellen.

1 Federmann, R., a. a. O., S. 445.

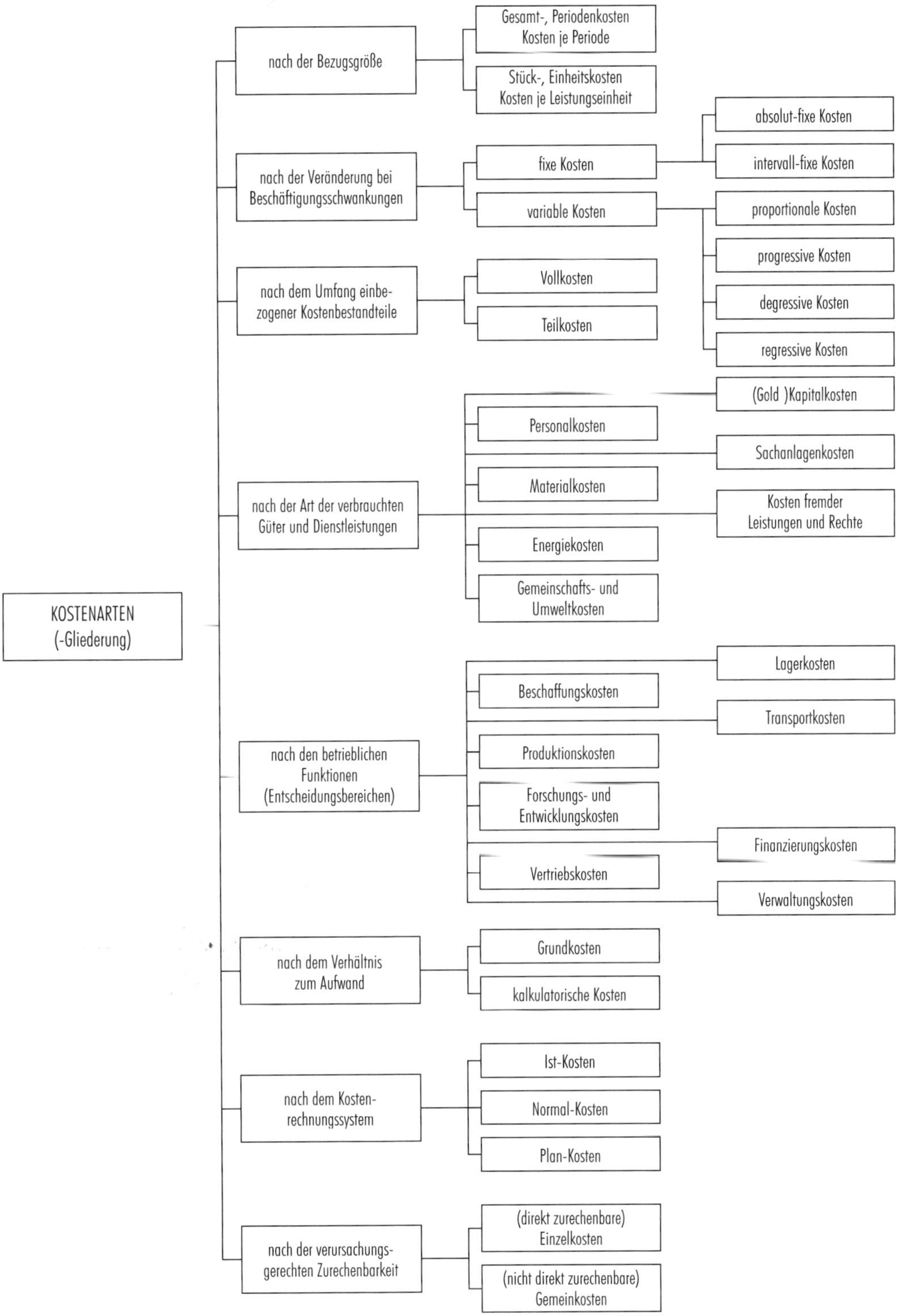
KOSTENARTEN (-Gliederung)
nach der Bezugsgröße
Gesamt-, Periodenkosten Kosten je Periode
Stück-, Einheitskosten Kosten je Leistungseinheit
nach der Veränderung bei Beschäftigungsschwankungen
fixe Kosten
absolut-fixe Kosten
intervall-fixe Kosten
variable Kosten
proportionale Kosten
progressive Kosten
degressive Kosten
regressive Kosten
nach dem Umfang einbezogener Kostenbestandteile
Vollkosten
Teilkosten
nach der Art der verbrauchten Güter und Dienstleistungen
(Gold)Kapitalkosten
Personalkosten
Sachanlagenkosten
Materialkosten
Kosten fremder Leistungen und Rechte
Energiekosten
Gemeinschafts- und Umweltkosten
nach den betrieblichen Funktionen (Entscheidungsbereichen)
Lagerkosten
Beschaffungskosten
Transportkosten
Produktionskosten
Forschungs- und Entwicklungskosten
Finanzierungskosten
Vertriebskosten
Verwaltungskosten
nach dem Verhältnis zum Aufwand
Grundkosten
kalkulatorische Kosten
nach dem Kostenrechnungssystem
Ist-Kosten
Normal-Kosten
Plan-Kosten
nach der verursachungsgerechten Zurechenbarkeit
(direkt zurechenbare) Einzelkosten
(nicht direkt zurechenbare) Gemeinkosten

14. Prozentrechnung

Provisionen, Dividenden, Rabatte, Skonti, andere Kosten und Erträge werden meistens in Prozent- oder Promillesätzen ausgedrückt. So bedeutet z. B. 5% Tara (Verpackungsgewicht oder Emballage) vom Brutto- oder Rohgewicht einer Sendung von 5 Tonnen, daß auf die Verpackung 250 kg entfallen.

Bei jeder Prozentrechnung werden drei Rechengrößen verwendet:

- Grundwert, von dem der Prozentwert zu errechnen ist *(g)*
- Prozentwert *(z)*
- Prozentsatz *(p)*

Es gibt drei Arten der Prozentrechnung:

1. Prozentrechnung vom Hundert (% v. H.): Der angegebene Betrag entspricht dem Grundwert (= 100).
2. Prozentrechnung auf Hundert (% a. H.): Der angegebene Betrag entspricht dem um den Prozentsatz vermehrten Grundwert (= 100 + *p*).
3. Prozentrechnung im Hundert (% i. H.): Der angegebene Betrag entspricht dem um den Prozentsatz verminderten Grundwert (= 100 – *p*).

1. Prozentrechnung vom Hundert (% v. H.):

Formel $$z = \frac{g \times p}{100}$$

a) Errechnung des Prozentwertes *(z)*:

☞ **Beispiel** Der Nettoverkaufspreis einer Ware beträgt € 120,–.
Die Mehrwertsteuer beträgt 20%.
Wie hoch ist die Mehrwertsteuer in €?

☛ *Lösung* $$z = \frac{g \times p}{100}$$

$$z = \frac{€\ 120,– \times 20}{100} = €\ 24,–$$

b) Errechnung des Grundwertes *(g)*:

☞ **Beispiel** In einem Unternehmen ergibt sich ein Verlust von € 2 Mrd. oder 2% des Umsatzes.
Wie hoch ist der Umsatz?

☛ *Lösung*

$$g = \frac{z \times 100}{p}$$

$$g = \frac{€\ 2.000{,}000.000,– \times 100}{2} = €\ 100.000{,}000.000,–$$

c) **Errechnung des Prozentsatzes *(p)*:**

☞ **Beispiel** Wie hoch ist der Prämiensatz in Prozent für die Feuerversicherung, wenn die Prämie € 1.000,– bei einer Versicherungssumme von € 1 Mio. beträgt?

☛ *Lösung*

$$p = \frac{z \times 100}{g}$$

$$p = \frac{€\ 1{,}000,– \times 100}{€\ 1{,}000.000,–} = 0{,}1\% = 1\ ‰$$

2. Prozentrechnung auf Hundert (% a. H.):

Formel $z = \frac{g \times p}{100 + p}$

a) **Errechnung des Prozentwertes *(z)*:**

☞ **Beispiel** Eine Ware wird einschließlich 4% Gewinn um € 520,– verkauft. Wie hoch sind die Selbstkosten und der Gewinn?

☛ *Lösung*

$$z = \frac{g \times p}{100 + p}$$

$$z = \frac{€\ 520,– \times 4}{100 + 4} = €\ 20,–\ \text{(Gewinn)}$$

	€
Verkaufspreis	520,—
– Gewinn	20,—
= Selbstkosten	500,—

b) **Errechnung des Grundwertes *(g)*:**

☞ **Beispiel** Ein Beamter erhält eine Gehaltserhöhung um 5% und bezieht nun € 1.750,– brutto.
Wie hoch war sein früherer Bezug?

☛ *Lösung* $z = \frac{g \times p}{100 + p}$

$z = \frac{€\ 1.750,– \times 5}{100 + 5} = €\ 83,33$

	€
Gehalt nach Erhöhung	1.750,–
– Gehaltserhöhung	83,33
= Ursprüngliches Gehalt	1.666,66

c) **Errechnung des Prozentsatzes *(p)*:**

☞ **Beispiel** Eine Ware wurde mit € 175,20 Gewinn um € 8.935,20 netto verkauft. Wie hoch war der Gewinn in Prozent der Selbstkosten?

☛ *Lösung* $z = \frac{g \times p}{100 + p}$

$€\ 175,20 = \frac{€\ 8.935,20 \times p}{100 + p}$

$p = 2\%$

	€
Nettopreis	8.935,20
– Gewinn	175,20
= Selbstkosten	8.760,–

3. Prozentrechnung im Hundert (% i. H.):

Formel $z = \frac{g \times p}{100 - p}$

☞ **Beispiel** Nach der Abschreibung einer neuen Maschine um 12,5% beträgt deren Buchwert € 140.000,–.
Wie hoch war die Abschreibung?

☛ *Lösung*

$$z = \frac{g \times p}{100 - p}$$

$$z = \frac{€\ 140.000,– \times 12,5}{100 - 12,5} = €\ 20.000,–$$

Umrechnungstafel

	Prozentwert					
Prozentsatz	vom 100		auf 100		im 100	
	dividiert durch	oder mal	dividiert durch	oder mal	dividiert durch	oder mal
2%	50	0,02	51	0,0196078	49	0,0204082
3%	33,33	0,03	34,33	0,0291262	32,33	0,0309278
4%	25	0,04	26	0,0384615	24	0,0416667
5%	20	0,05	21	0,047619	19	0,0526316
10% ①	10	0,10	11	0,090909	9	0,11
20% ①	5	0,20	6	0,166666	4	0,25
25%	4	0,25	5	0,2	3	0,33
32%	3,125	0,32	4,125	0,242424	2,125	0,4705882

① derzeit in Österreich gültige Umsatzsteuersätze

Mit Hilfe der Werte der Umrechnungstafel lassen sich sehr einfach die Prozentwerte feststellen.

Kostet ein Auto inklusive 20% Umsatzsteuer € 24.000,–, dann läßt sich die Umsatzsteuer wie folgt errechnen:

$$€\ 24.000,– \times 0,166 \text{ oder } \frac{€\ 24.000,–}{6} = €\ 4.000,–$$

B. Überleitung des Aufwandes in Kosten

Ausgangspunkt der Kostenrechnung ist bei einem Zweikreissystem die Buchhaltung, im besonderen die Gewinn- und Verlustrechnung.

Da in der Buchhaltung aber nur der Aufwand festgehalten ist, müssen jene Werteinsätze, die in der Buchhaltung nicht aufscheinen, ergänzt und muß jener Aufwand, der nicht „Werteinsatz zur Leistungserstellung" ist, ausgeschieden werden.

Zusammenhang zwischen Finanzbuchhaltung und Kostenrechnung:

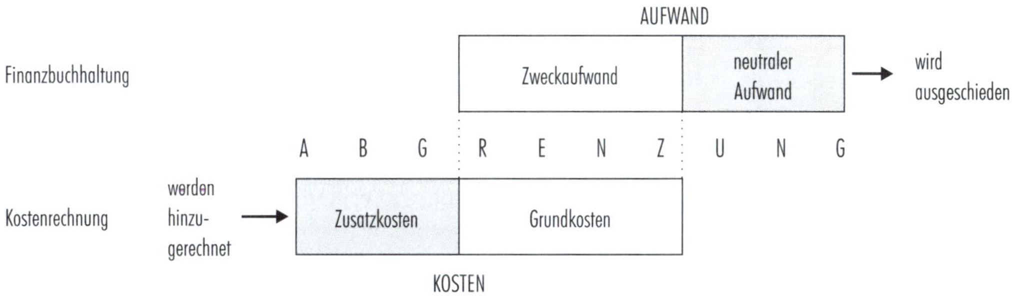

„In welchem Umfang" die Überleitung des Aufwandes in Kosten durchgeführt wird, „ist eine Zweckmäßigkeitsfrage, ist also vom Erkenntnisziel der durchzuführenden ‚Kosten'-Rechnung abhängig.

Was als weiterführendes Ergebnis der vorgetragenen Überlegungen und Einsichten vorgestellt werden kann, ist nachstehende *Matrix* der verschiedenen Typen von ‚kalkulatorischen Kosten' und der verschiedenen Kostenrechnungszwecke.

Jeder Kostenrechner kann anhand dieser Matrix eigene Überlegungen anstellen, welchen Typ von kalkulatorischen Kosten er bei welchem Kostenrechnungszweck ansetzen oder nicht ansetzen sollte.

Jede Art von ‚kalkulatorischen Kosten' zu eliminieren, würde auch die Kostenrechnung als solche beseitigen, denn gerade das ‚Kalkulatorische' macht aus einer beliebigen Rechnung eine ‚*Kosten*'-Rechnung!" (siehe Matrix auf der folgenden Seite)[1].

1 Seicht, G., Brauchen Unternehmen noch „kalkulatorische Kosten"? In: RWZ 1999/9, S. 264 f.

Zweck / Typ	Vergangenheits-gerichtete Gebarungsrechnung	Gegenwartsbezogene Preisgenehmigungs-rechnung	Zukunftsgerichtete Entscheidungs-rechnung	Nebenzwecke	
				Bilanzbewertung	Sonst. Nebenzwecke
Typ 1: Aufwandsnormalisierungen					
Typ 2: Aufwandsumwertungen					
Typ 3: Aufwandsergänzungen					
Typ 4: Durchschnitt bei sekundären Kosten					
Typ 5: Durchschnitt bei Preisen					
Typ 6: Kostennormalisierungen					
Typ 7: Lenkpreise					

Durch die Anpassung des Rechnungswesens an angloamerikanische Normen werden, bedingt auch durch die geringe Inflation, oft die Aufwendungen ohne wesentliche Überleitungen als Kosten übernommen.

In der Folge werden die in der Literatur meist ausgeführten neutralen Aufwendungen und Zusatzkosten behandelt.

1. Neutraler Aufwand

Der neutrale Aufwand ist für die Kostenrechnung auszuscheiden. Er setzt sich zusammen aus:

a) Betriebsfremder Aufwand:

Er steht in keinem Zusammenhang mit der eigentlichen Betriebsaufgabe, ist also für die Leistungserstellung nicht notwendig.

Beispiele:
- Reparaturen für betrieblich nicht genutzte Gebäude,
- Aufwendungen für vermietete, verpachtete oder stillgelegte Anlagen.

b) Außerordentlicher Aufwand:

Dieser ist zwar betriebsbedingt, aber außergewöhnlich; z. B. ein Schadensfall, der nicht durch eine Versicherung gedeckt ist.

c) Periodenfremder Aufwand:

Dieser ist zwar auch betriebsbedingt, betrifft aber eine andere Abrechnungsperiode, z. B. Mieten, die bereits für die kommende Rechnungsperiode geleistet wurden (= Vorauszahlungen).

d) Sonstiger neutraler (umzuwertender) Aufwand:

Alle sonstigen Positionen, die in der Kostenrechnung anders behandelt werden (z. B. Abschreibungen, Zinsen).

2. Zusatzkosten

Diese sind für die Kostenrechnung zusätzlich zu berücksichtigen, weil sie Werteinsatz zur Leistungserstellung sind, aber im Aufwand der Buchhaltung nicht aufscheinen. Sie betreffen vor allem

- die Leistungen des Unternehmers und seiner Familienmitglieder (kalkulatorisches Entgelt) oder
- das dem Betrieb zur Verfügung gestellte Eigenkapital (kalkulatorische Zinsen), wofür in der Regel keine buchhalterischen Aufwendungen entstehen.

Folgende Zusatzkostenarten lassen sich unterscheiden:[1]

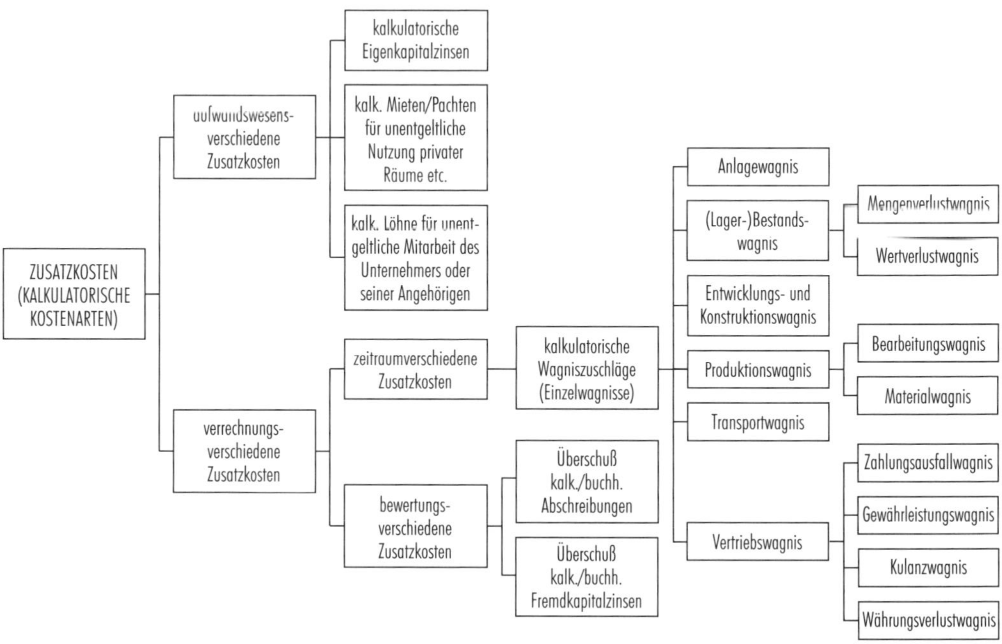

1 Federmann, R., a. a. O., S. 447.

3. Schema des Betriebsüberleitungsbogens (BÜB)

Neutraler Aufwand	Zweckaufwand =	
	= Grundkosten	Zusatzkosten i. w. S.

a) betriebsfremder Aufwand
- für nicht betrieblich genutzte Vermögensanteile
- Unterstützung von Betriebsfremden usw.

b) außerordentlicher Aufwand
Schadensfälle bei Anlagen und Beständen, Forderungen aus Gewährleistungen, Kursverluste etc.

c) periodenfremder Aufwand
Vorauszahlungen, Sonderabschreibungen usw.

d) sonstiger neutraler Aufwand
Abschreibungen, Zinsen usw.

Aufwendungen für betriebsbedingte Leistungen, die den Abrechnungszeitraum betreffen und ordentlicher Natur sind

a) aufwandswesenverschiedene Kosten (Zusatzkosten i. e. S.)
- kalkulatorische Eigenkapitalzinsen
- kalkulatorische Mieten/Pachten
- kalkulatorisches Entgelt

b) verrechnungsverschiedene Kosten (Anderskosten)
- zeitraumverschiedene Anderskosten (Wagnisse)
- bewertungsverschiedene Anderskosten (z. B. Materialkosten, Abschreibungen und Fremdkapitalzinsen)

4. Beispiele zur Überleitung des Aufwandes in Kosten

☞ Beispiel 1

Detaillierte Ausführungen zu den einzelnen Kostenarten finden sich in den nachfolgenden Kapiteln.

Anhand von Geschäftsfällen, die sich aus Buchführungsdaten ergeben, ist festzustellen, ob es sich jeweils um neutralen Aufwand, Zweckaufwand (= Grundkosten) oder Zusatzkosten handelt. Der Betrachtungszeitraum beträgt ein Jahr, was bei der Ermittlung der Rechnungsgrößen beachtet werden soll.

Geschäftsfälle:

1. An das Finanzamt werden € 700,– für die Grundsteuer des Privathauses überwiesen. Die kalkulatorische Miete für das Betriebsgebäude beträgt € 8.000,–.
2. Im Jahr werden an das Finanzamt Zahlungen in der Höhe von € 48.000,– geleistet, die sich in folgender Weise unterteilen lassen: Dienstgeberbeitrag zum Familienlastenausgleichsfonds € 12.000,–, Einkommensteuer € 20.000,– und Umsatzsteuer € 16.000,–.

3. Die Zahlungen an die Stadtkassa (Gemeindekassa) betragen für die Kommunalabgabe insgesamt € 6.000,–.
4. Die Überweisung für die Lebensversicherung in der Höhe von € 7.000,– setzt sich aus € 3.000,– für den Unternehmer und dem Rest für die Mitarbeiter zusammen.
5. Für das Fremdkapital, das durchschnittlich in der Höhe von € 200.000,– dem Betrieb zur Verfügung steht, werden 9% Zinsen bezahlt.
6. Für das Eigenkapital, das durchschnittlich in der Höhe von € 180.000,– dem Betrieb zur Verfügung steht, werden 10% Zinsen verrechnet.
7. Kalkulatorisches Entgelt: Für einen Mitarbeiter, der die Aufgaben des Unternehmens erfüllen könnte, müßte jährlich ein Entgelt von € 35.000,– bezahlt werden.
8. Für bezogene und im Betrieb verbrauchte Energie müssen € 8.000,– bezahlt werden.
9. An die Mitarbeiter werden Löhne und Gehälter von € 525.000,– ausbezahlt, wobei auf die Bedienerin für die Privatvilla des Unternehmers € 15.000,– entfallen.
10. Es werden für die Reparatur einer Maschine € 2.500,– bezahlt.
11. Von Betriebsangehörigen werden für betriebliche Fahrten mit betriebsfremden Pkw 200.000 km à € 0,49 geleistet. Der Gesamtbetrag wird an diese ausbezahlt.
12. Für den Verkauf von Anlagen wird ein Erlös von € 5.300,– erzielt, obwohl diese mit € 7.500,– zu Buche stehen.
13. Für das Mittagessen der Mitarbeiter müssen € 30.000,– bezahlt werden, wobei von den Mitarbeitern selbst € 20.000,– aufgebracht werden.
14. Eine im Jänner angeschaffte und sofort in Betrieb genommene Maschine im Wert von € 50.000,– wird in der Buchhaltung auf fünf Jahre abgeschrieben. Die tatsächliche Nutzung wird voraussichtlich 10 Jahre dauern.
15. Für die Weihnachtsfeier in einem betriebsfremden Kinderheim wird ein Betrag von € 2.000,– zur Verfügung gestellt.
16. Für die nicht fristgerechte Erledigung eines Auftrages muß eine Vertragsstrafe von € 5.500,– bezahlt werden. Die entsprechenden Wagniskosten betragen € 4.000,–.
17. Es werden Lacke um € 15.500,– gekauft und sofort im Betrieb verarbeitet.
18. Für Verwaltungsstrafen der Mitarbeiter aufgrund falschen Parkens bei Dienstfahrten werden € 500,– bezahlt. Der Durchschnittswert für diese Strafen beträgt € 600,–.

☛ *Lösung (Angaben in €)*

Geschäftsfall	neutraler Aufwand	Aufwand = Kosten	Zusatzkosten
1	700,–①		8.000,–
2	36.000,–①	12.000,–	
3		6.000,–	
4	3.000,–①	4.000,–	
5		18.000,–	
6			18.000,–
7			35.000,–

➤

8		8.000,–	
9	15.000,–②	510.000,–	
10		2.500,–	
11		98.000,–	
12	2.200,–①		
13		10.000,–	
14	5.000,–	5.000,–	
15	2.000,–		
16	5.500,–		4.000,–
17		15.500,–	
18	500,–		600,–

① Exakt: neutrale Ausgabe.

② So diese € 15.000,– in der Finanzbuchhaltung aufscheinen, sonst ①.

Lösungshinweise:

ad 1) neutrale Ausgabe (betriebsfremd, Privathaus), kalkulatorische Miete Zusatzkosten.

ad 2) Die Einkommensteuer betrifft die Privatsphäre und ist daher neutrale Ausgabe. Die USt wird nicht vom Betrieb, sondern von den Kunden getragen (Durchlaufsteuer) und ist daher neutrale Ausgabe.

ad 3) Die Kommunalabgabe ist eine Kostenposition.

ad 4) Die Lebensversicherung für den Unternehmer betrifft die Privatsphäre, ist daher neutrale Ausgabe, jene für Mitarbeiter ist eine freiwillige Sozialleistung, die zwar nicht unbedingt betriebsnotwendig ist, aber doch zum Betrieb gehört und somit Zweckaufwand ist.

ad 5) + 6) Zur detaillierten verrechnungstechnischen Behandlung der Zinsen sei auf die einschlägigen Abschnitte verwiesen.

ad 7) Dem kalkulatorischen Entgelt steht keine Aufwandsposition gegenüber, es handelt sich daher um Zusatzkosten.

ad 8) Fremdleistungskosten für den Betriebszweck, daher Zweckaufwand.

ad 9) € 15.000,– betriebsfremd, d. h. neutraler Aufwand, der Rest dient den Betriebszwecken (Zweckaufwand).

ad 10) Fremdleistungskosten (siehe 8).

ad 11) Aufwand für den Betriebszweck.

ad 12) Die Buchhaltung weist einen Aufwandsüberschuß des Buchwertes verkaufter Anlagen über die außerordentlichen Erträge aus der Veräußerung von Anlagen aus. Dieser Aufwand ist aber nicht regelmäßig, also außerordentlicher neutraler Aufwand.

ad 13) Der vom Unternehmen getragene Teil stellt eine freiwillige Sozialleistung dar; siehe 4).

ad 14) Die buchhalterische Abschreibung ist doppelt so hoch wie die kalkulatorische.
ad 15) Siehe 1).
ad 16) Einmalig, d. h. außerordentlicher, nicht regelmäßiger neutraler Aufwand.
ad 17) Siehe 11).
ad 18) Kein regelmäßiger, d. h. außerordentlicher neutraler Aufwand.

☞ Beispiel 2 (in €)

vereinfachte Bilanz zum 31. 12. 20 . .			
Anlagevermögen Umlaufvermögen	20.000,– 70.000,–	Eigenkapital Fremdkapital	20.000,– 70.000,–
	90.000,–		90.000,–
vereinfachte Gewinn- und Verlustrechnung für 20 . .			
Materialaufwand Personalaufwand Sonstiger Aufwand Gewinn	68.000,– 46.580,– 23.640,– 11.780,–	Umsatz: Bauschlosserei Reparatur Handel	 93.000,– 45.000,– 12.000,–
	150.000,–		150.000,–

Leiten Sie bitte den Aufwand laut folgenden Angaben in Kosten über:

1. Kalkulatorischer Unternehmerlohn: Der höchstbezahlte Mitarbeiter bezieht einen Bruttostundenlohn von € 9,–, die Lohnnebenkosten betragen 90%, der Unternehmer ist 2.500 h anwesend. Dispositionszuschlag 10%.
2. Für die mittätige Ehegattin ist ein kalkulatorisches Gehalt von € 14.000,– anzusetzen.
3. Im sonstigen Aufwand sind Investitionsfreibeträge in Höhe von € 2.500,– enthalten.
4. Die stillen Reserven sind mit € 5.000,– zu veranschlagen. Kalkulatorischer Zinssatz für Eigenkapital 8%.

Aufwand		Angaben in €		
		neutraler Aufwand	Zusatzkosten	Kosten
Material	68.000,–	–		68.000,–
Personal	46.580,–	–	61.025,–①	107.605,–
Sonstiger	23.640,–	2.500,–②	2.000,–③	23.140,–
Summe	138.220,–	2.500,–	63.025,–	198.745,–

① € 9,– × 1,9 × 2.500 h × 1,1 + € 14.000,– = € 61.025,– (kalkulatorisches Entgelt)
② Investitionsfreibeträge sind Abschreibungen über den Anschaffungspreis hinaus. Sie stellen steuerliche Investitionsanreize dar.
③ (€ 20.000,– EK + € 5.000,– stille Reserve) × 0,08 = € 2.000,– kalkulatorische EK-Zinsen

5. Formen der Gewinn- und Verlustrechnungen

Neben der noch üblichen Form der Gewinn- und Verlustrechnung in der Kontoform ist nach dem Rechnungslegungsgesetz die Staffelform anzuwenden.

Die Gewinn- und Verlustrechnung nach der Kontoform ergibt sich vereinfacht wie folgt:

Materialaufwand Personalaufwand Sonstiger Aufwand	Umsatzerlöse diverse Erträge
Gewinn	Verlust

Die Gewinn- und Verlustrechnung nach der Staffelform ergibt sich vereinfacht wie folgt:

	€
Umsatzerlöse – Materialaufwand – Personalaufwand – Sonstiger Aufwand	
= Betriebserfolg ± Finanzerfolg (z. B. diverse Erträge)	
= Ergebnis der gewöhnlichen Geschäftstätigkeit ± a. o. Erträge und Aufwendungen – Steuern vom Einkommen und Ertrag	
= Jahresüberschuß ± Zuweisungen/Auflösungen unversteuerter Rücklagen ± Gewinn- und Verlustvortrag	
= Bilanzgewinn	

Grundsätzlich erfährt die Überleitung des Aufwandes in die Kosten keine Änderung. Dennoch soll kurz auf dieses Gesetz eingegangen werden.

5.1. Grundkonzeption des Rechnungslegungsgesetzes (RLG)

Das Rechnungslegungsgesetz wurde am 28. 06. 1990 vom Nationalrat beschlossen und ist erstmals auf jene Geschäftsjahre anzuwenden, die nach dem 31. 12. 1991 beginnen. Von diesem Termin ausgenommen sind lediglich die Vorschriften zur Konzernrechnungslegung, die erst mit 01. 01. 1994 Gültigkeit erlangt haben.

Hauptzielsetzung der Rechnungslegungsreform ist die rechtliche Verankerung einer Insolvenzprophylaxe bzw. Gläubigerschutz und die Angleichung der Rechnungslegung an EU-Standards.

Das Rechnungslegungsgesetz ist in Anlehnung an das deutsche Bilanzrichtliniengesetz als Artikelgesetz ausgelegt. Acht Artikel betreffen folgende Gesetze:

- Artikel 1 Handelsgesetzbuch
- Artikel 2 Aktiengesetz 1965
- Artikel 3 GesmbH-Gesetz
- Artikel 4 Kapitalberichtigungsgesetz
- Artikel 5 Ausgleichsordnung
- Artikel 6 Bankwesengesetz
- Artikel 7 Versicherungsaufsichtsgesetz
- Artikel 8 Arbeitsverfassungsgesetz

Drei weitere Artikel betreffen folgende Bereiche:

- Artikel 9 Verweisungen
- Artikel 10 Übergangsbestimmungen
- Artikel 11 Inkrafttreten/Aufhebung von Rechtsvorschriften, Vollziehungsklauseln

Der wesentliche Teil des Rechnungslegungsgesetzes reformiert das Handelsrecht. Durch die Einfügung eines neuen dritten Buches ergibt sich im Handelsgesetz nunmehr folgende Gliederung:

- Erstes Buch — Handelsstand
- Zweites Buch — Handelsgesellschaften und Stille Gesellschaft
- **Drittes Buch — Rechnungslegung**
- Viertes Buch — Handelsgeschäfte
- Fünftes Buch — Seehandel

Auf eine vollständige Darstellung des Rechnungslegungsgesetzes wird verzichtet. Es werden nur jene Teilbereiche des Rechnungslegungsgesetzes erläutert, die Änderungen in den Basisbereichen der Kostenrechnung zur Folge haben. Der im Detail am Rechnungslegungsgesetz interessierte Leser sei an dieser Stelle auf folgende Spezialliteratur verwiesen:

BERTL/KOFLER/MANDL: Praxis der neuen Rechnungslegung, Verlag Orac, Wien 1991 und/oder
EGGER/SAMER: Der Jahresabschluß nach dem Rechnungslegungsgesetz Verlag Linde, Wien 1991

5.2. Auswirkungen des RLG auf Bereiche der Kostenrechnung

Durch das Rechnungslegungsgesetz ergibt sich in der Methode der Betriebsüberleitung keine Änderung. Die Überleitung des Aufwands in Kosten erfolgt weiterhin durch Ausscheiden der neutralen Aufwendungen und durch Hinzufügen der Zusatzkosten.

Ausgangspunkt ist auch weiterhin die Gewinn- und Verlustrechnung (G & V) der Finanzbuchhaltung. Für die G & V stehen dem Rechnungslegungsgesetz entsprechend folgende Möglichkeiten zur Verfügung:

- G & V nach genereller Regelung für alle Vollkaufleute
- G & V nach dem Gesamtkostenverfahren
- G & V nach dem Umsatzkostenverfahren

Generelle Regelung für alle Vollkaufleute:

Bei der G & V für alle Vollkaufleute gewährt der Gesetzgeber einen recht großen Gestaltungsspielraum. Das Rechnungslegungsgesetz enthält für diesen Bereich keine spezielle Regelung. Demnach ist die Darstellung der G & V nach bisher gebräuchlichen Grundsätzen auch nach der neuen Rechtslage möglich. Dies betrifft insbesondere die Darstellung in der Kontoform sowie die Gliederung entsprechend dem Einheitskontenrahmen. Daher hat das neue Rechnungslegungsgesetz in diesem Fall keine wesentliche Auswirkung auf die Durchführung der Betriebsüberleitung. Der Gestaltungsspielraum läßt jedoch auch eine Darstellung nach dem Gesamtkosten- oder dem Umsatzkostenverfahren zu.

Gesamtkostenverfahren:

Die G & V unterliegt nach dem Gesamtkostenverfahren einem detaillierten Schema. Gemäß § 231 RLG sind Kapitalgesellschaften dazu verpflichtet, die G & V in der Staffelform und unter Anwendung des Gesamtkostenverfahrens bzw. des Umsatzkostenverfahrens darzustellen. Die Staffelform geht dabei von folgendem Gliederungsschema aus:

	€
Betriebserfolg + Finanzerfolg	
= Ergebnis der gewöhnlichen Geschäftstätigkeit + außerordentliches Ergebnis	
= Jahresergebnis vor Steuern – Steuern vom Einkommen, Ertrag	

= Jahresüberschuß/-fehlbetrag ± Veränderung unversteuerter Rücklagen ± Veränderung von Gewinnrücklagen ± Veränderung von Kapitalrücklagen	
= Gewinn/Verlust Vorperiode	

Diese Form der G & V Darstellung ist in der Betriebsüberleitung neu. Bei der Staffelform werden die Aufwendungen nicht mehr in einem Block dargestellt, sondern in Gruppen zusammengefaßt und den entsprechenden Erträgen gegenübergestellt.

Der für die Kostenrechnung relevante Aufwand befindet sich größtenteils im Block des **Betriebserfolges** (Ziffer 5–8):

5 Materialaufwand
6 Personalaufwand
– Löhne
– Gehälter
– Abfertigungen und Pensionen
– gesetzliche Sozialabgaben
7 Abschreibungen auf immaterielle Vermögensgegenstände und Sachanlagen
8 Sonstige betriebliche Aufwendungen

Im Block des **Finanzerfolges** befinden sich folgende Aufwandsposten:

13 Aufwendungen aus Beteiligungen:
Darunter werden im wesentlichen Abschreibungen von Beteiligungen oder Verlustübernahmen aus Vollorganschaften ausgewiesen.

14 Abschreibungen auf sonstige Finanzanlagen und auf Wertpapiere:
Dieser Posten enthält alle übrigen Abschreibungen, die keine Beteiligungen betreffen.

Für die Kostenrechnung stellen die Posten 13/14 einen neutralen (außerordentlichen) Aufwand dar, der dementsprechend ausgeschieden wird. **Ausnahme:** Aufwendungen aus Posten 13/14 sind durch betriebsbedingte Beteiligungen bzw. Finanzanlagen entstanden. (z. B.: Abschreibungen bei Auslandsbeteiligungen, die für den Export erforderlich sind und infolge politischer Ereignisse abzuwerten sind).

15 Zinsen und ähnliche Aufwendungen:
Darunter werden alle Zinsaufwendungen des Unternehmens, die mit der Nutzung von Fremdkapital zusammenhängen, ausgewiesen.

Die Zinsaufwendungen werden als Kosten in die Kostenrechnung übernommen, wobei jedoch den verschiedenen Ermittlungsverfahren entsprechend unterschiedlich vorgegangen wird. Im Fall der Berechnung der Zinskosten nach den Kostenrechnungsrichtlinien werden die Fremdkapitalzinsen aus den Aufwendungen ausgeschieden. Dafür werden vom gesamten betriebsnotwendigen Kapital einheitlich Zinsen als Zusatzkosten angesetzt.

Die **außerordentlichen Aufwendungen** sind in folgender Position ausgewiesen:

19 Außerordentliche Aufwendungen:

Darunter fallen alle Aufwendungen, die außerhalb der gewöhnlichen Geschäftstätigkeit anfallen.
Diese sind weder betriebstypisch noch regelmäßig und sind daher als neutrale Aufwendungen auszuscheiden. In der Kostenrechnung werden dafür Wagniskosten angesetzt.

Steuern werden unter der Ziffer:

21 Steuern vom Einkommen und Ertrag erfaßt:

Darunter wird im wesentlichen die Körperschaftsteuer ausgewiesen.
Für die Kostenrechnung ist sie jedoch kein Kostenelement, das Werteinsatz zur Leistungserstellung darstellt.

Im letzten Block werden die Aufwendungen für die **Zuweisung an Rücklagen** wie folgt erfaßt:

26 Zuweisung zu unversteuerten Rücklagen
27 Zuweisung zu Gewinnrücklagen

Für die Kostenrechnung stellen diese Positionen neutralen Aufwand dar, welcher bei der Betriebsüberleitung auszuscheiden ist.

Gegenüber dem Umsatzkostenverfahren bietet das Gesamtkostenverfahren den Vorteil, daß jede beliebige Gruppe von Kosten und Verkaufserlösen zu Kostenträgergruppen zusammengefaßt werden kann, weil keine Multiplikation der Umsatzmengen mit den Herstellkosten der Kostenträger notwendig ist. Das Gesamtkostenverfahren stellt für die Kostenrechnung auch eine Periodenerfolgsrechnung mit kombiniertem Betriebs- und Verkaufsergebnis dar.

Umsatzkostenverfahren:

Bei der Betriebsüberleitung nach dem Umsatzkostenverfahren ist gleichfalls die Staffelform bei der G & V zwingend vorgeschrieben. Das Umsatzkostenverfahren weist folgende Charakteristika auf:

- Anpassung der Periodenaufwendungen an die Erträge (Umsatzerlöse).
- Die Aufwendungen sind nach betrieblichen Funktionsbereichen gegliedert. Da diese Gliederung der Kostenrechnung entspricht, werden somit Ansätze der Kostenrechnung in die G & V eingebracht.
- Dementsprechend erfordert das Umsatzkostenverfahren eine verläßliche Kostenrechnung.

Im Block **Betriebserfolg** werden im Umsatzkostenverfahren folgende Aufwendungen ausgewiesen:

- Herstellungskosten der zur Erzielung der Umsatzerlöse erbrachten Leistungen

  Unter diesem Posten werden alle Herstellungskosten ausgewiesen. Diese werden – nach Aufwandsarten gegliedert – entsprechend dem Schema des Gesamtkostenverfahrens auf Konten unter den Ziffern 5–8 verbucht. Der Begriff der **Herstellungskosten** aus der Buchhaltung darf jedoch nicht mit jenem der **Herstellkosten** aus der Kostenrechnung gleichgesetzt werden. Bei den Herstellungskosten werden folgende Posten berücksichtigt:

  Materialeinzelkosten + angemessener Gemeinkostenanteil
  \+ Fertigungseinzelkosten + angemessener Gemeinkostenanteil
  \+ Fremdkapitalzinsen für den Zeitraum der Herstellung
  \+ Aufwendungen für (Wahlmöglichkeit): Sozialeinrichtungen
  freiwillige Sozialleistungen
  Altersvorsorge
  Abfertigungen

  Entsprechende Unterschiede zu den Herstellkosten sind in der Betriebsüberleitung zu berücksichtigen.

  Zum Jahresabschluß werden diese dann mittels Betriebsabrechnungsbogens (Aufwandsverteilungsbogen) auf die Kostenstellen Material und Fertigung verteilt, wo sie in Summe die gesamten Herstellungskosten ergeben. Diese werden dann noch um die aktivierten Eigenleistungen und um die Bestandsveränderungen korrigiert.

  Aufgrund der zu geringen Aussagekraft dieser Position ist es für eine detaillierte Information notwendig, die Aufwandskonten der Buchhaltung selbst heranzuziehen.

- Vertriebskosten
- Verwaltungskosten
  Diese Kosten werden ebenfalls aus den verschiedenen Aufwandsarten im Aufwandsverteilungsbogen abgeleitet.

  Alle weiteren Aufwandsposten entsprechen dem Gesamtkostenverfahren, wenn auch anders beziffert.

Bezüglich der kostenrechnungsbezogenen Eigenschaften des Umsatzkostenverfahrens ist zu beachten, daß durch dieses Verfahren ein Verkaufsergebnis ermittelt wird, das auf die Kostenträger aufgeteilt ist. Es ist jedoch kein alternatives Verfahren, sondern nur eine zusätzliche Rechnung zu einer bis zum Endergebnis fortgeführten Ergebnisrechnung nach dem Gesamtkostenverfahren. Diese Rechnung ist nur dann sinnvoll, wenn die Verkaufserfolge beurteilt werden sollen und sich die Herstellungskosten und die Verkaufserlöse zu abgrenzbaren Kostenträgern zuordnen lassen.

Gesetzliche Aktivierungswahlrechte:

Für die Abgrenzung der Aufwendungen in der Betriebsüberleitung ist zu prüfen, inwieweit sich Änderungen bezüglich der neuen Aktivierungswahlrechte ergeben. Wenn diese Aktivierungswahlrechte in Anspruch genommen werden, fehlen dementsprechend diese Beträge in den Aufwendungen der G & V.

Für die Betriebsüberleitung ist es wichtig zu wissen, inwieweit die Aktivierungen zu den Zweckaufwendungen gehören und ob in der Kostenrechnung eventuell nach anderen Aktivierungsgrundsätzen vorgegangen wird. Diese sind dann dementsprechend in der Betriebsüberleitung zu berücksichtigen.

Da die Kosten einen Werteinsatz zur Leistungserstellung darstellen, wäre eine kalkulatorische Hinzurechnung möglich. Dies betrifft folgende Regelungen:

Fremdkapitalzinsen:

Im Bereich der Herstellungskosten können nach § 203 (4) RLG Zinsen für Fremdkapital, das für die Herstellung eines Vermögensgegenstandes verwendet wird, aktiviert werden. In diesem Fall wird die Erfolgsrechnung dadurch entlastet, daß die Zinsen in den Aufwendungen fehlen. Diese stellen jedoch in jedem Fall Zinskosten dar. Dem verwendeten Zinsberechnungsverfahren entsprechend müssen die Zinskosten bei der Betriebsüberleitung wieder berücksichtigt werden.

Ingangsetzung, Erweiterung, Umstellung:

Gemäß § 198 (3) RLG ist es zulässig, Aufwendungen für Ingangsetzung, Erweiterung und Umstellung eines Betriebes zu aktivieren, wodurch eine Verbesserung des Jahresergebnisses erreicht werden kann. Aktiviert dürfen alle jene Aufwendungen werden, die sonst nicht aktivierungsfähig wären (z. B. selbsterstellte immaterielle Vermögensgegenstände, für die sonst ein ausdrückliches Bilanzierungsverbot besteht).

Wird von dem Aktivierungswahlrecht Gebrauch gemacht, so fehlen die entsprechenden Aufwendungen in der G & V. Wenn in der Kostenrechnung keine derartige Aktivierung vorgenommen wird, sind in der Betriebsüberleitung Zusatzkosten anzusetzen.

5.3. Kostenartenrechnung

Materialkosten:

Bei den Materialkosten hat die Rechnungslegungsreform insofern Auswirkungen, als im § 209 (2) RLG bestimmte Bewertungsvereinfachungsverfahren angesprochen werden, die den GOB entsprechen. Dabei werden ausdrücklich das gewogene Durchschnittspreisverfahren sowie sinngemäß die Verfahren FIFO, LIFO und HIFO erwähnt. Damit werden diese Kunstprinzipien zu ordentlichen Bewertungsmethoden des Bilanzrechts. Direkte Auswirkungen auf die Materialkostenrechnung selbst sind durch das RLG nicht gegeben.

Personalkosten:

Im Bereich der Personalkosten ergibt sich nach der neuen Rechtslage keine Änderung. Bei Einzelunternehmen und Personengesellschaften darf weiterhin kein Aufwand für den Unternehmerlohn angesetzt werden. Der Unternehmerlohn erscheint erst in der G & V als Teil des Gewinnes. In der Kostenrechnung wird der Unternehmerlohn wie bisher als Zusatzkosten zu den Personalkosten hinzugefügt.

Kalkulatorische Abschreibung:

Nach § 204 RLG sind Abschreibungen des **Anlagevermögens** für den Zeitraum planmäßig vorzunehmen, in dem der Gegenstand wirtschaftlich genutzt werden kann. Eine bestimmte Methode der Abschreibung ist im Gesetz nicht näher spezifiziert.

Im § 207 RLG sind die Bewertungsvorschriften für Gegenstände des **Umlaufvermögens** geregelt. Zum Abschlußstichtag ist ein Börsenkurs oder Marktpreis heranzuziehen.

- Ist dieser Wert niedriger als der Buchwert, ist auf diesen Wert abzuschreiben.
- Weiters darf abgeschrieben werden, um Wertschwankungen (nach vernünftiger kaufmännischer Beurteilung) in nächster Zukunft vorwegzunehmen.
- Im Gegensatz zur Kostenrechnung darf der niedrigere Wertansatz auch dann beibehalten werden, wenn die Gründe für die Abschreibung weggefallen sind.

Bei den Abschreibungen der Aufwendungen für **Ingangsetzen, Erweitern und Umstellen** eines Betriebes ist gemäß § 210 RLG eine Aktivierung gestattet. Der aktivierte Betrag ist dann jährlich mit mindestens einem Fünftel abzuschreiben.

Im Bereich der kalkulatorischen Abschreibung ergibt sich durch das RLG keine unmittelbare Änderung. Aus Gründen der Substanzerhaltung werden wie bisher die Abschreibungen der Kostenrechnung auf Basis von Wiederbeschaffungspreisen (Tagespreisen) angesetzt.

Kalkulatorische Zinsen:

Durch die Bilanzgliederungsvorschriften des RLG ergibt sich im Vergleich zur bisherigen Rechtslage ein verändertes Bilanzbild. Wertberichtigungen dürfen nicht mehr ausgewiesen werden, sie sind unmittelbar von den entsprechenden Vermögenspositionen abzusetzen.

Bei den stillen Reserven müssen nach § 230 RLG folgende Arten in einer Bewertungsreserve dargestellt werden:

- Übertragung stiller Rücklagen gem. § 12 EStG 88.
- Wertberichtigung zu Auslandsbeteiligungen gem. § 6 Z 7 EStG 88.
- Geringwertige Vermögensgegenstände des Anlagevermögens gem. § 13 EStG, wenn die Abschreibung betragsmäßig wesentlich ist.
- Gebäudeabschreibungen gem. § 8 (2) EStG 88.
- Vorzeitige Abschreibung gem. § 8 EStG 72 in Verbindung mit Artikel X (6) Übergangsbestimmungen RLG.

Durch diese Neuregelung kann das Bilanzbild durch Bilanzverkürzung nicht mehr verfälscht werden, die betreffende Vermögensposition ist auf der Aktivseite der Bilanz in voller Höhe auszuweisen. In der Kostenrechnung müssen bei der Berechnung der kalkulatorischen Zinsen diese stillen Reserven nicht mehr berücksichtigt werden, da sie beim Vermögensgegenstand auf der Aktivseite noch mit ausgewiesen werden.

Kalkulatorische Wagnisse:

Kalkulatorische Wagnisse sind in der Kostenrechnung reine Zusatzkosten. Dadurch ergeben sich durch das RLG keine unmittelbaren Änderungen in diesem Bereich.

C.
Kostenartenrechnung oder Kostenerfassung

1. Einführung

Ziel der Kostenrechnung ist es, die Kosten für das einzelne Produkt/Leistung/Ware (= Kostenträger) zu errechnen. Dies ist nur dann möglich, wenn man von den einzelnen Kostenarten ausgeht.

Das sind z. B. Lohnkosten für Facharbeiter, Gehaltskosten für Büropersonal, Kosten für Rohmaterial, Büromaterial, Reinigung, Miete, Telefon.

Diese Kostenarten werden also nach ihrer Entstehung erfaßt und für die darauffolgenden Kostenverrechnung in

- direkte Kosten (Einzelkosten) und
- indirekte Kosten (Gemeinkosten)

getrennt.

Für einen Produktionsbetrieb können diese Zusammenhänge folgendermaßen graphisch dargestellt werden.

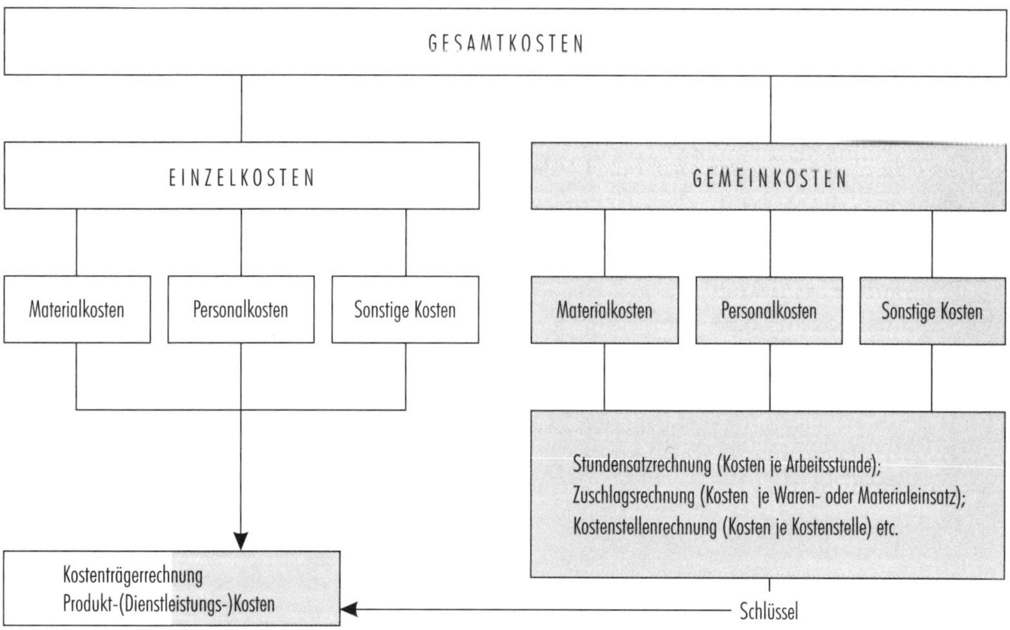

2. Materialkosten

2.1. Zusammensetzung

Unter Materialkosten (Materialeinsatz) versteht man den Verbrauch an Material innerhalb einer Abrechnungsperiode (meist 1 Jahr).

Der Begriff Material wird in Fertigungs-, Montage-, Reparatur- und sonstigen Dienstleistungsbetrieben verwendet. In Handelsbetrieben spricht man von (Handels-)Ware.

In Betrieben mit Fertigungs- und Handelssparten sind diese Bezeichnungsunterschiede genau zu beachten:

- „Material“ nur für den Fertigungsbereich;
- „Ware“ nur für den Handelsbereich.

Je genauer die Materialaufschreibung geführt wird, umso mehr kann an Einzelkostenmaterial erfaßt werden. Dadurch wird die Kalkulation genauer und verläßlicher.

Je nach dem Verwendungszweck kann das Material noch unterteilt werden in

- Fertigungsmaterial (Rohstoffe),
- Gemeinkostenmaterial, das sind
  - Hilfsstoffe und
  - Betriebsstoffe.

2.1.1. Fertigungsmaterial und Handelswaren

Das Fertigungs-(Einzelkosten-)material ist der einzelnen betrieblichen Leistung (z. B. Produkt, Reparaturleistung) direkt zurechenbar.

Da das Material ein wesentliches Element für die Kalkulation bildet, ist der Einstandspreis so genau wie möglich zu ermitteln. Man sollte die unmittelbaren Bezugskosten nicht den Gemeinkosten zurechnen.

Der (Handels-)Wareneinsatz im Handelsbetrieb ist die zu Einstandspreisen bewertete Warenmenge, die im Laufe einer Abrechnungsperiode umgesetzt (abgesetzt) wird.

Den Einstandspreis errechnen Sie wie folgt

	€
Preis des Materials lt. Faktura je l, kg, Stück, brutto – Gewichtsabzüge (Tara = Verpackungsgewicht)	
= Preis des Materials lt. Faktura netto – Preisabzüge, das sind Skonto Rabatt	

➤

– abzugsfähige Umsatzsteuer + Einkaufsspesen (z. B. Courtage, Sensarie oder Brokerage [Gebühren für die Vermittlungstätigkeit des Börsenmaklers], Kommission, Auktionsgebühr) (exkl. USt) + Bezugsspesen (z. B. Fracht, Einladung, Umladung, Ausladung, Hafenabgaben, Atteste, Spesen f. Konnossement, Versicherung, Zoll, Bankspesen) (exkl. USt)	
= Einstandspreis	

Beispiel

Der Rechnungsbetrag für 100 Einheiten beträgt € 2.216,50; darauf wird ein Rabatt von 3% gewährt; die Transportkosten betragen € 325,–, für die Verpackung werden € 125,– verrechnet (alle Preise ohne Umsatzsteuer).

Gesucht ist der Einstandspreis pro Einheit.

Lösung

	€
Rechnungsbetrag ohne USt	2.216,50
– 3% Rabatt	66,50
= Zwischensumme	2.150,–
+ Transport ohne USt	325,–
+ Verpackung ohne USt	125,–
= Einstandspreis	2.600,–

€ 2.600,– für 100 Einheiten = € 26,– für eine Einheit.

Wird Material von einem Unternehmen eines Mitgliedslandes der EU von einem Unternehmen eines anderen Mitgliedstaates bezogen (innergemeinschaftlicher Erwerb), wird die Umsatzsteuer im Bestimmungsland eingehoben. Gleichzeitig ist aber das Unternehmen im Bestimmungsland berechtigt, diese Umsatzsteuer als Vorsteuer abzuziehen, sodaß für das Unternehmen im Regelfall keine Zahllast entsteht.

2.1.2. Gemeinkostenmaterial

Gemeinkostenmaterial ist jenes Material, das für die betriebliche Leistungserstellung benötigt wird, jedoch einer bestimmten Leistung nicht direkt zugerechnet wird. Dieses Material wird deshalb als Gemeinkostenmaterial bezeichnet, weil die verursachten Kosten als Gemeinkosten zu verrechnen sind. Je mehr Materialien als Einzelkostenmaterial z. B. einem Produkt zugerechnet werden können, desto verläßlicher und genauer wird die Kalkulation.

Die Kosten des Materials, das den Kostenträgern nicht direkt zugerechnet werden kann (echte GK) oder dessen direkte Zurechnung so schwierig ist, daß das Verfahren unwirtschaftlich wäre (unechte GK), müssen im ganzen erfaßt und den Kostenträgern anteilsmäßig zugerechnet werden (siehe Abschnitt Kostenverrechnung).

Das Gemeinkostenmaterial teilt man in Hilfs- und Betriebsstoffe.

Hilfsstoffe:

Als Hilfsstoffe bezeichnet man jenes Gemeinkostenmaterial, welches direkt in das Erzeugnis oder in die Dienstleistung eingeht, dessen Wert jedoch so gering ist, daß eine direkte Zurechnung auf die einzelnen Kostenträger nicht sinnvoll ist, z. B. Schrauben, Nägel, Leim, Schweißmaterial etc.

Betriebsstoffe:

Als Betriebsstoffe werden jene Gemeinkostenmaterialien bezeichnet, welche nicht direkt in das Erzeugnis eingehen und daher nur der betreffenden Kostenstelle zugerechnet werden, z. B. Putzmittel, Schmiermittel, Energie etc.

2.2. Erfassung des Waren- und Materialeinsatzes

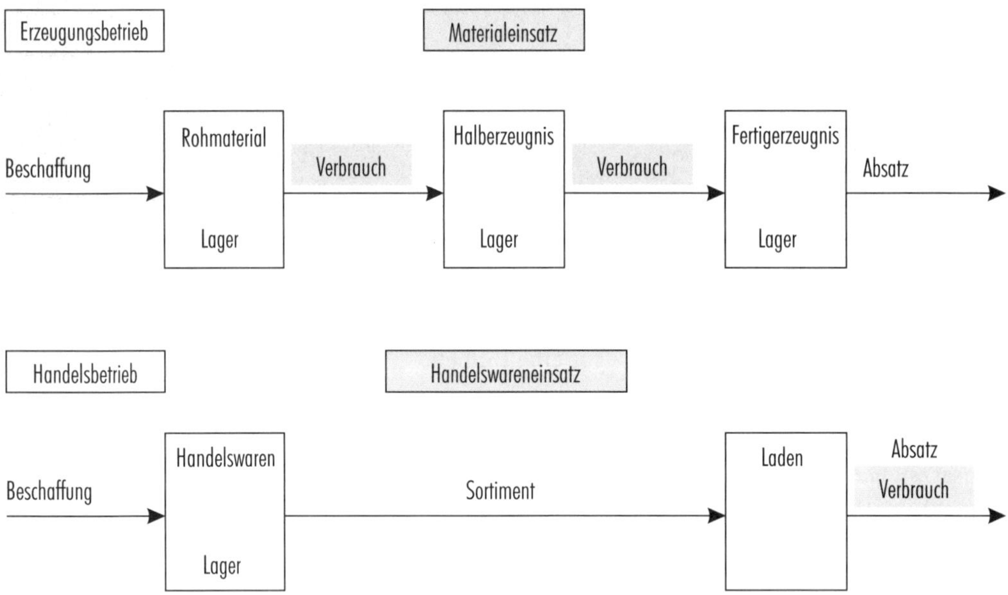

Das Schaubild zeigt, daß im *Erzeugungsbetrieb* der Verbrauch im Zuge der Produktion erfolgt; im *Handelsbetrieb* ist dies erst beim Absatz der Fall.

Techniken zur Erfassung des Material- und Handelswarenverbrauches:

a) verbrauchsorientiert = direkt (Fortschreibung):

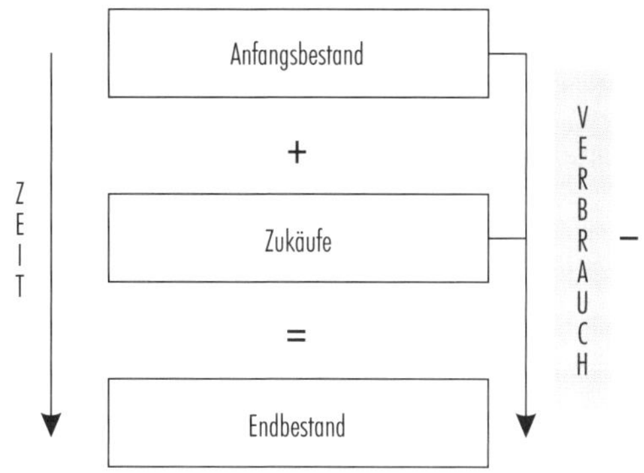

Es wird nach folgendem Schema vorgegangen:

	€
Anfangsbestand an Waren und Material lt. Inventur + Zukäufe an Waren und Material – Verbrauch lt. Waren- und Materialaufschreibung (= Waren- und Materialeinsatz)	
= Endbestand lt. Waren- und Materialaufschreibung (Soll EB) – Endbestand an Waren und Material lt. Inventur (Ist EB)	
= eventueller Schwund	

Das direkte Verfahren ist das genauere, aber auch kostspieligere, da es eine Waren- und Materialaufschreibung zur Voraussetzung hat.

Die Waren- und Materialaufschreibung kann mit verschiedenen Organisationsmitteln durchgeführt werden (z. B. händisch, mechanisch oder elektronisch geführte Lagerbuchhaltung mit Verwendung unterschiedlicher Datenträger, wie Formulare, Magnetstreifen, Scannerkassen, Magnetbänder, Disketten).

In größeren Betrieben erfolgt die Materialaufschreibung meist auf zwei gesonderten Belegen:

- Fertigungsmaterialbeleg = Einzelkostenmaterialbeleg,
- Gemeinkostenmaterialbeleg.

Fertigungs- und Gemeinkostenmaterialbeleg haben zu enthalten:

1. Materialbezeichnung durch Materialnummer
2. Mengenangabe (t, Stk., m)
3. Preis
4. Tag
5. empfangende Kostenstelle

Der Fertigungsmaterialbeleg enthält darüber hinaus auch eine Auftragsnummer, da nur so eine Zurechnung zum Kostenträger möglich ist.

b) bestandsorientiert = indirekt (Befundrechnung):

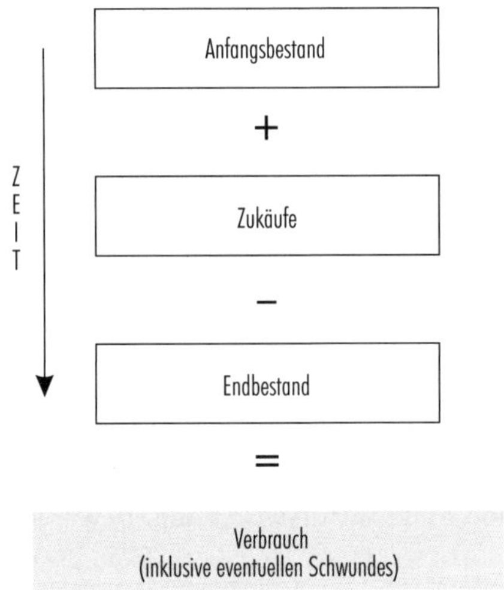

Die Befundrechnung ist das einfachere und ungenauere Verfahren. Es wird in der Praxis oft für die Ermittlung des Material- und Wareneinsatzes angewendet, wobei nach folgendem Schema vorgegangen wird:

	€
Anfangsbestand an Waren und Material lt. Inventur + Zukäufe an Waren und Material – Endbestand an Waren und Material lt. Inventur	
= Waren- und Materialverbrauch (inklusive eventuellen Schwundes)	

Für die Kostenrechnung ist dieses Verfahren nur dann anwendbar, wenn die Material- oder Warenkosten eine geringere Rolle spielen, z. B. Maler, Friseur.

Beispiel eines Fertigungsmaterialbeleges und eines Gemeinkostenmaterialbeleges[1]:

FERTIGUNGSMATERIAL

Nr.	Stück	Material	Gegenstand	Zeichen-Nr.	Termin	Lagerkartei

Nr. d. Stückliste		Ausgabetag	Menge	Preis	Gesamtwert	Kostenträger-Nr.

Empfänger	ausgestellt	geprüft	Lagerverwaltung

GEMEINKOSTENMATERIAL				zu belastende Kostenstelle	
Kostenart	**Menge**	**Gegenstand**	**Mat.-Nr.**	**Preis**	**Betrag**
Schmiermittel					
Reinigungsmittel					
Bürobedarf					
Meßgeräte					
Schleifwerkzeuge					

Empfänger	ausgestellt	geprüft	Lagerverwaltung

1 Illetschko, L. L., Praktische Kostenrechnung, 3. Aufl., Wien 1959, S. 78.

Beispiel einer Materialliste eines Tischlerbetriebes[1] (Vorderseite):

WERKSTOFFLISTE Nr. Blatt Nr. Alle Preise verstehen sich ohne MWSt, als Nettoeinstandspreise! Auftrag Nr. vom 19

BESCHLÄGE, NÄGEL SCHRAUBEN

BEZEICHNUNG	MENGE	PREIS JE EINHEIT	GESAMT-BETRAG

LEIM, OBERFLÄCHENWERKSTOFFE, HILFSWERKSTOFFE

BEZEICHNUNG	MENGE	PREIS JE EINHEIT	GESAMT-BETRAG

FREMDARBEITEN, BEZOGENE HALBFABRIKATE

BEZEICHNUNG	MENGE	PREIS JE EINHEIT	GESAMT-BETRAG

1 Wirtschaftskammer Österreich, Wirtschaftsförderungsinstitut. – Anmerkung: Das Wirtschaftsförderungsinstitut veröffentlicht komplette branchenspezifische Formularsätze für die gesamte Kostenrechnung. Der Bezug ist (für Kammermitglieder) kostenlos.

Beispiel einer Materialliste eines Tischlerbetriebes[1] (Rückseite):

WERKSTOFFLISTE Nr. ______ Blatt Nr. ______ Alle Preise verstehen sich ohne MWSt, als Nettoeinstandspreise! Blatt Nr. ______ Auftrag Nr. ______ 19__

Zuschnitt	Zuschnitt	Zuschnitt	Zuschnitt					Verbrauch	Verbrauch	Verbrauch						
Bezeichnung	Stück	Holzart Qualität	Maße			Menge		Bezeichnung	Stück	Maße			tatsächl. Verschn.	Brutto-menge	Preis je Einheit	Gesamt-betrag
			Länge	Breite	Dicke	Zahl	m m² m³			Länge	Breite	Rohdicke				

1 Wirtschaftskammer Österreich, Wirtschaftsförderungsinstitut.

Eingliederung der Waren- und Materialaufschreibung in ein integriertes Rechnungswesen[1]:

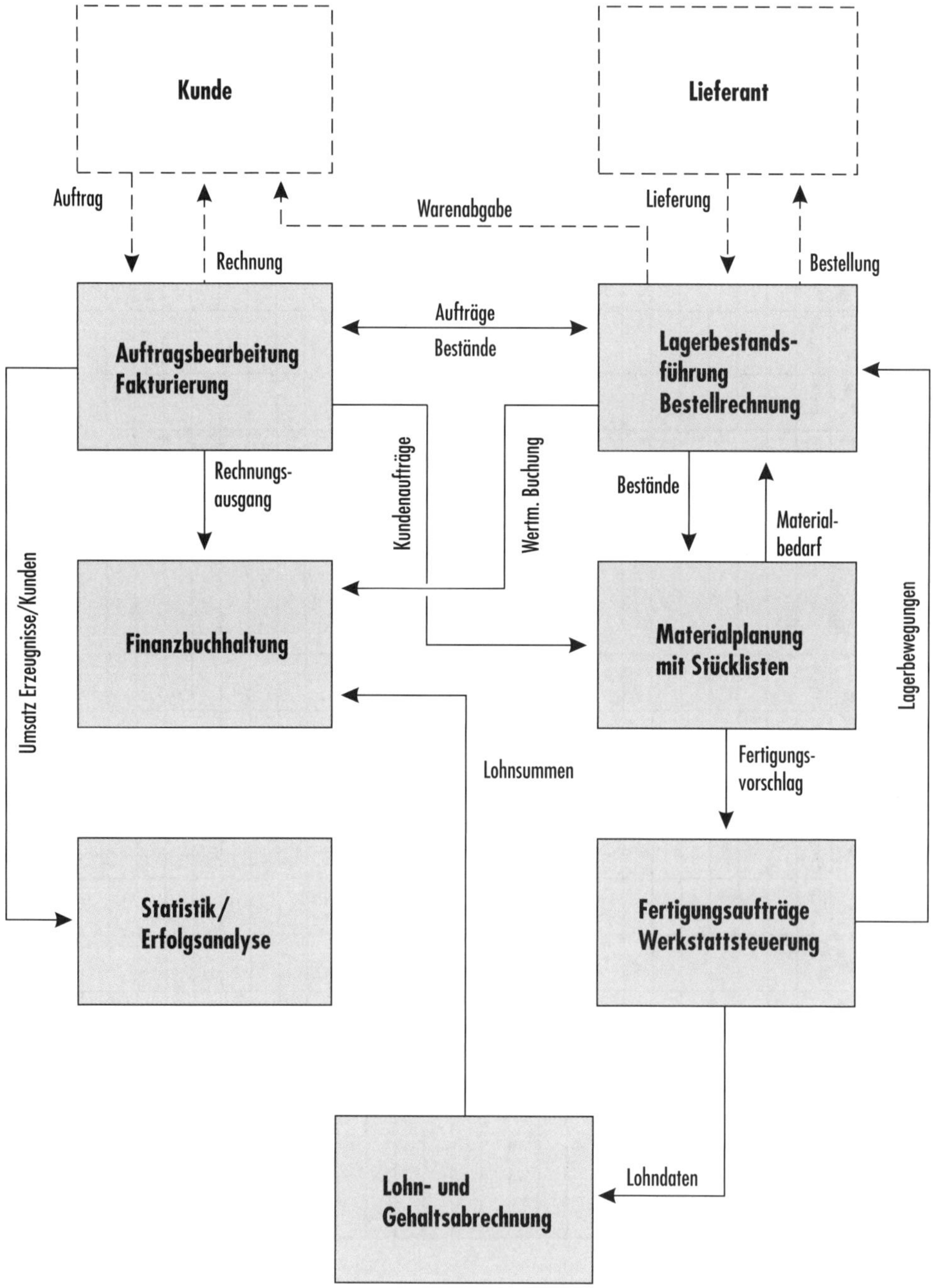

1 IBM, Fertigungsindustrie, IBM Form P 12-3040 1974, S. 3.

Der Verbrauch an Hilfsmaterial wird in kleineren Betrieben meist nur in der Buchhaltung ausgewiesen, da wegen der guten Überschaubarkeit im nachhinein leicht festgestellt werden kann, welcher der wenigen Kostenstellen der jeweilige Hilfsmaterialverbrauch zugerechnet werden kann.

In diesem Fall müssen genügend Konten in der Buchhaltung zur Verfügung stehen, damit man alle Hilfsmaterialien auf eigenen Konten verbuchen kann (z. B. Hilfsmaterial nach Erzeugung und Dienstleistung trennen).

Der Verbrauch an Betriebsstoffen wird ebenfalls in der Buchhaltung ausgewiesen.

2.3. Bewertung des Waren- und Materialeinsatzes

Bewertung bedeutet hier Multiplikation des Mengengerüstes mit Preisen des Beschaffungsmarktes.

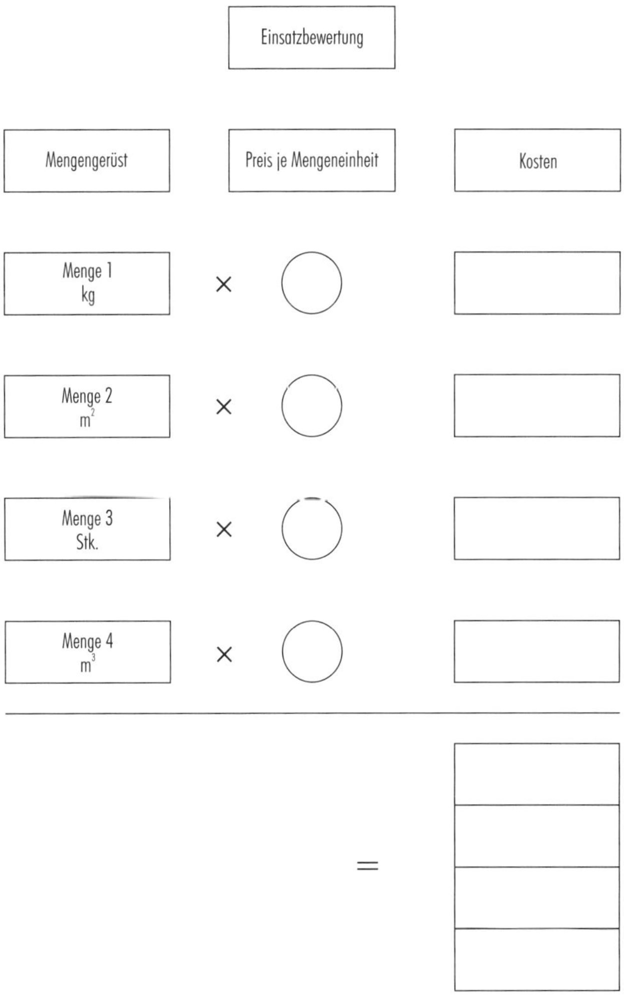

Zur Bewertung des Materialverbrauches stehen grundsätzlich zur Verfügung:
1. Anschaffungspreise (Einstandspreise zum Zeitpunkt der Beschaffung),
2. Tagespreise zum Zeitpunkt der Durchführung der Kostenrechnung,
3. zukünftige Wiederbeschaffungs- oder Planpreise und
4. durchschnittliche Normal- oder Verrechnungspreise ermittelt aus 1., 2. und 3.

Die Bewertung selbst erfolgt in der Lagerbuchhaltung. Für die Kostenrechnung kommen dabei folgende Preise in Frage
1. bei pagatorischem Kostenansatz
   Anschaffungspreis und Verrechnungspreis oder Durchschnittswert aus Anschaffungspreisen
2. bei wertmäßigem Kostenansatz
   Tagespreis, Planpreis und Durchschnittswert aus Tages- oder Planpreisen

In der Praxis finden insbesondere folgende Verfahren (Bewertungstechniken) Verwendung:
- Durchschnittspreisverfahren: Die ausgefaßten Mengen werden mit dem Durchschnittspreis des lagernden Materials bewertet.
- Identitätspreisverfahren: Die ausgefaßten Mengen werden mit jenem Preis bewertet, zu dem sie eingekauft wurden.
- Verrechnungspreisverfahren

Darüber hinaus werden u. U. noch amerikanische Kunstprinzipien angewendet:
- HIFO Highest In First Out geht von der Annahme aus, daß das Material, das zum höchsten Preis gekauft wurde, zuerst verbraucht wird.
- FIFO First In First Out geht von der Annahme aus, daß die zuerst gekauften Waren auch zuerst verbraucht werden.
- LIFO Last In First Out geht von der Annahme aus, daß die zuletzt gekauften Waren zuerst verbraucht werden.

☞ Beispiel 1

a) Bewertung bei fallenden Preisen:

Angaben:	1. 1.	Anfangsbestand	200 Stk. à € 2,80
	10. 1.	Eingang	500 Stk. à € 2,44
	20. 1.	Eingang	400 Stk. à € 2,05

Aufgabe: Bewerten Sie folgende Ausfassungen und den Endbestand mit Hilfe aller Bewertungstechniken

Aufgabe:	5. 1.	Ausfassung	100 Stk.
	12. 1.	Ausfassung	400 Stk.
	23. 1.	Ausfassung	500 Stk.
	31. 1.	Endbestand	100 Stk.

Lösung

1. Das **Identitätsverfahren** ist hier nicht anwendbar, da nicht spezifiziert ist, aus welchem Eingang (bzw. Anfangsbestand) ausgefaßt wird.

2. **Durchschnittspreisverfahren**

		€
5. 1.	Ausfassung 100 Stk. à € 2,80	280,–
12. 1.	Ausfassung 400 Stk. à € 2,50	1.000,–
	(100 Stk. × € 2,80 + 500 Stk. × € 2,44 : 600 = € 2,50)	
23. 1.	Ausfassung 500 Stk. à € 2,20	1.100,–
	(200 Stk. × € 2,50 + 400 Stk. × € 2,05 : 600 = € 2,20)	
31. 1.	Endbestand 100 Stk. à € 2,20 = € 220,–	
= Materialkosten		2.380,–

3. HIFO:

		€
5. 1.	Ausfassung 100 Stk. à € 2,80	280,–
12. 1.	Ausfassung 400 Stk. à € 2,80 × 100 Stk.	
	€ 2,44 × 300 Stk.	1.012,–
23. 1.	Ausfassung 500 Stk. à € 2,44 × 200 Stk.	
	€ 2,05 × 300 Stk.	1.103,–
31. 1.	Endbestand 100 Stk. à € 2,05 = € 205,–	
= Materialkosten		2.395,–

4. FIFO:

		€
5. 1.	Ausfassung 100 Stk. à € 2,80	280,–
12. 1.	Ausfassung 400 Stk. à € 2,80 × 100 Stk.	
	€ 2,44 × 300 Stk.	1.012,–

➤

23. 1. Ausfassung 500 Stk. à € 2,44 × 200 Stk. € 2,05 × 300 Stk.	1.103,–
31. 1. Endbestand 100 Stk. à € 2,05 = € 205,–	
= Materialkosten	2.395,–

5. LIFO:

	€
5. 1. Ausfassung 100 Stk. à € 2,80	280,–
12. 1. Ausfassung 400 Stk. à € 2,44	976,–
23. 1. Ausfassung 500 Stk. à € 2,05 × 400 Stk. € 2,44 × 100 Stk.	1.064,–
31. 1. Endbestand 100 Stk. à € 2,80 = € 280,–	
= Materialkosten	2.320,–

b) Bewertung bei steigenden Preisen:

Angaben:	1. 1.	Anfangsbestand	200 Stk. à € 2,80
	10. 1.	Eingang	500 Stk. à € 4,–
	20. 1.	Eingang	400 Stk. à € 4,16

Aufgabe: siehe a)

☛ *Lösung*

1. Identitätspreisverfahren: siehe a) 1.:

2. Durchschnittspreisverfahren:

	€
5. 1. Ausfassung 100 Stk. à € 2,80	280,–
12. 1. Ausfassung 400 Stk. à € 3,80 (100 Stk. × € 2,80 + 500 Stk. × € 4,– : 600 = € 3,80)	1.520,–

23. 1.	Ausfassung 500 Stk. à € 4,04	2.020,–
	(200 Stk. × € 3,80 + 400 Stk. × € 4,16 : 600 = € 4,04)	
31. 1.	Endbestand 100 Stk. à € 4,04 = € 404,–	
= Materialkosten		3.820,–

3. HIFO:

		€
5. 1.	Ausfassung 100 Stk. à € 2,80	280,–
12. 1.	Ausfassung 400 Stk. à € 4,–	1.600,–
23. 1.	Ausfassung 500 Stk. à € 4,16 × 400 Stk.	
	€ 4,– × 100 Stk.	2.064,–
31. 1.	Endbestand 100 Stk. à € 2,80 = € 280,–	
= Materialkosten		3.944,–

4. FIFO:

		€
5. 1.	Ausfassung 100 Stk. à € 2,80	280,–
12. 1.	Ausfassung 400 Stk. à € 2,80 × 100 Stk.	
	€ 4,– × 300 Stk.	1.480,–
23. 1.	Ausfassung 500 Stk. à € 4,– × 200 Stk.	
	€ 4,16 × 300 Stk.	2.048,–
31. 1.	Endbestand 100 Stk. à € 4,16 = € 416,–	
= Materialkosten		3.808,–

5. LIFO:

		€
5. 1.	Ausfassung 100 Stk. à € 2,80	280,–
12. 1.	Ausfassung 400 Stk. à € 4,–	1.600,–

23. 1. Ausfassung 500 Stk. à € 4,16 × 400 Stk. € 4,– × 100 Stk. 31. 1. Endbestand 100 Stk. à € 2,80 = € 280,–	2.064,–
= Materialkosten	3.944,–

Zusammenfassung

Wie obiges Beispiel zeigt, führen zu gleichen Ergebnissen

- bei fallenden Preisen HIFO und FIFO
- bei steigenden Preisen HIFO und LIFO.

Bei schwankenden Preisen werden sich allerdings auch hier Differenzen ergeben. Die Summe aus dem bewerteten Endbestand und den Materialkosten ist aber bei allen Verfahren gleich. Da bei konstanten Preisen alle Verfahren (naturgemäß) die gleichen Werte ergeben, wird dieser Fall hier nicht dargestellt.

Beispiel 2

Bewertung zu Durchschnittspreisen

Anfangsbestand lt. Inventur		250 Stück à € 11,–,
Endbestand lt. Inventur		695 Stück
Zukäufe	6. 2.	1.000 Stück à € 10,–
	19. 10.	500 Stück à € 10,–
Ausfassungen	15. 3.	350 Stück
	7. 5.	400 Stück
	8. 11.	300 Stück

Lösungshinweis

Ausgangsbestand lt. Inventur + Zukauf 6. 2.	250 Stück	à € 11,–	€ 2.750,–
Zwischensumme Durchschnittspreis – Ausfassung 15. 3. – Ausfassung 7. 5. + Zukauf 19. 10.			
Zwischensumme Durchschnittspreis – Ausfassung 8. 11.			
Bestand lt. Waren- und Materialaufschreibung			
– Endbestand lt. Inventur			
= Schwund			

Lösung

	Stück	à €	€
Ausgangsbestand lt. Inventur	250	11,–	2.750,–
+ Zukauf 6. 2.	1.000	10,–	10.000,–
Zwischensumme	1.250		12.750,–
Durchschnittspreis		10,20	
– Ausfassung 15. 3.	350	10,20	3.570,–
– Ausfassung 7. 5.	400	10,20	4.080,–
+ Zukauf 19. 10.	500	10,–	5.000,–
Zwischensumme	1.000		10.100,–
Durchschnittspreis		10,10	
– Ausfassung 8. 11.	300	10,10	3.030,–
Bestand lt. Waren- und Materialaufschreibung	700	10,10	7.070,–
– Endbestand lt. Inventur	695	10,10	7.019,50
= Schwund	5	10,10	50,50

3. Personalkosten

3.1. Zusammensetzung

Personalkosten sind alle Kosten, die durch die Beschäftigung von Mitarbeitern und Lehrlingen, durch die Tätigkeit des Unternehmers und gegebenenfalls von Familienangehörigen dem Betrieb erwachsen. Die Personalkosten können entsprechend den Mitarbeitergruppen in folgende Arten aufgeteilt werden:

Mitarbeitergruppe	**Art der Personalkosten**
Unternehmer und mitarbeitende Familienmitglieder, die in keinem Dienst-, Lehr- oder sonstigem Arbeitsvertragsverhältnis zum Betrieb stehen	Kalkulatorische Entgelte (Kalkulatorischer Unternehmerlohn; Kalkulatorisches Gehalt, Kalkulatorischer Lohn – je nach Art der Mitarbeit)
Angestellte	Gehälter
Arbeiter	Löhne
Lehrlinge	Lehrlingsentschädigungen
Mitarbeiter, die keine Dienstnehmer sind	z. B. Provisionen, Honorare
Personen mit freien Dienstverhältnissen und mit Werkverträgen sowie geringfügig Beschäftigte	Löhne, Gehälter und Honorare

Die Nettoentgelte, die die Mitarbeiter erhalten, sind nur ein Teil der Personalkosten.

Der Betrieb hat vom abgabepflichtigen Teil der *Bruttoentgelte* seiner Mitarbeiter vor allem die Lohnsteuer und den Dienstnehmeranteil zur gesetzlichen Sozialversicherung einzubehalten und an das Finanzamt sowie an die Träger der Sozialversicherung abzuführen; er hat eine Reihe weiterer in den Bruttolöhnen nicht enthaltener Abgaben zu tragen; darüber hinaus erbringt er eventuell freiwillige Sozialleistungen, was in Summe die *Personalkosten* gegenüber den Bruttoentgelten beträchtlich erhöht.

Nach der Zurechenbarkeit zum Kostenträger unterscheidet man

- Direkt verrechenbare Personalkosten, das sind im allgemeinen die direkt verrechenbaren Lohnkosten (= Fertigungs-, Einzelkostenlohn, auch „produktiver" Lohn oder Leistungslohn genannt), der direkt verrechenbare Anteil der kalkulatorischen Entgelte, der Gehaltskosten und der Lehrlingsentschädigungen zuzüglich der jeweiligen Nebenkosten sowie die Provisionen.
- Indirekt verrechenbare Personalkosten, das sind im allgemeinen die indirekt verrechenbaren Lohnkosten (= Hilfs-, Gemeinkostenlohn, auch „unproduktiver" Lohn genannt), ferner die kalkulatorischen Entgelte, die Gehaltskosten und die Kosten der Lehrlingsentschädigungen zuzüglich der jeweiligen Nebenkosten, soweit sie einem Kostenträger nicht direkt zugerechnet werden können. Die indirekt verrechenbaren Personalkosten gehören zu den Gemeinkosten.

Übersicht: Nettoentgelt, Bruttoentgelt und Personalkosten:

Nettoentgelt

	Nettoentgelt
+	Lohnsteuer (Einkommensteuer der Unselbständigen)
+	Betriebsratsumlage
+	Dienstnehmeranteil zur gesetzlichen Sozialversicherung (einschl. Arbeiterkammerumlage, Dienstnehmeranteil am Wohnbauförderungsbeitrag und Schlechtwetterentschädigungsbeitrag)
=	Bruttoentgelt
+	Dienstgeberanteil zur gesetzlichen Sozialversicherung (Beiträge zur Krankenversicherung, Pensionsversicherung, Unfallversicherung, Arbeitslosenversicherung, Zuschlag gem. Insolvenzentgeltsicherungsgesetz, Ausgleichstaxe nach dem Behinderteneinstellungsgesetz etc.)
+	Dienstgeberbeitrag zum Familienlastenausgleichsfonds und Zuschlag
+	Beitrag des Dienstgebers zur Abfertigungsversicherung
+	Kommunalabgabe (Gemeindesteuer, 3% der Bruttolöhne)
+	Sonderzahlungen (Weihnachtsremuneration und Urlaubszuschuß)

➤

+	Wiener Dienstgeberabgabe (nur für Wien; auch U-Bahn-Steuer genannt; € 0,072 je Mitarbeiter in der Woche)
+	Berufsausbildungskosten
+	Freiwillige Sozialleistungen inkl. Pensionen
+	Sonstige Zahlungen (z. B. Erfolgsprämien, Gewinn- und Ertragsbeteiligungen, Schmutzzulagen, Reisekosten und Provisionen)
+	Abfertigungen oder Beitrag nach dem Mitarbeitervorsorgegesetz
=	Personalkosten

Das Nettoentgelt beträgt meist nicht einmal die Hälfte der Personalkosten. Dies bewirkt sowohl für die Mitarbeiter als auch für die Betriebe einen starken Anreiz zur Flucht in die Schattenwirtschaft.

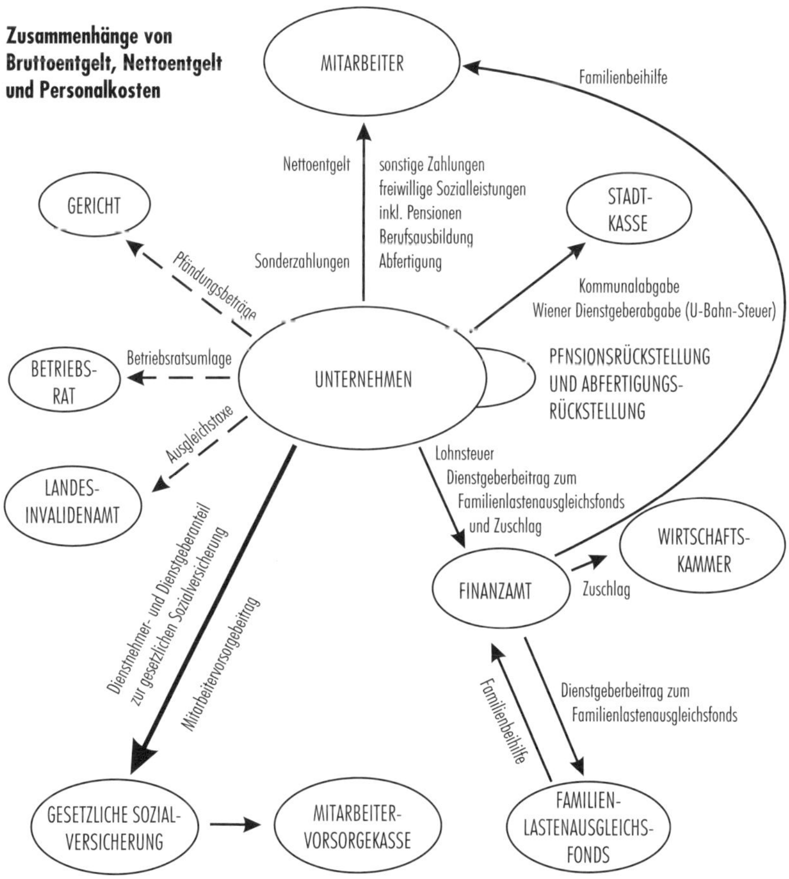

3.1.1. Lohnkosten und Lohnnebenkosten

Lohnkosten sind alle für eine Arbeitsleistung – soweit sie im Rahmen eines Arbeitsverhältnisses erfolgt – entstehenden Kosten. Sie sind der Teil der Personalkosten, der auf die Lohnempfänger entfällt. Sie werden monatlich im nachhinein abgerechnet

Der Begriff „Lohnkosten" enthält:

1. Bruttolohn für die betriebliche Anwesenheitszeit:

Dazu gehören:

- Grundlohn (Zeitlohn, auch Anwesenheitslohn genannt; Akkordlohn; Prämienlohn).
- Überstundenlohn, Überstundenzuschlag (auch für Feiertags-, Sonntags- und Nachtarbeit).
- Auslösen.
- Sonstige Zulagen.
- Falls in einem Betrieb Überstunden, Zulagen etc. geleistet werden, sind sie der Basis für die Berechnung der Lohnnebenkosten zuzurechnen.

Entsprechend der Zurechenbarkeit dieses Lohnes zum Kostenträger unterscheidet man:

a) direkt verrechenbaren Lohn (Fertigungs-, Leistungs-, Einzelkostenlohn, „produktiver" Lohn)[1],
b) indirekt verrechenbaren Lohn (Hilfs-, Gemeinkostenlohn, „unproduktiver" Lohn).

2. Lohnnebenkosten (LNK) für die Normalarbeitszeit[2]:

Lohnnebenkosten sind alle jene Personalkosten, die gleichzeitig mit den Bruttolöhnen entstehen. Ihre Höhe ist teils direkt oder indirekt von der Lohnhöhe abhängig, teils von dieser unabhängig. Teile der Lohnnebenkosten sind direkt von der Lohnhöhe abhängig, wenn sie von vornherein in einem Prozentsatz des Bruttolohnes festgelegt sind; Teile der Lohnnebenkosten sind indirekt von der Lohnhöhe abhängig, wenn sich ihre Höhe z. B. nach der Dauer der Betriebszugehörigkeit richtet; unabhängig von der Lohnhöhe ist z. B. in Wien die Wiener Dienstgeberabgabe (U-Bahn-Steuer).

Die Lohnnebenkosten setzen sich zusammen aus:

1 In diesem Zusammenhang sei darauf hingewiesen, daß der Begriff „Leistungslohn" eine zweifache Bedeutung hat. Leistungslohn ist einerseits – wie oben geschildert – ein Bestandteil der Lohnkosten, andererseits ist Leistungslohn im Gegensatz zu Zeitlohn eine Lohnform; man versteht darunter das Akkord- und Prämienlohnsystem.

2 Siehe auch Merkblatt, Nebenkosten, Wirtschaftskammer Österreich – Wirtschaftsförderungsinstitut, Wien, jeweils aktueller Stand.

a) Lohn für bezahlte Ausfallszeiten (brutto):

	Dienstzeit < 25 Jahre	Dienstzeit > 25 Jahre
1. Urlaub	30 Tage①	36 Tage①
2. Zusatzurlaub für Schwerstarbeiter	2–6 Tage①	
3. Pflegefreistellung	die regelmäßige wöchentliche Arbeitszeit	
4. Feiertagsruhe (Arbeitsruhegesetz)	11 Tage in 2000 die auf Montag bis Freitag fallen zusätzlich für Protestanten Karfreitag und 31. 10.	
5. Freizeit zur Erfüllung religiöser Pflichten	wenn diese Pflichten nicht außerhalb der Arbeitszeit erfüllt werden können und die Freistellung mit den Erfordernissen des Betriebes vereinbar ist	
6. Entgeltfälle nach § 1154b ABGB (vgl. auch die kollektivvertraglichen Bestimmungen)	Krankheit und Unfall	

① Tage im Sinne von Werktagen (Montag bis einschließlich Samstag)

7. Kollektivvertragliche Ausfallzeiten:[1]

- „Anläßlich des Ablebens und der Teilnahme an der Bestattung eines Elternteiles, des Ehegatten oder Lebensgefährten sowie eines Kindes. Bei Stief- oder Adoptivkindern nur, sofern sie mit dem Arbeitnehmer in Hausgemeinschaft lebten: **3 Arbeitstage.**
- Anläßlich der eigenen Eheschließung: **3 Arbeitstage.**
- Anläßlich des Ablebens und der Teilnahme an der Bestattung einer Schwester, eines Bruders beziehungsweise eines Stief-, Groß- oder Schwiegerelternteiles, auch wenn mit dem Arbeitnehmer keine Hausgemeinschaft bestanden hat. Bei sonstigen Familienangehörigen nur dann, wenn sie mit dem Arbeitnehmer im gemeinsamen Haushalt lebten: **1 Arbeitstag.**
- Anläßlich der Entbindung der Ehefrau beziehungsweise der Lebensgefährtin: **1 Arbeitstag.**

1 Kollektivvertrag für die Arbeiter im eisen- und metallverarbeitenden Gewerbe, Wien 2004, S. 22..

- Bei Teilnahme an Abordnungen zu Begräbnissen, wenn eine solche im Einvernehmen mit dem Arbeitgeber erfolgt, **die nachweislich notwendige Zeit.**
- Anläßlich seines Wohnungswechsels mit eigenem Mobiliar: **2 Arbeitstage.**
- Anläßlich der Eheschließung eines Kindes, Stief- oder Adoptivkindes: **1 Arbeitstag.**
- Anläßlich der Eheschließung eines Bruders oder einer Schwester, wenn diese auf einen Arbeitstag des Arbeitnehmers fällt: **1 Arbeitstag.“**
- Der Arbeitnehmer behält ferner bis zum Höchstausmaß von 38 ½ Stunden innerhalb eines Dienstjahres den Anspruch auf Freistellung von der Arbeit unter Fortzahlung des Lohnes, wenn er durch andere wichtige, seine Person betreffende Gründe ohne sein Verschulden während einer verhältnismäßig kurzen Zeit an der Leistung der Arbeit verhindert wird:
  - Das gilt insbesondere für das Aufsuchen eines Arztes, Dentisten oder eines Ambulatoriums, falls dies nicht außerhalb der Dienstzeit möglich ist.
  - Behörden-, Amts- und Gerichtswege sowie zum ersten Antreten zur Führerscheinprüfung.[1]

  Eine Fortsetzung des Entgelts entfällt, wenn der Arbeitnehmer aufgrund öffentlich-rechtlicher Vorschriften vollen Ersatz erhält. Weiters besteht kein Anspruch im Sinne dieses Abschnittes für die Pflege eines unter 12 Jahre alten Kindes für die 2. Woche der Pflegefreistellung (§ 16 Abs. 2 UrlG).

8. *Sonderbestimmungen für bestimmte Gruppen von Arbeitnehmern:*

- Entgeltfortzahlung während der Dauer des Präsenzdienstes
- Gewährung zusätzlicher Kurzpausen bei Arbeiten nach dem Nachtschwerarbeitergesetz **10 Minuten.**
- Stillzeit
  - bei mehr als 4,5 Stunden Arbeitszeit: **45 Minuten**;
  - ab 8 Stunden Arbeitszeit: **90 Minuten.**

b) Sonderzahlungen (brutto):

- Urlaubszuschuß (UZ)
- Weihnachtsremuneration (WR)

In den meisten Kollektivverträgen beträgt der UZ und die WR einen Monatslohn bzw. ein Monatsgehalt.

- Sonstige Zahlungen

1 Vgl. Kollektivvertrag, a. a. O.

c) Gesetzliche Sozialleistungen:

Arbeitgeberanteile zur gesetzlichen Sozialversicherung lt. nachstehender Tabelle[1]

	in % der Bruttobezüge
Krankenversicherung	3,5 bis 3,7 je nach Beitragsgruppe von allen Bezügen
Unfallversicherung	1,4 von allen Bezügen
Pensionsversicherung	12,55 von allen Bezügen
Arbeitslosenversicherung	3,0 von allen Bezügen
IESG-Zuschlag (§ 17 [5] IESG)	0,7 von allen Bezügen
Wohnbauförderungsbeitrag	0,5 nur von den laufenden Bezügen
Nachtschwerarbeiter-Beitrag (Art. XI [3] NSchG)	2,0 von allen Bezügen
Beitrag zum Familienlastenausgleichsfonds (§ 41 [5] FLAG)	4,5 von allen Bezügen
Zuschlag zum Dienstgeberbeitrag	0,38 bis 0,44 von allen Bezügen je nach Bundesland
Schlechtwetterentschädigungsbeitrag	0,7 nur bei Arbeitern
Beitrag zur Abfertigungsversicherung	1,53 von allen Bezügen

d) Sonstige Nebenkosten:

Diese Gruppe der Nebenkosten unterteilt sich einerseits in die Gruppe der **freiwilligen sonstigen Nebenkosten** (z. B. Berufsausbildungskosten, freiwillige Sozialleistungen inkl. Pensionen, Abfertigungen). Andererseits fallen darunter auch Kosten, die bisher aufgrund „stillschweigender sozialpartnerschaftlicher Abkommen" zumeist keine Beachtung bei der Berechnung der Lohnnebenkosten finden. Dabei handelt es sich durchaus um **gesetzliche sonstige Nebenkosten,** die darüber hinaus außerdem von der Betriebsgröße abhängig sind. Eine genaue Quantifizierung ist nicht möglich, weshalb durch Kreuz angezeigt wird, in welcher Betriebsgröße sie anfallen.

	Beschäftigte				
Sonstige gesetzliche Nebenkosten	1–4	5–9	10–19	20–50	51–100
Betriebsgruppenversammlungen	–	×	×	×	×
Sondersitzungen	–	×	×	×	×
Teilversammlung	–	×	×	×	×

➤

1 Die Höchstbeitragsgrundlagen können den jeweils gültigen Beitragsabzugstabellen entnommen werden.

Sitzungen des Betriebsrates	–	×	×	×	×
Betriebsräteversammlung	–	×	×	×	×
Bildungsfreistellung	–	–	–	×	×
Angestelltenabfertigung	×	×	×	×	×
Arbeiterabfertigung	×	×	×	×	×
Ausgleichstaxe nach dem Behinderteneinstellungsgesetz	–	–	–	ab 25	×
Arbeitnehmerschutzgesetz (ab 200 Arbeitnehmer)	–	–	–	–	–
„Regional differenzierte Nebenkosten"					
Kommunalsteuer	im allgemeinen 3% der Bruttobezüge				
Wiener Dienstgeberabgabe	€ 0,72 je Mitarbeiter und Woche				

Jungunternehmer sind im Gründungsjahr von den lohnabhängigen Abgaben teilweise befreit.

Errechnung der Lohnnebenkosten (einschließlich freiwilliger sozialer Leistungen):

Gemäß graphischer Darstellung auf folgender Seite zur Ermittlung der Anwesenheitszeit und der Lohnnebenkosten.

		Wochen	Wochen
A	Bezahlte Ausfallzeiten		
	Krankenstand (s. Spalte 2)	2	
	Urlaub (s. Spalte 3)	5	
	Feiertage (s. Spalte 4)	2,2	
	Sonstige Dienstverhinderungen und Dienstfreistellungen einschließlich Pflegeurlaub (s. Spalte 5)	0,1	9,3
B	Sonderzahlungen		
	Urlaubszuschuß (s. Spalte 7)	4	
	Weihnachtsremuneration (s. Spalte 8)	4	
	Sonstige Sonderzahlungen (s. Spalte 8)	0,5	+ 8,5
C + D	Gesetzliche Sozialleistungen und Sonstige Nebenkosten rund 40% von 60,5 Wochen (s. Spalte 9)		+ 24,2
Lohnnebenkosten in Bruttowochenlöhnen			= 42,0

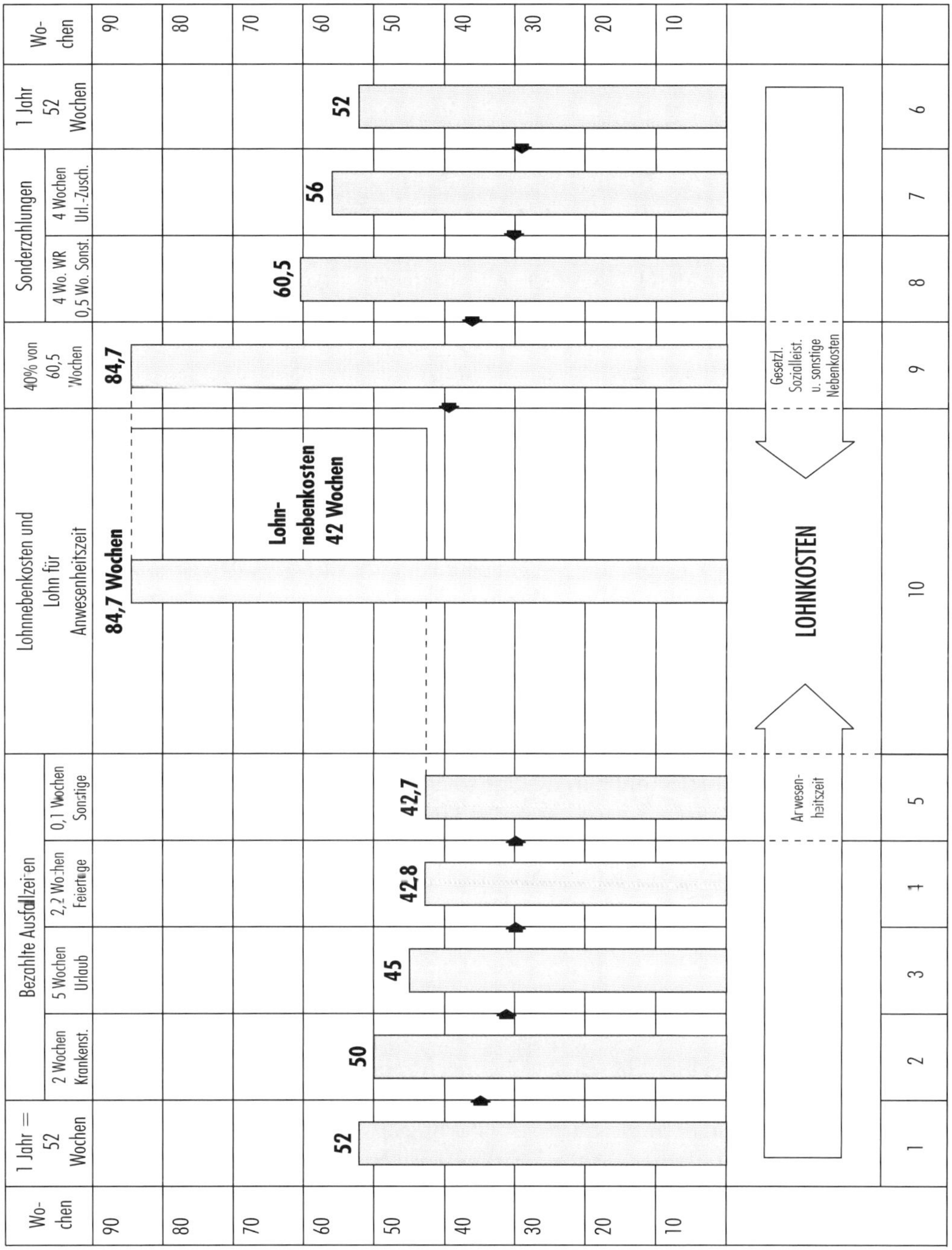
Wo-chen
90
80
70
60
50
40
30
20
10
1 Jahr = 52 Wochen
Bezahlte Ausfallzeiten
2 Wochen Krankenst.
5 Wochen Urlaub
2,2 Wochen Feiertage
0,1 Wochen Sonstige
Lohnnebenkosten und Lohn für Anwesenheitszeit
40% von 60,5 Wochen
Sonderzahlungen
4 Wo. WR 0,5 Wo. Sonst.
4 Wochen Url.-Zusch.
1 Jahr 52 Wochen
52
50
45
42,8
42,7
84,7 Wochen
Lohn-nebenkosten 42 Wochen
84,7
60,5
56
52
Anwesenheitszeit
LOHNKOSTEN
Gesetzl. Sozialleist. u. sonstige Nebenkosten
1
2
3
4
5
10
9
8
7
6

Die Belastung der Anwesenheitszeit (42,7 Wochen) mit Lohnnebenkosten (entsprechend 42,0 Wochen) kann in einem Prozentsatz ausgedrückt werden, wenn die Lohnnebenkosten auf die für die Anwesenheitszeit bezahlten Bruttowochenlöhne bezogen werden:

$$\text{Lohnnebenkostensatz} = \frac{42{,}0 \times 100}{42{,}7} = 98{,}36\%\ \text{(s. Spalte 10)}$$

Die Belastung mit Lohnnebenkosten je Stunde Anwesenheitszeit (Arbeitsstunde) beträgt also rund 100%.

Weitere Erhöhungen der LNK ergeben sich aus dem Arbeitsverfassungsgesetz, dem Mutterschutzgesetz und aus allfälligen freiwilligen Abfertigungen. Die Höhe dieser Belastungen ist primär von den Bestimmungen des jeweiligen Kollektivvertrages abhängig, aber auch von Betrieb zu Betrieb verschieden und muß daher branchen- und betriebsindividuell ermittelt werden.

3.1.2. Gehaltskosten und Gehaltsnebenkosten[1]

Gehälter gehören in der Regel zu den Gemeinkosten. In diesen Fällen ist als Bezugsbasis das monatliche Bruttoentgelt heranzuziehen.

In Ausnahmefällen können Gehälter aber auch einer Leistung direkt zurechenbar sein (z. B. Konstrukteur bei Separatanfertigung).

Gehaltsnebenkosten (GNK) nennt man jenen Teil der Personalkosten, der gleichzeitig mit den Gehältern entsteht. Die Höhe der Gehaltsnebenkosten ist teils direkt oder indirekt von der Höhe des Gehaltes abhängig, teils von dieser unabhängig.

Die Gehaltsnebenkosten (ohne freiwillige soziale Leistungen), bezogen auf eine Stunde Anwesenheitszeit, betragen je nach Länge des Urlaubs zwischen 95% und 100%.

Die angeführten Prozentsätze gelten nur in jenen Fällen, in denen die Kosten der **Anwesenheitsstunde** eines Angestellten ermittelt werden müssen, um sie bestimmten Aufträgen direkt zuzurechnen (z. B. Monteuren im Angestelltenverhältnis).

3.1.3. Lehrlingsentschädigungen und deren Nebenkosten[2]

Unter Nebenkosten bei Lehrlingsentschädigungen versteht man jenen Teil der Personalkosten, der gleichzeitig mit dem Anspruch des Lehrlings auf Entschädigung entsteht. Die Höhe der Nebenkosten ist direkt oder indirekt von der Höhe der Entschädigung abhängig; sie werden als Prozentsatz der Brutto-Lehrlingsentschädigung ausgedrückt.

Die Nebenkosten der Lehrlingsentschädigungen (ohne freiwillige soziale Leistungen) betragen rund 135%.

Der hohe Prozentsatz erklärt sich insbesondere aus der Verringerung der Anwesenheitszeit durch den Berufsschulbesuch (im allgemeinen 8 Wochen pro Jahr).

1 Gemäß Merkblatt Nebenkosten, a. a. O.
2 Gemäß Merkblatt Nebenkosten, a. a. O.

3.1.4. Die „Werkvertragsregelung"

Die Neuerungen der letzten Jahre im Bereich der Sozialversicherungsgesetze hatten das Ziel, Erwerbseinkommen in die Sozialversicherung einzubinden. In der Folge werden die wesentlichsten Änderungen zusammengefaßt:

- **Freie Dienstnehmer.** Diese werden den Dienstnehmern gleichgestellt und sind durch folgende Merkmale gekennzeichnet:
  - Verpflichtung zur Dienstleistung,
  - persönliche Leistungserbringung,
  - keine wesentlichen eigenen Betriebsmittel und
  - Entgeltlichkeit.
- **Belastung der geringfügig Beschäftigten** mit den vollen Sozialversicherungsbeiträgen.
- **Neue Selbständige.** Diese sind in der gewerblichen Sozialversicherung pflichtversichert.

3.1.5. Kalkulatorisches Entgelt

Kalkulatorisches Entgelt ist das Entgelt, das in die Kostenrechnung aufgenommen wird als Vergütung für die

- Ideen,
- organisatorischen Leistungen und
- Arbeitskraft

des Unternehmers (kalkulatorischer Unternehmerlohn) und der mitarbeitenden Familienmitglieder, die in keinem Dienst-, Lehr- oder sonstigen Arbeitsvertragsverhältnis zum Betrieb stehen (kalkulatorischer Lohn oder kalkulatorisches Gehalt).

Die Höhe des kalkulatorischen Entgeltes richtet sich im allgemeinen nach den Kosten, die ein Stellvertreter verursachen würde. Als Kosten sind dabei die Summe aus Bruttobezügen und Nebenkosten anzusehen. Für den oder die geschäftsführenden Unternehmer wird ferner ein Dispositionszuschlag von ca. 10% verrechnet. Dieser Dispositionszuschlag ist das kalkulatorische Entgelt für die Führungstätigkeit des Unternehmers.

Wenn die Kosten eines Stellvertreters nicht bekannt sind, geht man in der Praxis folgendermaßen vor:

  Kosten der höchstbezahlten Beschäftigten des Betriebes (einschließlich der Lohn- oder Gehaltsnebenkosten)
\+ einem entsprechenden Dispositionszuschlag

Früher wurde z. B. in der seifenverarbeitenden Industrie[1] die sogenannte „Seifenformel" zur Berechnung des kalkulatorischen Unternehmerlohnes herangezogen:

$$\text{Kalkulatorischer Unternehmerlohn} = 18\sqrt{\text{Umsatz}}$$

Es braucht nicht erwähnt zu werden, daß diese Berechnungsform problematisch ist.

Der kalkulatorische Unternehmerlohn entfällt meist bei Kapitalgesellschaften, da diese von Führungskräften im Angestelltenverhältnis geleitet werden. Je kleiner der Betrieb ist, umso bedeutender sind diese Kosten im Rahmen der Gesamtkosten.

1 Vgl. Gablers Wirtschaftslexikon, 9. Aufl., Wiesbaden 1975, Sp. 1211.

3.1.6. Sozialversicherung von Arbeiterung und Angestellten ab 2004

Höchstbemessungsgrundlagen, monatlich	
Für den Bereich des Allgemeinen Sozialversicherungsgesetzes (ASVG)	
Krankenversicherung, Unfallversicherung und Pensionsversicherung	€ 3.450,–
Arbeitslosenversicherungsbeitrag und Zuschlag nach dem Insolvenz-Entgeltsicherungsgesetz (IESG)	€ 3.450,–
Bauarbeiter-Schlechtwetter	€ 3.450,–
Beitrag nach dem Entgeltfortzahlungsgesetz (EFZG)	€ 3.450,–
Wohnbauförderungsbeitrag	€ 3.450,–
Arbeiterkammerumlage	€ 3.450,–
Geringfügigkeitsgrenzen (ASVG § 5 Abs. 2)	
a. monatlich	€ 316,19
b. täglich	€ 24,28

Beitragssätze	insgesamt	Anteil Dienstgeber	Anteil Dienstnehmer
a) Krankenversicherung			
Angestellte	7,40 %	3,70 %	3,70 %
Arbeiter	7,40 %	3,50 %	3,90 %
b) Unfallversicherung			
Arbeiter, Angestellte	1,40 %	1,40 %	
c) Pensionsversicherung			
Arbeiter, Angestellte	22,8 %	12,55 %	10,25 %

3.2. Erfassung der Personalkosten

Lohnnebenkosten, Gehaltskosten, Gehaltsnebenkosten, Lehrlingsentschädigung und Nebenkosten für Lehrlingsentschädigungen sind in aller Regel Gemeinkosten, sodaß sich die Erfassung der direkt verrechenbaren Personal- oder Arbeitskosten meist auf die Lohnkosten beschränkt. Diese erfolgt bei Zeitlohn auf Grund der *Arbeitszeit* und bei Leistungslohn auf Grund der *Leistung*. Zur Ermittlung der Arbeitszeit wird z. B. das REFA-System verwendet. Der Fertigungslohn ergibt sich dann als Produkt aus Auftragszeit × Lohnsatz. Die Auftragszeit umfaßt die Sollzeiten für Rüsten (Rüstzeiten) und Ausführen (Ausführungszeiten).

Da in vielen Unternehmen keine Arbeitsvorbereitung, die das REFA-System handhabt, eingerichtet ist, muß vielfach mit einfachen Formen das Auslangen gefunden werden. So wird dann oft nur die Anwesenheitszeit ermittelt.

Bei den Leistungslöhnen, meist in der Form von Akkordlöhnen, ist eine Aufschreibung überhaupt unumgänglich.

Die Lohnkosten, die unmittelbar den Kostenträgern zugerechnet werden, bezeichnet man als Fertigungslöhne, direkte Löhne, direkt verrechenbare Löhne, Leistungslöhne, „produktive" Löhne oder Lohneinzelkosten.

Ihrer Erfassung dient der Beleg „Fertigungslohn". Gemeinkostenlohn ist die Differenz zwischen Lohnkosten der Anwesenheitszeit und Fertigungslohn. Dieser Gemeinkostenlohn wird vielfach auch Hilfslohn oder „unproduktiver" Lohn genannt, da er meist durch Hilfsarbeiten verursacht wird (vgl. nachstehende Formulare).

Beispiele für Lohnbelege[1]

<table>
<tr><td colspan="2">Stamm-
Kostenstelle
..........................</td><td colspan="2">Fertigungslohn
Lohnwoche: ....</td><td colspan="2">Name: ....</td><td colspan="2">Leistende
Kostenstelle:
..........................</td></tr>
<tr><td colspan="2"></td><td colspan="3">Bezeichnung des Auftrages</td><td>Zeichn.-Nr.</td><td colspan="2">Auftrags-Nr.
(Kostenträger)</td></tr>
<tr><td colspan="2"></td><td colspan="3"></td><td></td><td colspan="2"></td></tr>
<tr><td colspan="2">Einrichtezeit</td><td colspan="2">Arbeitsgang</td><td>Akkordsatz</td><td>Vorgabezeit</td><td>Gebrauchte Zeit</td><td>Lohn S</td></tr>
<tr><td colspan="2"></td><td colspan="2"></td><td></td><td></td><td></td><td></td></tr>
<tr><td>Nr.</td><td>Stück</td><td>Werkstoff</td><td>Termin</td><td colspan="2">Geprüft</td><td colspan="2">Meister</td></tr>
<tr><td></td><td></td><td></td><td></td><td colspan="2"></td><td colspan="2"></td></tr>
</table>

1 Illetschko, L., Praktische Kostenrechnung, 3. Aufl., Wien 1959, S. 70.

Stamm-Kostenstelle	Gemeinkostenlohn Lohnwoche:	Name:	Leistende Kostenstelle: ....

Kostenart	Gebrauchte Zeit						Gesamt-stunden	Betrag	Anmerkung
	Mo	Di	Mi	Do	Fr	Sa			
Einstellen									
Kontrollieren									
Transport									
Botenlohn									
Insgesamt									

Lohnsatz: S	Ausgestellt:	Geprüft:	Meister:

1. Beispiel eines Formularsatzes für die Arbeitszeitaufschreibung[1]:

(1) Arbeitskarte zur Erfassung (Abb. gegenüberliegende Seite)**:**

- der direkt verrechenbaren Stunden (Kunden- oder Lagerauftragsstunden);
- der indirekt verrechenbaren Stunden (Stunden für innerbetriebliche Aufträge, Aufräumarbeiten, Wartezeiten u. a.) sowie
- der Daten für die Lohnverrechnung je Mitarbeiter und Lohnwoche.

(2) Zeitensammelblatt zur Auswertung der Angaben auf den Arbeitskarten je Lohnperiode für:

- die Kostenrechnung (direkt verrechenbare Lohnkosten für Kunden- oder Lageraufträge und indirekt verrechenbare Lohnkosten für innerbetriebliche Aufträge);
- die Lohnverrechnung und
- die Finanzbuchhaltung.

ZEITENSAMMELBLATT für .... (Name) Lohnperiode vom bis 20 . . Nr.

		Stunden	Stundenlohn	Ausrechnung	Lohnverrechnung	Buchhaltung
Anwesenheit	Kundenaufträge					
	innerbetriebliche Aufträge					
Nichtanwesenheit	Krankheit u. unbezahlte Freizeit					
	sonstige Nichtanwesenheit					
Kontrollsumme						
abzüglich Krankheit u. unbezahlte Freizeit						
bezahlte Stunden						
abzüglich Überstunden						
Normalstunden						
Zulagenpflichtig						
				Summe		

1 Wirtschaftskammer Österreich, Wirtschaftsförderungsinstitut.

(1) Arbeitskarte[1]

ARBEITSKARTE für ________ Lohnwoche ______ vom ____ bis ________ 20..
Name

Wochentag	Gegenstand, Arbeitsgang	Auftrag Nr.	Uhrzeit von	Uhrzeit bis	Auftragsnummer											Tagessummen
Stunden je Auftrag																
Übertrag von Rückseite																
Gesamtsumme – Stunden je Auftrag/Lohnwoche																

Summen				Zulagepflichtige Stunden		
Kundenauftragsstunden	innerbetriebliche Stunden	Krankheit	Sonstige Nichtanwesenheit			

1 Wirtschaftskammer Österreich, Wirtschaftsförderungsinstitut.

(3) Jahreszusammenstellung der Zeiten zur Trennung der Lohnkosten eines Jahres in:

- direkt verrechenbare (für Kunden- und Lageraufträge) und
- indirekt verrechenbare (für innerbetriebliche Aufträge);
- Nichtanwesenheitszeiten sowie
- zur Kontrolle der Zeiten.

Zur Aufdeckung eventueller Unwirtschaftlichkeiten im Mitarbeitereinsatz wird außer der Feststellung der Ist-Zeiten auch die Vorgabe von Soll-Zeiten für bestimmte Aufgaben durchgeführt. Durch Vergleich der vorgegebenen Soll-Zeit mit der für diese Aufgabe festgestellten Ist-Zeit erhält die Unternehmensführung Hinweise auf allfällige Unwirtschaftlichkeiten, aber auch Unterlagen für spätere Vorkalkulationen.

Zur Soll-Zeit-Vorgabe werden verschiedene Verfahren eingesetzt, z. B. REFA. Die Soll-Zeit-Vorgabe ist auch die Voraussetzung für den Übergang vom Zeitlohn zum Leistungslohn (Akkord- oder Prämienlohnsystem); eine vorherige Absprache mit der Personalvertretung (Betriebsrat) ist notwendig.

(3) Jahreszusammenstellung der Zeiten (Arbeitszeiterfassung) – siehe nächste Seite.

2. Beispiel Bauschlosserei mit Reparaturabteilung und Handel:

Anhand der Arbeitszeitaufschreibungen der Normal- und Überstunden dieses Unternehmens ergibt sich die in der Tabelle dargestellte Verteilung der Beschäftigtenzahlen der Mitarbeiter auf die Tätigkeitsbereiche (Sparten):

Sparten	Unternehmer Meister①	Mittätige Ehegattin	Gehilfen	Hilfsarbeiter	Summe
Bauschlosserei	–	–	2	2	4
Reparatur	–	–	1	2	3
Handel	–	0,5	–	–	0,5
Verwaltung	1,25	0,5	–	–	1,75
Summe	1,25	1	3	4	9,25

① Die Bewertung des Meisters ergibt sich aus seiner um ¼ längeren Arbeitszeit.

Der mitarbeitende Unternehmer hat in diesem Jahr 2.500 Stunden gearbeitet, wobei seine Tätigkeit lediglich im Verwaltungsbereich lag. Die drei Gehilfen haben im selben Jahr je 2.000 Stunden gearbeitet, wobei 90% dieser Stunden direkt verrechenbar und 10% indirekt verrechenbar waren. Die direkt verrechenbaren Stunden und die indirekt verrechenbaren Stunden fielen in den jeweiligen Bereichen der Beschäftigung der Gehilfen an. Die vier Hilfsarbeiter arbeiteten ebenfalls je 2.000 Stunden, wobei 80% der Stunden direkt verrechenbar und 20% indirekt verrechenbar waren. Die direkt und die indirekt verrechenbaren Stunden fielen in den jeweiligen Sparten an, in denen die Hilfsarbeiter beschäftigt waren. Die mittätige Ehegattin arbeitete ganztägig mit, wobei ihre Mitarbeit zur Hälfte der Handelssparte und zur Hälfte dem Verwaltungsbereich zuzurechnen war.

(3) Jahreszusammenstellung der Zeiten[1]

JAHRESZUSAMMENSTELLUNG DER ZEITEN für (Name) ______ 20__

Lohn-Woche	Normal-Stunden	Über-stunden	Gesamt-stunden	Gliederung der Gesamtstd.			Gliederung der Nichtanwesenheitsstunden						Gliederung der innerbetrieblichen Stunden												
				Kunden-aufträge	Innerbe-trieblich	Nichtan-wesenheit	Abwe-senheit unbez.	Feier-tag	Krank-heit	Restl. Nichtan-wesen-heit	Schule	Urlaub													

1 Wirtschaftskammer Österreich, Wirtschaftsförderungsinstitut.

Ableitung der Kosten aus dem Aufwand – zwischen Aufwendungen und Kosten ergaben sich folgende Unterschiede:

a) Der Unternehmerlohn wurde wie folgt berechnet:
Stundenlohn des höchstbezahlten Gehilfen inklusive Lohnnebenkosten + 10% Dispositionszuschlag für den Unternehmer = € 18,– + 10% = € 19,8 × 2.500 Stunden = € 49.500,–.
b) Das kalkulatorische Gehalt für die mittätige Ehegattin wurde in Höhe von € 7.000,– p. a. angesetzt.

Berechnung der Personaleinzelkosten und der Personalgemeinkosten nach Sparten:

Die **Personaleinzelkosten der Bauschlosserei** wurden wie folgt errechnet:

- 2 Gehilfen à 1.800 direkt verrechenbare Stunden = 3.600 Stunden × (Bruttostundenlohn + Lohnnebenkosten = € 18,–) = € 64.800,–
- 2 Hilfsarbeiter à 1 .600 direkt verrechenbare Stunden = 3.200 Stunden × (Bruttostundenlohn + Lohnnebenkosten = € 15,–) = € 48.000,–

Personaleinzelkosten Reparatur:

- 1 Gehilfe à 1.800 direkt verrechenbare Stunden × € 18,– = € 32.400,–
- 2 Hilfsarbeiter à 1.600 direkt verrechenbare Stunden – 3.200 Stunden × € 15,– – = € 48.000,–

Personalgemeinkosten Bauschlosserei:

- 2 Gehilfen à 200 indirekt verrechenbare Stunden = 400 Stunden × € 18,– = € 7.200,–
- 2 Hilfsarbeiter à 400 indirekt verrechenbare Stunden = 800 Stunden × € 15,– = = € 12.000,–

Personalgemeinkosten der Reparatur:

- 1 Gehilfe à 200 indirekt verrechenbare Stunden × € 18,– = € 3.600,–
  2 Hilfsarbeiter à 400 indirekt verrechenbare Stunden = 800 Stunden × € 15,– = = € 12.000,–

Die **Gemeinkosten des Handels** ergeben sich aus der Hälfte des kalkulatorischen Gehaltes für die mittätige Ehegattin in Höhe von € 3.500,– p. a.

Die **Gemeinkosten des Verwaltungsbereiches** setzen sich aus dem kalkulatorischen Unternehmerlohn sowie aus der Hälfte des kalkulatorischen Gehaltes für die mittätige Ehegattin zusammen (€ 49.500,– + € 3.500,– = € 53.000,–).

Betriebsüberleitungsbogen und Aufteilung der Personalkosten (Beträge in € 1.000,–)

Text	Berichtigungen				Einzelkosten				Gemeinkosten				
	Aufwand	+	–	Kosten	Summe	Bau	Rep.	Handel	Summe	Bau	Rep.	Handel	Verw.
Unternehmer	–	49,50	–	49,50	–				49,50				49,50
mittätige Gattin	–	7,–	–	7,–	–				7,–			3,50	3,50
Gehilfen	108,–			108,–	97,20	64,80	32,40		10,80	7,20	3,60		
Hilfsarbeiter	120,–			120,–	96,–	48,–	48,–		24,–	12,–	12,–		
	228,–	56,50	–	284,50	193,20	112,80	80,40		91,30	19,20	15,60	3,50	53,–

3. Beispiel Karosseriebaubetrieb, in dem keine Arbeitszeit- und Materialaufschreibung geführt wurden:[1]

Ermittlung der Nebenkosten:

1. für Gehilfen und Hilfsarbeiter

Die Lohnnebenkosten können für einen Kollektivvertragsbereich einheitlich ermittelt werden; die zwischen den einzelnen Betrieben auftretenden Abweichungen spielen keine große Rolle. Sie wurden mit 80% angenommen.

2. für gewerbliche Lehrlinge wurden die Nebenkosten mit 115% angenommen.

Ermittlung der direkt verrechenbaren Arbeitsstunden

Am günstigsten ist es, wenn jeder Betrieb Aufzeichnungen über die Anzahl der den Kundenaufträgen direkt verrechenbaren Arbeitsstunden führt. Da dies aber leider nur in sehr wenigen Fällen geschieht, bringen wir nachstehend eine Anleitung zur überschlagsmäßigen Ermittlung:

a) für Gehilfen und Hilfsarbeiter	Wochen
Gesamtzahl der Wochen während des Jahres	52
– Urlaub	4,5
– Feiertage (durchschnittlich 2 Wochen)	2,5
– weiters im Durchschnitt auf jeden Beschäftigten im Jahr fast 3 Wochen Krankenstand; zusammen mit den sonstigen Verhinderungszeiten, die bezahlt werden müssen (z. B. Arzt, Behördenwege), macht das rund	3
Es verbleiben also für die betriebliche Anwesenheitszeit (das sind Kundenauftragsstunden und Zeiten für innerbetriebliche Arbeiten) im Jahr	42

42 Wochen × 40 Stunden = 1.680 Stunden; das ergibt etwa 1.600 direkt verrechenbare Stunden, wenn man nur eine halbe Stunde täglich als nicht direkt verrechenbare Zeiten abzieht (bezahlte Pausen, Wartezeiten, Aufräumen etc.), die in den restlichen Gemeinkosten enthalten sind.

1 WIFI: „Das Gewerbe der Karosseriebauer“, Wien, ohne Jahresangabe, S. 22 ff.

b) für gewerbliche Lehrlinge	Wochen
Gesamtzahl der Wochen während des Jahres	52
– Urlaub	4,5
– Feiertage (durchschnittlich 2 Wochen)	2,5
– Krankheit (durchschnittlich 4 Wochen)	4
– Schulzeit (8 Wochen)	8
Es verbleiben also für die betriebliche Arbeit im Jahr	33

Bei den Lehrlingen muß außerdem noch mit einer größeren Anzahl von nicht direkt verrechenbaren Arbeitsstunden gerechnet werden, während Überstunden praktisch nicht vorkommen. Es werden 1.200 direkt verrechenbare Stunden angenommen.

3.3. Verrechnung der Personalkosten

Die anschließende Gesamtübersicht zeigt:

1. Die Zusammensetzung der Lohnkosten aus Kosten der Anwesenheitszeit, der Nichtanwesenheitszeit, der Sonderzahlungen und der sozialen Lasten;
2. die beiden Verrechnungsvarianten der Gemeinkosten der Lohnkosten als Lohnnebenkosten und lohnabhängige Gemeinkosten und
3. die in der Industrie vielfach angewandte Verrechnung der Fertigungsgemeinkosten auf die Fertigungslöhne (direkt verrechenbare Löhne, direkte Löhne, Leistungslöhne oder „produktive“ Löhne).

Anwesenheitszeit		Nichtanwesenheitszeit (Urlaub etc.)	Sonderzahlungen	soziale Lasten
direkt verrechenbare Zeit = Leistungszeit	indirekt verrechenbare Zeit = Hilfszeit		Weihnachtsremuneration, Urlaubszuschuß	Abgaben des Arbeitgebers auf die Jahresbruttolöhne (inkl. Sonderzahlungen)
52 Jahreswochen				
Bruttolöhne für die Anwesenheitszeit		Lohnnebenkosten = jener Kostenbetrag, um den die gesamten Personalkosten die Bruttolöhne für die Anwesenheitszeit übersteigen		
Fertigungslohn = Bruttolöhne für die Leistungszeit	lohnabhängige Gemeinkosten = jener Kostenbetrag, um den die gesamten Personalkosten die Bruttolöhne für die Leistungszeit übersteigen			

Die Fertigungsgemeinkosten inkludieren neben den lohnabhängigen Gemeinkosten auch sonstige fertigungsbedingte Gemeinkosten (z. B. Kosten für Hilfsmaterial, Betriebsstoffe, Energie etc.).

Verrechnungsvariante	Basis
Lohnnebenkosten	Anwesenheitszeit in Bruttowochenlöhnen
Lohnabhängige Gemeinkosten	Fertigungslohn brutto
Fertigungsgemeinkosten	Fertigungslohn brutto

4. Kapitalkosten

In den Betrieben erlangt das Kapital als Produktionsfaktor immer größere Bedeutung. Dieses Kapital ist u. a. erforderlich, um die im Betrieb notwendigen Investitionen zu finanzieren. Mit der Bereitstellung und dem Einsatz von Kapital im Betrieb entstehen verschiedene Arten von Kapitalkosten, die im folgenden behandelt werden.

4.1. Kalkulatorische Abschreibung

4.1.1. Allgemeines

Die kalkulatorische Abschreibung unterscheidet sich von der buchmäßigen dadurch, daß die Kostenrechnung unabhängig von handels- und steuerrechtlichen Vorschriften die tatsächliche Wertminderung der Gegenstände des Anlagevermögens als Kosten verrechnet. Diese Wertminderung hat zahlreiche und unterschiedliche Ursachen:

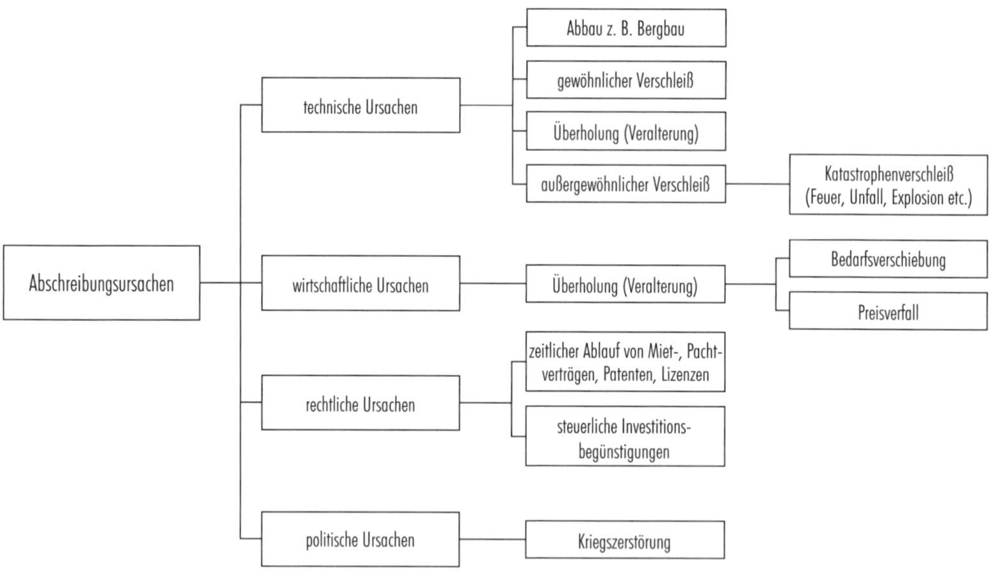

Die Wertminderung von Anlagegegenständen läßt sich durch Verschleißkurven darstellen. Verschleißkurven zeigen die Abhängigkeit des Anlagenwertes von der Zeit oder Leistung.

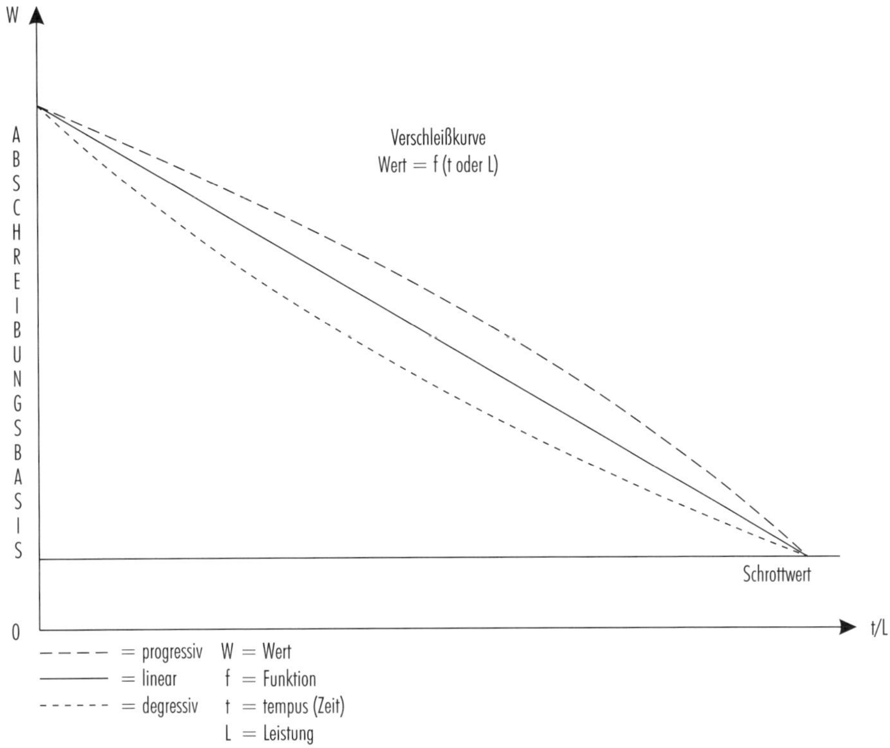

Ermittlung der Abschreibungsbasis:

	€
Tagespreis – abzugsfähige Umsatzsteuer + Aufstellungskosten (ohne USt)① + Abbruchkosten (ohne USt)① + Entsorgungskosten (ohne USt)① – Schrottwert (ohne USt)①	
= Abschreibungsbasis	

① wenn abzugsfähig

Abschreibungsbasis = Summe der zu verteilenden Abschreibungsbeträge

Der Wert, den die Anlage vor Nutzung repräsentiert (Anschaffungswert + Aufstellungskosten inkl. Abbruchkosten der alten Maschine) abzüglich Abschreibungsbasis ergibt den geschätzten Wert am Ende der Nutzungsdauer (Schrottwert).

Dabei ergeben sich drei idealtypische Formen:
1. lineare Verschleißkurve
2. degressive Verschleißkurve und
3. progressive Verschleißkurve

Teilt man die Koordinate t/L in beispielsweise drei Abschnitte, dann läßt sich die in diesem Abschnitt erfolgte Wertminderung ablesen als
1. lineare Abschreibung
2. degressive Abschreibung und
3. progressive Abschreibung

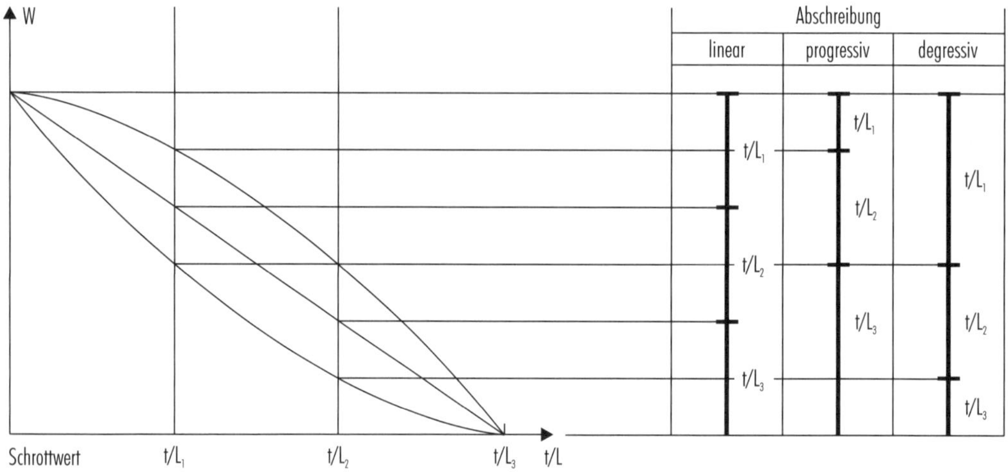

W = Wert
t = tempus (Zeit)
L = Leistung

Die Abschreibung ist also die kostenmäßige Auswirkung der Wertminderung von materiellen und immateriellen Gütern (z. B. Lizenzen) des Anlagevermögens. Diese geht als kalkulatorische Abschreibung in die Kostenrechnung ein. Sie wird in der Preisfestsetzung des Betriebes berücksichtigt. Wenn der Markt die vollen Selbstkosten vergütet, spricht man von „verdienter Abschreibung“.

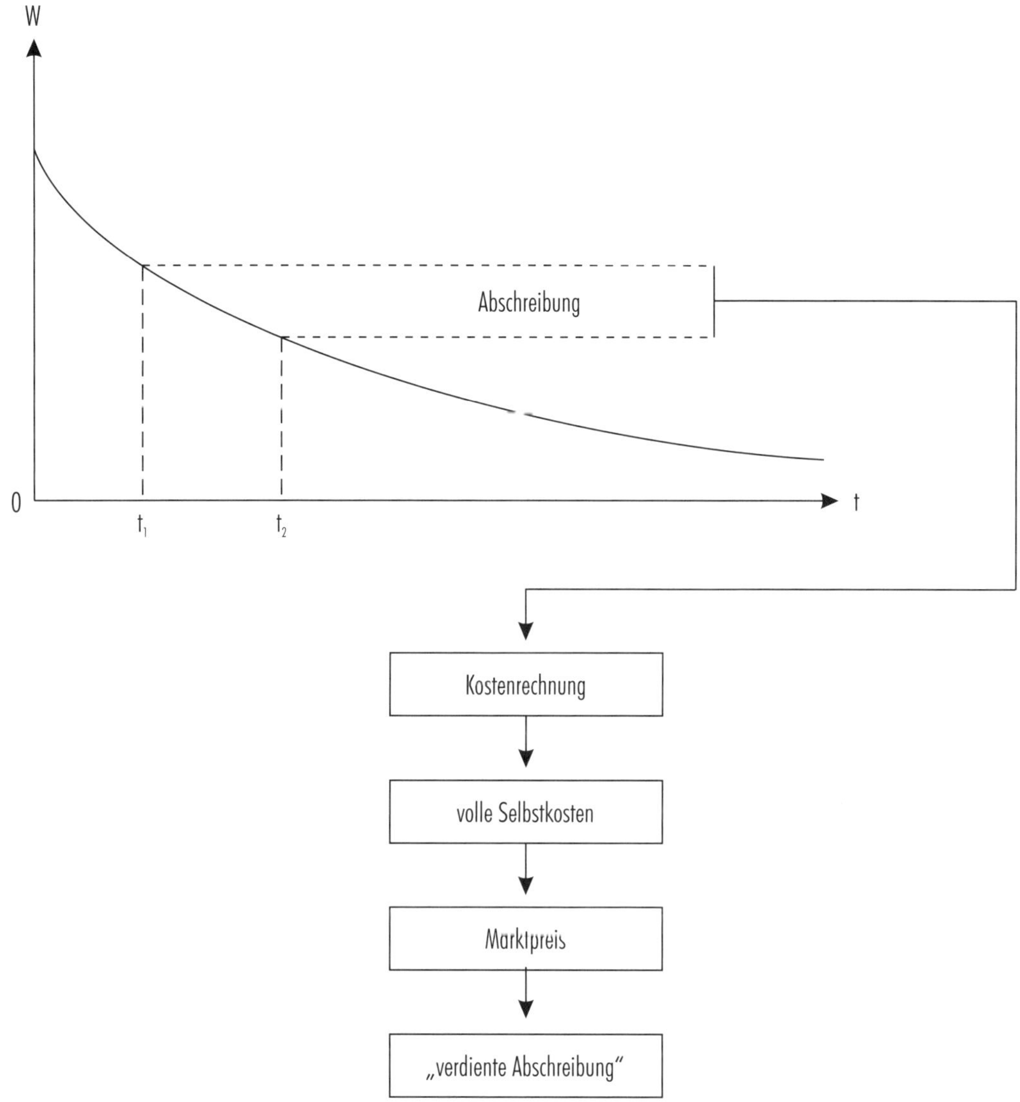

wenn Marktpreis ≥ volle Selbstkosten = kostendeckender Preis

Werden beim *wertmäßigen Kostenansatz* die Abschreibungen von Wiederbeschaffungswerten angesetzt, so besteht bei kostendeckenden Preisen für das Unternehmen die Möglichkeit, Ersatzbeschaffungen aus verdienten Abschreibungen zu finanzieren, da die höheren Wiederbeschaffungspreise zum Zeitpunkt E (Ersatz) der Abschreibung zugrunde gelegt wurden. Bei pagatorischen Kostenansätzen zu Anschaffungspreisen müßte die Differenz zwischen Wiederbeschaffungspreis und Anschaffungspreis fremdfinanziert werden, wenn nicht verdiente Gewinne oder zusätzliches Eigenkapital zur Verfügung stehen.

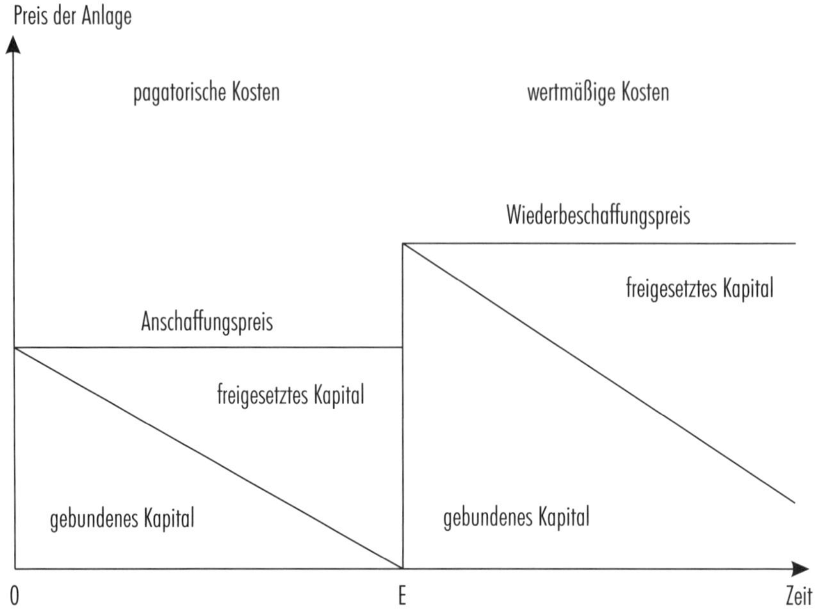

Bei pagatorischem Ansatz der Kosten können durch Abschreibungen bestenfalls die seinerzeitigen Anschaffungskosten verdient werden. Bei steigenden Preisen und bereits erreichten Grenzen der Eigenfinanzierung führt jede Ersatzinvestition zu einer Neuverschuldung des Unternehmens, da dann der höhere Wiederbeschaffungspreis nur zum Teil – nämlich in Höhe des seinerzeitigen Anschaffungspreises – aus verdienten Abschreibungen finanziert werden kann. Die Differenz auf den höheren Wiederbeschaffungspreis muß anderweitig finanziert werden.

4.1.2. Abschreibungsverfahren

Siehe Graphik auf der nächsten Seite.

☞ Beispiel

Leistungsabhängige Abschreibungen für einen Lkw-Zug	
Abschreibungsbasis	€ 120.000,–
Gesamtkilometerleistung	400.000
Kilometerleistung 1. Jahr	100.000
Kilometerleistung 2. Jahr	150.000
Kilometerleistung 3. Jahr	150.000

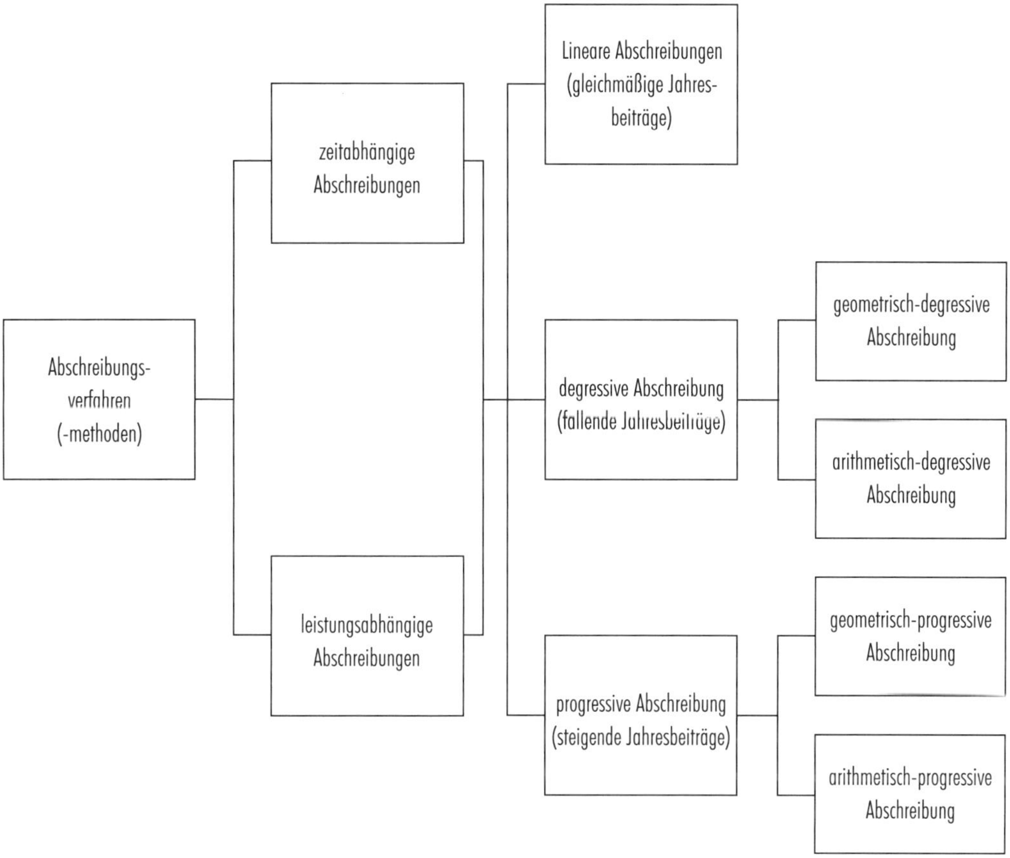

☛ $\text{Abschreibung je gefahrenem km} = \frac{\text{Abschreibungsbasis in €}}{\text{Gesamtkilometerleistung}} = \frac{\text{€ 120.000,–}}{\text{400.000 km}} = \text{€ 0,30 je km}$

		€
Abschreibung im 1. Jahr	100.000 km × € 0,30	30.000,–
Abschreibung im 2. Jahr	150.000 km × € 0,30	45.000,–
Abschreibung im 3. Jahr	150.000 km × € 0,30	45.000,–

Kalkulatorisch wird so lange abgeschrieben, wie der Gegenstand im Betrieb genutzt wird. Gegenstände, die in der Buchführung bereits vollständig abgeschrieben sind, aber noch weiter im Betrieb verwendet werden, können daher kalkulatorisch weiter abgeschrieben werden.

Ausgangsbasis der kalkulatorischen Abschreibung ist bei wertmäßigem Ansatz der *Wiederbeschaffungspreis* (inkl. etwaiger Kosten bis zur Inbetriebnahme etc.). Da dieser zum

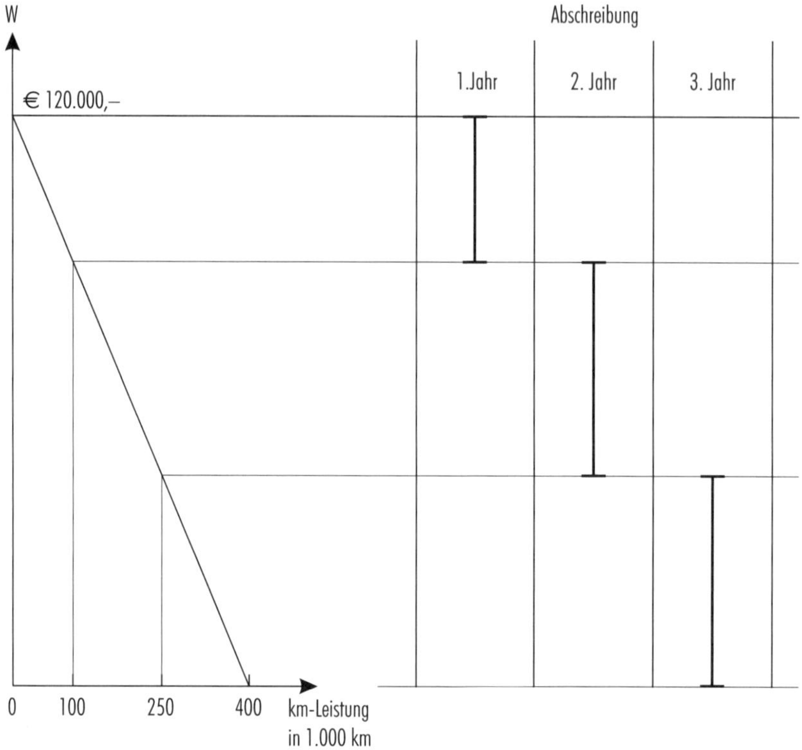

Zeitpunkt der Erstellung der Kostenrechnung auf Grund der meist langfristigen Nutzung der Anlagen nicht feststellbar ist, behilft man sich mit dem *Tagespreis* der Anlagen zum Zeitpunkt der Kalkulation. Gelingt es, die kalkulatorische Abschreibung neben den anderen Kosten im Preis hereinzubekommen, ist die Ersatzbeschaffung weitgehend gesichert.

Zur Ermittlung der kalkulatorischen Abschreibung ist die Führung *einer Anlagenkartei oder eines Anlagenverzeichnisses* notwendig. Darin werden die echten Restwerte der Anlagen unter Berücksichtigung ihrer voraussichtlichen wirtschaftlichen Nutzungs- oder Leistungsdauer bzw. der erwarteten Leistung ausgewiesen. Dies führt meist dazu, daß die in der Buchführung bereits weitgehend oder voll abgeschriebenen Anlagen zum Tageswert (Restwert) aufscheinen und dadurch die stillen Reserven sichtbar werden. Das auf diese Weise zu Tageswerten bewertete Anlagevermögen ist auch Grundlage für die Errechnung der kalkulatorischen Zinsen und Basis zur Feststellung der Versicherungswerte.

4.1.3. Beispiele und Formulare

Beispiel der kalkulatorischen Abschreibung einer Maschine (linear):

Eine Anlage wird zu Beginn des Jahres 2005 um € 150.000,– angeschafft. Sie soll fünf Jahre genützt werden. Der Restwert entspricht den Abbruchkosten. Der Preisindex für Maschinen dieses Typs beträgt für Ende 2005 und 2006 100%, Ende 2007 und 2008 110%, Ende 2009 120%.

Die kalkulatorischen Abschreibungen betragen daher

2005: 20% von € 150.000,– = € 30.000,–
2006: 20% von € 150.000,– = € 30.000,–
2007: 20% von € 165.000,– = € 33.000,–
2008: 20% von € 165.000,– = € 33.000,–
2009: 20% von € 180.000,– = € 36.000,–

Wenn sich am Ende des fünften Jahres herausstellen sollte, daß die Maschine noch einen Wert von € 50.000,– hat und noch zwei weitere Jahre genutzt werden kann, dann werden in den Jahren 2010 und 2011 je € 25.000,– an Abschreibungskosten verrechnet. Stellt man aber bereits nach drei Jahren fest, daß diese Maschine für den Betrieb nur noch Schrottwert besitzt, sind im vierten und fünften Jahr keine Abschreibungen zu verrechnen.

Das Risiko einer zu lang geschätzten wirtschaftlichen Nutzungsdauer (vorzeitiges Ausscheiden) wird über die Position kalkulatorisches Anlagenwagnis berücksichtigt.

In den meisten Fällen wird die Abschreibung der Einfachheit halber für einen bestimmten Zeitraum unter der Annahme laufender Nutzung ermittelt *(zeitabhängige Abschreibung).* Vom Standpunkt der Kostenrechnung ist es allerdings richtiger, die Abschreibung auf die Leistung zu beziehen *(leistungsabhängige Abschreibung)*; z. B. Abschreibung eines Pkws nicht nur nach Zeit, sondern auch nach gefahrenen Kilometern.

Graphisches Beispiel Wiederbeschaffungspreis (Tagespreis) der Anlage in €

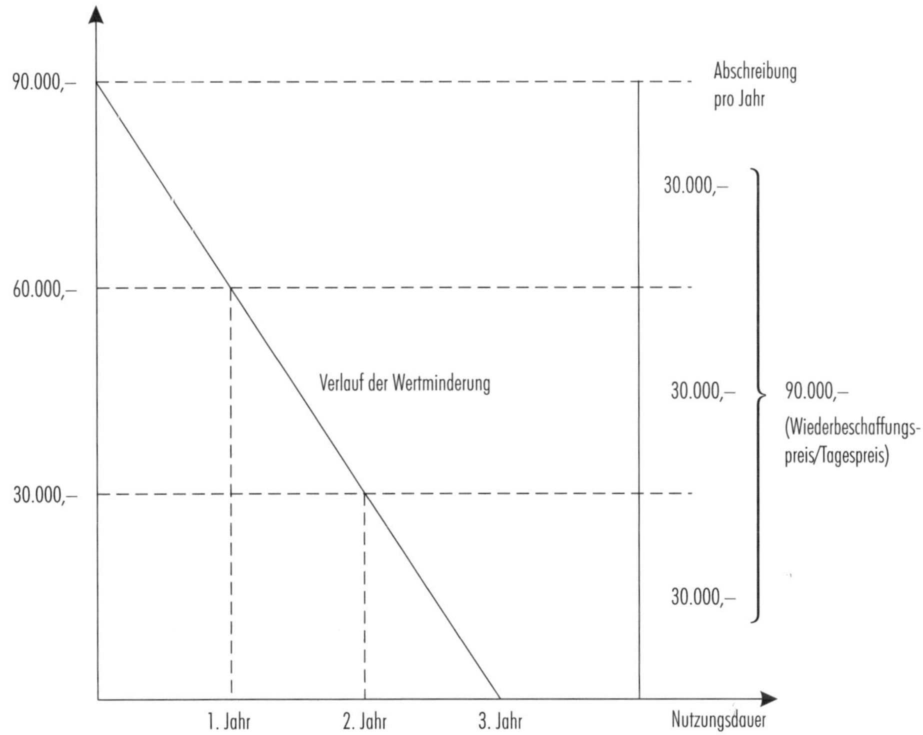

Beispiel: Formular zur Erfassung der Leistung eines Werkzeuges (Werkzeugkarte)[1]

Jahr 20 __ WERKZEUGKARTE für					
(genaue Bezeichnung oder Nummer des Werkzeuges)					
LW	Datum	Auftrag Nr.	Name	bearbeitetes Material	ca. bearbeitete Meter bzw. m³
Übertrag auf Rückseite					

1 Wirtschaftskammer Österreich, Wirtschaftsförderungsinstitut, Wien o. J.

Beispiel: Formular zur Erfassung der Einsatzzeiten von Maschinen[1]

Jahresübersicht über Maschinenzeiten Blatt Nr. ________ 20____

WOCHE	Maschine		Maschine		Maschine		Maschine		Maschine		Maschine		Maschine		Maschine		Maschine	
	Benutzungs-Dauer	Pflege Reparatur	Benutzungs-Dauer	Pflege Reparatur	Benutzungs-Dauer	Pflege Reparatur	Benutzungs-Dauer	Pflege Reparatur	Benutzungs-Dauer	Pflege Reparatur	Benutzungs-Dauer	Pflege Reparatur	Benutzungs-Dauer	Pflege Reparatur	Benutzungs-Dauer	Pflege Reparatur	Benutzungs-Dauer	Pflege Reparatur

Auslastungsgrad $= \frac{\text{tatsächliche Benutzungsdauer}}{\text{theoretische Benutzungsdauer}} = \frac{\text{\_\_\_\_\_\_}}{\text{\_\_\_\_\_\_}} =$

Lohnkosten für Reparatur ________

Lohnkosten für Pflege ________

1 Wirtschaftskammer Österreich, Wirtschaftsförderungsinstitut, Wien o. J.

Die dem Verursachungsprinzip am ehesten entsprechende Variante ist die leistungsabhängige Abschreibung unter Berücksichtigung der zeitbedingten Wertminderung.

Auf den vorigen Seiten sind zwei Formulare als Organisationsmittel zur Erfassung der Nutzungsdauer und der Leistung abgebildet. Die mit Hilfe dieser Organisationsmittel festgehaltenen Nutzungszeiten von Anlagen sind auch die Grundlage für die Errechnung von Maschinenstundensätzen.

4.1.4. Berechnung der Abschreibung

1. Abschreibungsbasis:

	€
Tagespreis (bei Vorsteuerabzug exklusive Umsatzsteuer) + Kosten bis zur Inbetriebnahme (Frachtkosten, Zollkosten, Aufstellungskosten, Fundamentierungskosten u. a.) + Abbruchkosten (ohen USt)[①] + Entsorgungskosten (ohne USt)[①] – Schrottwert (ohne USt)[①]	
= Abschreibungsbasis	

① wenn abzugsfähig

Der Tagespreis wird häufig aus dem Anschaffungspreis mit Hilfe von Indizes errechnet.

$$\text{Tagespreis} = \frac{\text{Anschaffungspreis in €} \times \text{Tagespreisindex}}{\text{Anschaffungspreisindex}}$$

2. Abschreibungsdauer:

Im Gegensatz zur Buchhaltung wird nicht über die in Richtsätzen festgelegte betriebsgewöhnliche, sondern über die tatsächliche Nutzungsdauer abgeschrieben.

3. Abschreibungsverfahren:

a) Lineare Abschreibung:

$$\text{Jahresabschreibung in €} = \frac{\text{Abschreibungsbasis in €}}{\text{Nutzungsdauer}}$$

☞ **Beispiel** Abschreibungsbasis = € 90.000,–

Nutzungsdauer = 3 Jahre

$$\text{Jahresabschreibung in €} = \frac{€\ 90.000,–}{3} = €\ 30.000,–$$

$$\text{Abschreibung je Einheit der Leistung in €} = \frac{\text{Abschreibungsbasis in €}}{\text{gesamte Leistung (z. B. km, Stunden)}}$$

b) Degressive Abschreibung:

Geometrisch-degressive Abschreibung:

Die Abschreibungsbeträge der einzelnen Jahre oder Einheiten der Leistung stellen eine geometrische Reihe dar, d. h. die relative Änderung der Abschreibungsbeträge ist konstant.

Die Jahresabschreibung z. B. wird als Prozentsatz vom jeweiligen kalkulatorischen Restwert wie folgt berechnet:

$$p = 100 \times \left(1 - \sqrt[n]{\frac{\text{Schrottwert in €}}{\text{Anschaffungswert in €}}}\right)$$

Daraus läßt sich ableiten
Abschreibung des Jahres t = Anschaffungswert $\times\, i \times (1 - i)^{t-1}$

Legende: n = Nutzungsdauer
p = Prozentsatz
t = 1, 2, … , n (Tempus, Zeit)
$i = p/100$

☞ **Beispiel:** Anschaffungswert = € 120.000,–
Schrottwert = € 30.000,–
Nutzungsdauer = 3 Jahre

☛ *Lösung:*

$$p = 100 \times \left(1 - \sqrt[3]{\frac{€\ 30.000,–}{€\ 120.000,–}}\right) = 37\%$$

$$\text{Abschreibung } (t = 1) = € \ 120.000,– \times \frac{37}{100} \times \left(1 - \frac{37}{100}\right)^0 = € \ 44.400,– \qquad (1)$$

$$\text{Abschreibung } (t = 2) = € \ 120.000,– \times \frac{37}{100} \times \left(1 - \frac{37}{100}\right)^1 = € \ 27.972,– \qquad (2)$$

$$\text{Abschreibung } (t = 3) = € \ 120.000,– \times \frac{37}{100} \times \left(1 - \frac{37}{100}\right)^2 = € \ 17.622,36 \qquad (3)$$

(1) + (2) + (3) = € 89.994,36, d. h., es wurde (mit kleinem Rundungsfehler) auf den Schrottwert abgeschrieben.

Arithmetisch-degressive Abschreibung (digitale Abschreibung):

Die Abschreibungsbeträge je Einheit der Zeit oder Leistung bilden eine arithmetische Reihe, d. h. die absolute Änderung der Abschreibungsbeträge ist konstant. Sie wird auch digitale Abschreibung genannt.

Die Abschreibung des letzten Nutzungsjahres *(d)* wird folgendermaßen berechnet:

$$d = \frac{\text{Abschreibungsbasis in €}}{1 + 2 + \ldots + n}$$

oder unter Verwendung der Gaußschen Summenformel

$$d = \frac{2 \times \text{Abschreibungsbasis in €}}{n \times (n + 1)}$$

Die Abschreibung des ersten Nutzungsjahres ist $n \times d$, die des zweiten Jahres $(n - 1) \times d$ etc.

☞ **Beispiel** Angaben siehe Beispiel geometrisch-degressive Abschreibung

☛ *Lösung* $d = \frac{2 \times (€ \ 120.000,– – € \ 30.000,–)}{3 \times 4} = € \ 15.000,–$

Abschreibung (t = 1) = 3 × € 15.000,– = € 45.000,– (1)
Abschreibung (t = 2) = 2 × € 15.000,– = € 30.000,– (2)
Abschreibung (t = 3) = € 15.000,– (3)

(1) + (2) + (3) = € 90.000,–, d. h., auch in diesem Falle wurde bis auf den Schrottwert abgeschrieben.

c) Progressive Abschreibung:

Sollte die Abschreibung einer progressiven Wertminderung entsprechen, kann die progressive Abschreibung wieder geometrisch oder arithmetisch errechnet werden. Die oben angeführten Formeln sind entsprechend adaptiert verwendbar.

So ist z. B. *d* nicht die Abschreibung des letzten, sondern des ersten Jahres etc.

4.1.5. Sonderfälle bei kalkulatorischer Abschreibung

1. Fehleinschätzung der Nutzungsdauer
   a) Die Nutzungsdauer wurde zu lange geschätzt.
   Dieses Risiko kann im Ansatz kalkulatorischer Wagnisse (Anlagenwagnis) berücksichtigt werden.
   b) Die Nutzungsdauer wurde zu kurz geschätzt.
   Die Abschreibung wird auf Grund der zuletzt festgestellten Gesamtnutzungsdauer berechnet.
   Häufig wird der Restwert auf die neue Restnutzungsdauer verteilt. Dadurch wird aber nur ein „Fehler" der Vergangenheit durch einen weiteren „Fehler" korrigiert.
2. *Zusatzausstattungen und werterhöhende Reparaturen* werden in der Restnutzungsdauer des betreffenden Anlagegutes abgeschrieben.
3. *Geringwertige Wirtschaftsgüter (GWG)* können gemäß § 13 EStG im Jahr der Anschaffung als Aufwand geltend gemacht werden. Da dies nicht dem tatsächlichen Werteinsatz entspricht, werden in der Kostenrechnung auch die geringwertigen Wirtschaftsgüter entsprechend ihrer Gesamtnutzungsdauer abgeschrieben.
   Aus Wirtschaftlichkeitsgründen wird häufig vereinfachend angenommen, die GWG wären alle zur Jahresmitte angeschafft worden.
4. Ist die *Vorsteuer* Kostenelement wie beispielsweise bei Personenkraftwagen, wenn sie nicht als Taxi verwendet werden, ist sie Teil der Abschreibungsbasis. Bei unecht steuerbefreiten Betrieben, wie Banken, Sportvereinigungen etc. ist die Vorsteuer immer Teil der Abschreibungsbasis.

4.2. Kalkulatorische Zinsen

4.2.1. Allgemeines

Seit Mitte des Jahres 1999 kann außerbilanzmäßig die Verzinsung des Eigenkapitalzuwachses als Betriebsausgabe angesetzt werden und reduziert damit den zu versteuernden Gewinn.

Dies sei anhand eines Beispiels[1] illustriert:

Im Einzelunternehmen des A (Wirtschaftsjahr = Kalenderjahr) beträgt der Anfangsstand laut Eigenkapital-Evidenzkonto 1.000,– der auch den höchsten Durchschnittsstand der letzten sieben Wirtschaftsjahre darstellt. Die erste Einlage am 1. 1. betrifft den steuerlichen Vorjahresgewinn i. H. v. 200,–. Am 1. 7. werden 200,– entnommen, der Endstand laut Eigenkapital-Evidenzkonto beträgt 1.000,–. Der durchschnittliche Eigenkapitalstand beträgt daher gerundet 1.099,18. Dieser Betrag ergibt sich aus der Summe des Einlagestandes i. H. v. 1.200,– vom 1. 1.–30. 6. (1.200 × 181 : 365 = 595,07) und des Einlagestandes i. H. v. 1.000,– vom 1. 7.–31. 12. (1.000 × 184 : 365 = 504,11).

1 Vgl. SWK-Heft 12, 1999, S. 473.

Da die fiktiven Zinsen für den Eigenkapitalzuwachs des jeweiligen Wirtschaftsjahres wie Fremdkapitalzinsen behandelt werden sollen, muß dem Abzug als Betriebsausgabe eine Erfassung der Zinsen als Einnahme beim Kapitalgeber gegenübergestellt werden. Dabei ist zwischen einem privaten und einem betrieblichen Kapitalgeber zu unterscheiden.

- Der private Kapitalgeber soll (anders als dies bei echten Fremdkapitalzinsen der Fall ist) endbesteuert werden. Diesfalls soll die Endbesteuerung mit 25% fixiert und mit keiner Optionsmöglichkeit versehen werden. Damit wird im Endeffekt erreicht, daß der betriebliche Gewinn(anteil) mit 25% an Stelle des individuellen Einkommensteuersatzes von bis zu 50% besteuert wird. Machen Kapitalgesellschaften und Genossenschaften die Eigenkapitalverzinsung geltend, soll der Körperschaftsteuerminderung von 34% die Empfängerendbesteuerung beim Anteilsinhaber als privater Kapitalgeber mit 25% gegenübergestellt werden. Mit der Bezugnahme auf § 10 Abs. 1 KStG 1988 sind alle dort genannten Beteiligungsformen eingeschlossen.
- Der betriebliche Kapitalgeber, der nur bei einer im Betriebsvermögen gehaltenen Beteiligung an einer Mitunternehmerschaft oder einer abzugsberechtigten Körperschaft denkbar ist, soll zur Vermeidung eines in einer möglichen mehrfachen Verzinsung ein und desselben Kapitalbetrags liegenden Kaskadeneffektes von der Endbesteuerung dadurch ausgeschlossen sein, daß der Zinsenertrag als Betriebseinnahme der Tarifbesteuerung unterzogen wird.

Diese Regelung verhindert den Ansatz ausreichender kalkulatorischer Zinsen. Es sind daher kalkulatorische Zinsen in der Kostenrechnung wie bisher anzusetzen und die steuerlich allenfalls verrechneten Zinsen für den Eigenkapitalzuwachs als neutrale Aufwendungen anzusetzen.

Kalkulatorische Zinsen sind die in der Kostenrechnung zu berücksichtigenden Kosten für das dem Unternehmen zur Verfügung gestellte Kapital.

Bilanz zum ... 20..

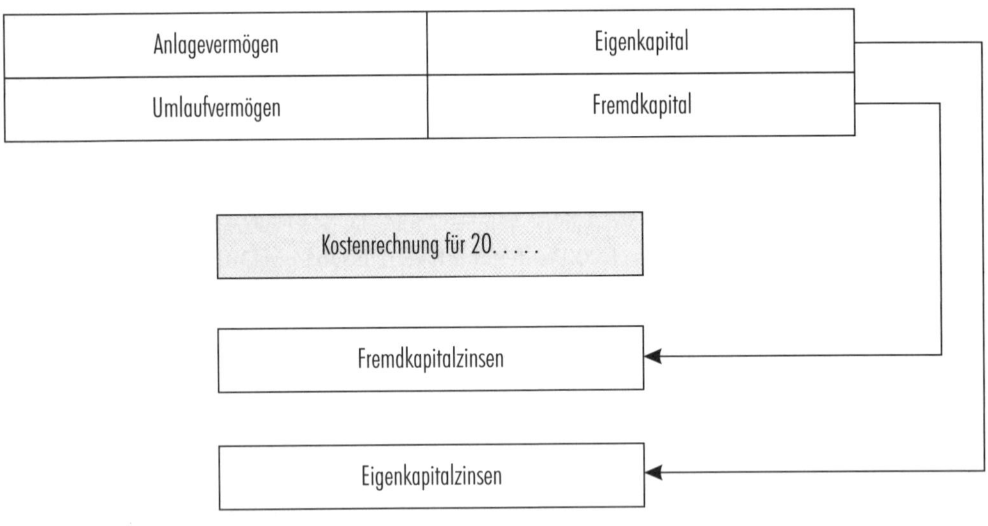

Für das Fremdkapital fallen Fremdkapitalzinsen an. Die Verzinsung des von dem oder den Unternehmer(n) oder Eigner(n) zur Verfügung gestellten Eigenkapitals wird damit begründet, daß die Kapitalanlage in einem Unternehmen alle übrigen Anlagemöglichkeiten ausschließt. Aus diesen „verdrängten" anderen Anlagemöglichkeiten resultieren nicht realisierte Ertragserwartungen, die die Eigenkapitalzinskosten als Opportunitätskosten begründen. Der individuelle Entscheidungsablauf, der zur Anlage von Eigenkapital in einem Unternehmen führt, läßt sich wie folgt darstellen:

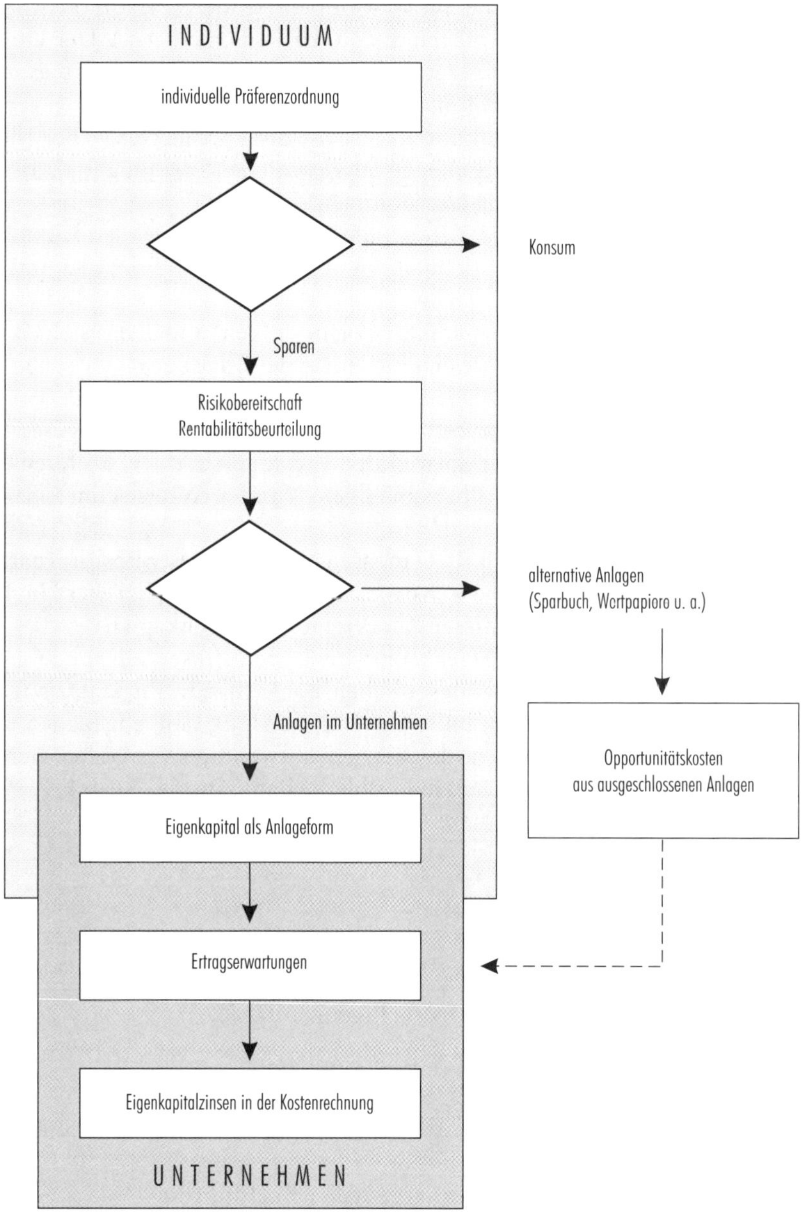

4.2.2. Berechnungsverfahren

Zur Berechnung der kalkulatorischen Zinsen werden hier zwei Verfahren dargestellt, die beide in der Praxis angewendet werden.

a) Verfahren der Berechnung von Eigenkapitalzinsen:

Kalkulatorische Eigenkapitalzinsen sind die in der Kostenrechnung verrechnete Vergütung für das zur Verfügung gestellte Eigenkapital (Wenn eine andere Person oder Stelle dieses Kapital zur Verfügung stellte, würden Fremdkapitalzinsen entstehen.). Der Unternehmer kann auch von seinem im Betrieb eingesetzten Eigenkapital verlangen, daß es mindestens jene Zinsen trägt, die er bei anderer Kapitalanlage erhielte.

Diese kalkulatorischen Eigenkapitalzinsen werden vom korrigierten (= berichtigten) Eigenkapital errechnet. Die in der Buchführung ausgewiesenen Fremdkapitalzinsen werden in voller Höhe in die Kostenrechnung übernommen.

Die kalkulatorischen Zinsen setzen sich bei diesem Verfahren aus den kalkulatorischen Eigenkapitalzinsen und den aus der Buchhaltung übernommenen Fremdkapitalzinsen zusammen.

Das korrigierte (= berichtigte) Eigenkapital ist jenes Eigenkapital, das sich als Differenz zwischen betriebsnotwendigem Vermögen und dem in der Bilanz ausgewiesenen Fremdkapital ergibt.

Das betriebsnotwendige Vermögen stellt das zu den Tagesrestwerten angesetzte, zur Erstellung der betrieblichen Leistungen notwendige Vermögen dar. Die Differenz zwischen betriebsnotwendigem Vermögen und buchmäßigem Vermögen bezeichnet man als *Stille Reserven.*

Die unversteuerten Rücklagen nach RLG müssen um die in dieser Position enthaltene latente Steuerschuld an Einkommen- bzw. Körperschaftsteuer bereinigt werden. Diese stellen Verbindlichkeiten dar. Der Rest dieser Rücklagen sind Eigenkapital.

Der Zinssatz, der der Errechnung der kalkulatorischen Zinsen zugrunde gelegt wird, entspricht dem durchschnittlichen landesüblichen Bankzinssatz für langfristige Anlagen ohne Inflationsrate aber mit Risikoprämie. Die Inflationsrate muß abgezogen werden, da die Basis der kalkulatorischen Zinsen, das betriebsnotwendige Vermögen, bereits Geldwertveränderungen berücksichtigt. Der landesübliche Bankzinssatz ist ab 1. 1. 1989 um die Kapitalertragsteuer zu kürzen.

☞ Beispiel mit vereinfachter Bilanz

Bilanz zum 31. 12. 20...			
Anlagevermögen	€ 200.000,–	Eigenkapital	€ 90.000,–
Umlaufvermögen	€ 220.000,–	Fremdkapital	€ 330.000,–
	€ 420.000,–		€ 420.000,–

Bewertung nach den Grundsätzen ordnungsgemäßer Buchführung.

Lösung

Betriebsnotwendiges Vermögen (kalkulatorisches):

	€
Bilanzsumme	420.000,–
Bewertung nach kalkulatorischen Grundsätzen: Auflösung der stillen Reserven = € 80.000,–	80.000,–
= betriebsnotwendiges Vermögen (kalkulatorisches)	500.000,–
– Fremdkapital	330.000,–
= korrigiertes Eigenkapital	170.000,–

oder:

	€
betriebsnotwendiges Vermögen (kalkulatorisches)	500.000,–
– buchmäßiges Vermögen	420.000,–
= stille Reserven	80.000,–
+ buchmäßiges Eigenkapital	90.000,–
= korrigiertes Eigenkapital	170.000,–

davon 8% kalkulatorische Eigenkapitalzinsen für das Jahr 20.. 13.600,–

Die Fremdkapitalzinsen werden aus der Buchhaltung übernommen.

b) Verfahren zur Berechnung von kalkulatorischen Zinsen nach Kostenrechnungsrichtlinien[1]:

Dieses Verfahren ist dadurch gekennzeichnet, daß die Zinsen einheitlich, d. h. unabhängig, ob es sich um Fremd- oder Eigenkapitalzinsen handelt, vom sogenannten betriebsnotwendigen Kapital (b. n. K.) errechnet werden. Fremdkapitalzinsaufwendungen werden daher im Rahmen der Betriebsüberleitung ausgeschieden und die vom b. n. K. errechneten Zinsen (für Eigen- und Fremdkapital) als Zusatzkosten eingesetzt.

1 Österr. Kuratorium für Wirtschaftlichkeit (Hrsg.), Richtlinien für die Kostenrechnung in der österreichischen Wirtschaft, Wien 1954, S. 20 f.

Rechenschema zur Ermittlung des betriebsnotwendigen Kapitals:

	€
Vermögensseite der Bilanz – nicht betriebsnotwendiges Vermögen, soweit es in der Bilanz enthalten ist + betriebsnotwendiges Vermögen, soweit es nicht in der Bilanz enthalten ist	
= betriebsnotwendiges Vermögen zu Anschaffungsrestwerten ± Umwertungen auf den Tagesrestwert (z. B. stille Reserven, Indexanpassungen)	
= betriebsnotwendiges Vermögen zu Tagesrestwerten (b. n. V.) – zinsenlose Lieferantenkredite – Anzahlungen von Kunden – Passive Rechnungsabgrenzung } Abzugskapital	
= betriebsnotwendiges Kapital (b. n. K.)	

„Vermögen

a) Bei der Ermittlung des Vermögens als Ausgangspunkt für die Ermittlung des Kapitals ist von der *Vermögensseite der Handelsbilanz* auszugehen. Aktive Rechnungsabgrenzungsposten sind zuzurechnen. *Wertberichtigungen* für Vermögensteile, die auf der Passivseite der Bilanz gebildet wurden, sind, *soweit ihre Bildung wirtschaftlich* notwendig ist, *abzusetzen. Stille Reserven sind aufzulösen* und den Buchwerten der bezüglichen Vermögensteile zuzurechnen.

b) Für die Bewertung des Anlage- und Umlaufvermögens gelten in Abweichung von den handels- und steuerrechtlichen Vorschriften folgende Richtlinien:
   - aa) Das Anlagevermögen ist mit dem kalkulatorischen Restwert anzusetzen.
   - bb) Die Bestände an Roh-, Hilfs- und Betriebsstoffen sind mit jenen Werten anzusetzen, mit denen sie in der Kostenrechnung verrechnet werden. Hilfsweise können auch die Buchwerte herangezogen werden.
   - cc) Die Bestände an halbfertigen und fertigen Erzeugnissen sind mit Herstellungskosten zuzüglich der Verwaltungsgemeinkosten und etwaiger bereits aufgelaufener Vertriebskosten aufzunehmen.
   - dd) Forderungen in fremder Währung sind höchstens mit dem Kurswert des Ermittlungstages anzusetzen.
   - ee) Die Wertansätze für das Vermögen müssen sich aus dem Rechnungswesen nachweisbar ergeben.

Abzugskapital

Als Abzugskapital gelten *zinsenlos zur Verfügung gestellte Lieferantenkredite, unverzinsliche Anzahlungen von Kunden und unverzinsliche passive Rechnungsabgrenzungsposten.*“[1]

4.2.3. Beispiel zur Zinsenberechnung nach den Österreichischen Kostenrechnungsrichtlinien

☞ **Die Industrie-AG wies zum 31. 12. .... folgende Bilanz aus:**

Bilanz (Werte in € 1.000,–)			
Grundstücke	30,–	Grundkapital	300,–
Gebäude	500,–	Rücklagen	340,–
Maschinen	500,–	Wertberichtigung zu Gebäuden	200,–
Geschäftsausstattung	120,–	Rückstellungen	220,–
Beteiligungen	150,–	Anzahlungen	70,–
Vorräte	60,–	Verbindlichkeiten aus Lieferungen	230,–
Halb- und Fertigfabrikate	140,–	Langfristige Kredite	510,–
Forderungen aus Lieferungen	270,–	Sonstige Verbindlichkeiten	90,–
Wechsel	120,–	Passive Rechnungsabgrenzung	40,–
Kassa, Bank	60,–	Reingewinn	30,–
Sonstige Forderungen	65,–		
Aktive Rechnungsabgrenzung	15,–		
	2.030,–		2.030,–

10% der Grundstücke werden als Betriebssportplatz genützt. Der Baukostenindex betrug zum Zeitpunkt der Gebäudeerrichtung: 130, Stand jetzt: 390.

Die Industrie-AG hat einen treuen Kundenstock. Der daraus resultierende Goodwill ist mit € 100.000,– anzusetzen.

In der Position Maschinen stecken infolge Wiederbeschaffungspreissteigerungen Stille Reserven in Höhe von € 350.000,–.

Berechnen Sie die kalkulatorischen Zinsen gemäß Österreichischer Kostenrechnungsrichtlinien (ÖKR), wenn zum Bilanzstichtag folgende Zinssätze galten:

- Sparbuch, 36 Monate Kündigungsfrist 2%
- Wohnbankanleihe 4,5%

1 Österr. Kuratorium für Wirtschaftlichkeit (Hrsg.), Richtlinien . . . a. a. O., S. 20 f.

- Inflationsrate 1%
- Kapitalertragsteuer 25%

Lösung

	€
Bilanzsumme	2.030.000,–
– Wertberichtigungen	200.000,–
+ Gebäudeaufwertung①	600.000,–
+ Goodwill	100.000,–
+ Stille Reserven (Maschinen)	350.000,–
= Betriebsnotwendiges Vermögen	2,880.000,–
– Anzahlungen	70.000,–
– Verbindlichkeiten aus Lieferungen	230.000,–
– Passive Rechnungsabgrenzung	40.000,–
= Betriebsnotwendiges Kapital	2,540.000,–

① Gebäudeaufwertung

Anschaffungswert – Wertberichtigung = Buchwert
€ 500.000,– – € 200.000,– = € 300.000,–

$$\frac{€\ 300.000,– \times 390}{130} = €\ 900.000,–$$

– Buchwert = € 300.000,–

= Aufwertung = € 600.000,–

Kalkulatorische Zinsen[1] $4{,}5\% - \frac{4{,}5 \times 25}{100} - 1{,}– = 2{,}375\%$

von € 2,540.000,– = € 60.325,–

1 Es ist der Zinssatz für langfristige Anlagen (Wohnbankanleihe) zu wählen, der um die Kapitalertragsteuer und um die Inflationsrate zu kürzen ist, da die Basis der kalkulatorischen Zinsen, das betriebsnotwendige Vermögen, bereits Geldwertveränderungen berücksichtigt (Umwertung der Gebäude).

4.2.4. Pagatorische Kosten und Opportunitätskosten

Nur bei wertmäßigem Ansatz der Kosten wird eine Verzinsung des Eigenkapitals und Fremdkapitals angesetzt. Bei pagatorischem Ansatz beschränken sich die kalkulatorischen Zinsen auf das Fremdkapital. Bei staatlich geregelten Preisen wurden die Fremdkapitalzinsen im allgemeinen anerkannt, die Eigenkapitalzinsen, wie sie hier dargestellt werden, nur teilweise.

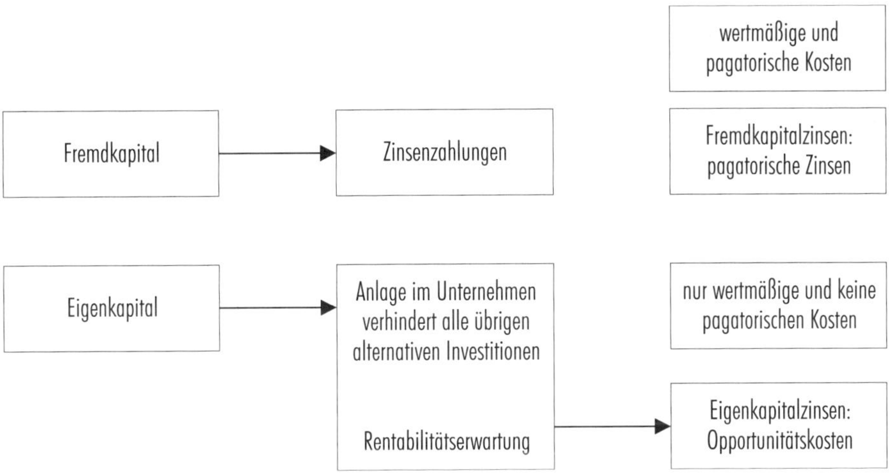

4.2.5. Verrechnungstechnik der kalkulatorischen Zinsen im BÜB (wertmäßige Kosten)

1. Beim Verfahren der Berechnung der Eigenkapitalzinsen: Die Fremdkapitalzinsen werden als Grundkosten übernommen, die Eigenkapitalzinsen als kalkulatorische Zusatzkosten hinzugerechnet.
2. Beim Verfahren der Berechnung der Zinsen gemäß ÖKR: Die Fremdkapitalzinsen werden als neutrale Aufwendungen abgezogen, die gesamten Zinsen auf das betriebsnotwendige Kapital als kalkulatorische Zinsen zugerechnet.

4.2.6. Besonderheiten für die Berechnung der kalkulatorischen Zinsen nach dem Rechnungslegungsgesetz (RLG)

Durch die Bilanzgliederungsvorschriften des RLG ergibt sich im Vergleich zur bisherigen Rechtslage ein verändertes Bilanzbild. Wertberichtigungen dürfen nicht mehr ausgewiesen werden, sie sind unmittelbar von den entsprechenden Vermögenspositionen abzusetzen.

Bei den stillen Reserven müssen nach § 230 RLG folgende Arten in einer Bewertungsreserve dargestellt werden:

- Übertragung stiller Rücklagen gem. § 12 EStG 88.
- Wertberichtigung zu Auslandsbeteiligungen gem. § 6 Z 7 EStG 88.

- Geringwertige Vermögensgegenstände des Anlagevermögens gem. § 13 EStG, wenn die Abschreibung betragsmäßig wesentlich ist.
- Gebäudeabschreibungen gem. § 8 (2) EStG 88.
- Vorzeitige Abschreibung gem. § 8 EStG 72 in Verbindung mit Artikel X (6) Übergangsbestimmungen RLG.

Durch diese Neuregelung kann das Bilanzbild durch Bilanzverkürzung nicht mehr verfälscht werden, die betreffende Vermögensposition ist auf der Aktivseite der Bilanz in voller Höhe auszuweisen. In der Kostenrechnung müssen bei der Berechnung der kalkulatorischen Zinsen diese stillen Reserven nicht mehr berücksichtigt werden, da sie beim Vermögensgegenstand auf der Aktivseite noch mit ausgewiesen werden. Latente Schulden an Einkommen- oder Körperschaftsteuer, die in den stillen Reserven enthalten sind, sind Fremdkapital.

4.3. Kalkulatorische Wagnisse

4.3.1. Allgemeines

Jede unternehmerische Tätigkeit ist mit zahlreichen Risiken behaftet. Als Risiko bezeichnet man die Gefahr des Mißlingens einer wirtschaftlichen Leistung.

Mißlingt eine wirtschaftliche Leistung, wird also ein Risiko „schlagend", entsteht für das Unternehmen ein Schadensfall.

Risiken teilt man entsprechend ihrer Erfaßbarkeit in
a) statistisch nicht erfaßbare (nicht quantifizierbare) Risiken
b) statistisch erfaßbare (quantifizierbare) Risiken
   – versicherbare
   – nicht versicherbare.

Die statistisch nicht erfaßbaren Risiken, z. B. das Risiko der Entwicklung eines neuen Produktes, finden als allgemeines Unternehmerwagnis im Gewinnzuschlag ihre kalkulatorische Auswirkung.

Für statistisch erfaßbare Risiken kann im allgemeinen Versicherungsschutz beansprucht werden. In diesem Fall sind die Versicherungsprämien Kosten. Daher werden die Versicherungsprämien unverändert (eventuell zeitliche Abgrenzung) aus den Aufwendungen in die Kostenrechnung übernommen. Werden derartige Risiken nicht versichert, ist im Unternehmen selbst, und zwar in der Kostenrechnung, entsprechend vorzusorgen. Dies erfolgt in Form der Verrechnung kalkulatorischer Wagnisse. Einzelne Risiken, z. B. das Debitorenwagnis (Delkredere), werden in vielen Betrieben bereits in der Buchführung berücksichtigt. Das kalkulatorische Wagnis ist gleichsam eine Prämie für einen Teil der betrieblichen Risiken. Es ist der Durchschnittswert der in den letzten Jahren festgestellten außergewöhnlichen Aufwendungen auf Grund von Schadensfällen. Durch die Verwendung von Durchschnittswerten erzielt man in der Kostenrechnung eine gleichmäßige Belastung der einzelnen Perioden mit Kosten, die in Wirklichkeit in sehr unterschiedlicher Höhe als Aufwendungen anfallen.

Im Bereich der Kalkulatorischen Wagnisse verläßt die Ist-Kostenrechnung ihren Grundsatz, das tatsächlich eingesetzte Mengengerüst bewertet zu erfassen und greift den Grundgedanken der Normalkostenrechnung, das durchschnittlich eingesetzte Mengengerüst bewertet zu erfassen, auf.

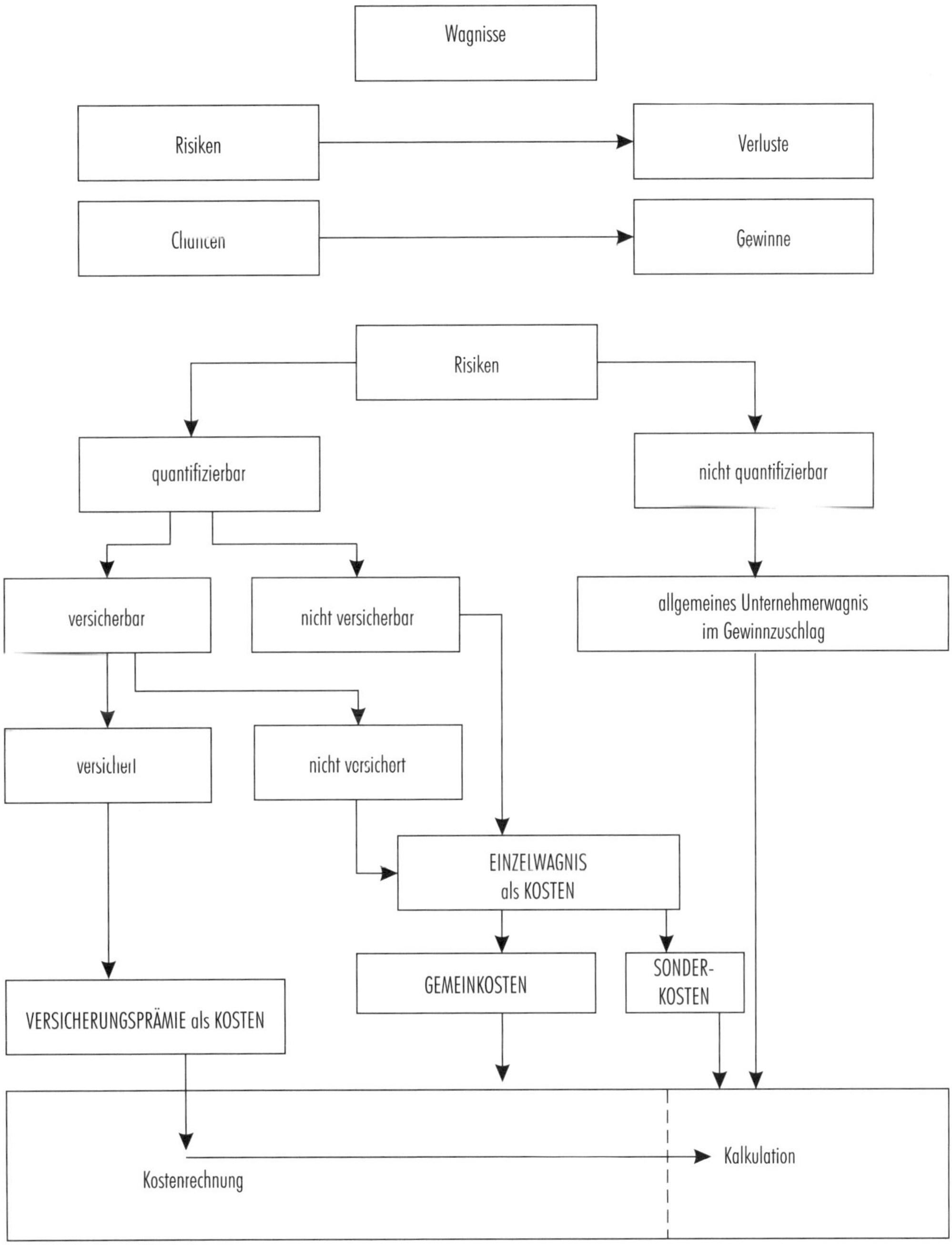

4.3.2. Beispiele

- Beständewagnis für Verlustgefahren durch Schwund, Güteminderung und Entwertung von Material.
- Anlagenwagnis für Verlustgefahren, die Anlagen betreffen, z. B. Maschinenbruch.
- Gewährleistungswagnis für die Verlustgefahr, daß innerhalb der Garantiefrist Leistungen vom Betrieb verlangt werden.
- Debitorenwagnis für Verlustgefahren, die durch gänzliche oder teilweise Zahlungsunfähigkeit der Abnehmer entstehen.
- Valutawagnis für Verlustgefahren durch Wechselkursänderungen.
- Produktewagnis für Verlustgefahren aus der Produktehaftung.

☞ **Beispiel Debitorenwagnis**

Ein Unternehmen hatte bei den nachstehend angegebenen durchschnittlichen Forderungsbeständen folgende Forderungsausfälle

	(Angaben in €)	
	Forderungsbestand	Forderungsausfälle
2001	4,000.000,–	50.000,–
2002	4,500.000,–	70.000,–
2003	3,700.000,–	40.000,–
2004	5,200.000,–	45.000,–
2005	5,400.000,–	55.000,–
	22,800.000,–	260.000,–

Welche Wagniskosten für Forderungsausfälle soll das Unternehmen für 2006 ansetzen?

☛ In diesem Fall ist das Wagnis auf Grund der durchschnittlichen Forderungsausfälle der letzten 5 Jahre zu berechnen.

$$\frac{\text{Forderungsausfälle 2001 bis 2005}}{\text{Forderungsbestände 2001 bis 2005}} \times 100 = \frac{\text{€ } 260.000,\text{–}}{\text{€ } 22{,}800.000,\text{–}} \times 100 = 1{,}14\%$$

Wagniszuschlag = 1,14% des jeweiligen Forderungsbestandes.

Es darf darauf hingewiesen werden, daß dieses Wagnis meistens bereits in der Finanzbuchhaltung als Rückstellung für dubiose Forderungen berücksichtigt wird.

Kalkulatorische Wagnisse können entweder als Gemeinkosten in die Kostenstellenrechnung aufgenommen und/oder erst im Gewinnzuschlag in der Kostenträgerrechnung berücksichtigt werden.

Sie können aber auch als Sonderkosten einem bestimmten Auftrag zugerechnet werden. Sie dürfen nur in den Fällen berechnet werden, in denen keine Versicherung für das betreffende Risiko vorhanden ist.

☞ Beispiel Valutawagnis

Ein österreichischer Schilifterzeuger beliefert auch den amerikanischen Markt. Während der Dollar-Hausse 1985 war es dem Unternehmen gelungen, Aufträge im Gesamtwert von US Dollar 2 Mio. gegen schärfste ausländische Konkurrenz zu erhalten. Die Aufträge betrafen die Lieferung betriebsfertiger Lifte bis Ende 1987. Der Dollarkurs bei Auftragseingang betrug ATS 20,–.

Errechnen Sie das Valutawagnis für 1986 bei einem Dollarkurs von ATS 15,–. Diskutieren Sie die Erfolgserwartung des Unternehmens bei einer durchschnittlichen Gewinnspanne von 2% des Umsatzes.

☛ *Errechnung des Valutawagnisses*

	ATS
Auftragswert US $ 2 Mio. zum Kurs von ATS 20,–	40,000.000,–
Kursverlust (= Valutawagnis) je US $ ATS 5,–	10,000.000,–
durchschnittliche Gewinnspanne 2% des derzeit möglichen Umsatzes 2% von US $ 2 Mio. zum Kurs von ATS 15,–	600.000,–
– Kursverlust (= Valutawagnis)	10,000.000,–
= derzeitiger Verlust	9,400.000,–

Da so hohe Verluste von den meist kleinen Unternehmen in Österreich nicht getragen werden können, werden die Exportrisiken anderweitig abgedeckt (siehe dazu Literatur zum Export-Marketing).

☞ Beispiel Gewährleistungswagnis

Ein österreichisches Unternehmen ist Alleinvertreter einer Automarke. In den vergangenen fünf Jahren fielen für Reparaturen dieser Autos im Rahmen der Gewährleistungspflicht folgende Kosten an:

	(Angaben in €)	
	Gewährleistungskosten	Wareneinsatz (Einstandspreise) der verkauften Autos
2001	700.000,–	83,000.000,–
2002	500.000,–	65,000.000,–
2003	850.000,–	70,000.000,–
2004	925.000,–	90,000.000,–
2005	970.000,–	92,000.000,–
	3,945.000,–	400,000.000,–

$$\frac{\sum \text{Gewährleistungskosten}}{\sum \text{Einstandspreise}} \times 100 = \frac{\text{€ 3,945.000,–}}{\text{€ 400,000.000,–}} \times 100 = \text{ca. 1\% Gewährleistungszuschlag auf die Einstandspreise}$$

Die drei Kostenarten
- Kalkulatorische Zinsen
- Kalkulatorische Abschreibungen
- Kalkulatorische Wagnisse

gehören zu den *Kapitalkosten,* da sie durch die Bereitstellung und den Einsatz von Kapital im Betrieb entstehen.

5. Steuerkosten

In der Folge werden die wichtigsten Steuern im Hinblick auf ihren Kostencharakter behandelt.

5.1. Einkommensteuer und Körperschaftsteuer

Das Einkommen der selbständigen natürlichen Person unterliegt der Einkommensteuer, das der juristischen Person der Körperschaftsteuer (unselbständige natürliche Personen unterliegen der Lohnsteuer).

Die Sätze beider Steuern wurden im Zuge einer Steuerreform generell reduziert. Die Körperschaftsteuer beträgt nunmehr einheitlich 34%, während die Einkommensteuer nach wie vor auf einem Progressionstarif basiert, der im Höchstsatz 50% vorsieht.

Für die Körperschaftsteuer wurde ein Mindestbetrag eingeführt. Der Verfassungsgerichtshof hat am 24. Jänner 1997 die Erhöhung der Mindest-Körperschaftsteuer für Kapitalgesellschaften auf 50.000,– ATS[1] rückwirkend ab 1. 1. 1996 als verfassungswidrig aufgehoben und gleichzeitig die bisherige Mindest-KöSt von 15.000,– ATS pro Jahr als verfassungskonform bestätigt.

Der Gesetzgeber hat als Reaktion darauf am 11. Juni 1997 rückwirkend zum 1. 1. 1997 eine neue Mindest-KöSt-Regelung für unbeschränkt steuerpflichtige Kapitalgesellschaften beschlossen:[2]

1. Entrichtung einer Mindeststeuer in der Höhe von 5% der gesetzlichen Mindesthöhe des Grund- oder Stammkapitals[3] pro Jahr (€ 1.750,– für GmbHs, € 3.500,– für Aktiengesellschaften).
2. Wenn die Kapitalgesellschaft einen Umsatz von mehr als 50 Mio. ATS aufweist oder ein Kreditinstitut oder ein Versicherungsunternehmen ist, so erhöht sich die Mindest-KöSt auf 75.000,– ATS (€ 1.363,– pro Kalendervierteljahr).
3. Jungunternehmer müssen für das erste Jahr nach der Gründung eine Mindest-KöSt von 15.000,– ATS (€ 273,– pro Kalendervierteljahr) entrichten.

1 1 € = 13,7603 ATS.
2 Vgl. SWK-Heft 18 (20. Juni 1997), S. 82.
3 Ab 1. 1. 2002: GmbH € 35.000,–, AG € 70.000,–.

Es ist zu beachten, daß die Mindeststeuer in dem Umfang, in dem sie die tatsächliche Körperschaftsteuerschuld übersteigt, wie eine Vorauszahlung zur Einkommensteuer zu behandeln ist (§ 24 Abs. 4 Zif. 4). Das bedeutet für die Kostenrechnung, daß die Mindest-KöSt, die im Normalfall als Ertragsteuer keinen Kostenfaktor darstellt, im Falle einer Nichtanrechnung (wenn die tatsächliche KöSt-Schuld die Mindest-KöSt in den nachfolgenden Veranlagungsperioden nicht übersteigt) als Steuerkosten zu verrechnen ist.

Der Mindestbetrag für die Körperschaftsteuer stellt in jedem Fall Kosten dar. Die Einkommensteuer und die übrige Körperschaftsteuer haben bei einem wertmäßigen Ansatz der Kosten keinen Kostencharakter. Nur bei konsequenter Interpretation der pagatorischen Kosten wären sie in die Kostenrechnung aufzunehmen.

5.2. Umsatzsteuer (Mehrwertsteuer, USt, MwSt)

1. Allgemeines:

Der Umsatzsteuer unterliegen die folgenden Umsätze:

1. die Lieferungen und sonstigen Leistungen, die ein Unternehmer im Inland gegen Entgelt im Rahmen seines Unternehmens ausführt.
2. der Eigenverbrauch im Inland. Eigenverbrauch liegt vor,
   a) wenn ein Unternehmer Gegenstände (einschließlich des Betriebes, Teilbetriebes oder des Unternehmens selbst), die seinem Unternehmen dienen oder bisher gedient haben, für Zwecke verwendet oder verwenden läßt, die außerhalb des Unternehmens liegen;
   b) wenn ein Unternehmer im Rahmen seines Unternehmens Leistungen der in § 3 a Abs. 1 bezeichneten Art für Zwecke ausführt, die außerhalb des Unternehmens liegen;
   c) soweit ein Unternehmer Ausgaben (Aufwendungen) tätigt, die Leistungen betreffen, die überwiegend Zwecken des Unternehmens dienen, und nach § 20 Abs. 1 Z 1 bis 5 des Einkommensteuergesetzes 1988 oder nach § 8 Abs. 2 und § 12 Abs. 1 Z 1 bis 5 des Körperschaftsteuergesetzes 1988 nicht abzugsfähig sind. Dies gilt nicht für Ausgaben (Aufwendungen), die Lieferungen und sonstige Leistungen betreffen, welche auf Grund des § 12 Abs. 2 nicht als für das Unternehmen ausgeführt gelten, sowie für Geldzuwendungen.

   Eine Besteuerung gemäß lit. a oder c erfolgt nur dann, wenn der Gegenstand oder seine Bestandteile zu einem vollen oder teilweisen Vorsteuerabzug berechtigt haben;
3. die Einfuhr von Gegenständen (Einfuhrumsatzsteuer). Eine Einfuhr liegt vor, wenn ein Gegenstand aus dem Drittlandsgebiet in das Inland gelangt.

Durch den Beitritt Österreichs zur Europäischen Union mußten die Begriffe Inland und Ausland neu definiert werden.

- Inland ist das Bundesgebiet Österreichs.
- Gemeinschaftsgebiet ist das Inland Österreichs sowie die Gebiete der übrigen Mitgliedstaaten der Europäischen Union.

- Ausland ist generell nach wie vor das Gebiet, das nicht Bundesgebiet Österreich ist; im Falle von Exporten und Importen aber das Gebiet, das nicht die Gebiete der übrigen Mitgliedstaaten der Europäischen Union umfaßt **(Drittlandsgebiet)**.

Lieferungen sind Leistungen, durch die ein Unternehmer den Abnehmer oder in dessen Auftrag einen Dritten befähigt, im eigenen Namen über einen Gegenstand zu verfügen. Die Verfügungsmacht über den Gegenstand kann von dem Unternehmer selbst oder in dessen Auftrag durch einen Dritten verschafft werden.

Sonstige Leistungen sind Leistungen, die nicht in einer Lieferung bestehen. Eine sonstige Leistung kann auch in einem Unterlassen oder im Dulden einer Handlung oder eines Zustandes bestehen.

Die Steuerbarkeit der verschiedenen **sonstigen Leistungen** im Inland geht aus folgender Tabelle hervor:

Leistungsart	Ort der sonstigen Leistung	Steuerbar im Inland
Jede im Ausnahmekatalog nicht erfaßte Leistung	Sitz oder Betriebstätte des leistenden Unternehmers	Sitz oder Betriebstätte des leistenden Unternehmers im Inland
Besorgungsleistung	Ort der Ausführung der besorgten Leistung	Ausführung der besorgten Leistung im Inland
Vermittlungsleistung	Ort der Ausführung des vermittelten Umsatzes	Ausführung des vermittelten Umsatzes im Inland
Beförderungsleistung	Bewirkung der Beförderung	Beförderung im Inland
Leistungen im Zusammenhang mit Grundstücken	Lage des Grundstücks	Grundstück im Inland
Tätigkeitsort	Ort der Tätigkeit	Tätigkeit im Inland
Empfängerort	Ort des Wohnsitzes bzw. Sitzes oder der Betriebstätte des Leistungsempfängers Ausnahme: Sitz des leistenden Unternehmers bei Leistungen an Nichtunternehmer im Gemeinschaftsgebiet	Wohnsitz bzw. Sitz oder Betriebsstätte des Leistungsempfängers im Inland Ausnahme: Sitzort des leistenden Unternehmers im Inland bei Leistungen an Nichtunternehmer im Gemeinschaftsgebiet
Auswertungsort	Auswertungsort bei Leistungen an Unternehmer oder inländische Körperschaft öffentlichen Rechts durch Drittlandsunternehmer	Auswertung im Inland

Bemessungsgrundlage für die Lieferungen, sonstigen Leistungen und den Eigenverbrauch nach dem Umsatzsteuergesetz:

§ 4. (1) Der Umsatz wird im Falle des § 1 Abs. 1 Z 1 nach dem Entgelt bemessen. Entgelt ist alles, was der Empfänger einer Lieferung oder sonstigen Leistung aufzuwenden hat, um die Lieferung oder sonstige Leistung zu erhalten (Solleinnahme); dazu gehören insbesondere auch Gebühren für Rechtsgeschäfte und andere mit der Errichtung von Verträgen über Lieferungen oder sonstige Leistungen verbundene Kosten, die der Empfänger einer Lieferung oder sonstigen Leistung dem Unternehmer zu ersetzen hat.

Bemessungsgrundlage für die Einfuhr:

§ 5. (1) Der Umsatz wird bei der Einfuhr (§ 1 Abs. 1 Z 3) nach dem Zollwert des eingeführten Gegenstandes bemessen.

(2) Ist ein Gegenstand ausgeführt, in einem Drittlandsgebiet für den Ausführer veredelt und von dem Ausführer oder für ihn wieder eingeführt worden, so wird der Umsatz bei der Einfuhr nach dem für die Veredelung zu zahlenden Entgelt, falls aber ein solches Entgelt nicht gezahlt wird, nach der durch die Veredelung eingetretenen Wertsteigerung bemessen. Ist der eingeführte Gegenstand vor der Einfuhr geliefert worden und ist diese Lieferung nicht der Umsatzsteuer unterlegen, so gilt Abs. 1.

(3) Werden die eingeführten Gegenstände bereits im Ausland an einen inländischen Abnehmer geliefert (§ 3 Abs. 8), so ist von einem Zollwert auszugehen, für dessen Ermittlung dieser inländische Abnehmer – im Falle mehrerer inländischer Abnehmer (z. B. Reihengeschaft) der letzte inländische Abnehmer – als maßgebend anzusehen ist.

(4) Der sich aus den Abs. 1 bis 3 ergebenden Bemessungsgrundlage sind hinzuzurechnen, soweit sie darin nicht enthalten sind:

1) die nicht im Inland für den eingeführten Gegenstand geschuldeten Beträge an Einfuhrabgaben, Steuern und sonstigen Abgaben;
2) die im Zeitpunkt der Entstehung der Steuerschuld auf den Gegenstand entfallenden Beträge an Zoll einschließlich der Abschöpfung, Verbrauchsteuern und Monopolabgaben sowie an anderen Abgaben mit gleicher Wirkung wie Zölle, wenn diese Abgaben anläßlich oder im Zusammenhang mit der Einfuhr von Waren von den Zollämtern zu erheben sind;
3) die auf den eingeführten Gegenstand entfallenden Beförderungs-, Versicherungs-, Verpackungskosten, Provisionen und Maklerlöhne bis zum ersten Bestimmungsort im Inland;
4) auf Antrag die auf den Gegenstand entfallenden
   a) Beförderungskosten, Provisionen und Maklerlöhne bis zu einem im Zeitpunkt des Entstehens der Einfuhrumsatzsteuer feststehenden weiteren Bestimmungsort im Inland und
   b) Kosten für andere sonstige Leistungen bis zu dem in Z 3 oder lit. a bezeichneten Bestimmungsort.

(5) Für die Umrechnung von Werten in fremder Währung gelten die entsprechenden Vorschriften über den Zollwert der Waren.

(6) Die Umsatzsteuer (Einfuhrumsatzsteuer) gehört nicht zur Bemessungsgrundlage.

Steuerbefreiungen:

Hier ist zu unterscheiden:

1. echte Steuerbefreiung, d. h. umsatzsteuerfrei mit Vorsteuerabzug:

Im wesentlichen sind folgende Umsätze steuerfrei:
- Ausfuhrlieferungen
- Lohnveredelung im Ausland und
- Umsätze für die Seeschiffahrt und die Luftfahrt

☞ **Exportlieferung an Drittländer**

Ein österreichischer Unternehmer kauft Ware am Binnenmarkt um € 1,000.000,– zuzüglich 20% USt. Er verkauft die Ware nach Japan um € 1,500.000,–.

☛ *Exportlieferung an Drittländer*

Hier handelt es sich um den Fall einer echten Steuerbefreiung. Der Umsatz ist steuerbefreit, da es sich um einen Export in ein Drittland handelt, und der Vorsteuerabzug ist für den österreichischen Unternehmer gegeben.

	€
Einkauf	1,000.000,–
20% Umsatzsteuer	200.000,–
Vorsteuer	200.000,–
	1,000.000,–
Verkaufspreis	1,500.000,–
= erzielte Spanne	500.000,–

2. unechte Steuerbefreiung ohne Vorsteuerabzug:

Dies gilt z. B. für Unternehmen, die nur steuerfreie Umsätze erzielen, die vom Vorsteuerabzug ausgeschlossen sind (z. B. Versicherungen, Ärzte, Krankenanstalten, Privatschulen).

☞ Unechte Steuerbefreiung

Ein junger Zahnarzt kauft eine alteingesessene Ordination um € 240.000,– und richtet sie um € 360.000,– neu ein.

☛ *Unechte Steuerbefreiung*

Der Zahnarzt hat keinen Vorsteuerabzug. Die Abschreibungen sind von den Kaufpreisen inklusive USt zu berechnen.

3. teilweise unechte Steuerbefreiung:

z. B. Banken

4. Kleinunternehmer mit einem geringen Jahresumsatz sind steuerbefreit, haben aber keinen Vorsteuerabzug:

☞ Kleinunternehmen

Ein Greißler mit einem Jahresumsatz von € 20.000,– kauft im Jahr in Österreich um € 10.000, zuzüglich 20% USt. Ferner kauft er in Deutschland Waren um € 1.000,– zuzüglich 16% deutsche USt.

☛ *Kleinunternehmen*

Der Greißler bleibt mit seinem Jahresumsatz unter der Grenze für Kleinunternehmer. Er ist damit unecht steuerbefreit, d. h. die Umsätze sind steuerfrei, und er hat keinen Vorsteuerabzug.

	€
Wareneinkauf in Österreich	10.000,–
+ 20% Umsatzsteuer	2.000,–
– Vorsteuer	0,–
= Zwischensumme	12.000,–
+ Wareneinkauf in Deutschland	1.000,–
+ 16% deutsche Umsatzsteuer (die der deutsche Lieferant abzuführen hat)	160,–
– Vorsteuer	0,–
= Wareneinkauf insgesamt	13.160,–

Jahresumsatz netto	20.000,–
Umsatzsteuer	0,–
= erzielte Spanne	6.840,–

5. *Pauschalierte Land- und Forstwirte:*

Diese führen keine Umsatzsteuer ab, da von der Fiktion ausgegangen wird: Mehrwertsteuer = Vorsteuer

6. *nicht steuerpflichtige juristische Personen.*

Vorsteuerabzug:

§ 12. (1) Der Unternehmer kann die folgenden Vorsteuerbeträge abziehen:

a) die von anderen Unternehmern in einer Rechnung (§ 11) an ihn gesondert ausgewiesene Steuer für Lieferungen oder sonstige Leistungen, die im Inland für sein Unternehmen ausgeführt worden sind.
Soweit der gesondert ausgewiesene Steuerbetrag auf eine Zahlung vor Ausführung dieser Umsätze entfällt, ist er bereits abziehbar, wenn die Rechnung vorliegt und die Zahlung geleistet worden ist;

b) die entrichtete Einfuhrumsatzsteuer für Gegenstände, die für sein Unternehmen eingeführt worden sind.
Werden die eingeführten Gegenstände bereits im Ausland an einen inländischen Abnehmer geliefert (§ 3 Abs. 8), so gelten sie als für den inländischen Abnehmer – im Falle mehrerer inländischer Abnehmer (z. B. beim Reihengeschäft) für den letzten inländischen Abnehmer – eingeführt.

Neuerungen gegenüber dem bisherigen System:

Umsätze an ausländische Organgesellschaften sind steuerbar. Die Organschaft über die Grenzen der EU fällt.

☞ Organschaft

Ein Wiener Unternehmen hat eine Organgesellschaft in Linz, an die es Waren um € 100.000,– liefert und eine zweite Organgesellschaft in Bratislava, an die es Waren um € 200.000,– liefert.

☛ *Organschaft*

Lieferung an Organgesellschaft in Linz € 100.000,– ist ein nicht steuerbarer Innenumsatz.

Lieferung an Organgesellschaft in Bratislava € 200.000,– ist eine steuerfreie Ausfuhrlieferung an ein Drittland. ➤

☞ Organschaft

Ein österreichisches Kreditunternehmen mietet
a) EDV-Personal um € 200.000,– von ihrer eigenen österreichischen Tochtergesellschaft (Organverhältnis) und
b) Räumlichkeiten um € 100.000,– von ihrer Tochtergesellschaft in Italien. Diese hat keine Niederlassung in Österreich.

☛ *Organschaft*

Durch das Umsatzsteuergesetz '94 gibt es keine „Organschaft über die Grenze" mehr.

Daraus folgt

	€
a) Miete für EDV-Personal ist umsatzsteuerfrei	200.000,–
b) Miete für Räumlichkeiten umsatzsteuerpflichtig 20%	100.000,– 20.000,–
	120.000,–

Anzahlungen und Teilzahlungen vor Erbringen der Leistung werden versteuert.

☞ Anzahlung

Ein Kärntner Baumeister erhält zwei Aufträge:
a) Privathaus am Ossiacher See,
b) Umbau eines Selbstbedienungsladens in Villach.

Zum Ankauf des Materials verlangt er in beiden Fällen eine Anzahlung von € 10.000,–.

☛ *Anzahlung*

Bis Ende '94 unterlagen Anzahlungen nicht der Umsatzsteuer. Die Anzahlungen wurden ab 1995 umsatzsteuerpflichtig. Der Kärntner Baumeister muß daher in beiden Fakturen zusätzlich je € 2.000,– Umsatzsteuer verrechnen und an das Finanzamt abführen.

Für den privaten Bauherrn bedeutet dies eine finanzielle Mehrbelastung von € 2.000,–.

Der Unternehmer des Ladens kann die verrechnete Mehrwertsteuer als Vorsteuer geltend machen.

Leistungen von Reiseveranstaltern unterliegen einer besonderen Margenbesteuerung.

☞ Margenbesteuerung

Ein Wiener Reisebüro bietet unter anderem folgende Produkte an:

a) Wedelkurs in St. Anton: 1 Woche um brutto € 1.020,–. Unterkunft, Verpflegung und Schikurs werden dem Reisebüro vom Hotel in St. Anton um € 900,– inklusive USt in Rechnung gestellt.

b) Frühlingsaufenthalt in Venedig (nur Hotel) um € 620,–.
Das Hotel in Venedig fakturiert inklusive italienische USt € 500,–.

c) Einkaufswoche in einem New Yorker Hotel (ohne Flug) um € 496,–.
Das Hotel in New York fakturiert um netto € 400,– (Es handelt sich ja um einen Export.).

☛ *Margenbesteuerung*

Bei Reiseveranstaltern, ob von Reisebüros oder von Unternehmen, die Incentive-Reisen veranstalten, wird die Marge zwischen dem Gesamtentgelt und den Kosten inklusive USt der Vorleistungen besteuert. Die Umsatzsteuer der Vorleistungen ist nicht als Vorsteuer abzugsfähig.

	€
a) Reisepreis brutto, inkl. USt	1.020,–
– Vorleistungen inkl. USt	900,–
= Marge inkl. USt	120,–
– USt	20,–
= Marge netto	100,–
b) Reisepreis brutto, inkl. USt	620,–
– Vorleistungen inkl. USt.	500,–
= Marge inkl. USt	120,–
– USt	20,–
= Marge netto	100,–
c) Reisepreis brutto, inkl. USt	496,–
– Vorleistungen exklusive USt, da Export	400,–
= Marge inkl. USt	96,–
– USt	16,–
= Marge netto	80,–

Antiquitäten und Kunstgegenstände unterliegen einer Differenzbesteuerung.

☞ Differenzbesteuerung

Ein Innsbrucker Kunsthändler kauft folgende Kunstgegenstände von Privaten:

a) ein Bild von einem Bregenzer um € 1.000,–, das er in seinem Geschäft um € 2.000,– anbietet.

b) eine Madonna von einem Bozener um € 6.000,–, die er in seinem Geschäft um € 10.000,– anbietet.

☛ *Differenzbesteuerung*

Kauft ein Unternehmen Kunstgegenstände, Antiquitäten, Sammlungsstücke oder Gebrauchsgegenstände (auch gebrauchte Autos) von einem nicht zum Vorsteuerabzug Berechtigten, z. B. einem Privaten, wird nur die Differenz zwischen Einkaufs- und Verkaufspreis besteuert. Dies gilt für das gesamte Gebiet der EU. Im Rahmen der Differenzbesteuerung ist kein Vorsteuerabzug möglich, und die Umsatzsteuer wird auch nicht gesondert ausgewiesen.

	€
a) Einkaufspreis	1.000,—
– Verkaufspreis	2.000,—
= Differenz	1.000,—
(Darin sind € 166,67 USt enthalten, die an das Finanzamt abzuführen sind.)	
b) Einkaufspreis	6.000,—
– Verkaufspreis	10.000,—
= Differenz	4.000,—
(Darin sind € 666,67 USt enthalten, die an das Finanzamt abzuführen sind.)	

Binnenmarkt:

Die Freiheit des Warenverkehrs zählt zu den Grundsätzen der EU und damit auch für Österreich. Da im gemeinsamen Markt die Grenzen fielen, mußte ein gemeinsames Umsatzsteuersystem gefunden werden. Dafür ist das **Ursprungslandprinzip** geplant. Bei diesem erfolgt die Besteuerung in dem Mitgliedsland, in dem der Umsatz entsteht, und der Vorsteuerabzug erfolgt im Empfängerland. Diese Planung gilt für die Zukunft. Derzeit erfolgt die Besteuerung nach dem **Bestimmungslandprinzip**. Die Einnahmen aus der Mehrwertsteuer stehen demnach den Mitgliedsländern zu, in denen die Waren oder Leistungen ihrer Bestimmung zugeführt werden.

Durch das Fallen der Grenzen mußten neue Kontrollen geschaffen werden. An die Stelle der Einfuhr tritt ein neuer Tatbestand, **der innergemeinschaftliche Erwerb** im Inland gegen Entgelt. Dieser innergemeinschaftliche Erwerb unterliegt der Umsatzsteuer und liegt vor, wenn *ein Produkt oder eine Ware von einem Mitgliedsland in ein anderes gelangt und von einem Unternehmer für das Unternehmen von einem Unternehmen gegen Entgelt erworben wird.*

Für das liefernde Unternehmen handelt es sich um eine **innergemeinschaftliche Lieferung**.

☞ **Lieferort**

Ein Berliner Unternehmen hat Stahl um netto € 100.000,– in Donawitz gekauft und verkauft den Stahl von seinem Linzer Lager an ein Unternehmen in Salzburg um netto € 120.000,–.

☛ *Lieferort*

Da der Lieferort in beiden Fällen in Österreich ist, gilt:

	€
Einkauf in Donawitz netto	100.000,–
+ 20% Umsatzsteuer	20.000,–
– Vorsteuer	20.000,–
Verkauf nach Salzburg netto	120.000,–
+ 20% Umsatzsteuer	24.000,–
= Brutto	144.000,–

☞ **Lieferort**

Ein Salzburger Sägewerk verkauft an die Tochtergesellschaft eines italienischen Holzhandelsbetriebes in Innsbruck Pfosten um netto € 200.000,–. Die Faktura wird nach Innsbruck geschickt. Die italienische Muttergesellschaft verfügt aber die Lieferung nach Catania.

☛ *Lieferort*

Da der Lieferort Catania ist, handelt es sich um eine umsatzsteuerfreie **Binnenmarktlieferung**, die im Bestimmungsland Italien versteuert wird. Wäre die Ware beispielsweise nach Budapest geliefert worden, würde es sich um eine umsatzsteuerfreie **Ausfuhrlieferung** handeln.

	€
Lieferung nach Catania	200.000,–

☞ Lieferort

Ein St. Pöltner Möbelhaus kauft in Stockholm Möbel um € 500.000,–.

a) Das St. Pöltner Möbelhaus gibt seine St. Pöltner UID-Nummer an.
b) Die Mitarbeiter des St. Pöltner Möbelhauses geben irrtümlich die Münchener UID-Nummer an, die das deutsche Tochterunternehmen hat.

Die Lieferung der Möbel erfolgt nach St. Pölten. Beide UID-Nummern sind der Stockholmer Lieferfirma vom UID-Büro bestätigt worden.

☛ *Lieferort*

a) Das St. Pöltner Unternehmen tätigt damit am Erwerbsort St. Pölten einen innergemeinschaftlichen umsatzsteuerpflichtigen Erwerb.

	€
Möbelkauf	500.000,–
20% Umsatzsteuer	100.000,–
Vorsteuer	100.000,–

b) Das St. Pöltner Unternehmen tätigt damit am Erwerbsort München einen umsatzsteuerpflichtigen Erwerb. Die Umsatzsteuerpflicht in Deutschland besteht solange, bis das St. Pöltner Unternehmen nachweist, daß der Lieferort St. Pölten war und die Lieferung zur Umsatzsteuer angemeldet wurde.

Zur Kontrolle des Warenverkehrs der EU wurden folgende Instrumente geschaffen:

1. **Die Umsatzsteueridentifikationsnummer (UID-Nummer)**
   Jedes Unternehmen, das am Binnenmarkt tätig ist, benötigt diese UID-Nummer. Dadurch wird die Unternehmereigenschaft erkennbar. Der Lieferant kann dadurch eine steuerfreie innergemeinschaftliche Lieferung durchführen.
2. **UID-Bestätigungsverfahren**
   Das „UID-Büro“ des Bundesministeriums für Finanzen gibt den Unternehmen Auskunft über die Gültigkeit von UID-Nummern.

☞ Falsche UID-Nummer

Eine Villacher Boutiquen-Unternehmerin kauft in Tarvis Kleider um netto € 10.000,–. Irrtümlich gibt sie eine falsche UID-Nummer an. Der Tarviser Händler

a) glaubt die UID-Nummer und stellt nur den Nettobetrag in Rechnung.

b) glaubt die UID-Nummer nicht und stellt die italienische USt von 19%, das sind € 1.900,–, in Rechnung.

☛ *Falsche UID-Nummer*

a) Der italienische Händler muß die USt von € 1.900,– in Italien nachversteuern, was seinen Rechnungsbetrag um die USt kürzt. Er hätte bei ausreichender Sorgfalt feststellen können, daß die UID-Nummer falsch ist.
b) Die Boutiquen-Besitzerin kann sich die italienische Umsatzsteuer im Vorsteuervergütungsverfahren in Italien zurückholen, wozu sie sich zweckmäßigerweise eines Fiskalvertreters bedienen wird. Was sicher zu Kosten führen wird, die den Einstandspreis der Ware erhöhen. Ferner muß sie in Österreich Umsatzsteuer abführen, die sie gleichzeitig als Vorsteuer geltend machen kann.

3. **Die zusammenfassende Meldung (ZM)**
   Unternehmen, die innergemeinschaftliche Lieferungen und Warenbewegungen tätigen, haben jedes Quartal eine ZM als Kontrollmeldung an das zuständige Finanzamt abzugeben.
4. **„INTRASTAT“**
   ist das EU-weite statistische Erfassungssystem und Kontrollsystem für den Waren- und Leistungsverkehr.

Weitere wichtige Neuerungen:

1. **Innergemeinschaftliche Verbringung**
   Soll z. B. eine Maschine für eine Ausstellung von Österreich nach Frankreich vorübergehend geliefert werden, dann handelt es sich um eine innergemeinschaftliche Verbringung. Diese ist in Österreich eine steuerfreie innergemeinschaftliche Verbringung und in Frankreich ein steuerpflichtiger innergemeinschaftlicher Erwerb (mit Vorsteuerabzug).

☞ Innergemeinschaftliche Verbringung

Ein Ferlacher Büchsenmacher hat neben seiner Kärntner Betriebsstätte eine weitere in Bozen. Er verbringt Büchsen um € 200.000,– nach Italien, die er dort verkaufen will. Weiters verbringt er Ladeneinrichtung um € 20.000,– von Österreich nach Italien. Er hat sowohl eine österreichische als auch eine italienische UID-Nummer.

☛ *Innergemeinschaftliche Verbringung*

Beide Fälle sind eine innergemeinschaftliche Verbringung, die in Österreich eine steuerfreie innergemeinschaftliche Lieferung sind und in Italien einen steuerpflichtigen Erwerb darstellen, für den in Italien Vorsteuerabzug geltend gemacht werden kann.

	€
Österreich	
Lieferung von Waren	200.000,–
Lieferung von Ladeneinrichtung	20.000,–
Italien	
Erwerb von Waren	200.000,–
Erwerb von Ladeneinrichtung	20.000,–
	220.000,–
+ 20% italienische Umsatzsteuer	44.000,–
– Vorsteuer	44.000,–

2. **Innergemeinschaftliche Lohnveredelung**
   Liefert z. B. ein österreichisches Unternehmen Materialien an einen italienischen Unternehmer zur weiteren Be- oder Verarbeitung (Lohnveredelung), und der italienische Unternehmer liefert das lohnveredelte Produkt zurück nach Österreich, muß der Österreicher die Lohnveredelung versteuern, während der Italiener steuerfrei bleibt.

☞ Lohnveredelung

Ein Schladminger Lodenerzeuger sendet Loden im Wert von € 10.000,– an einen Bozener Schneider. Der Schneider fertigt daraus Damenkostüme im Gesamtwert der Veredelungsleistung von € 30.000,– an, die er sofort nach Schladming zurücksendet. Beide Unternehmen haben eine UID-Nummer und pflegen schon lange Jahre diese Geschäftsverbindung.

☛ *Lohnveredelung*

Der Bozener Schneider ist Lohnveredeler, seine Leistung ist, wie jede innergemeinschaftliche Lieferung, steuerfrei; daher

	€
Lohnveredelungsleistung	30.000,–

Der Schladminger Lodenerzeuger ist hinsichtlich der Lodenlieferung nach Bozen ebenfalls steuerfrei, aber für die Lohnveredelung steuerpflichtig.

	€
Lohnveredelung	30.000,–
+ 20% österreichische Umsatzsteuer	6.000,–
– Vorsteuer	6.000,–

3. **Reihengeschäfte und Dreiecksgeschäfte**
   Dafür bestehen Sonderregelungen.

☞ Dreiecksgeschäft

Ein Lenzinger Faserproduzent verkauft einem Frankfurter Großhändler Waren um € 10,000.000,–.

Der Frankfurter Grossist läßt die Waren direkt an seinen Kunden in Mailand liefern.

☛ *Dreiecksgeschäft*

Hier liegt ein Dreiecksgeschäft vor. Der Lenzinger Faserproduzent ist Lieferer, der Frankfurter Grossist ist Erwerber und der Mailänder Kunde ist Empfänger.

Der Lieferer tätigt eine steuerfreie Binnenmarktlieferung um € 10,000.000,–. Der Erwerber wird nicht umsatzsteuerpflichtig. Der Empfänger schuldet die italienische Umsatzsteuer, die er aber als Vorsteuer geltend machen kann.

☞ Reihengeschäft

Ein Wiener Modehändler bestellt bei einem Couturier in Mailand Kostüme um netto € 2 Mio. und beauftragt diesen, die Ware an eine Boutique in München zu liefern.

☛ *Reihengeschäft*

Der italienische Couturier erbringt in Italien eine steuerfreie innergemeinschaftliche Lieferung um € 2,000.000,–.

Der Wiener Modehändler tätigt einen innergemeinschaftlichen Erwerb, der im Bestimmungsland Österreich steuerfrei ist. Die Lieferung ins Bestimmungsland Deutschland ist im Bestimmungsland Deutschland steuerbar und umsatzsteuerpflichtig. Steuerschuldner im Bestimmungsland ist die Boutique in München.

	€
Lieferung netto	2,000.000,–
+ 16% deutsche Umsatzsteuer	320.000,–
= Lieferung brutto	2,320.000,–

Die Boutique in München kann die deutsche USt (€ 320.000,–) als Vorsteuer geltend machen.

Ausnahmeregelungen:

1. **innergemeinschaftliche Lieferung an umsatzsteuerbefreite Unternehmen,** wie z. B. Kleinunternehmer und pauschalierte Land- und Forstwirte (Schwellenerwerber):
   Hier erfolgt nur dann eine Besteuerung im Inland, wenn die Erwerbsschwelle in Österreich im Vorjahr überschritten wurde und heuer voraussichtlich überschritten wird.
   Im Falle diese Erwerbsschwelle nicht überschritten wird, erfolgt die Besteuerung im Ursprungsland.

2. **Versandhandel**
   Bei Lieferungen des Versandhandels an private Abnehmer oder Schwellenerwerber in ein anderes Mitgliedsland erfolgt die Besteuerung im Ursprungsland. Es sei denn, es wird die Lieferschwelle des jeweiligen Mitgliedslandes überschritten, dann erfolgt die Besteuerung im Bestimmungsland.

☞ Versandhandel Lieferschwelle

Ein holländisches Blumenzwiebelhaus versandte an diverse private Kunden in Österreich
a) im Vorjahr Waren im Werte von € 50.000,–;
b) im heurigen Jahr konnte der Umsatz an österreichische Privatkunden auf € 100.000,– gesteigert werden.

☛ *Versandhandel Lieferschwelle*

a) Im Vorjahr wird von dem Versandunternehmen die Lieferschwelle nach Österreich nicht überschritten. In diesem Fall erfolgt die Besteuerung im Ursprungsland, daher

	€
Lieferung an Privatkunden in Österreich	50.000,–
+ 17,5% niederländische USt	8.750,–
= Summe	78.750,–

b) Im heurigen Jahr wird die Lieferschwelle in Österreich auch nicht überschritten.

3. **Lieferung neuer Kraftfahrzeuge**
   Die innergemeinschaftliche Lieferung ist steuerfrei, der innergemeinschaftliche Erwerb durch Unternehmer und Private unterliegt der Besteuerung im Bestimmungsland.

4. **Erwerb gebrauchter Kraftfahrzeuge**
   Hier erfolgt die Besteuerung im Ursprungsland, beim Erwerb durch einen Privaten und Besteuerung im Bestimmungsland beim Erwerb durch ein Unternehmen. In Österreich ist bei erstmaliger Zulassung die Normverbrauchsabgabe (NoVA) zu entrichten.

☞ Kraftfahrzeug

Eine Salzburger Studentin kauft in Freilassing
a) ein Neufahrzeug zum Nettopreis von € 25.000,–
   und
b) ein Gebrauchtfahrzeug zum Nettopreis von € 5.000,–.

Beide Autos meldet sie in Salzburg an.

☛ *Kraftfahrzeug*

a) Die Lieferung von Neufahrzeugen aus einem EU-Mitgliedsland ist generell für den Lieferanten umsatzsteuerfrei, gleichgültig, ob der Lieferant Unternehmer oder Privatperson ist. Der Erwerb von Neufahrzeugen ist stets im Bestimmungsland der Umsatzsteuer zu unterwerfen, gleichgültig, ob der Erwerber Unternehmer oder Privatperson ist.

	€
Nettopreis Neufahrzeug	25.000,–
+ z. B. 10% NoVA	2.500,–
= Zwischensumme	27.500,–
+ 20% Umsatzsteuer	5.500,–
= Bruttopreis	33.000,–

b) Für private Käufer und Unternehmer, die beim Fahrzeugkauf keinen Vorsteuerabzug geltend machen können, gilt hier das Ursprungslandprinzip:

	€
Nettopreis	5.000,–
+ 16% deutsche Umsatzsteuer	800,–
= Bruttopreis (zu bezahlen in Freilassing)	5.800,–
+ z. B. 10% NoVA von € 5.000,–	500,–
+ 20% Umsatzsteuer von der NoVA	100,–
= Bruttopreis	6.400,–

☞ Kraftfahrzeug

Ein Braunauer Automobilhändler kauft von einem Händler

a) einen neuen PKW in Simbach um netto € 25.000,–
und

b) einen gebrauchten PKW um netto € 5.000,–.

Er verkauft beide Autos in Braunau an österreichische Kunden mit einem Aufschlag von 20% und meldet sie für die Kunden auch an.

☛ *Kraftfahrzeug*

Hier gelten die gleichen Bestimmungen wie für Private, nämlich das Bestimmungslandprinzip.

	€
a)	
Kauf	
Nettopreis Neufahrzeug	25.000,–
+ 20% Umsatzsteuer	5.000,–
– Vorsteuer	5.000,–
Verkauf	
Nettopreis	25.000,–
+ 20% Aufschlag	5.000,–

➤

= Zwischensumme	30.000,–
+ 10% NoVA	3.000,–
= Zwischensumme	33.000,–
+ 20% Umsatzsteuer	6.600,–
= Bruttopreis	39.600,–
b)	
Kauf	
Nettopreis Gebrauchtfahrzeug	5.000,–
+ 20% Umsatzsteuer	1.000,–
– Vorsteuer	1.000,–
Verkauf	
Nettopreis	5.000,–
+ 20% Aufschlag	1.000,–
= Zwischensumme	6.000,–
+ z. B. 10% NoVA	600,–
= Zwischensumme	6.600,–
+ 20% Umsatzsteuer	1.320,–
= Bruttopreis	7.920,–

5. **Weitere Sonderbestimmungen**
   bestehen für Spediteure, Güterbeförderer, freie Berufe, Banken, Versicherungen, EDV-Dienstleistungen, Reisebüros, Körperschaften öffentlichen Rechts und Kunst- und Antiquitätenhändler.

☞ Beförderungsleistung

Ein Mailänder Obsthändler beauftragt einen Frächter in Villach, Obst mit einem Lkw von Bozen nach München zu befördern und bezahlt dafür netto € 1.000,–.

☛ *Beförderungsleistung*

Beförderungsleistungen in der EU werden an dem Ort in der EU ausgeführt und besteuert, an dem die Beförderung beginnt. Im Falle, daß der Auftraggeber eine UID eines anderen

➤ Mitgliedslandes als Abgangsort verwendet, gilt die Beförderungsleistung dort ausgeführt. Im Falle, daß die Beförderungsleistung die Außengrenzen der EU überschreitet, ist sie steuerfrei.

Die Beförderungsleistung ist in Italien steuerbar und steuerpflichtig. Der österreichische Frächter hat in Italien die italienische Umsatzsteuer abzuführen und muß dem Mailänder die italienische Umsatzsteuer in Rechnung stellen.

	€
Lkw-Transport	1.000,–
+ italienische Umsatzsteuer 20%	200,–
= Transport inkl. USt	1.200,–

Der Mailänder kann die Umsatzsteuer als Vorsteuer geltend machen.

☞ Ort der sonstigen Leistung

Ein Wiener Steuerberater hat u. a. folgende Klienten, für die er diverse Beratungsleistungen durchführt:

a) ungarische und slowakische Klienten
mit einem Honorar von netto € 20.000,–

b) deutsche Unternehmungen
mit einem Honorar von netto € 10.000,–

c) italienische Unternehmer
mit einem Honorar von netto € 5.000,–

☛ *Ort der sonstigen Leistung*

Leistungen von Anwälten, Wirtschaftstreuhändern, Sachverständigen etc. gelten als am Empfängerort der sonstigen Leistung erbracht und sind auch dort steuerpflichtig.

a), b) und c) Diese Honorare sind in Österreich nicht steuerbar und nicht steuerpflichtig.

b) und c) sind in Deutschland und Italien zu den dort gültigen Tarifen steuerbar und steuerpflichtig. Die Empfänger der Leistungen haben in Deutschland und in Italien Vorsteuerabzug.

Hilfestellung im Rahmen des Waren- und Leistungsverkehrs der EU bieten **Fiskalvertreter**. Unternehmen, die in einem EU-Land keinen Sitz haben, aber in diesem Lande innergemeinschaftliche Lieferungen, innergemeinschaftlichen Erwerb und steuerpflichtige Umsätze tätigen, müssen in diesem Land einen Fiskalvertreter bestellen. Dieser hat in dem Land die steuerliche Abwicklung zu besorgen. Ist ein österreichisches Unternehmen beispielsweise

EU-weit tätig und hat es nur in Österreich einen Sitz, dann bedarf es in jedem anderen EU-Land außer Österreich eines Fiskalvertreters.

☞ Ort der sonstigen Leistung

Ein Sänger hat in einem Jahr u. a. folgende Engagements:

a) Wiener Staatsoper Gage netto € 10.000,–
b) Salzburger Festspiele Gage netto € 30.000,–
c) Mailänder Scala Gage netto € 40.000,–
d) Bayreuther Festspiele Gage netto € 20.000,–

☛ *Ort der sonstigen Leistung*

Die Leistung von Künstlern und Wissenschaftern gilt umsatzsteuerlich dort erbracht, wo der Künstler oder Wissenschafter tätig ist; in diesem Falle am Ort des Auftritts. Der Umsatz ist daher an diesem Ort bewirkt und in diesem Lande zu versteuern.

	€
a) und b)	
Gage netto Staatsoper	10.000,—
Gage netto Salzburg	30.000,—
= Gage Österreich	40.000,—
+ 20% USt	8.000,—
die an das zuständige österreichische Finanzamt abzuführen ist	
c)	
Gage netto Mailand	40.000,—
+ 20% italienische USt	8.000,—
die an das zuständige italienische Finanzamt abzuführen ist	
d)	
Gage netto Bayreuth	20.000,—
+ 16% deutsche USt	3.200,—
die an das zuständige deutsche Finanzamt abzuführen ist.	

In allen Fällen gibt es für den Künstler Vorsteuerabzug aus seinen mit den Engagements verbundenen Betriebsausgaben. Er wird sich dabei eines Fiskalvertreters bedienen.

5.3. Kapitalertragsteuer (KESt)

Die Kapitalertragsteuer wurde per 1. 1. 1993 in Österreich novelliert. Sie soll die Erhebung der vielfach nicht abgeführten Einkommensteuer von Kapitalerträgen durch Abzug sicherstellen.

Der Steuer unterliegen inländische Kapitalerträge wie Gewinnanteile (Dividenden), Zinsen und sonstige Bezüge aus Aktien, Anteilen an Ges.m.b.H.s und Genossenschaften, gleichwertige Bezüge aus Genußrechten und Partizipationskapital, Einkünfte als stiller Gesellschafter, Zinserträge aus Geldeinlagen bei und Forderungen gegenüber Banken, Kapitalerträge aus Forderungswertpapieren etc.

Ausnahmen von der Kapitalertragsteuer betreffen insbesondere Zinserträge zum Eckzinssatz.

Der Steuersatz beträgt 25% vom Kapitalertrag.

Zum Abzug der Kapitalertragsteuer sind vorwiegend die Kreditinstitute verpflichtet, die sie an das Finanzamt abzuführen haben.

5.4. Vermögensteuern

Unter Vermögensteuern im weiteren Sinn versteht man alle Steuern, die Vermögenswerte zum Steuergegenstand haben.

Erbschaftssteueräquivalent (für Körperschaften):

Das Erbschaftssteueräquivalent ist eine zusätzliche Vermögensteuer der juristischen Personen, die das Fehlen einer erbschaftssteuerlichen Belastung ausgleichen soll; steuerpflichtig sind die der Vermögensteuer unterliegenden juristischen Personen. Das Erbschaftssteueräquivalent ist Kostenelement (Gemeinkosten).

Grundsteuer:

Steuergegenstand ist der inländische Grundbesitz (land- und forstwirtschaftliches Grundvermögen, Betriebsgrundstücke). Bemessungsgrundlage ist der Einheitswert; die Steuerbelastung ist durch unterschiedliche Hebesätze der einzelnen Gemeinden verschieden hoch (ca. 0,8%). Soweit es sich um betrieblich genutzten Grundbesitz handelt, ist die Grundsteuer Kostenelement.

Bodenwertabgabe:

Steuergegenstand sind unbebaute Grundstücke. Auch die Bodenwertabgabe hat Kostencharakter, wenn das Grundstück zur betrieblichen Nutzung bestimmt ist. Steuertarif: 1%.

Abgabe und Beitrag von land- und forstwirtschaftlichen Betrieben:

Steuergegenstand sind land- und forstwirtschaftliche Betriebe sowie unbebaute Grundstücke, die nachhaltig land- und forstwirtschaftlich genutzt werden.

Bemessungsgrundlage sind im allgemeinen die Einheitswerte, die im Vergleich zu den Verkehrswerten relativ niedrig sind.

5.5. Verkehrsteuern

Unter Verkehrsteuern versteht man jene Steuern, die primär Vorgänge des Rechts- oder Wirtschaftsverkehrs zum Steuergegenstand haben.

Bezeichnung	Steuergegenstand
1. Erbschafts- und Schenkungssteuer	Erwerb von Todes wegen; Schenkung
2. Grunderwerbsteuer	Übertragung des Eigentums an Grundstücken
3. Kapitalverkehrsteuer	Rechtsvorgänge auf dem Kapitalmarkt
4. Gebühren	bestimmte Schriftstücke und beurkundete Rechtsgeschäfte (z. B. Notariatsakt)
5. Sonstige Verkehrsteuern	

1. Erbschafts- und Schenkungssteuer:

Diese stellt in der Regel eine Privatsteuer dar und hat daher keinen Kostencharakter. Ausnahme: Erbschaft oder Schenkung eines Betriebes.

2. Grunderwerbsteuer:

Die Grunderwerbsteuer erfaßt die Übertragung des Eigentums an Grundstücken und Superädifikaten (Ausnahmen z. B. Erbschaft). Sie ist Kostenelement bei der Eigentumsübertragung betrieblicher Grundstücke und geht, da sie aktivierungspflichtig ist, als Abschreibung in die Kostenrechnung ein.

3. Kapitalverkehrsteuern:

- Gesellschaftssteuer
  1% Zufuhr von Eigenkapital an inländische Kapitalgesellschaften (Ermäßigung auf 1% bei Deckung einer Überschuldung)
- Börsenumsatzsteuer
  0,04% bis 2,5% für den Kaufpreis von Wertpapieren

Auch die Kapitalverkehrsteuern sind Kosten.

4. Gebühren:

Den Gebühren nach dem GebG unterliegen bestimmte Schriftstücke (ausschließlich feste Gebühren) und bestimmte beurkundete Rechtsgeschäfte (überwiegend Hundertsatzgebühren).

Soweit die Gebühren Schriften und Rechtsgeschäfte von Unternehmen betreffen, haben sie Kostencharakter.

5. Sonstige Verkehrsteuern:

Zu den sonstigen Verkehrsteuern zählen neben der Kraftfahrzeugsteuer die hier nicht näher behandelten Steuern wie Straßenverkehrsbeitrag, Versicherungssteuer und Feuerschutzsteuer.

Verkehrsteuern sind auch die den Umsatzsteuern ähnlichen Abgaben wie Getränkesteuer und Eissteuer.

Der Vollständigkeit halber seien hier noch einige landesgesetzlich geregelte Gemeindeabgaben erwähnt, wie z. B. Ankündigungs- und Anzeigenabgabe, Hundesteuer[1], Vergnügungssteuer usw.

Auch die Verkehrsteuern haben Kostencharakter, Getränkesteuer und Eissteuer haben darüber hinaus Einzelkostencharakter.

5.6. Verbrauchssteuern

Zu den Verbrauchssteuern, die den Verbrauch bestimmter Waren in Inland erfassen, zählen:

- Tabaksteuer
- Mineralölsteuer (mit 1. 1. 1982 wurde die vorher zusätzlich erhobene Bundesmineralölsteuer zur Mineralölsteuer zusammengefaßt) und
- Schaumweinsteuer.

Sie sind Nebenkosten des Einstandspreises oder haben Einzelkostencharakter beim liefernden Betrieb.

5.7. Normverbrauchsabgabe (NoVA)

Die NoVA ist ähnlich wie die Umsatzsteuer eine Steuer, die im Regelfall vom Fahrzeughändler berechnet, auf den Kaufpreis überwälzt und an den Fiskus abgeführt wird.

Bei Eigenimport von Autos hat der Zulassungsbesitzer diese Abgabe abzuführen. Bei Leasingfahrzeugen wird die Abgabe vom Leasingunternehmer abgeführt.

1 Sogar die Hundesteuer kann Kostenelement werden (Gemeinkosten), wenn es sich beispielsweise um den Wachhund eines Bewachungsunternehmens handelt.

Die NoVA ersetzte zusammen mit der Umsatzsteuer von 20 % per 1. 1. 1992 den erhöhten Luxussteuersatz der Umsatzsteuer von 32% auf Pkws. Die NoVA ist eine Lenkungsabgabe, die auf den Treibstoffverbrauch abstellt und von diesem abhängt.

Der Steuersatz beträgt beispielsweise für Benzinfahrzeuge:

$$\frac{\text{ECE Normverbrauch im Stadtverkehr} + \text{ECE Normverbrauch bei 90 km/h}}{2} = \text{Durchschnittsverbrauch}$$

$$(\text{Durchschnittsverbrauch} - 3) \times 2 = \text{Steuersatz in \%}$$

Beispiel

Pkw
ECE Stadtzyklus 9,8 Liter je 100 km
ECE 90 km/h Zyklus 5,9 Liter je 100 km

Lösung

$$\text{Durchschnittsverbrauch} = \frac{9{,}8 + 5{,}9}{2} = 7{,}85 \text{ Liter je 100 km}$$

Steuersatz = (7,85 – 3) × 2 = 9,7%
aufgerundet 10%

	€
Nettopreis Pkw	20.000,–
+ 10% NoVA	2.000,–
= Zwischensumme	22.000,–
+ 20% Umsatzsteuer	4.400,–
= Endpreis	26.400,–

Die Umsatzsteuer und auch die NoVA berechtigen in der Regel nicht zum Vorsteuerabzug!

Durch die Teilnahme Österreichs am Binnenmarkt der EU ergaben sich folgende neue Tatbestände: Der Mehrwertsteuersatz von 20% und auch die Normverbrauchsabgaben bleiben unverändert.

Wird ein Fahrzeug aus einem EU-Mitgliedsland eingeführt, handelt es sich um einen innergemeinschaftlichen Erwerb, der im Bestimmungsland zu versteuern ist. Es ist also die Lieferung steuerfrei, aber der Erwerb steuerpflichtig.

Neufahrzeuge:

Für die Einfuhr von Fahrzeugen aus Nicht-EU-Staaten wird weiterhin beim Import die Einfuhrumsatzsteuer beim Grenzübertritt eingehoben. Beim innergemeinschaftlichen Erwerb ist der Käufer im Bestimmungsland steuerpflichtig (USt und NoVA).

☞ **Beispiel** Ein deutsches Unternehmen verkauft einem österreichischen Unternehmen ein neues Fahrzeug um netto € 40.000,–.

	€
Nettopreis	40.000,–
+ z.B. 10% NoVA	4.000,–
= Zwischensumme	44.000,–
+ 20% USt	8.800,–
= Einstandspreis	52.800,–

Gebrauchte Fahrzeuge: innergemeinschaftlicher Erwerb durch Private:

Gebrauchtwagengeschäfte zwischen zwei Privaten sind in der EU mehrwertsteuerfrei, aber in Österreich als Bestimmungsland der NoVA unterworfen.

Erwirbt ein Privater von einem Unternehmen in einem Mitgliedsland der EU ein Gebrauchtfahrzeug, gilt das Ursprungslandprinzip, d.h. die USt wird in dem Land fällig, in dem das Fahrzeug gekauft wird. In Österreich fällt damit keine USt an, wohl aber die NoVA.

Gebrauchte Fahrzeuge: innergemeinschaftlicher Erwerb durch Unternehmen:

Erwerben Unternehmen gebrauchte Fahrzeuge, so gilt in der Regel dieselbe Regelung wie für Private, es sei denn, sie können für das Fahrzeug Vorsteuerabzug geltend machen (z.B. Taxiunternehmen, Händler, Leasingfirmen etc.).

Erwirbt ein Unternehmer ein gebrauchtes Fahrzeug von einem Nicht-Vorsteuerabzugsberechtigten, beispielsweise privaten Verkäufer, kommt die Differenzbesteuerungsmethode zum Tragen. Dabei wird die Differenz zwischen Einkaufs- und Verkaufspreis, also der Bruttogewinn besteuert.

5.8. Gesamtwirtschaftliche Bedeutung der Steuern

Jeder Betrieb ist, wie vorige Ausführungen beweisen, mit einer kaum mehr überblickbaren Fülle von Steuern finanziell und administrativ belastet. Von den Zahlungen für Steuern fallen besonders ins Gewicht (in der Reihung ihrer Bedeutung für den Staat), die
1. Umsatzsteuer,
2. Lohnsteuer und
3. Einkommensteuer.

Alle übrigen Steuern sind gesamtwirtschaftlich von eher untergeordneter Bedeutung. Allerdings gibt es Branchen, die von einzelnen dieser Steuern besonders hart betroffen sind, z. B. Gast- und Schankgewerbe.

6. Fremdleistungskosten

Hierunter fallen Transport-, Miet-, Pacht-, Energie-, Patent-, Lizenz-, Beratungskosten u. a., soweit sie nicht zu den anderen Kostenarten gezählt werden. Sie haben meist Gemeinkostencharakter und werden nur in Sonderfällen als Sonderkosten behandelt, wie z. B. Transportkosten bei Exportaufträgen oder auftragsdirekte Fremdarbeiten, die ebenfalls Einzelkostencharakter haben.

D.
Kostenverrechnung zu Vollkosten

1. Allgemeines

Das Ergebnis der Kostenerfassung sind die einzelnen Kostenarten eines bestimmten Zeitabschnittes, beispielsweise eines Jahres. Als nächster Schritt schließt die Verrechnung der Kosten auf die einzelnen Leistungen des Unternehmens an. Falls es die Organisation des Betriebes erfordert, ist vorerst noch die Aufteilung der Kosten auf die Kostenstellen durchzuführen. Dies läßt sich wie folgt veranschaulichen:

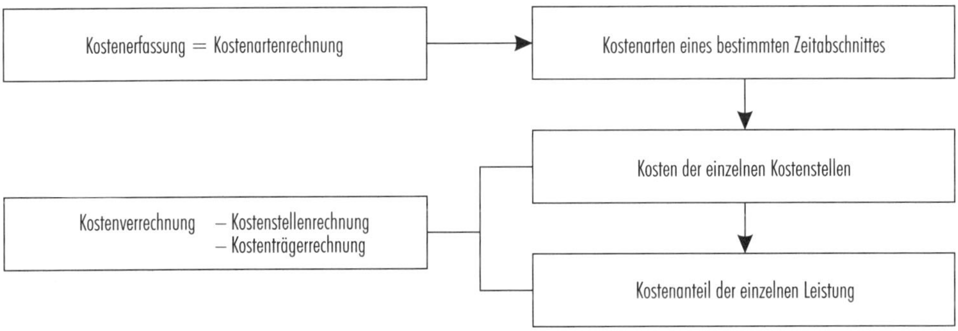

Die Verrechnung der Kosten auf die einzelnen Leistungen erfolgt entsprechend der Eigenart des Betriebes, wobei folgende Verfahren zur Verfügung stehen.

2. Kalkulationsverfahren

2.1. Übersicht

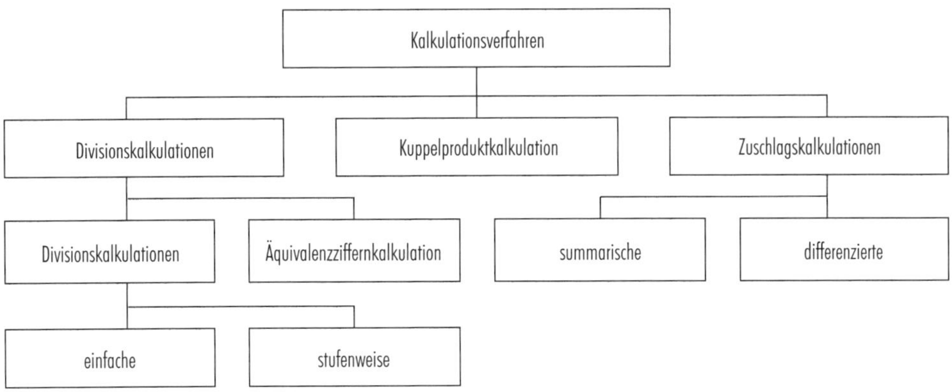

2.2. Anwendungsbereiche (Beispiele siehe 2.3.)

a) Divisionskalkulation:

1. *Einfache Divisionskalkulation*:

für Einproduktbetriebe mit einheitlichem Arbeitsgang

$$\frac{\text{Gesamtkosten in €}}{\text{erzeugte oder abgesetzte Menge}} = \text{Kosten in € je erzeugte oder abgesetzte Menge}$$

Praktisch selten anwendbar (nur Einproduktbetrieb ohne Lagerbestandsschwankungen), eher in Kombination mit anderen Verfahren.

2. *Stufenweise Divisionskalkulation* (Wälzungsverfahren):

für Einproduktbetriebe mit einheitlichem Arbeitsgang, aber Produktionsstufen und Zwischenlagern, in denen auch Bestandsschwankungen auftreten; z. B. zwei Produktionsstufen.

$$\frac{\text{Kosten Stufe 1 in €}}{\text{erzeugte oder abgesetzte Menge Stufe 1}} = \text{Kosten in € je erzeugte oder abgesetzte Menge Stufe 1}$$

$$\frac{\text{Kosten in € je erzeugte oder abgesetzte Menge Stufe 1} \times \text{übernommene Menge} + \text{Kosten Stufe 2}}{\text{erzeugte oder abgesetzte Menge Stufe 2}} = \text{Kosten in € je erzeugte oder abgesetzte Menge Stufe 2}$$

3. ***Äquivalenzziffernkalkulation für Mehrproduktbetriebe mit festen Kostenrelationen der Produkte (verwandte Produkte):***

Dies kann sein, wenn unterschiedliches Material einheitlich verarbeitet wird oder wenn gleiches Material unterschiedlich verarbeitet wird. Die Rechentechnik wird an einem Beispiel erklärt.

b) Kuppelproduktkalkulation:

Bei der Produktion eines Hauptproduktes fallen zwangsläufig Nebenprodukte an.

☞ **Beispiel Weingut**

Hauptprodukt = Wein
Nebenprodukte = Trester

Wir verwenden hier die sogenannte Restwertmethode nach dem Grundsatz der Kostentragfähigkeit.

	€
Erlöse der Nebenprodukte – den Nebenprodukten zurechenbare Kosten	
= Beitrag der Nebenprodukte zur Kostentragung	
Kosten des gesamten Produktionsprozesses (gekuppelte Kosten) – Beitrag der Nebenprodukte zur Kostentragung	
= Kosten des Hauptproduktes	

Es ist darauf hinzuweisen, daß dieses Verfahren nicht dem Kostenverursachungsprinzip entspricht.

c) Zuschlagskalkulation:

1. Summarische Zuschlagskalkulation:
für Kleinstbetriebe mit mehreren Produkten

$$\frac{\text{Gemeinkosten in €}}{\text{Basis}} \times 100 = \text{Zuschlagsatz in \% der Basis}$$

Als Basis werden häufig die Fertigungslöhne, das Fertiungsmaterial, der Handelswareneinsatz, die gesamten Einzelkosten oder die Fertigungsstunden („produktiven Stunden“) verwendet.

Näheres im Abschnitt Kostenverrechnung ohne Kostenstellen.

2. Differenzierte Zuschlagskalkulation:
für alle sonstigen Mehrproduktbetriebe

Näheres im Abschnitt Kostenverrechnung mit Kostenstellen

2.3. Beispiele

a) Einfache Divisionskalkulation:

☞ In einer Sandgrube wurden im Jänner 100.000 m³ Sand abgebaut. Dafür sind € 350.000,– Kosten angefallen. Die Kosten eines m³ Sand betragen somit

☛ $$\frac{€\ 350.000,–}{100.000\ m^3} = €\ 3,50 \text{ je } m^3$$

b) Stufenweise Divisionskalkulation:

☞ In einem Jahr wurden in einem Betrieb 20 Tonnen Trauben um € 5.000,– geerntet (inklusive Gartenpflege). 18 Tonnen Trauben wurden um € 1.000,– zu 17.000 Liter Wein weiterverarbeitet.

☛ Stufe 1: $\frac{\text{€ } 5.000,\text{–}}{20.000 \text{ kg}} = \text{€ } 0,25 \text{ je kg}$

Stufe 2: $\frac{\text{€ } 0,25 \times 18.000 \text{ kg} + \text{€ } 1.000,\text{–}}{12.000 \text{ Liter}} = \text{€ } 0,4583 \text{ je Liter}$

c) Äquivalenzziffernkalkulation:

☞ **Beispiel 1**

Für die Erzeugung von 1 Stück A und 1 Stück B fielen Kosten von € 1.400,– an. Die Kosten von 1 Stück A zu 1 Stück B verhalten sich wie 4 : 3.

☛ Kosten 1 Stück A : Kosten 1 Stück B = 4 : 3
Kosten 1 Stück A + Kosten 1 Stück B = € 1.400,–
$4x + 3x =$ € 1.400,–

$x =$ € 200,–

	€
Kosten für 1 Stück A = € 200,— × 4	800,—
Kosten für 1 Stück B = € 200,— × 3	600,—
= Summe	1.400,—

Für die Erzeugung von 1 Stück D und 2 Stück E fielen Kosten von € 1.400,– an. Die Kosten von 1 Stück D zu 1 Stück E verhalten sich wie 4 : 3.

Kosten 1 Stück D : Kosten 1 Stück E = 4 : 3
Kosten 1 Stück D + Kosten 2 Stück E = € 1.400,–
$4x + 3 \times 2 \times x =$ € 1.400,–

$x =$ € 140,–

	€
Kosten für 1 Stück D = € 140,— × 4	560,—
Kosten für 2 Stück E = € 140,— × 6	840,—
= Summe	1.400,—

Beispiel 2

Ein Weingroßhändler setzt Wein in 125-l- und 25-l-Fässern ab. Er verkaufte in einem Jahr 700 große und 3.000 kleine Fässer. Die Kosten für das Abziehen betrugen € 1.450,–. Da sich beim Abziehen des Weines in große Fässer geringere Rüstzeiten als beim Abziehen in kleinere Fässer ergeben, jedoch die Füllzeit das Fünffache beträgt, verhalten sich die Kosten nicht proportional zu den Litern, sondern von Klein- zu Großfaß wie 1 : 4. Wieviel kostet den Großhändler das Abziehen in ein Groß- und ein Kleinfaß?

Faßgröße	Menge	Äquivalenzzahl	Menge × ÄZ = Recheneinheiten
25 l	3.000	1	3.000
125 l	700	4	2.800
			5.800

$$\frac{\sum \text{Kosten}}{\sum \text{Recheneinheiten}} = \frac{€\ 1{,}450,–}{5.800} = €\ 0{,}25 \text{ Kosten / Recheneinheit}$$

€ 0,25 × 1 = € 0,25 je 25-l-Faß
€ 0,25 × 4 = € 1,– je 125-l-Faß

d) Kuppelproduktkalkulation:

In einer Konditorei wurden aus den vom Vortag verbliebenen Produkten Punschkrapferl erzeugt. Diese Nebenprodukte erbrachten einen Erlös von € 15.700,–. Die den Punschkrapferln direkt zurechenbaren Kosten betrugen € 4.240,–. Insgesamt fielen in der Konditorei Kosten von € 52.000,– an.

	€
Erlöse der Nebenprodukte	15.700,—
– direkt zurechenbare Kosten der Nebenprodukte	4.240,—
= Beitrag der Nebenprodukte zur Kostentragung	11,460,—

Gekuppelte Kosten	52.000,–
– Beitrag der Nebenprodukte zur Kostentragung	11.460,–
= Kosten Hauptprodukte	40.540,–

Verwendung der Kalkulationsverfahren in der Praxis:

Von den Kalkulationsverfahren ist die einfache Divisionskalkulation nur in seltenen Fällen anwendbar, z. B. Treibstoffkosten je gefahrenem Kilometer. Äquivalenzziffernkalkulationen werden beispielsweise bei der Drahtproduktion und Brotproduktion angewendet. Kuppelproduktkalkulationen werden in der chemischen und pharmazeutischen Industrie verwendet.

Von überragender praktischer Bedeutung ist die Zuschlagskalkulation, die in der Folge ausführlich behandelt wird, und zwar als Kostenverrechnung ohne und als Kostenverrechnung mit Kostenstellen.

3. Kostenverrechnung ohne Kostenstellen (summarische Zuschlagskalkulation)

In Klein- und Mittelbetrieben genügt es im allgemeinen, die Kostenrechnung nach folgenden Verfahren durchzuführen:

3.1. Erzeugungsbetrieb

	€
Fertigungsmaterial	
+ ... % Materialzuschlagsatz (Materialgemeinkosten)	
= Materialkosten	
+ direkt verrechenbare Stunden × Stundensatz① (d. i. Bruttostundenlohn + Lohnnebenkosten + Gemeinkostenanteil je Arbeitsstunde)	
= Selbstkosten	

① Der Stundensatz wird auch als Regiestundensatz bezeichnet; er kann auch wie folgt errechnet werden:

Bruttostundenlohn	oder	Bruttostundenlohn
+ lohnabhängige Gemeinkosten		+ Fertigungsgemeinkosten
+ Gemeinkostenanteil je Arbeitsstunde		

Der Materialzuschlagsatz ist für viele Klein- und Mittelbetriebe als branchenübliche Spanne vorgegeben. In dieser findet ein Teil der Gemeinkosten Deckung (ähnlich wie in der vorher behandelten Kuppelproduktkalkulation). Die nicht durch diese Spanne gedeckten Gemeinkosten werden als Gemeinkostenanteil je Arbeitsstunde im Stundensatz berücksichtigt.

Die Stundensatzkalkulation wird in der Folge ausführlich behandelt.

3.2. Dienstleistungsbetrieb

	€
direkt verrechenbare Stunden × Stundensatz①	
(d. i. Bruttostundenlohn + Lohnnebenkosten + Gemeinkostenanteil je Arbeitsstunde)	
= Selbstkosten	

① Vgl. Fußnote ① der Tabelle unter 3.1.

Bei der **Stundensatzrechnung,** die häufig in Klein- und Mittelbetrieben angewendet wird, ist wie folgt vorzugehen. Alle Gemeinkosten werden durch die Anzahl der direkt verrechenbaren Stunden dividiert. Man erhält dadurch die Gemeinkosten je Stunde. Diese sind von der Höhe der Löhne meist unabhängig.

Folgende Vorgangsweise ist einzuhalten:

1. Ermittlung der direkt verrechenbaren Arbeitsstunden:

Am günstigsten ist es, wenn jeder Betrieb Aufzeichnungen über die Anzahl der den Aufträgen direkt verrechenbaren Arbeitsstunden führt. Falls eine Arbeitszeitaufschreibung fehlt, wird nachstehend eine Anleitung zur überschlagsmäßigen Ermittlung gegeben.

a) für Fach- und Hilfsarbeiter:

	Wochen
Gesamtanzahl der Wochen eines Jahres	52
– Urlaub	5
– Feiertage	2,1
– weiters im Durchschnitt für jeden Beschäftigten im Jahr 2,2 Wochen Krankenstand; zusammen mit den sonstigen Verhinderungszeiten, die bezahlt werden müssen (z. B. Arzt, Behördenwege), macht das rund	2,7
= Es verbleiben also für die betriebliche Anwesenheitszeit (das sind Auftragsstunden und Zeiten für innerbetriebliche Arbeiten) im Jahr	42,2

42,2 Wochen mal 40 Stunden = 1.688 Stunden; das ergibt etwa 1.500 direkt verrechenbare Stunden, wenn man nur knapp eine Stunde täglich als nicht direkt verrechenbare Zeiten abzieht (bezahlte Pausen, Wartezeiten, Aufräumen etc.), die in den restlichen Gemeinkosten enthalten sind.

b) für gewerbliche Lehrlinge:

	Wochen
Gesamtanzahl der Wochen eines Jahres	52
– Urlaub	5
– Feiertage	2,1
– Krankheit und Dienstverhinderungen	2,7
– Schulzeit (8 Wochen)	8
Es verbleiben also für die betriebliche Anwesenheitszeit im Jahr	34,2

34,2 Wochen × 40 Stunden = 1.368 Stunden. Bei den Lehrlingen muß mit einer größeren Anzahl von nicht direkt verrechenbaren Stunden gerechnet werden.

2. Ermittlung der Gemeinkosten:

Nun kann die Höhe der Gemeinkosten je direkt verrechenbare Arbeitsstunde ermittelt werden.

Die Höhe der Gemeinkosten kann *direkt* auf Grund der Aufzeichnungen der Buchhaltung und der anschließenden Kostenartenrechnung errechnet werden. Falls die vorhandenen Aufzeichnungen jedoch nicht ausreichen, ist die Höhe der Gemeinkosten auf *indirektem* Weg zu ermitteln; man geht dazu von den Gesamtkosten aus und setzt davon ab
- die Materialeinzelkosten
- die Fremdleistungskosten (soweit sie Einzelkosten sind)
- die Sonderkosten (z. B. Provision)
- die direkt verrechenbaren Lohnkosten (direkt verrechenbare Stunden mal Bruttolohn) und die direkt verrechenbaren Kosten der Lehrlingsentschädigungen
- die Lohnnebenkosten der direkt verrechenbaren Löhne und die Nebenkosten der direkt verrechenbaren Lehrlingsentschädigungen.

Als Ergebnis erhält man die Gemeinkosten. Diese werden durch die Anzahl der direkt verrechenbaren Stunden dividiert und man bekommt so die Gemeinkosten je direkt verrechenbare Stunde („Stundenregie“) als Betrag.

3. Ermittlung der Kosten einer Arbeitsstunde:

In Betrieben, in denen nur mit geringem Maschineneinsatz gearbeitet wird, können, wenn die bis jetzt erwähnten Vorarbeiten durchgeführt sind, die Kosten einer Arbeitsstunde leicht errechnet werden.

	€
Bruttolohn je Stunde oder Lehrlingsentschädigung je Stunde + Lohnnebenkosten (ca. 95%) oder Nebenkosten bei Lehrlingsentschädigung (ca. 120%) + Gemeinkosten je Stunde (Stundenregie) als €-Betrag	
= Stundensatz (ohne MWSt und Gewinn)	

Kalkulation einer direkt verrechenbaren Fach- oder Hilfsarbeiterstunde

	€
Durchschnittlicher Bruttostundenlohn + ca. 95% Lohnnebenkosten + Gemeinkosten je Stunde	
= Selbstkosten einer direkt verrechenbaren Stunde + ... % Gewinnzuschlag	
= Nettostundenpreis + 20% Mehrwertsteuer	
= Bruttostundenpreis[1]	

[1] Die Kalkulation von Rabatten und Skonti ist bei Stundensätzen in Österreich nicht üblich.

Lehrlinge stehen in Ausbildung und erbringen daher im allgemeinen wenig direkt verrechenbare Leistung. Die gesamten, durch die Ausbildung eines Lehrlings entstehenden Kosten sind Gemeinkosten.

Bei fortgeschrittener Ausbildung kann ein Lehrling auch für verrechenbare Leistungen eingesetzt werden. Die von ihm aufgewendete Arbeitszeit ist entsprechend seiner Leistung zu bewerten (z. B. 75% einer Gesellenleistung gegen Ende der Lehrzeit).

3.3. Handelsbetrieb

Das Kostengefüge eines Handelsbetriebes wird durch den hohen Anteil der fixen, d. h. vom Umsatz unabhängigen Kosten bestimmt. Außerdem gibt es im Handelsbetrieb – abgesehen von den Einstandspreisen der Waren – überwiegend indirekte Kosten.

Einige Begriffserklärungen:

Gewinnzuschlag:

Der Gewinnzuschlag wird in Prozent der Selbstkosten oder des Verkaufspreises ausgedrückt.

Abhängig ist der Gewinnzuschlag
- von der Umsatzhöhe,
- von der Konkurrenz,
- von der allgemeinen Marktlage,
- vom Risiko.

(Weitere Ausführungen finden Sie im Kapitel Preispolitik.)

Nettoeinkaufs- und Nettoverkaufspreis:

Unter Nettoeinkaufspreis und Nettoverkaufspreis versteht man den Preis ohne Umsatzsteuer (bei Vorsteuerabzug) und auch den Preis ohne Rabatt.

Bruttoeinkaufs- und Bruttoverkaufspreis:

Unter Bruttoeinkaufspreis und Bruttoverkaufspreis versteht man den Preis einschließlich Umsatzsteuer und auch den Preis inklusive Rabatt.

Handelsspanne:

Die Handelsspanne ist die Differenz zwischen dem Nettoverkaufspreis und dem Nettoeinkaufspreis.

Kalkulationsschema:

progressive Kalkulation		
	Bruttopreis inkl. USt	
– auf Hundert	– Umsatzsteuer (20%, 10% oder 0%)	+ vom Hundert
	= Bruttozielpreis (ohne USt)	
– vom Hundert	– Rabatt (sehr unterschiedlich)	+ im Hundert
	= Nettozielpreis	
– vom Hundert	– Skonto (üblich 2%–3%)	+ im Hundert
	= Nettokassapreis	
	+ Bezugskosten	
	= Einstandspreis	
+ vom Hundert	+ Gemeinkostenzuschlag	– auf Hundert
	= Selbstkosten	
+ vom Hundert	+ Wagnis- und Gewinnzuschlag (üblich 1%–10%)	– auf Hundert
	= Nettokassapreis (ohne USt)	
+ im Hundert	+ Rabatt (sehr unterschiedlich)[1]	– vom Hundert
	= Bruttokassapreis ohne USt	
+ im Hundert	+ Skonto (üblich 2%–3%)[1]	– vom Hundert
	= Bruttozielpreis ohne USt	
+ vom Hundert	+ Umsatzsteuer (20%, 10% oder 0%)	– auf Hundert
	= Bruttozielpreis inklusive Umsatzsteuer	
		retrograde Kalkulation

Gemeinkostenzuschlag:

Hiebei werden die Gemeinkosten eines bestimmten Zeitraumes den Einstandspreisen der während desselben Zeitraumes verkauften Waren mit einem Prozentsatz zugerechnet.

☞ **Beispiel:**

	€
Einstandspreis der verkauften Waren (Wareneinsatz)	900.000,–
Gemeinkosten während desselben Zeitraumes	540.000,–

1 Die Berechnung von Rabatt und Skonto kann auch in umgekehrter Reihenfolge durchgeführt werden. Es ergibt sich der gleiche Zielpreis.

$$\text{Gemeinkostenzuschlagsatz} = \frac{\text{€ Gemeinkosten} \times 100}{\text{€ Einstandspreis der verkauften Waren}}$$

Der Gemeinkostenzuschlagsatz in dem Beispiel beträgt 60%.

Die Selbstkosten werden dann wie folgt errechnet:

	€
Einstandspreis	900.000,–
+ 60% Gemeinkostenzuschlag vom Hundert	540.000,–
= Selbstkosten	1,440.000,–

Rechnen mit Handelsspanne
(= Rohgewinn, Bruttogewinn oder Margin):

Im Handelsbetrieb wird meist mit der Handelsspanne gerechnet.

Sie stellt den Unterschiedsbetrag zwischen dem Einstandspreis und dem Nettoverkaufspreis der Waren dar und wird entweder als Spanne von unten oder als Spanne von oben ausgedrückt.

$$\text{Handelsspanne von unten} = \frac{\text{Rohgewinn in €} \times 100}{\text{Einstandspreis der verkauften Waren (Wareneinsatz) in €}}$$

$$\text{Handelsspanne von oben} = \frac{\text{Rohgewinn in €}}{\text{Nettoverkaufspreis der verkauften Waren (Umsatz) in €}}$$

☞ Beispiel

	€	
Umsatz	32,000.000,–	
Gewinn	1,000.000,–	Rohgewinn = Handelsspanne
Gemeinkosten	15,000.000,–	
Wareneinsatz	16,000.000,–	

Handelsspanne von unten

$$\frac{(\text{€ } 1{,}000.000{,}– + \text{€ } 15{,}000.000{,}–) \times 100}{\text{€ } 16{,}000.000{,}–} = 100\%$$

Handelsspanne von oben

$$\frac{(€\ 1{,}000.000,- + €\ 15{,}000.000,-) \times 100}{€\ 32{,}000.000,-} = 50\%$$

Es darf darauf hingewiesen werden, daß in Österreich auch die Handelsspannen einzelner Branchen Gegenstand der amtlichen Preisregelung ist, wie z. B. bei pharmazeutischen Produkten; sowohl die Großhandelsspanne (Differenz zwischen Erzeugerabgabepreis [EAP] und Apothekeneinstandspreis [AEP]) als auch die Apothekenspanne (Differenz zwischen AEP und Apothekenverkaufspreis [AVP]) sind geregelt. Auf den nächsten beiden Seiten finden sie zur Illustration ein Antragsformular zur Änderung des AEP.

Die Handelsspanne ist branchenweise verschieden. Sie kann auch vom Erzeuger empfohlen werden, wie z. B. bei Markenartikeln.

Ausgangsbasis für die Errechnung der Handelsspanne ist
1. der Jahresabschluß, insbesondere die Gewinn- und Verlustrechnung,
2. ein Zwischenabschluß,
3. Schätzungen der Umsätze, des Wareneinsatzes und der Gemeinkosten aufgrund der aktuellen Buchhaltungsdaten und
4. die Kostenrechnung des Betriebes selbst.

☞ Beispiel der Preispolitik im Handel mit Hilfe der Spanne

Niedrigere Preise bei Aktionen führen im allgemeinen zu höheren Umsätzen.

	Stückpreis in €	Absatzmenge in Stück	Umsatz in €
Normalpreis Seife	1,50	1.100	1.510,–
Aktionspreis Seife	1,30	2.000	2.600,–
Einstandspreis	1,10		

Erzielte Spanne: Normalpreis € 1,50 – € 1,10 = € 0,40 × 1.000 = € 400,–
Erzielte Spanne: Aktionspreis € 1,30 – € 1,10 = € 0,20 × 2.000 = € 400,–

Der Mehrverkauf von Seife allein würde in diesem Fall die Aktion nicht rechtfertigen. Geht man jedoch davon aus, daß die Aktion Kunden ins Geschäft bringt, die auch andere Artikel kaufen, läßt sich eine Gewinnsteigerung erwarten.

In der Handelsspanne ist im allgemeinen ein Gewinn- und Wagniszuschlag von 3% bis 5% enthalten.

3.4. Ausgewählte Branchen

In der Praxis wendet man beispielsweise folgende Zuschlagsbasen für die Kalkulation an:

Branche	Zuschlagsbasis
Dachdecker, Maler und Anstreicher	Quadratmeter (Stundensatz auf m^2 umgerechnet)
Mechaniker, Installateur, Elektriker und Tischler	Fertigungsmaterial- und Handelswareneinsatz und Fertigungslohn allein oder Stunden für Hand- und/oder Maschinenarbeitszeit
Handelsbetriebe und -sparten der Erzeugungs- und Dienstleistungsbetriebe	Handelswareneinsatz
Transportbetriebe	Kilometer, Tonnen-Kilometer, Einsatzstunden, Fahrgast-Kilometer
Friseure	Handelswareneinsatz und Arbeitslohn allein oder Stundensatz
Kraftfahrzeugmechaniker	siehe Mechaniker; anstelle der Stundensatzkalkulation wird häufig die „Indexkalkulation" angewendet, bei der der Fertigungslohn mit dem „Index" multipliziert wird und so den Stundensatz ergibt
Zahnärzte	Stundensatz

4. Kostenverrechnung mit Kostenstellen (differenzierte Zuschlagskalkulation)

4.1. Aufgaben und Instrumente

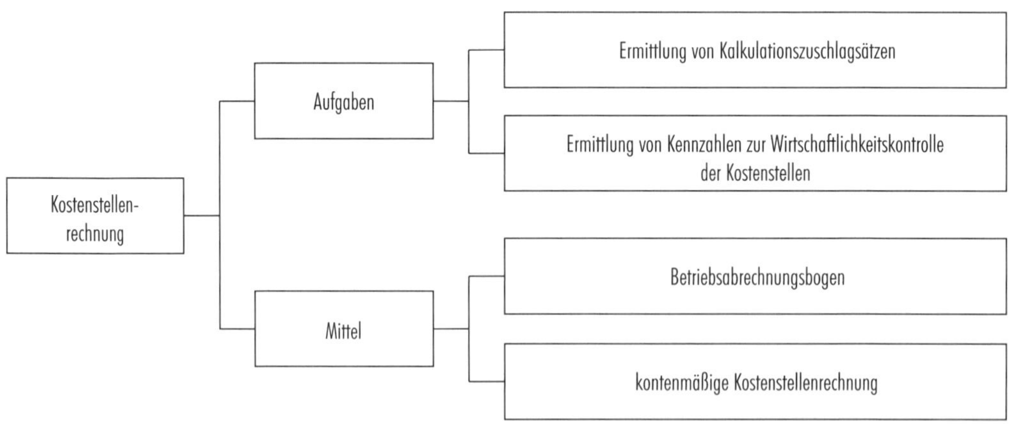

In Betrieben, in denen verschiedene Leistungen mit unterschiedlichem Kostengefüge erstellt werden, können die Kosten eines bestimmten Zeitabschnittes den erstellten Leistungen nur über den Umweg der Kostenstellenrechnung im Betriebsabrechnungsbogen zugerechnet werden (differenzierte Zuschlagskalkulation). Dies ist in mittleren oder großen Betrieben der Fall.

4.2. Kostenstellen

Kostenstellen sind Betriebsbereiche, denen die Kosten entsprechend ihrer Verursachung zugerechnet werden. Sie sind meist örtliche Bereiche im Betrieb, z. B. Dreherei, Gießerei; daneben gibt es aber auch durch die Aufbauorganisation geschaffene Kostenstellen, z. B. Vertrieb, Werbung. Eine weitere Untergliederung einer Kostenstelle sind Kostenplätze (Platzkostenrechnung). Werden Kostenstellen nicht nur die Kosten, sondern auch die Betriebsleistung zugerechnet, bezeichnet man sie als Profitcenters.

Die häufigsten Kostenstellen sind
- Leitung und Verwaltung,
- Absatz (Vertrieb), gegebenenfalls aufzugliedern in Absatzgebiete, Groß- und Einzelhandel, Filialen u. a.,
- Beschaffung (Lager),
- Fertigung oder Dienstleistungserstellung,
- Fuhrpark,
- Heizanlage

u. a.

Innerhalb des Fertigungsbereiches (Kostenstelle Fertigung) wird oft nach folgenden Gesichtspunkten unterteilt
1. nach den Produktionsstufen des Fertigungsablaufes, z. B. Zurichten, mechanische Bearbeitung, Montage;
2. nach der Verschiedenartigkeit der Leistungs- und Fertigungsvorgänge, z. B. Hand- und Maschinenarbeit;
3. nach der Verschiedenartigkeit der angefertigten Produkte oder der erstellten Leistungen, z. B. Möbeltischlerei, Bautischlerei, SB-Restaurant, Bedienungsrestaurant.

Die Bildung der Kostenstellen ist so vorzunehmen, daß eine statistische Erfassung und Überwachung der diesen Stellen zuzurechnenden Kosten mit Hilfe der betrieblichen Zeit- und Materialaufschreibung möglich ist.

Die Kostenstellen sollen so gebildet werden, daß jeweils ein Mitarbeiter im Betrieb die persönliche Verantwortung für die in der Kostenstelle aufgelaufenen Kosten tragen kann.

Man unterscheidet *Hauptkostenstellen und Hilfskostenstellen* (auch allgemeine Kostenstellen genannt). Hilfskostenstellen stehen nur in indirektem Zusammenhang mit der Erstellung von Marktleistungen, z. B. der Fuhrpark eines Erzeugungsbetriebes. Ihre Kosten müssen daher der oder den Hauptkostenstellen zugerechnet werden, für die in den Hilfskostenstellen Leistungen erbracht werden, da es nur so möglich ist, sämtliche Gemeinkosten weitgehend verursachungsgerecht den Marktleistungen anzulasten.

Die Reihenfolge der Kostenstellen von Erzeugungsbetrieben im BAB folgt meist dem Güterstrom: Lager – Fertigung – Vertrieb. Sie wird immer um eine Verwaltungskostenstelle ergänzt, um die Kosten der „Bürokratie“ im Betrieb zu erfassen.

4.3. Kostenverteilung

Im Rahmen der Vollkostenrechnung werden alle in einer Abrechnungsperiode entstandenen Kosten den in diesem Zeitraum erbrachten betrieblichen Leistungen möglichst verursachungsgemäß zugerechnet. Für Erzeugungs- oder Dienstleistungsbetriebe gilt dabei im allgemeinen das Schema des Abschnittes A.8. In dieser graphischen Darstellung sind die Kosten in Einzel- und Gemeinkosten aufgegliedert.

Beachten Sie zur Kostenverteilung auch nachfolgende Graphik:[1]

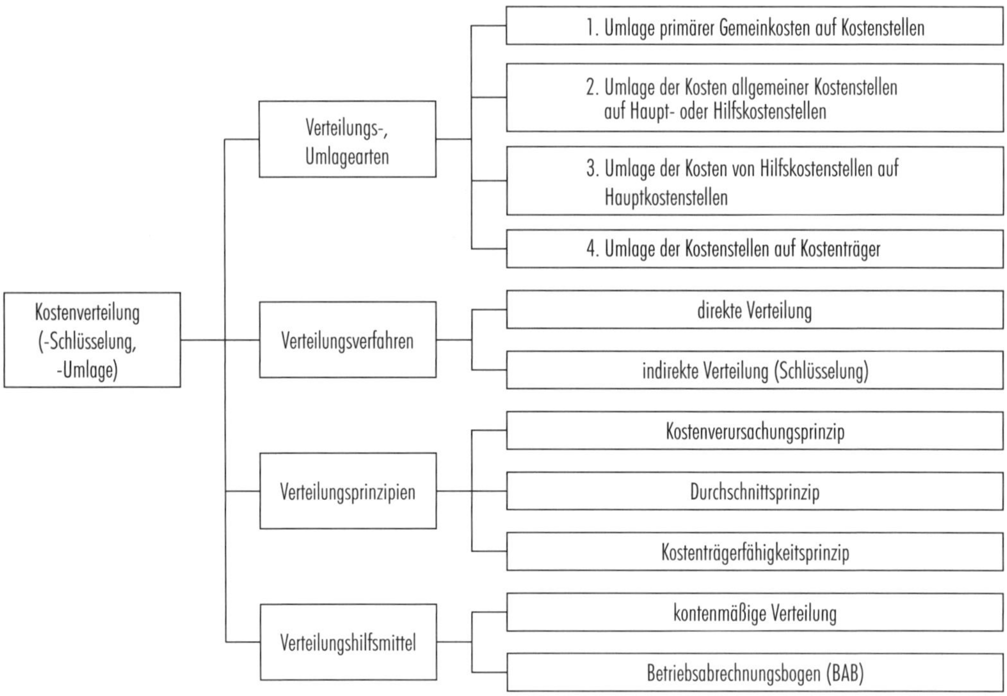

Die Einzelkosten werden dem Kostenträger direkt zugerechnet. Vielfach werden auch die Einzelkosten im Betriebsabrechnungsbogen (BAB) festgehalten, aber nicht, um sie auf diesem Wege von Kostenträgern zuzurechnen, sondern aus Gründen der Kostenkontrolle in den einzelnen Kostenstellen und zur Erleichterung des Kostenvergleiches der aufeinanderfolgenden Abrechnungsperioden. Die Gemeinkosten werden im Betriebsabrechnungsbogen den einzelnen Kostenstellen zugerechnet.

Bei der Aufteilung der Gemeinkosten auf die Kostenstellen sind zu unterscheiden:

1 Vgl. Federmann, R., a. a. O., S. 453.

1. Kostenstelleneinzelkosten oder Stelleneinzelkosten oder primäre Gemeinkosten:

Das sind jene Kosten, die wohl einer betrieblichen Leistung nicht direkt zugerechnet werden, die aber ausschließlich für eine bestimmte Kostenstelle angefallen sind und nur dieser zuzurechnen sind. Sie können einer Kostenstelle also eindeutig zugeordnet werden.

Beispiele für Stelleneinzelkosten:

Gemeinkostenart	Kostenstelle
Büromaterial	Verwaltung
Verpackungsmaterial	Vertrieb
Fahrerlöhne	Fuhrpark
Gehalt des Buchhalters	Verwaltung

2. Kostenstellengemeinkosten oder Stellengemeinkosten oder sekundäre Gemeinkosten:

Das sind jene Gemeinkosten, die einer Kostenstelle nur indirekt, d. h. mit Hilfe eines Schlüssels, zugerechnet werden können.

Beispiele für Stellengemeinkosten:

Gemeinkostenart	Schlüssel zur Verteilung auf Kostenstellen
Reinigungsmaterial	m^2 der Kostenstellen
Heizmaterial	m^3 der beheizten Räume der Kostenstellen
Arbeitskleidung	Anzahl der Beschäftigten in den Kostenstellen
Grundsteuer	m^2 der Kostenstellen
Stromkosten	nach Anschlußwerten in den Kostenstellen

Diese Übersicht macht auch die Bedeutung der Nebenaufzeichnungen für die Kostenrechnung deutlich.

Die Aufteilung der Kosten auf Haupt- und Hilfskostenstellen dient auch der Kostenkontrolle. Durch Vergleich der ermittelten Kostensummen je Kostenstelle mit jenen der vergangenen Abrechnungsperioden desselben Betriebes oder im Rahmen eines Betriebsvergleiches mit jenen anderer Betriebe können Abweichungen festgestellt werden.

4.4. Innerbetriebliche Leistungsverrechnung

Um die Gemeinkosten den Kostenträgern zurechnen zu können, müssen zunächst die Kosten der Hilfskostenstellen auf die Hauptkostenstellen umgelegt werden. Auch dazu sind Schlüssel erforderlich, z. B. für die Umlage der Kosten der Hilfskostenstelle Fuhrpark die für die Hauptkostenstellen gefahrenen Kilometer. Die Verrechnung der in den Hauptkostenstellen gesammelten Gemeinkosten auf die Kostenträger erfolgt durch Zuschlagsätze.

Zur Umlage der Hilfskostenstellen gibt es verschiedene Verfahren. Wir beschränken uns zunächst auf einseitige Verflechtungen (d. h., daß die umzulegenden Kostenstellen gegenseitig keine Leistungen austauschen) und nur auf das Kostenstellenumlageverfahren. Dieses Verfahren wird am nachfolgenden Beispiel demonstriert.

☞ Beispiel

In einem Betrieb gibt es folgende Kostenstellen: eine Materialstelle, zwei Fertigungsstellen, eine Verwaltungsstelle, eine Vertriebsstelle und eine Werksküche. Die Werksküche ist die einzige Hilfskostenstelle und daher auf die anderen Kostenstellen umzulegen. Als Verteilungsschlüssel der Kosten der Werksküche bieten sich die beschäftigten Personen an.

Kostenstelle	Material	Fertigung 1	Fertigung 2	Verwaltung	Vertrieb	Werksküche
Personen	10	15	22	13	8	2

☛ Insgesamt sind 70 Personen beschäftigt. Für die Umlage kommen aber nur die Personen der Kostenstellen in Betracht, die Leistungen der Hilfskostenstellen beziehen (d. h. auch die Kosten der 2 Beschäftigten der Werksküche müssen umgelegt werden). Die Kosten der Werksküche werden demnach wie folgt verteilt:

Kostenstelle	Material	Fertigung 1	Fertigung 2	Verwaltung	Vertrieb
Umlageanteil	$^{10}/_{68}$	$^{15}/_{68}$	$^{22}/_{68}$	$^{13}/_{68}$	$^{8}/_{68}$

Gibt es mehrere Hilfskostenstellen, bei denen kein wechselseitiger Leistungsaustausch umzulegen ist, wird immer mit der Hilfskostenstelle begonnen, die keine Leistungen empfängt. Dies wird solange fortgesetzt, bis alle Hilfskostenstellen umgelegt sind (Stufenleiterverfahren).

Umlage der Hilfskostenstellen bei gegenseitigem Leistungsaustausch:

Wir beschränken uns hier auf Verflechtungen, die mit relativ einfachen Gleichungsansätzen gelöst werden können.

Kompliziertere Verflechtungen sind vom Ablauf her gleich zu behandeln. Die dafür i. d. R. verwendete Rechenmethode ist das Simplex-Tableau.

☞ Beispiel

Die Gemeinkosten einer Gärtnerei eines Hotels betragen € 200.000,–. Die Gärtnerei pflegt Gartenanlagen für folgende Kostenstellen:

Hauptkostenstellen (Beherbergung, Restaurants etc.)	900 m^2
Küchengarten	100 m^2
Garten der Gärtnerei (Biomüll)	100 m^2

Die Gemeinkosten der Küche dieses Hotels betragen € 4,000.000,–. Die Küche verpflegt die eigenen Mitarbeiter der folgenden Kostenstellen:

Hauptkostenstellen	190 MA
Gärtnerei	10 MA
Küche	20 MA

Aufgrund der obigen Zusammenhänge tauschen Gärtnerei und Küche Leistungen aus. Von der Gärtnerei und der Küche sind nicht nur die Gemeinkosten laut Angabe umzulegen, sondern auch die von der jeweils anderen Kostenstelle empfangenen Leistungen.

Die Lösung findet sich in folgendem Gleichungsansatz:

Gesamte umzulegende Kosten Gärtnerei (X):

$$€\ 200.000,\!– + \frac{10\ \text{MA}}{200\ \text{MA}} \times \text{gesamte Gemeinkosten Küche}$$

$$X = €\ 200.000,\!– + \frac{10}{200} \times (Y)$$

Gesamte umzulegende Kosten Küche (Y):

$$€\ 4{,}000.000,\!– + \frac{100\ \text{m}^2}{1.000\ \text{m}^2} \times \text{gesamte Kosten Gärtnerei}$$

$$Y = €\ 4{,}000.000,\!– + \frac{10}{1.000} \times (X)$$

Durch Einsetzen der unteren Gleichung in die obere erhält man:

$$X = €\ 200.000,\!– + \frac{1}{20} \times (€\ 4{,}000.000,\!– + \frac{1}{10} \times X)$$

$$X = €\ 200.000,\!– + €\ 200.000,\!– + \frac{1}{200} \times X$$

$$\frac{200 \times X}{200} - \frac{1 \times X}{200} = €\ 400.000,\!–$$

$199 \times X = € 400.000,- \times 200$

$$X = \frac{€ 400.000,- \times 200}{199} = € 402.010,05$$

Durch Einsetzen des errechneten Wertes in die zweite Gleichung erhält man:

$$Y = € 4{,}000.000,- + \frac{1}{10} \times € 402.010,05 = € 4{,}040.201,-$$

BAB in €

	Hauptkostenstellen	Küche	Gärtnerei
Gemeinkosten vor Umlage		4,000.000,–	200.000,–
Leistung der Gärtnerei in m^2 Eigenleistung	900 m^2 ▲	+ 40.201,– 100 m^2 ▲	(100 m^2) ▼
Leistung der Küche für Mitarbeiter Eigenleistung	190 MA ▲	(20 MA) ▼	+ 202.010,05 10 MA ▲
GK-Summe nach Entlastung Küche und Gärtnerei	+ 4,040.201,– + 402.010,05	4,040.201,– – 4,040.201,– 0,–	402.010,05 – 402.010,05 0,–

4.5. Zuschlagsbasen und Zuschlagsätze

Zuschlagsätze werden dadurch gebildet, daß man die Gemeinkosten der Hauptkostenstellen zu einer Zuschlagsbasis, die mit der in der betreffenden Kostenstelle erbrachten Leistung in direkter Verbindung steht, in Beziehung setzt. Als Zuschlagsbasen kommen in Frage

1. **Mengen,** z. B. Arbeitszeiten, Maschinenlaufzeiten, gefahrene Fahrgast-Kilometer, gefahrene Tonnen-Kilometer, Produktions- und Absatzmenge in Stück, Meter, Quadratmeter, Kubikmeter, Kilogramm, Tonnen.
2. **Kosten,** z. B. Fertigungsmaterialeinsatz (= Materialeinzelkosten), Handelswareneinsatz, Fertigungslohn (= Lohneinzelkosten), Herstellkosten.

Die Zuschlagsbasis ist unter dem Gesichtspunkt einer möglichst verursachungsgemäßen Kostenzurechnung auszuwählen, wobei diese Auswahl abhängig ist von den im Betrieb verfügbaren Unterlagen.

Je nach der gewählten Zuschlagsbasis für die Verrechnung der Gemeinkosten der Hauptkostenstellen auf die Kostenträger ergeben sich
1. bei Mengen oder Zeiten: Geldbeträge je Mengen- oder Zeiteinheit, z. B. Gemeinkostenanteil je Arbeitsstunde,
2. bei Kosten: Prozentsätze für die Gemeinkostenbelastung, z. B. Gemeinkostenbelastung in % des Fertigungsmaterialeinsatzes (z. B. Materialgemeinkosten) oder ein Multiplikator (Index), mit dem die jeweilige Ausgangsgröße multipliziert wird.

Je nach der Anzahl der verwendeten Zuschlagsbasen ergeben sich
a) einfache Zuschlagsätze bei einer Zuschlagsbasis,
b) kombinierte Zuschlagsätze bei zwei oder mehreren Zuschlagsbasen (So können z. B. Vertriebskosten zum Teil auf die Herstellkosten, zum Teil auf die Anzahl der Aufträge bezogen werden.).

In der Vollkostenrechnung werden über die Kostenstellen- und Kostenträgerrechnung alle Kosten den Produkten, Dienstleistungen oder Handelswaren (den Kostenträgern) zugerechnet. Da die Kosten eines Unternehmens bei wechselndem Beschäftigungsgrad unterschiedlich reagieren (lediglich die proportionalen Kosten verhalten sich innerhalb einer Kapazitätsstufe wie der Beschäftigungsgrad), ist das Ergebnis der Kostenträgerrechnung hinsichtlich der ermittelten Kostenhöhen abhängig vom jeweiligen Beschäftigungsgrad. Die Vollkostenrechnung ergibt also bei schlechter Auslastung eines Unternehmens wesentlich höhere Einheits-(Stück-)Kosten als bei guter Auslastung. Das entspricht wohl der betrieblichen Situation, nimmt aber auf die Verhältnisse auf dem Absatzmarkt keine Rücksicht. Gerade heute – in Zeiten eines immer schärferen Verdrängungswettbewerbes – müssen aber oft die Marktpreise berücksichtigt werden, weshalb die Vollkostenrechnung an Bedeutung verliert.

4.6. Betriebsabrechnungsbogen (BAB)

Vorgangsweise bei der Erstellung eines BAB mit anschließender Leistungskalkulation:
1. Definition der Hauptkostenstellen (Material, Fertigung, Verwaltung, Vertrieb) und der Hilfskostenstellen (z. B. Küche, EDV, Reparatur, Fuhrpark).
2. Zuordnung der Einzelkosten (z. B. Fertigungsmaterial, -löhne, wenn diese beim Kostenträger direkt erfaßt werden) und der Gemeinkosten (alle übrigen Kosten) zu den Kostenstellen.
3. Umlage der Hilfskostenstellen (Achtung auf Eigenverbrauch!).
4. Berechnung der Gemeinkostensummen in den Hauptkostenstellen.
5. Bestimmung der Basis für die Zuschlagsätze (z. B. Einzelkosten, Herstellkosten) und Verrechnungssätze (z. B. Leistungen wie Stunden, Stück).
6. Berechnung der Zuschlag- und Verrechnungssätze.
7. Durchführung der Kalkulation.

4.7. Kostenstellenblätter (Beispiel)[1]

B	KOSTENPLAN 199..		Kostenstellen-Name Werkzeugmacherei	Kostenstellen-Nr. 223	Blatt Nr. 1
Planleistung: Monatlich 1.000 Fertigungsstunden (= Bezugsgröße)				Stellenleiter: Hr. Clement	
				Stellvertreter:	

Z. Nr.	Nr.	Kostenarten-Bezeichnung und Unterteilung	M.E.	Menge	Kosten in € je M.E.	Kosten in € insges.	Bereitsch. Kosten €	Leistungskosten € A	Leistungskosten € B	Leistungskosten € C
8	4115	Handwerkerlöhne	Std.	1.000	5,82	5.820		5.820		
13	4128	Lohn für 1 Lehrling				160	160			
14	4141	Arbeitsplatzzulage	Std.	1.000	0,10	100		100		
16	4201	Grundgehalt (1 Pers.)				1.450	1.450			
19	4310	Gesetzl. Vers. f.Angestellte	GE			180	180			
	4391	Sozialkostenant.auf Löhne	GE	6.080	0,50	3.040	80	2.960		
	4392	Sozialkostenant. auf Gehälter	GE	1.450	0,115	167	167			
20	6875	Sozialkostenkopfanteil	Köpfe	8	48,–	384	96	288		
	4360	Personalnebenkosten: Fahrgeldzuschüsse				50	50			
21	–	Summe der Personalkosten				11.351	2.183	9.168		
22	4410	Werkzeuge und Meßwerkzeuge	Std.	1.000	–,15	150		150		
24	4450	Hilfsstoffe einschl. Reinig.-Material				140	20	120		
	4460	Berufskleidung				16	4	12		
25	4480	Büro- und Zeichenmaterial				2	2			
26	6201	Gaskosten intern	m^3	20	–,20	4	4			
	6203	Stromkosten intern	kWh	760	–,16	122	22	100		
27	4520	Instandhaltungskosten durch Fremde				160	40	120		
	6223	Repar. eigener Handwerker: Wz-macher	Std.	10	9,80	98	18	80		
	6224	Repar. eigener Schlosser u. Elektriker	Std.	8	9,60	77	27	50		
32	4620	Reisekosten und Spesen				15	15			
34	6655	Bewirtung im eig. Kasino: Lehrlingsessen	Port.	20	1,75	35	35			
39	–	Summe der kurzfristig beeinflußbaren Stellenkosten				12.170	2.370	9.800		
41	6854	Kalk. Raumkosten	m^2	182	3,60	655	655			
42	4800	Kalk. Abschreibungen aufWiederbeschaff.wert	GE	145.600		983	983			
	4810	Kalk. Zinsen auf Anlagen-Restwert	GE	49.800	$^8/_{12}$%	332	332			
			Kostensumme			14.140	4.340	9.800		
Kostendeckung durch: Innerbetr. Leistungs-Verr.			Kostensatz A je h			14,14	–	9,80		
Gültigkeitsbereich: 700–1200 h/Mon. in 1 Schicht			Kostensatz B je							
Bezugsgröße (s. o.)			Kostensatz C je							

Geplant	Tag 10.12.	Name: Holle	Geprüft	Tag 18.12.	Name: Sauer	Stellenleiter einverst.	Tag 20.12.	Name: Clement

1 Norden, H. und Wille, F., Der Betriebsabrechnungsbogen, Wiesbaden 1973, S. 179.

4.8. Beispiele für BAB

☞ Beispiel 1: Aufbauprinzip des BAB

Erfassung der Kostenstelleneinzelkosten:

Diese Kosten werden aufgrund der Buchungsbelege direkt den Kostenstellen zugerechnet.

1. Gemeinkostenmaterial:

Kostenstellen	Verbrauch in €
Fertigungsstelle I	13.853,20
Fertigungsstelle II	9.614,–
Materialstelle	2.708,70
Verwaltung und Vertrieb	6.530,–
	32.705,90

2. Indirekte Personalkosten inklusive Nebenkosten:

Kostenstellen	Stunden	Personalkosten inkl. NK je h in €	€
Fertigungsstelle I	974	11,20	10.908,80
Fertigungsstelle II	436	11,–	4.796,–
Materialstelle	818	9,10	7.443,80
Verwaltung und Vertrieb	1.850	13,–	24.050,–
			47.198,60

Erfassung der Kostenstellengemeinkosten:

Diese Kosten werden je nach Kostenart mit Hilfe von Verteilungsschlüsseln auf die einzelnen Kostenstellen umgelegt.

1. Fremdleistungskosten:

Kostenstellen	Anteil in %	Verbrauch in €
Fertigungsstelle I	45	20.520,–
Fertigungsstelle II	30	13.680,–
Materialstelle	10	4.560,–
Verwaltung und Vertrieb	15	6.840,–
	100	45.600,–

2. Kalkulatorische Kosten:

Kostenstellen	Anteil in %	Verbrauch in €
Fertigungsstelle I	30	30.480,–
Fertigungsstelle II	45	45.720,–
Materialstelle	20	20.320,–
Verwaltung und Vertrieb	5	5.080,–
	100	101.600,–

Ermittlung der Zuschlagsätze:

Zuschlagsbasen der einzelnen Kostenstellen:

Fertigungsstelle I	direkt verrechenbare Stunden	5.490
Fertigungsstelle II	direkt verrechenbare Stunden	6.710
Materialstelle	Fertigungsmaterial	€ 140.130,–
Verwaltung und Vertrieb	Herstellkosten	

Die Fertigungslohnkosten betragen € 100.265,50.

Aufgabe: Erstellen Sie den BAB und ermitteln sie die Zuschlagsätze.

☛ *Lösungshinweise*

Kostenarten	Kostenstellen			
	Fertigungsstelle 1	Fertigungsstelle 2	Materialstelle	Verwaltung und Vertrieb
Gemeinkostenmaterial Indirekte Personalkosten inklusive Nebenkosten Fremdleistungskosten kalkulatorische Kosten				
Gemeinkosten Zuschlagsbasis Zuschlagsatz				

☛ *Lösung der Aufgabe*

		Kostenstellen (Angaben in €)			
Kostenarten	Summen	Fertigungs-stelle I	Fertigungs-stelle II	Materialstelle	Verwaltung und Vertrieb
Gemeinkosten-material	32.705,90	13.853,20	9.614,—	2.708,70	6.530,—
Indirekte Perso-nalkosten	47.198,60	10.908,80	4.796,—	7,443,80	24.050,—
Fremdleistungs-kosten	45.600,—	20.520,—	13.680,—	4.560,—	6.840,—
Kalkulatorische Kosten	101.600,—	30.480,—	45.720,—	20.320,—	5.080,—
Gemeinkosten Zuschlagsbasis	227.104,50	75.762,— 5.490 h	73.810,— 6.710 h	35.032,50 140.130,—	42.500,— 425.000,—
Zuschlagsatz		€ 13,80/h	€ 11,—/h	25%	10%

Berechnung der Herstellkosten

	€
Fertigungsmaterial	140.130,–
+ Gemeinkosten Materialstelle	35.032,50
+ Fertigungslöhne	100.265,50
+ Fertigungs GK-Stelle I	75.762,–
+ Fertigungs GK-Stelle II	73.810,–
= Herstellkosten	425.000,–

☞ Beispiel 2: BAB einer Bauschlosserei mit Reparatur und Handel

Angaben:

1. Die laufenden Aufzeichnungen des Unternehmens bieten Anhaltspunkte für die Aufteilung der sonstigen Kosten, wie beispielsweise elektrische Anschlußwerte je Kostenstelle etc.
2. Bilanz und Gewinn- und Verlustrechnung (vereinfacht)

Bilanz zum 31. 12. 20... (in €)			
Anlagevermögen	20.000,—	Eigenkapital	10.000,—
Umlaufvermögen	70.000,—	Fremdkapital	80.000,—
	90.000,—		90.000,—

Gewinn- und Verlustrechnung für 20... (in €)			
Materialaufwand	68.000,—	Umsatz:	
Personalaufwand	192.600,—	Bauschlosserei	164.420,—
Sonstiger Aufwand	23.640,—	Reparatur	130.000,—
Gewinn	30.180,—	Handel	20.000,—
	314.420,—		314.420,—

3. Die wertmäßig geführte Materialkartei des Unternehmens zeigt an Materialeinzelkosten für die Bauschlosserei € 32.000,–, an Materialeinzelkosten für die Reparaturabteilung € 22.000,– und einen Handelswareneinsatz von € 8.000,–.

Die Gemeinkosten des Materialbereiches belaufen sich auf € 6.000,–, sie betragen nach den Aufzeichnungen des Unternehmens € 3.000,– für Bauschlosserei, € 2.000,– für Reparatur und € 1.000,– für den Verwaltungsbereich.

4. Die Zeitaufschreibung des Unternehmens ergibt folgende Verteilung der Tätigkeitsbereiche der Mitarbeiter (Anwesenheitszeit von 1.600 Stunden pro Jahr entspricht einer Mitarbeiterzahl von 1).

Sparten (Tätigkeitsbereiche)	Unternehmer (Meister)	mittätige Ehegattin	Gehilfen	Hilfsarbeiter	Summe
Bauschlosserei	–	–	2	2	4
Reparatur	–	–	1	2	3
Handel	–	0,5	–	–	0,5
Verwaltung	1,5625	0,5	–	–	2,0625
Summe	1,5625	1	3	4	9,5625

Der mitarbeitende Unternehmer hat in der Rechnungsperiode 2.500 Stunden gearbeitet, wobei seine Tätigkeit lediglich im Verwaltungsbereich lag. Die drei Gehilfen waren im abgelaufenen Jahr je 1.600 Stunden anwesend, wobei 80% dieser Stunden direkt verrechenbar und 20% indirekt verrechenbar waren. Die direkt verrechenbaren Stunden und die indirekt verrechenbaren Stunden fielen in dem jeweiligen Bereich der Beschäftigung der Gehilfen an. Die vier Hilfsarbeiter arbeiteten je 1.600 Stunden, wobei 70% der Stunden direkt verrechenbar waren und der Rest indirekt verrechenbar war. Die direkt verrechenbaren und indirekt verrechenbaren Stunden fielen in den jeweiligen Sparten an, in denen die Hilfsarbeiter beschäftigt waren. Der Bruttostundenlohn inklusive Lohnnebenkosten der Gehilfen beträgt € 20,– je Stunde, der der Hilfsarbeiter € 14,–. Die mittätige Ehegattin arbeitete halbtägig mit, wobei ihre Mitarbeit zur Hälfte auf die Handelssparte und zur anderen Hälfte auf den Verwaltungsbereich entfiel: Die Gehaltskosten und Gehaltsnebenkosten für die mittätige Ehefrau betragen € 7.000,–.

5. Ableitung der Kosten aus dem Aufwand: Zwischen Aufwendungen und Kosten ergaben sich folgende Unterschiede:
   a) Kalkulatorischer Unternehmerlohn: Der Unternehmerlohn wurde wie folgt berechnet: Stundenlohn des höchstbezahlten Gehilfen inklusive Lohnnebenkosten € 20,– + 10% Dispositionszuschlag für den Unternehmer = € 22,– × 2.500 Stunden = € 55.000,–.
   b) Die Investitionsfreibeträge in Höhe von € 2.500,– wurden ausgeschieden.
   c) Die kalkulatorischen Zinsen wurden in Höhe von 8% p. a. des berichtigten Eigenkapitals von € 15.000,– angesetzt. Das berichtigte Eigenkapital ergibt sich aus dem buchmäßigen Eigenkapital von € 10.000,– und aus stillen Reserven von € 5.000,–.

6. Errechnung der Materialeinzelkosten und der Materialgemeinkosten nach Sparten: siehe Punkt 3.

7. Berechnung der Personaleinzelkosten und der Personalgemeinkosten nach Sparten:
   Die *Personaleinzelkosten* der Bauschlosserei wurden wie folgt errechnet:
   2 Gehilfen à 1.280 direkt verrechenbare Stunden =
   2.560 Stunden × (Bruttostundenlohn + Lohnnebenkosten = € 20,–) = € 51.200,–,
   2 Hilfsarbeiter à 1.120 direkt verrechenbare Stunden =
   2.240 Stunden × (Bruttostundenlohn + Lohnnebenkosten = € 14,–) = € 31.360,–
   Personaleinzelkosten Reparatur
   1 Gehilfe à 1.280 direkt verrechenbare Stunden × € 20,– = € 25.600,–
   2 Hilfsarbeiter à 1.120 direkt verrechenbare Stunden =
   2.240 Stunden × € 14,– = € 31.360,–
   Personalgemeinkosten Bauschlosserei
   2 Gehilfen à 320 indirekt verrechenbare Stunden =
   640 Stunden × € 20,– = € 12.800,–
   2 Hilfsarbeiter à 480 indirekt verrechenbare Stunden =
   960 Stunden × € 14,– = € 13.440,–
   Personalgemeinkosten der Reparatur
   1 Gehilfe à 320 indirekt verrechenbare Stunden × € 20,– = € 6.400,–,
   2 Hilfsarbeiter à 480 indirekt verrechenbare Stunden =
   960 Stunden × € 14,– = € 13.440,–
   Die Gemeinkosten des Verwaltungsbereiches setzen sich aus dem kalkulatorischen Unternehmerlohn sowie aus der Hälfte des Gehaltes für die mittätige Ehegattin zusammen.

8. Ableitung der Betriebsleistung der Sparten: In diesem Beispiel wurde angenommen, daß die Umsätze gleich den Betriebsleistungen sind, die entsprechenden Spartenumsätze sind Punkt 2 zu entnehmen.

9. Ermittlung der Materialkosten: Materialkosten aus der Materialverrechnung und Materialaufwendungen aus der Gewinn- und Verlustrechnung zeigen keine Abweichungen.

10. Von den sonstigen Kosten wurden € 8.250,– Provisionen als Sonderkosten des Vertriebes behandelt und auf die Sparten, in denen sie anfielen, aufgeteilt. Es fielen in der Bauschlosserei € 5.110,–, in der Reparatur € 2.480,– und im Handel € 660,– an. Nach entsprechender Schlüsselung werden den Kostenstellen folgende Anteile an den Sonstigen Kosten als Gemeinkosten zugerechnet:

	€
Bauschlosserei	2.500,—
Reparatur	2.640,—
Handel	1.700,—
Verwaltung	7.250,—

Lösung

Betriebsüberleitungsbogen und Betriebsabrechnungsbogen (Beträge in € 1.000,–)

Text	BÜB				BAB								
		Berichtigungen			Einzelkosten				Gemeinkosten				
	Aufwand	+	–	Kosten	Summe	Bau.	Rep.	Handel	Summe	Bau.	Rep.	Handel	Verw.
Material:													
Fertigungsmaterial	54,–	–	–	54,–	54,–	32,–	22,–	–	–	–	–	–	–
Handelsware	8,–	–	–	8,–	8,–	–	–	8,–	–	–	–	–	–
Hilfs- und Kleinmaterial	6,–	–	–	6,–	–	–	–	–	6,–	3,–	2,–	–	1,–
Zusammen:	68,–	–	–	68,–	62,–	32,–	22,–	8,–	6,–	3,–	2,–	–	1,–
Personal:													
Lohnkosten:													
Gehilfen	96,–	–	–	96,–	76,80	51,20	25,60	–	19,20	12,80	6,40	–	–
Hilfsarbeiter	89,6	–	–	89,60	62,72	31,36	31,36	–	26,88	13,44	13,44	–	–
Kalkulatorischer Unternehmerlohn	–	55,–	–	55,–	–	–	–	–	55,–	–	–	–	55,–
Gehalt, mittätige Gattin	7,–	–	–	7,–	–	–	–	–	7,–	–	–	3,50	3,50
Zusammen	192,60	55,–	–	247,60	139,52	82,56	56,96	–	108,08	26,24	19,84	3,50	58,50
Sonstiges	23,64	1,20	2,50	22,34	8,25	5,11	2,48	0,66	14,09	2,50	2,64	1,70	7,25
Insgesamt	284,24	56,20	2,50	337,94	209,77	119,67	81,44	8,66	128,17	31,74	24,48	5,20	66,75

Spartenkalkulation in € 1.000,– (zum Verständnis siehe Teilkostenrechnung):

	Sparte			
	Summe	Bauschlosserei	Reparatur	Handel
Betriebsleistung	314,42	164,42	130,–	20,–
– Vertriebssonderkosten	8,25	5,11	2,48	0,66
– Materialeinzelkosten	62,–	32,–	22,–	8,–
– direkte Lohnkosten	139,52	82,56	56,96	
= Deckungsbeitrag I	104,65	44,75	48,56	11,34
– spartendirekte Gemeinkosten	61,42	31,74	24,48	5,20
= Deckungsbeitrag II	43,23	13,01	24,08	6,14
– Gemeinkosten Verwaltung	66,75			
= Betriebsergebnis	– 23,52			

Kontrollrechnung	€
Betriebsergebnis	–23.520,–
Berichtigungen lt. Betriebsüberleitungsbogen	+56.200,–
	– 2.500,–
= Gewinn lt. Gewinn- und Verlustrechnung für 19...	+30.180,–

Die vorstehende Spartenkalkulation, nach der Art einer stufenweisen Fixkostendeckungsrechnung, ist die dem Kostenverursacherprinzip am ehesten entsprechende. Es ergibt sich demnach für den Betrieb insgesamt ein negatives Betriebsergebnis von € 23.520,–. Alle Sparten des Betriebes weisen positive Deckungsbeiträge aus; allerdings reichen die Deckungsbeiträge nicht aus, die Gemeinkosten des Verwaltungsbereiches abzudecken. Damit ist auch die Sanierung des Falles angedeutet.

1. Gemeinkostensenkung im Verwaltungsbereich. Unternehmer muß in dieser Betriebsgröße „produktiv“ mitarbeiten.
2. Umsatzausweitung in allen Sparten, um die Deckungsbeiträge zu erhöhen, durch „produktive“ Mitarbeit des Unternehmers.

Die Lösung der Spartenkalkulation nach den Grundsätzen der Vollkostenrechnung wird in der Folge gezeigt.

Spartenkalkulation nach den Grundsätzen der Vollkostenrechnung (in € 1.000,–):

	Sparte			
	Summe	Bauschlosserei	Reparatur	Handel
Betriebsleistung	314,42	164,42	130,–	20,–
Vertriebssonderkosten + Materialkosten + direkte Lohnkosten + spartendirekte Gemeinkosten	8,25 62,– 139,52 61,42	5,11 32,– 82,56 31,74	2,48 22,– 56,96 24,48	0,66 8,– – 5,20
= Herstellkosten + Umlage der Gemeinkosten Verwaltung nach den Herstellkosten①	271,19 66,75	151,41 37,27	105,92 26,07	13,86 3,41
= (–) Selbstkosten	337,94	188,68	131,99	17,27
= Betriebs- bzw. Spartenergebnis	–23,52	–24,26	–1,99	+2,73

① $\frac{€\ 66.750,–}{€\ 271.190,–} = 0{,}2461374$

$0{,}2461374 \times €\ 151.410,– = €\ 37.267{,}663$; auf € 1.000,– gerundet = € 37,27

Ermittlung der Zuschlagsätze:

a) Bauschlosserei:

	€
spartendirekte Gemeinkosten + umgelegte Verwaltungsgemeinkosten	31.740,– 37.270,–
= Gemeinkosten	69.010,–
	Stunden
direkte Stunden: 2 Gehilfen direkte Stunden: 2 Hilfsarbeiter	2.560 2.240
= direkte Stunden	4.800

$$\text{GK-Satz je direkt verrechenbare Stunde} = \frac{\text{GK in €}}{\text{direkte Stunden}} =$$

$$= \frac{€\ 69.010,–}{4.800\ h} = €\ 14{,}377 \text{ je direkt verrechenbare Stunde}$$

b) **Reparatur:**

	€
spartendirekte Gemeinkosten	24.480,–
+ umgelegte Verwaltungsgemeinkosten	26.070,–
= Gemeinkosten	50.550,–
	Stunden
direkte Stunden: 1 Gehilfe	1.280
direkte Stunden: 2 Hilfsarbeiter	2.240
= direkte Stunden	3.520

$$\text{GK-Satz je direkt verrechenbare Stunde} = \frac{\text{GK in €}}{\text{direkte Stunden}} =$$

$$= \frac{€\ 50.550,–}{3.520\ h} = €\ 14,361 \text{ je direkt verrechenbare Stunde}$$

c) **Handel:**

	€
spartendirekte Gemeinkosten	5.200,–
+ umgelegte Verwaltungsgemeinkosten	3.410,–
= Gemeinkosten	8.610,–

Handelswareneinsatz 8.000,–

$$\text{kostendeckender Handelswarenaufschlagsatz} = \frac{€\ \text{GK} \times 100}{€\ \text{Handelswareneinsatz}} =$$

$$= \frac{€\ 8.610,– \times 100}{€\ 8.000,–} = 107,63\%$$

Kostenträgerrechnung (Kalkulation)
Theorie dazu siehe folgendes Kapitel 5

Es wird zusätzlich angenommen, daß für folgende Kostenträger die Bruttopreise ermittelt werden sollen:

	€
Bauschlossereiauftrag Fertigungsmaterial 20 Gehilfenstunden 5 Hilfsarbeiterstunden 5% Gewinn der Selbstkosten 20% Umsatzsteuer	 800,–
Reparaturauftrag in der „Schattenwirtschaft“ 10 Gehilfenstunden 10 Hilfsarbeiterstunden 10% Gewinn der Selbstkosten Die Umsatzsteuer entfällt, da der Kunde keine Rechnung wünscht.	
Artikel aus dem Handelsbereich Einstandspreis netto ohne USt 10% Gewinn der Selbstkosten 20% Umsatzsteuer	 70,–

Zur Lösung sind vorerst die Selbstkosten je Stunde zu errechnen.

	€			
Stundensätze	Gehilfen		Hilfsarbeiter	
	Bauschlosserei	Reparatur	Bauschlosserei	Reparatur
Bruttolohn inklusive Nebenkosten	20,–	20,–	14,–	14,–
+ Gemeinkosten	14,377	14,361	14,377	14,361
= Selbstkosten je Stunde	34,377	34,361	28,377	28,361

Kostenträgerrechnung Bauschlossereiauftrag:

	€
Fertigungsmaterial	800,–
+ 20 Gehilfenstunden à € 34,377	687,54
+ 5 Hilfsarbeiterstunden à € 28,377	141,885
= Selbstkosten	1.629,425
+ 5% Gewinn	81,471
= Nettoverkaufspreis	1.710,896
+ 20% Umsatzsteuer	342,179
= Bruttoverkaufspreis	2.053,075

Kostenträgerrechnung Reparaturauftrag in der „Schattenwirtschaft":

	€
+ 10 Gehilfenstunden à € 34,361	343,61
+ 10 Hilfsarbeiterstunden à € 28,361	283,61
= Selbstkosten	627,22
+ 10% Gewinn	62,722
= Nettoverkaufspreis	689,942

Kostenträgerrechnung Artikel aus dem Handelsbereich:

	€	%
Einstandspreis	70,—	100,—
+ 107,63% kostendeckender Handelswarenaufschlagsatz	75,341	107,63
= Selbstkosten	145,341	207,63

+ 10% Gewinn	14,534	20,76
= Nettoverkaufspreis	159,875	228,39
+ 20% Umsatzsteuer	31,975	45,68
= Bruttoverkaufspreis	191,850	274,07

Da derartige Kalkulationen im Handel häufig durchzuführen sind, verwendet man oft auch eine einfache Rohaufschlags- oder Handelsspannenrechnung.

Handelsspanne von unten (siehe obenstehende Prozentrechnung)
274,07% – 100% = 174,07%

	€
Einstandspreis	70,–
+ 174,07% Handelsspanne von unten oder Rohaufschlagsatz	121,849
= Bruttoverkaufspreis	191,849

Die Differenz zu dem errechneten Bruttoverkaufspreis von € 191,85 beruht auf Rundungsdifferenzen bei der Prozentrechnung (exakter Prozentsatz 174,0716%).

5. Kostenträgerrechnung (Kalkulation)

5.1. Aufgaben und Arten

In der Kostenträgerrechnung (Kalkulation) zu Vollkosten werden sämtliche in einem bestimmten Zeitraum angefallenen Kosten den betreffenden Kostenträgern zugerechnet. Die Zurechnung erfolgt i. a. nach dem Grundsatz der Verursachung (Verursachungsprinzip). Dieses Verursachungsprinzip kann jedoch aus folgenden Gründen nicht konsequent angewendet werden.

1. Wegen der unterschiedlichen Abhängigkeit der Kosten vom Beschäftigungsgrad ist das Ergebnis der Kostenträgerrechnung zu Vollkosten vom Ausmaß der erzielten Fixkostendegression abhängig. Dies bedeutet, daß durch diese Rechnung bei guter Auslastung geringere Kosten je Einheit ausgewiesen werden als bei schlechter Auslastung. Siehe dazu Kostenverrechnung zu Teilkosten.
2. Die Verwirklichung des Verursachungsprinzips scheitert an der Unmöglichkeit, in der Praxis wirklich **alle** Kosten verursachungsgemäß zuzurechnen. Siehe dazu z. B. Kuppelproduktkalkulation.

Die Kostenträgerrechnung wird in folgenden zwei Formen durchgeführt:

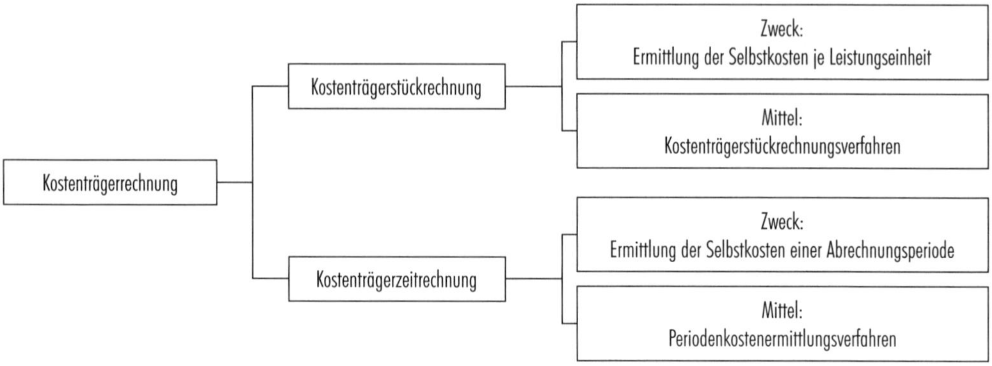

5.2. Kalkulation im Erzeugungsbetrieb

Die Reihenfolge, in der die einzelnen Kosten dem Kostenträger zugerechnet werden, wird *im Kalkulationsschema* festgelegt. In einem allgemeinen Kalkulationsschema für Erzeugungsbetriebe unterscheidet man meist Kostenbestandteile wie auf der gegenüberliegenden Seite dargestellt in der angegebenen Reihenfolge.

Die Fertigungskosten errechnen sich wie folgt

	€
Fertigungslohnkosten (direkte Lohnkosten, Leistungslöhne, „produktive" Löhne, direkt verrechenbare Löhne) + Lohnnebenkosten + Fertigungsgemeinkosten + Sonderkosten der Fertigung	
= Fertigungskosten	

oder

	€
Fertigungslohnkosten (direkte Lohnkosten, Leistungslöhne, „produktive" Löhne, direkt verrechenbare Löhne) + lohnabhängige Gemeinkosten + Fertigungsgemeinkosten + Sonderkosten der Fertigung	
= Fertigungskosten	

oder

	€
Fertigungslohnkosten (direkte Lohnkosten, Leistungslöhne, „produktive“ Löhne, direkt verrechenbare Löhne) + Fertigungsgemeinkosten + Sonderkosten der Fertigung	
= Fertigungskosten	

Kalkulationsschema

progressive Kalkulation		retrograde Kalkulation
	Materialeinzelkosten (Fertigungsmaterial)	
+ vom Hundert	+ Materialgemeinkosten	– auf Hundert
	= Materialkosten	
	+ Fertigungskosten	
	= Herstellkosten	
+ vom Hundert	+ Verwaltungsgemeinkosten	– auf Hundert
+ vom Hundert	+ Vertriebsgemeinkosten	– auf Hundert
	+ Sonderkosten des Vertriebes	
	= Selbstkosten	
+ vom Hundert	+ Gewinn (üblich 1% bis 10%)	– auf Hundert
	= Nettobarpreis	
+ im Hundert	+ Skonto (üblich 2% bis 3%)[1]	– vom Hundert
	= Nettozielpreis	
+ im Hundert	+ Rabatt (sehr unterschiedlich)[1]	– vom Hundert
	= Bruttozielpreis ohne Umsatzsteuer	
+ vom Hundert	+ Umsatzsteuer (20%, 10% oder 0%)	– auf Hundert
	= Bruttozielpreis inklusive Umsatzsteuer	

Das betriebsindividuelle Kalkulationsschema wird sich immer nach den besonderen Erfordernissen des Geschäftszweiges, der Betriebsgröße, der Organisation des Rechnungs-

1 Die Berechnung von Rabatt und Skonto kann auch in umgekehrter Reihenfolge durchgeführt werden. Es ergibt sich der gleiche Zielpreis.

wesens usw. richten müssen. Großbetriebe haben vielfach betriebsindividuelle Regeln für ihre Kostenrechnung, die auch das Kalkulationsschema enthalten.

5.3. Kalkulation im Handelsbetrieb

Das Kostengefüge eines Handelsbetriebes wird neben den Warenkosten durch den hohen Anteil der fixen, d. h. vom Umsatz abhängigen Kosten bestimmt.

progressive Kalkulation		retrograde Kalkulation
	Bruttozieleinkaufspreis inkl. USt	
– auf Hundert	– Umsatzsteuer (20%, 10% oder 0%)	+ vom Hundert
	= Bruttozieleinkaufspreis ohne USt	
– vom Hundert	– Rabatt (sehr unterschiedlich)	+ im Hundert
	= Nettozieleinkaufspreis	
– vom Hundert	– Skonto (üblich 2%–3%)	+ im Hundert
	= Nettokassaeinkaufspreis	
	+ Bezugskosten	
	= Einstandspreis	
+ vom Hundert	+ Gemeinkosten („Regien“)	– auf Hundert
	= Selbstkosten	
+ vom Hundert	+ Gewinn (1% bis 10%)	– auf Hundert
	= Nettokassaverkaufspreis	
+ im Hundert	+ Skonto (üblich 2% bis 3%)[1]	– vom Hundert
	= Nettozielverkaufspreis	
+ im Hundert	+ Rabatt (sehr unterschiedlich)[1]	– vom Hundert
	= Bruttozielverkaufspreis ohne USt	
+ vom Hundert	+ Umsatzsteuer (20%, 10% oder 0%)	– auf Hundert
	= Bruttozielverkaufspreis inklusive USt	

1 Die Berechnung von Rabatt und Skonto kann auch in umgekehrter Reihenfolge durchgeführt werden. Es ergibt sich der gleiche Zielpreis.

5.4. Kostenträgerzeitrechnung und Kostenträgerstückrechnung

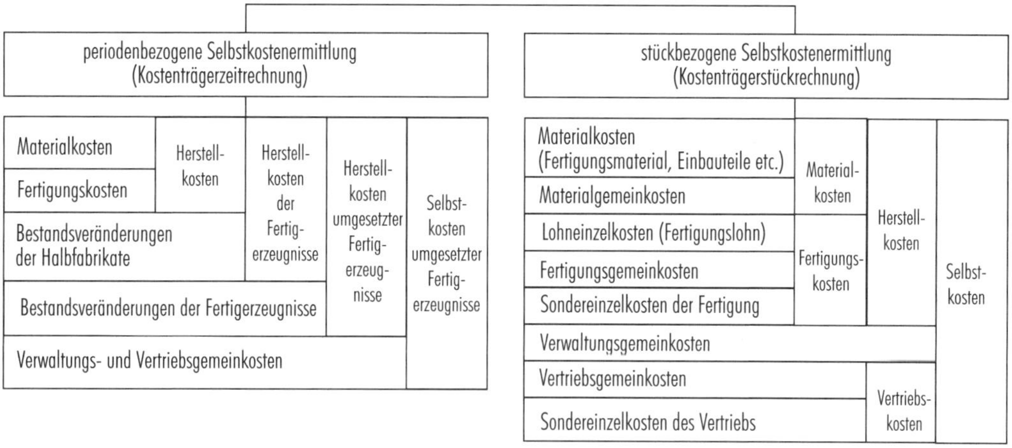

Die Rechenschemata der Kostenträgerzeitrechnung zur Ermittlung der Selbstkosten der umgesetzten Fertigerzeugnisse und der Kostenträgerstückrechnung zur Ermittlung der Selbstkosten je Leistungseinheit zeigen die Graphiken auf der Vorseite. Zu beachten ist, daß Bestandsveränderungen sowohl positiv (wie graphisch dargestellt) als auch negativ sein können.[1]

5.5. Grundlagen der Exportkalkulation

Lieferungen und Leistungen, die über Grenzen gehen, wurden und werden beim Export von der Umsatzsteuer befreit und beim Import der Umsatzsteuer unterworfen. Mit dem Beitritt Österreichs zum Binnenmarkt der EU haben sich diese Grenzen zu den Außengrenzen der EU verschoben. Export und Import sind damit die EU-Außengrenzen überschreitende Lieferungen und Leistungen. Diese werden als *Lieferungen und Leistungen aus oder an Drittländer* bezeichnet.

Lieferungen und Leistungen, die die Staatsgrenzen Österreichs überschreiten, jedoch die Außengrenzen der EU nicht überschreiten, werden als innergemeinschaftliche Lieferungen oder innergemeinschaftlicher Erwerb bezeichnet. Gegenstand der Exportkalkulation sind daher nur Lieferungen und Leistungen an Drittländer. Gegenstand der Importkalkulation ist daher auch nur der Erwerb aus Drittländern.

Beim Import fällt wie ausgeführt Umsatzsteuer an. Die Bemessungsgrundlage ist der Zollwert bei Lieferungen und das tatsächlich geleistete Entgelt bei der Lohnveredelung. Die Beförderungs- und Versicherungskosten sind nicht wie bisher bis zur Grenze, sondern bis zum ersten Bestimmungsort im Inland einzurechnen.

Die Kostenstruktur exportierender Unternehmen ist durch die besonderen Kosten der Abwicklung der Exportgeschäfte und durch Kosten, die sich aus der Berücksichtigung der

1 Federmann, R., a. a. O., S. 459.

besonderen Risiken (Transport, Erfüllung, Annahme, Wechselkurs) beim Export ergeben, gekennzeichnet.

Diese besonderen Kosten im Export sind

1. Exportgemeinkosten, wenn sie den einzelnen Kostenträgern nicht direkt zugerechnet werden können. Dazu zählen die Kosten der Exportmarktbearbeitung und die Kosten der Exportabteilungen.
2. Exportsonderkosten, wenn sie den einzelnen Kostenträgern direkt zugerechnet werden können. Sie sind die Sonderkosten des Vertriebes im Ausland. Dazu gehören Provisionen, „nützliche Abgaben", Kosten für Dokumente, Versicherung, Verpackung, Prüfung, Lagerkosten, Frachten, Zölle, Garantiekosten u. a.

Als Grundlage der Kalkulation in der Praxis des Exportgeschäftes werden meist die Klauseln der INCOTERMS[1] – international vereinheitlichte Lieferkonditionen – angewendet. Je nach angewendeter Klausel ergibt sich eine andere Art der Exportkalkulation; insbesondere die Sonderkosten des Exports werden je nach vereinbarter Klausel in unterschiedlicher Höhe dem Verkäufer oder Käufer zugerechnet.

Folgende Darstellung zeigt die Zusammenhänge

Die INCOTERMS enthalten in der letzten Auflage folgende Klauseln:

1. „Ab Werk" („ab Fabrik", „ab Mühle", „ab Pflanzung", „ab Lagerhaus" u. dgl.) Ex Works (EXW):

„Ab Werk" bedeutet, daß die einzige Verantwortung des Verkäufers darin besteht, die Ware auf seinem Grundstück (d. h. dem Lager oder der Erzeugungsstätte) zur Verfügung zu stellen. Er ist mangels anderer Vereinbarung nicht verpflichtet, die Ware auf das vom Käufer zu beschaffende Beförderungsmittel zu verladen. Der Käufer trägt alle Kosten und Gefahren, die mit dem Transport der Ware vom Verladeort zum Bestimmungsort verbunden sind. Diese Klausel stellt daher eine Mindestverpflichtung für den Verkäufer dar.[2]

1 INCOTERMS 1990, ICC Juli 1990.
2 INCOTERMS, a. a. O., S. 21.

Graphische Darstellung der Vertragsformel „ab Werk“, „ab Fabrik“, „ab Mühle“, „ab Pflanzung“, „ab Lagerhaus“ u. dgl.[1]

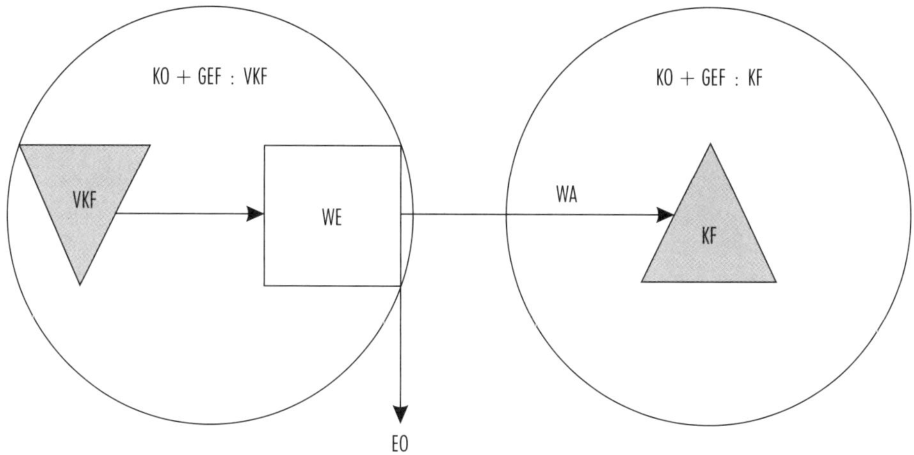

Erklärung der Buchstabensymbole

VKF = Verkäufer	KO = Kosten
KF = Käufer	GEF = Gefahren
WE – Werk	BO = Bestimmungsort
WA = Ware	EO = Erfüllungsort der Lieferung

KO + GEF : VKF = Alle Kosten und Gefahren, die mit dem Export der Ware verbunden sind, trägt der Verkäufer, bis sie das Werk, die Fabrik, die Mühle, die Pflanzung, das Lagerhaus u. a. verlassen hat.

KO + GEF : KF – Alle Kosten und Gefahren, die mit dem Export der Ware verbunden sind, trägt der Käufer, sobald die Ware das Werk, die Fabrik, die Mühle, die Pflanzung, das Lagerhaus u. a. verlassen hat.

Die Kreise auf dem Schaubild stellen die „Kosten- und Gefahrenzonen“ des Käufers und des Verkäufers dar. Das Schaubild zeigt, daß die Gefahren **und** die Kosten am Erfüllungsort der Lieferung vom Verkäufer auf den Käufer übergehen.

2. Frei Frachtführer . . . (benannter Ort) FCA, Free Carrier:

Die Klausel ist erarbeitet worden, um den Anforderungen des modernen Transports zu entsprechen, insbesondere dem „multimodalen“ Transport, z. B. Container- oder Ro-Ro-Verkehr per Anhänger und Schiff.

Sie basiert auf den gleichen Grundsätzen wie die Klausel FOB, mit der Ausnahme jedoch, daß der Verkäufer seine Verpflichtungen erfüllt, wenn er die Ware dem Frachtführer am benannten Ort übergibt.

1 Krausler, R., Die schaubildliche Darstellung der Incoterms, Wiener Neustadt-Neunkirchen 1961, S. 8 f.

Als „Frachtführer" gilt jeder, durch den oder in dessen Namen ein Vertrag über die Beförderung per Straße, Schiene, Luft, See oder eine Kombination von Transportarten abgeschlossen worden ist. Hat der Verkäufer ein Konnossement, einen Frachtbrief oder Ladeschein zu beschaffen, so gilt diese Verpflichtung als ordnungsgemäß erfüllt, wenn er ein solches Dokument, ausgestellt von dem oben bezeichneten Frachtführer, vorlegt.[1]

3. FAS (free alongside ship) – Frei Längsseite Seeschiff . . . (benannter Verschiffungshafen):

„FAS" bedeutet „Frei Längsseite Seeschiff". Gemäß dieser Klausel hat der Verkäufer seine Verpflichtung erfüllt, sobald die Ware längsseits des Schiffes am Kai oder in Leichterschiffe verbracht worden ist. Dies bedeutet, daß der Käufer alle Kosten des Unterganges der Ware und Gefahren durch Schäden an der Ware ab diesem Zeitpunkt zu tragen hat. Es sollte beachtet werden, daß im Gegensatz zu „FOB" die vorliegende Klausel den Käufer verpflichtet, die Ware für den Export freizumachen.[2]

Graphische Darstellung der Vertragsformel „FAS benannter Verschiffungshafen"[3]

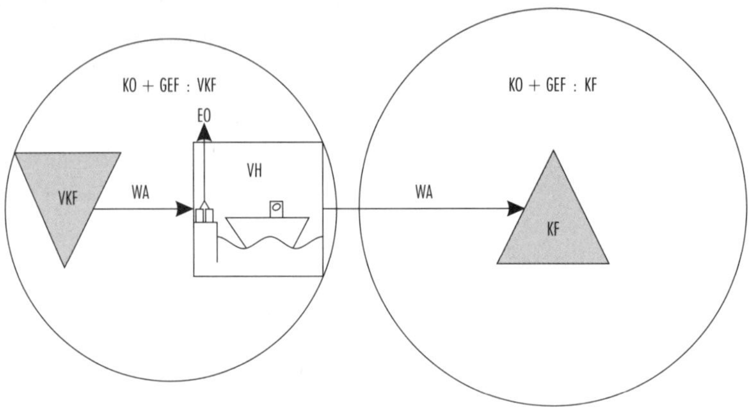

VH = Verschiffungshafen

KO + GEF : VKF = Alle Kosten und Gefahren, die mit dem Export der Ware verbunden sind, trägt der Verkäufer bis zu dem Zeitpunkt, in dem die Ware längsseits des Schiffes in dem benannten Verschiffungshafen geliefert worden ist.

KO + GEF : KF = Alle Kosten und Gefahren, die mit dem Export der Ware verbunden sind, trägt der Käufer von dem Zeitpunkt an, in dem die Ware längsseits des Schiffes in dem benannten Verschiffungshafen zu dem vereinbarten Termin oder innerhalb der festgesetzten Frist geliefert worden ist.

1 INCOTERMS, a. a. O., S. 26.
2 INCOTERMS, a. a. O., S. 34.
3 Krausler, R., a. a. O., S. 12 f.

Die Kreise auf dem Schaubild stellen die „Kosten- und Gefahrenzonen“ des Käufers und des Verkäufers dar. Das Schaubild zeigt, daß die Gefahren und die Kosten am Erfüllungsort der Lieferung vom Verkäufer auf den Käufer übergehen.

4. FOB (free on board) – Frei an Bord ... (benannter Verschiffungshafen):

„FOB“ bedeutet„Frei an Bord“. Die Ware muß vom Verkäufer an Bord des Schiffes in den im Kaufvertrag vereinbarten Verschiffungshafen verbracht werden. Die Gefahr des Unterganges der Ware oder von Schäden an der Ware geht vom Verkäufer auf den Käufer über, sobald die Ware die Schiffsreling im Verschiffungshafen überschreitet.[1]

5. CFR (cost and freight) – Kosten und Fracht ... (benannter Bestimmungshafen):

„CFR“ bedeutet „Kosten und Fracht“. Der Verkäufer muß die notwendigen Kosten einschließlich der Frachtkosten tragen, um die Ware zum vereinbarten Bestimmungsort zu befördern, aber die Gefahr des Untergangs der Ware oder von Schäden an der Ware geht, genau wie irgendwelche Kostensteigerungen, vom Verkäufer auf den Käufer über, sobald die Ware die Schiffsreling im Verschiffungshafen überschreitet.[2]

6. CIF (cost insurance freight) – Kosten, Versicherung, Fracht ... (benannter Bestimmungshafen):

„CIF“ bedeutet „Kosten, Versicherung und Fracht“. Der Verkäufer muß die Seetransportversicherung gegen die Gefahr des Untergangs der Ware oder von Schäden an der Ware während des Transportes abschließen und bezahlen. Der Verkäufer schließt mit dem Versicherer den Vertrag und zahlt die Versicherungsprämie. Der Käufer sollte beachten, daß gemäß der vorliegenden Klausel im Gegensatz zur Klausel „Frachtfrei, versichert“ der Käufer nur verpflichtet ist, eine Versicherung zu Mindestbedingungen (sogenannte FPA-Bedingungen) abzuschließen.[3]

KO : VKF = Die Kosten der Verladung im Verschiffungshafen und die Kosten der Fracht der Ware bis zum Bestimmungshafen trägt der Verkäufer. Bei der Vertragsformel „CIF“ trägt der Verkäufer noch die Kosten der Seeversicherung.

KO : KF = Der Käufer hat mit Ausnahme der Fracht alle während des Seetransportes bis zur Ankunft im Bestimmungshafen entstehenden Kosten zu tragen, ebenso die Kosten für die Löschung, die Leichterung und die Kaigebühren, sofern diese Kosten nicht in der Fracht inbegriffen sind oder nicht von der Schiffahrtsgesellschaft zusammen mit der Fracht

1 INCOTERMS, a. a. O., S. 40.
2 INCOTERMS, a. a. O., S. 46.
3 INCOTERMS, a. a. O., S. 53.

eingehoben worden sind. Bei der Vertragsformel „CIF" hat der Käufer die Kosten der Seeversicherung nicht zu tragen.

GEF : VKF = Der Verkäufer hat alle Gefahren, die mit dem Export der Ware verbunden sind, bis zu dem Zeitpunkt zu tragen, in dem sie im Verschiffungshafen die Reling des Schiffes überschritten hat.

GEF : KF = Der Verkäufer hat alle Gefahren, die mit dem Export der Ware verbunden sind, von dem Zeitpunkt an zu tragen, in dem die Ware im Verschiffungshafen die Reling des Schiffes überschritten hat.

Die Kreise auf dem Schaubild stellen die „Kosten- und Gefahrenzonen" des Käufers und des Verkäufers dar. Das Schaubild zeigt, daß der Ort des Überganges der Kosten vom Verkäufer auf den Käufer ein anderer ist als der Ort des Überganges der Gefahren.

Graphische Darstellung der Vertragsformel „CIF benannter Bestimmungshafen"[1]

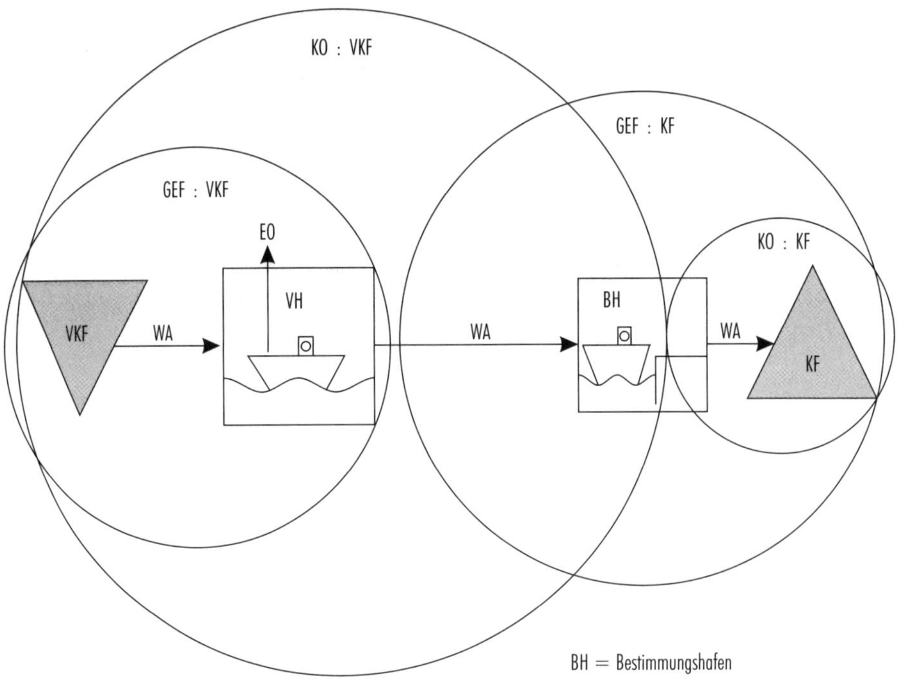

7. Frachtfrei ... (benannter Bestimmungsort) CPT, Carriage paid to:

Genau wie „CFR" bedeutet „Frachtfrei ...", daß der Verkäufer die Kosten für die Beförderung der Ware bis zu dem benannten Bestimmungsort zahlt. Jedoch geht die Gefahr des

1 Krausler, R., a. a. O., S. 18 f.

Untergangs der Ware oder von Schäden an der Ware sowie eventueller Kostenerhöhungen vom Verkäufer auf den Käufer über, wenn die Ware dem ersten Frachtführer übergeben worden ist, und nicht bei Überschreiten der Reling des Schiffes.

Diese Klauselformel kann für alle Transportarten verwendet werden, einschließlich des multimodalen und Containertransports oder des Ro-Ro-Verkehrs per Anhänger und Schiff. Hat der Verkäufer ein Konnossement, einen Frachtbrief oder Ladeschein zu beschaffen, so gilt diese Verpflichtung als ordnungsgemäß erfüllt, wenn er ein solches Dokument, ausgestellt von demjenigen, mit dem er einen Vertrag über die Beförderung der Ware bis zum benannten Bestimmungsort abgeschlossen hat, vorlegt.[1]

Graphische Darstellung der Vertragsformel „Frachtfrei benannter Bestimmungsort"[2]

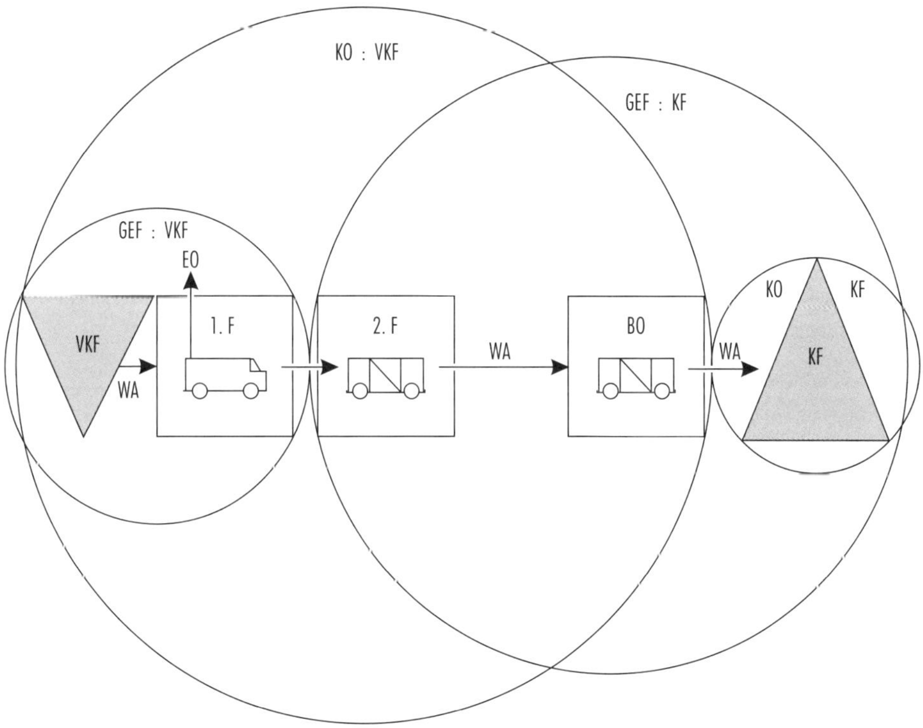

1. F = erster Frachtführer, 2. F = zweiter Frachtführer, BO = Bestimmungsort

KO : VKF = Der Verkäufer hat auf seine Kosten die Ware zum vereinbarten Zeitpunkt oder innerhalb der vereinbarten Frist zu dem vereinbarten Ablieferungsplatz am Bestimmungsort zu senden.

1 INCOTERMS, a. a. O., S. 60.
2 Krausler, R., a. a. O., S. 20 f.

KO : KF = Der Käufer hat alle Kosten von dem Zeitpunkt an zu tragen, in dem die Ware am Ablieferungsplatz eingetroffen ist.

GEF : VKF = Der Verkäufer hat alle Gefahren, die mit dem Export der Ware bis zu ihrer fristgemäßen Übergabe an den ersten Frachtführer verbunden sind, zu tragen.

GEF : KF = Der Käufer hat alle Gefahren, die mit dem Export der Ware verbunden sind, von dem Zeitpunkt an zu tragen, zu dem sie dem ersten Frachtführer übergeben worden ist.

Die Kreise auf dem Schaubild stellen die „Kosten- und Gefahrenzonen" des Käufers und des Verkäufers dar. Das Schaubild zeigt, daß der Ort des Überganges der Kosten vom Verkäufer auf den Käufer ein anderer ist als der Ort des Überganges der Gefahren.

8. Frachtfrei versichert ... (benannter Bestimmungsort) CIP, Carriage and Insurance paid to:

Diese Vertragsklausel hat die gleichen Rechtsfolgen wie „Frachtfrei ...", jedoch mit der Ergänzung, daß der Verkäufer eine Transportversicherung gegen die Gefahr des Untergangs der Ware oder von Schäden an der Ware während des Transports abzuschließen hat. Der Verkäufer muß die Versicherung mit dem Versicherer abschließen und zahlt die Versicherungsprämie.[1]

9. Geliefert Grenze ... (benannter Lieferort an der Grenze) DAF, Delivered at Frontier:

„Geliefert Grenze" bedeutet, daß der Verkäufer seine Verpflichtungen erfüllt hat, wenn er die Ware an der Grenze – allerdings vor der „Zollgrenze" des im Kaufvertrag vereinbarten Landes – zur Verfügung stellt.

Es ist beabsichtigt, daß diese Klausel hauptsächlich für den Schienen-/Straßentransport benutzt wird; sie kann allerdings unabhängig von jeder Transportart verwendet werden.[2]

10. Ab Schiff ... (benannter Bestimmungshafen) DES, Delivered ex ship:

„Ab Schiff" bedeutet, daß der Verkäufer dem Käufer die Ware an Bord des Schiffes in dem im Kaufvertrag vereinbarten Löschungshafen zur Verfügung stellen muß. Der Verkäufer muß alle Kosten und Gefahren, die mit der Lieferung der Ware bis zu diesem Ort verbunden sind, tragen.[3]

1 INCOTERMS, a. a. O., S. 66.
2 INCOTERMS, a. a. O., S. 72.
3 INCOTERMS, a. a. O., S. 78.

11. Ab Kai ... (verzollt ... benannter Hafen) DEQ, Delivered ex quay, duty paid:

„Ab Kai“ bedeutet, daß der Verkäufer die Ware dem Käufer am Kai des im Kaufvertrag vereinbarten Bestimmungsortes zur Verfügung stellen muß. Der Verkäufer muß alle Kosten und Gefahren, die mit dem Export der Ware verbunden sind, bis zu diesem Ort tragen.

Falls die Partner vereinbaren, daß der Verkäufer die Einfuhrabfertigung der Ware vornehmen muß, aber daß einige Importkosten ausgeschlossen werden sollen – wie z. B. Mehrwertsteuer oder ähnliche Steuern – muß dies durch einen Zusatz deutlich gemacht werden (d. h. ausschließlich Mehrwertsteuer und/oder andere Steuern).[1]

12. Geliefert verzollt ... (benannter Bestimmungsort im Einfuhrland) DDP, Delivered Duty Paid:

Während die Klausel „Ab Werk“ die Mindestverpflichtung des Verkäufers enthält, bedeutet die Klausel „Geliefert – verzollt“, wenn der benannte Ort das Grundstück des Käufers ist, das andere Extrem – die Maximalverpflichtung des Verkäufers. Die Klausel „Geliefert-verzollt“ kann unabhängig von der Transportart benutzt werden.

Falls die Partner vereinbaren, daß der Verkäufer die Importformalitäten erledigt, daß aber einige Importkosten ausgeschlossen werden sollen – wie z. B. Mehrwertsteuer oder ähnliche Steuern – muß dies durch einen Zusatz deutlich gemacht werden (d. h. ausschließlich Mehrwertsteuer und/oder andere Steuern).[2]

13. Geliefert ... (benannter Bestimmungsort) unverzollt DDU, Delivered Duty Unpaid:

Diese Klausel beinhaltet mit Ausnahme der Zölle alle Kosten bis zum Bestimmungsort im Bestimmungsland.

1 INCOTERMS, a. a. O., S. 84.
2 INCOTERMS, a. a. O., S. 96.

14. Übersicht[1]:

Name der Klausel: Deutsch	Name der Klausel: Englisch	Abkürzung	Kostenübergang	Gefahrenübergang
Ab Werk (benannter Ort)	Ex Works	EXW	ab Werk	
Frei Frachtführer (benannter Bestimmungsort)	Free Carrier	FCA	Übergabe der Ware an den 1. Frachtführer	
Frei Längsseite Schiff (benannter Verschiffungshafen)	Free Alongside Ship	FAS	Längsseite Schiff im Verschiffungshafen	
Frei an Bord (benannter Verschiffungshafen)	Free On Bord	FOB	Überschreiten der Reling des Seeschiffes im Verschiffungshafen	
Kosten und Fracht (benannter Bestimmungshafen)	Cost and Freight	CFR	Bestimmungshafen	Überschreiten der Reling des Seeschiffes im Verschiffungshafen (wie FOB)
Kosten, Versicherung, Fracht (benannter Bestimmungshafen)	Cost, Insurance and Freight	CIF	Bestimmungshafen	Überschreiten der Reling des Seeschiffes im Verschiffungshafen (wie FOB)
Frachtfrei (benannter Bestimmungsort)	Carriage Paid to . . .	CPT	Bestimmungsort	Übergabe der Ware an den 1. Frachtführer
Frachtfrei versichert (benannter Bestimmungsort)	Carriage and Insurance Paid to . . .	CIP	Bestimmungsort (alle Kosten wie frachtfrei + Transportversicherung)	Übergabe der Ware an den 1. Frachtführer
Geliefert Grenze (benannter Lieferort an der Grenze)	Delivered at Frontier	DAF	Lieferort an der Grenze	
Ab Schiff (benannter Bestimmungshafen)	Delivered Ex Ship	DES	Ab Bord Seeschiff im Bestimmungshafen	
Ab Kai (benannter Bestimmungshafen)	Delivered Ex Quay (Duty Paid)	DEQ	Ab Zurverfügungstellung der Ware am Kai im Bestimmungshafen	
Geliefert (benannter Bestimmungsort im Importland) verzollt	Delievred Duty Paid	DDP	Bestimmungsort	
Geliefert (benannter Bestimmungsort im Importland) unverzollt	Delivered Duty Unpaid	DDU	Bestimmungsort	

1 Lechner, Egger, Schauer, Einführung in die ABWL, 14. Aufl., Wien 1992, S. 472.

5.6. Schemata für die Exportkalkulation[1]

1. Schema für Kontinentalexport:

	€
Selbstkosten (lt. Abschnitt Kalkulationsschema Erzeugungs- und Handelsbetrieb) + Exportgemeinkosten + Exportsonderkosten „Ab Werk“ (d. i. Verpackung, Prüfung, Lagerung, Manipulation, „nützliche Abgaben“, Versicherung) + Gewinn „Ab Werk“	
= Verkaufspreis „Ab Werk“ ohne Umsatzsteuer + Exportsonderkosten „Frei Frachtführer . . . benannter Ort“ (d. i. Speditionsdokumente, Versandspediteur, Rollfuhr, Transport, Speditions- und Rollfuhrversicherung, Terminalkosten, Verladung) + Gewinn „Frei Frachtführer“	
= Verkaufspreis „Frei Frachtführer . . . benannter Ort“ + Exportsonderkosten „Geliefert Grenze“ benannter Lieferort an der Grenze (d. i. Ausfuhrkosten, Lagerung, Versicherung, Transportkosten, Kommunikationskosten) + Gewinn „Geliefert Grenze“ benannter Lieferort an der Grenze	
= Verkaufspreis „Geliefert Grenze“ benannter Lieferort an der Grenze ohne Umsatzsteuer + Exportsonderkosten „Frachtfrei versichert“ benannter Bestimmungsort im Einfuhrland (d. i. Versicherung, Transportkosten) + Gewinn „Frachtfrei versichert“ benannter Bestimmungsort	
= Verkaufspreis „Frachtfrei versichert“ benannter Bestimmungsort + Exportsonderkosten „Geliefert“ benannter Bestimmungsort im Einfuhrland, „verzollt“ (d. i. Speditionsdokumente, Zölle, Lagerung, Manipulation, Entladung)	

➤

1 Die in den Schemata angeführten Gewinne können auch 0 oder negativ sein. Exporte in Drittländer sind von der Umsatzsteuer befreit. Bei Preisanstellung „Ab Werk“und „Geliefert Grenze“ ist deshalb ohne Umsatzsteuer vermerkt, da innergemeinschaftliche Lieferungen umsatzsteuerpflichtig sind.

+ Gewinn „Geliefert“ benannter Bestimmungsort im Einfuhrland, „verzollt“	
= Verkaufspreis „Geliefert“ benannter Bestimmungsort im Einfuhrland, „verzollt“ + Exportsonderkosten bei „Zielverkauf“ (d. i. Finanzierungskosten, Gebühren, Kursrisiko, Provisionen, Versicherung, Zahlungskonditionen) + Gewinn „Zielverkauf“	
= Zielverkaufspreis des Exporteurs	

2. Schema für Überseeexport:

	€
Selbstkosten (lt. Abschnitt Kalkulationsschema Erzeugungs- und Handelsbetrieb) + Exportgemeinkosten + Exportsonderkosten „Ab Werk“ (d. i. Verpackung, Prüfung, Lagerung, Manipulation, „nützliche Abgaben“, Versicherung) + Gewinn „Ab Werk“	
= **Verkaufspreis „Ab Werk“ ohne Umsatzsteuer** + Exportsonderkosten „FAS“ benannter Verschiffungshafen (d. i. Versanddokumente, Transport- und Frachtkosten, Zwischenlagerung, Hafenkosten) + Gewinn **„FAS“** benannter Verschiffungshafen	
= **Verkaufspreis „FAS“ benannter Verschiffungshafen** + Exportsonderkosten „FOB“ benannter Verschiffungshafen (d. i. Ausfuhrkosten, Lagerung, Umschlaggebühren, FOB-Provisionen, Speditions- und Rollfuhrversicherung) + Gewinn „FOB“ benannter Verschiffungshafen	
= **Verkaufspreis „FOB“ benannter Verschiffungshafen** + Exportsonderkosten „CFR“ benannter Bestimmungshafen (d. i. Dokumente, Gebühren, Bord-Konnossements, Verschiffungsprovision, Seefrachtkosten)	

+ Gewinn „CFR" benannter Bestimmungshafen	
= **Verkaufspreis „CFR" benannter Bestimmungshafen** + Exportsonderkosten „CIF" benannter Bestimmungshafen (d. i. Seetransportversicherung) + Gewinn „CIF" benannter Bestimmungshafen	
= **Verkaufspreis „CIF" benannter Bestimmungshafen** + Exportsonderkosten „Ab Kai" benannter Bestimmungshafen (d. i. Lösch- und Umschlagskosten ohne Zoll) + Gewinn „Ab Kai" benannter Bestimmungshafen	
= **Verkaufspreis „Ab Kai" benannter Bestimmungshafen** + Exportsonderkosten „Geliefert verzollt" benannter Bestimmungsort (d. i. im Importland verzollt) + Gewinn „Geliefert verzollt" benannter Bestimmungsort	
= **Verkaufspreis „Geliefert verzollt" benannter Bestimmungsort**	

5.7. Beispiel einer Exportkalkulation eines österreichischen Erzeugungsbetriebes nach New York[1]

1. Angaben

Die Wiener Firma H. offeriert einem Importeur in New York auf dessen Anfrage 100 Stück Spezialsiebe „CIF New York". Folgende *Informationen* liegen vor:

Selbstkosten eines Siebes lt. Vollkostenrechnung	ATS 70.150,—
Belastung des Auftrags mit Exportgemeinkosten in Höhe von	14% der Herstellkosten von ATS 61.000,— je Sieb
Kalkulation der Auslandsmarktbearbeitungskosten	1%iger Aufschlag (auf die Herstellkosten)

1 Modifiziert entnommen aus: Brandstätter, G., Das System der Außenhandelskalkulation – Die Entwicklung einheitlicher Kalkulationsschemata, Diplomarbeit Wirtschaftsuniversität Wien 1985, S. 114 ff. Die Währung war ATS.

➤

Exportverpackung für die 100 Siebe (wobei die Verpackung auf 25 Paletten mit einem Volumen von je 3,4 m³ und einem Gewicht von je 620 kg erfolgt)	ATS 15.000,–
Die Transportkosten (Bahnfracht) Wien nach Hamburg belaufen sich auf	ATS 54.613,– (inkl. Nebenspesen)
Im Rahmen des Vortransportes fallen folgende Kosten an:	ATS 1.958,– Mieten, Standgelder u. a.
Lagerung im Hafen Hamburg	7 Tage in einem öffentlichen Lagerhaus ATS 28,48 pro Palette und Tag
Kai-Umschlagsgebühr	ATS 178,– pro Tonne
Hafenkosten inkl. Abgaben	ATS 106,80 pro Tonne
FOB- und Verschiffungsprovision des Seefrachtspediteurs	ATS 6.578,88
Speditionsversicherungsschein (SVS)	ATS 64,08 pro Palette
Rollfuhrversicherungsschein (RVS)	ATS 49,84 pro Palette
Für die Seefracht ist zu veranschlagen: Dokumentenkosten (Konnossement, Beglaubigungsgebühren, etc.)	ATS 1.872,–
Seeversicherungsprämie	1% vom Verkaufspreis („CIF New York“)
Seefracht von Hamburg nach New York	ATS 1.139,20 pro Tonne oder ATS 356,– pro m³ „in Schiffswahl“
Im Bereich Finanzierung, Zahlungsabwicklung etc. fallen folgende Koste an:	
Exportrisikogarantie	0,35% vom CIF-Preis
Bankspesen	0,65% vom CIF-Preis
Finanzierungskosten	12% p. a. (75 Tage bis zur Ankunft, 15 Tage Transfer und 60 Tage Ziel)
Kalkulatorische Wagniskosten des Außenhandels als eigener Kostenfaktor (Durchschnittswert der vorgefallenen Auslandsverluste dividiert durch die abgewickelten Außenhandelsgeschäfte)	ATS 8.500,– pro Auslandstransaktion
Zahlungskondition	60 Tage Ziel ohne Skonto

➤

Als Zeitraum bis zur Ankunft des Frachtschiffes in New York werden veranschlagt als Transferzeit	75 Tage 15 Tage
Kalkulatorischer Gewinn	8% der Selbstkosten CIF New York

2. Lösung

	ATS	ATS	ATS
Herstellkosten je Sieb	61.000,–		
Selbstkosten je Sieb		70.150,–	
+ Exportgemeinkosten 14% der Herstellkosten		8.540,–	
+ Auslandsmarktbearbeitungskosten 1% der Herstellkosten		610,–	
= **Zwischensumme**		79.300,–	
Zwischensumme für 100 Siebe			7,930.000,–
+ Exportsonderkosten „Ab Werk"			
Exportverpackung			15.000,–
= **Kosten „Ab Werk"**			7,945.000,–
+ Exportsonderkosten „FOB Hamburg"			
Kosten Bahntransport von Wien nach Hamburg inkl. Nebenspesen			54.613,–
Kosten für Mieten, Standgelder u. a			1.958,–
Kosten für Lagerung im Hafen Hamburg ATS 28,48 pro Tag und pro Palette, 7 Tage × 25 Paletten			4.984,–

Kai-Umschlagsgebühren ATS 178,— pro Tonne für 25 Paletten zu 0,62 Tonnen			2.759,—
Hafenkosten inkl. Abgaben GE 106,80 pro Tonne für 25 Paletten zu 0,62 Tonnen			1.655,40
FOB- und Verschiffungsprovision des Seehafenspediteurs			6.578,88
Kosten Speditionsversicherungsschein (SVS) ATS 64,08 pro Palette für 25 Paletten			1.602,—
Kosten Rollfuhrversicherungsschein (RVS) ATS 49,84 pro Palette für 25 Paletten			1.246,—
= **Kosten „FOB Hamburg“**			8,020.396,28
+ Exportsonderkosten „CIF New York“			
Kosten Seefracht von Hamburg nach New York ATS 1.139,20 pro Tonne für 25 Paletten zu 0,62 Tonnen		17.657,60	
oder:			
ATS 356,— pro m^3 für 25 Paletten zu 3,4 m^3		30.260,—	
Gemäß „in Schiffswahl“ ist die höhere Fracht anzusetzen			30.260,—
Kosten für Dokumente			1.872,—
Kalkulatorisches Wagnis			8.500,—
= **Zwischensumme**			8,061.028,28

2% vom CIF Preis (Exportrisikogarantie 0,35% + Seeversicherungsprämie 1% + Bankspesen 0,65% = 2%)			187.546,54
5% Finanzierungskosten (12% p. a. für 5 Monate von den CIF-Selbstkosten)			434.135,52
= **CIF-Selbstkosten New York**①			8,682.710,34
+ 8% Gewinnzuschlag			694.616,82
= **CIF-Preis New York**①			9,377.327,16

① Exakte Lösung mit Rundungsdifferenzen in den Groschen

x = CIF-Preis New York
y = Zwischensumme = 8,061.028,28
z = CIF-Selbstkosten New York

$$z=\frac{y+\frac{2x}{100}}{95}\times 100=\frac{\frac{100y+2x}{100}}{\frac{95}{1}}\times 100=\frac{100y+2x}{95}$$

$$x=z+\frac{8z}{100}=\frac{100y+2x}{95}+\frac{8}{100}\times\frac{100y+2x}{95}$$

$$95x=100y+2x+8y+\frac{16x}{100}$$

$$92{,}84x=108y$$

$$x=\frac{108}{92{,}84}y=1{,}16329168y=1{,}16329168\times 8{,}061.028{,}28=9{,}377.327{,}16$$

$$z=\frac{100y+2x}{95}=\frac{100}{95}\times 8{,}061.028{,}28+\frac{2}{95}\times 9{,}377.327{,}16=8{,}485.292{,}94+197.417{,}40=8{,}682.710{,}34$$

6. Betriebsergebnisrechnung

6.1. Periodenbezogene Betriebsergebnisrechnung (kurzfristige Erfolgsrechnung, Periodenerfolgsrechnung, Periodenergebnisrechnung)

Durch diese Rechnung wird das Betriebsergebnis, d. h. der Erfolg eines bestimmten Zeitabschnittes nach kostenrechnerischen Grundsätzen ermittelt. Das Betriebsergebnis kann für die gesamte Abrechnungsperiode – meist ein Jahr – oder für kürzere Zeiträume, z. B. ein Quartal, errechnet werden.

Als Rechenverfahren kommen in Frage:

1. Gesamtkostenverfahren:

	€
Betriebsleistung eines bestimmten Zeitabschnittes – Kosten dieses Zeitabschnittes + Endbestand an Halb- und Fertigerzeugnissen und nichtabgerechneten Leistungen – Anfangsbestand an Halb- und Fertigerzeugnissen und nichtabgerechneten Leistungen	
= Betriebsergebnis dieses Zeitabschnittes	

Die Bewertung der Anfangs- und Endbestände ist umso schwieriger, je länger die Fertigungszeiten oder Bauzeiten sind (Anlagenbau).

2. Umsatzkostenverfahren:

	€
Betriebsleistung eines bestimmten Zeitabschnittes – Kosten der in diesem Zeitabschnitt abgesetzten Produkte oder Leistungen	
= Betriebsergebnis dieses Zeitabschnittes	

Die Gewinnspannen der Unternehmungen werden immer knapper. Es ist daher für jede Unternehmensleitung von großer Bedeutung, kurzfristige Zwischenergebnisse über die Entwicklung des Unternehmens zu haben, um nötigenfalls so früh wie möglich Maßnahmen ergreifen zu können.

Wird diese Rechnung nicht nur für den Betrieb als Ganzes, sondern auch für einzelne Betriebsbereiche (Sparten, Produktgruppen) durchgeführt, wird sie als Sparten- oder Produktgruppenkalkulation bezeichnet. Für diese Rechnung wird auch die Bezeichnung Profit-Center-Kalkulation verwendet. Dabei wird das Unternehmen organisatorisch in strategische Geschäftsfelder gegliedert.

Für diese Rechnung wird in der Vollkostenrechnung keine Trennung der Kosten in fixe und variable durchgeführt. Durch Gegenüberstellung der Betriebsleistung und der Kosten wird – wie vorher gezeigt – das Betriebsergebnis eines bestimmten Zeitabschnittes errechnet.

Dieses Betriebsergebnis unterscheidet sich vom Erfolg der Finanzbuchhaltung wie folgt:

	€
Betriebsergebnis	
+ Zusatzkosten	
– Neutraler Aufwand	
+ Neutraler Ertrag	
– Zusatzleistungen	
= Erfolg nach Finanzbuchhaltung (= buchmäßiger Erfolg)	

Der Neutrale Ertrag beinhaltet die

- außerordentlichen Erträge; diese umfassen die
  - außerordentlichen Erlöse, das sind Gegenwerte aus den Verkäufen von Gütern und Leistungen, die nicht dem Betriebszweck entsprechen (z. B. Verkauf nicht mehr benötigter Maschinen);
  - sonstigen außerordentlichen Erträge, z. B. aus Beteiligungen, Bankguthaben und Wertpapieren, die nicht im Sinne des eigentlichen Betriebszweckes unterhalten werden;

- Bucherträge, die sich aus rein buchhalterischen Vorgängen ergeben, z. B. Auflösung von Rückstellungen, Aktivierung von Aufwänden (sie dienen meistens der Korrektur).

6.2. Stückbezogene Betriebsergebnisrechnung

Schema:

	€
Verkaufspreis je Stück – Erlösschmälerungen (z. B. Rabatte, Skonti, Boni) je Stück – Selbstkosten je Stück	
= Betriebsergebnis je Stück	

Für diese Rechnung wird in der Vollkostenrechnung keine Trennung der Kosten in fixe und variable durchgeführt. Durch Gegenüberstellung des Preises und der Kosten wird das Betriebsergebnis eines bestimmten Kostenträgers errechnet. Die Ergebnisse dieser Rechnung sind mit größter Vorsicht zu beurteilen, da die in den Vollkosten enthaltenen Fixkosten mehr oder weniger willkürlich zugerechnet sind.

7. Vor- und Nachteile der Vollkostenrechnung

Trotz der angeführten Schwächen der Kostenträgerrechnung zu Vollkosten ergeben sich doch folgende wichtige Informationen für die Unternehmensleitung:

1. Die errechneten Selbstkosten sind Grundlage für die Festsetzung von Verkaufspreisen (Vorkalkulation siehe Teilkostenrechnung).
2. Grundlagen für die Bewertung von Halb- und Fertigerzeugnissen sowie von selbsterstellen Anlagen für die Bilanzierung.
3. Durch Vergleich der errechneten Selbstkosten
   - je Kostenträger, z. B. je Handarbeitsstunde,
   - je Kostenträgergruppe, z. B. für die Handelssparte,

   der in ein bestimmtes Absatzgebiet gelieferten Produkte, z. B. den Ostmarkt, mit den erzielten Preisen bzw. der Betriebsleistung ergibt sich das Betriebsergebnis (der kalkulatorische Gewinn oder Verlust).

   Die Berechnung erfolgt nach dem folgenden Schema:

	€
Erzielter Verkaufspreis bzw. erzielte Betriebsleistung – Mehrwertsteuer (falls im obigen Betrag enthalten) – Selbstkosten	
= Kalkulatorischer Gewinn oder Verlust (Betriebsergebnis)	

Der errechnete kalkulatorische Gewinn oder Verlust ist ein Anhaltspunkt für Entscheidungen der Unternehmensleitung (Nachkalkulation siehe Teilkostenrechnung).

4. Grundlagen für die Planung.
5. Sie gibt die der Beschäftigungslage entsprechende Höhe der Selbstkosten an.
6. Alle Unternehmungen, die Preisanträge zu stellen haben, bedürfen zur Rechtfertigung einer Kostenträgerrechnung zu Vollkosten.

Abschließend ist noch anzumerken, daß sich in der Praxis die Frage Voll- oder Teilkostenrechnung nicht in dieser Form stellt. Sie stellt sich vielmehr so: Soll das Unternehmen eine Kostenrechnung einführen oder nicht. Im Falle der Einführung kommt zuerst meist eine Vollkostenrechnung in Frage, die in späterer Folge zur besseren Fundierung von bestimmten Entscheidungen durch eine Teilkostenrechnung ergänzt werden kann. Diese begonnene Erweiterung kann dann bis zur Grenzplankostenrechnung führen.

E.
Kostenverrechnung zu Teilkosten

1. Begründungen für die Teilkostenrechnung

Grundgedanke der Teilkostenrechnung ist die stärkere Berücksichtigung der Beschäftigungslage und der Preissituation auf dem Absatzmarkt.

Man geht von dem Gedanken aus, daß man kurzfristig oder unter besonderen Umständen zu einem Preis verkaufen kann, der wohl die gesamten variablen, nicht aber den vollen, auf das Produkt entfallenden Fixkostenanteil deckt. Im Rahmen einer Kapazitätsstufe wird die Fixkostensumme eines Betriebes als gegebene Größe angesehen, die in ihrer Gesamtheit wohl hereingebracht, die aber nicht anteilsmäßig auf die einzelnen Leistungen aufgeteilt werden muß. Der erzielbare Preis, der mehr hereinbringt als die variablen Kosten ausmachen, leistet also bereits einen Beitrag zur Deckung der Fixkosten (Deckungsbeitragsrechnung). Absolute kurzfristige Preisuntergrenze einer betrieblichen Leistung wäre demnach die Summe ihrer variablen Kosten. Man muß sich aber stets vor Augen halten, *daß die Differenz auf den Vollkostenanteil einer bestimmten Kapazitätsstufe, die diesmal im Preis nicht hereingebracht werden konnte, beim nächsten Verkauf oder beim Verkauf einer anderen Leistung zusätzlich zu dem Vollkostenanteil der betreffenden Kapazitätsstufe hereingebracht werden muß!* Dies gilt unter der Voraussetzung, daß diese Kapazitätsstufe noch stärker ausgelastet werden kann. Ganz allgemein kann gesagt werden, daß mindestens die Summe aller Kosten im Gesamtbetrag aller Aufträge langfristig gedeckt werden muß.

Zur Erhaltung der betrieblichen Substanz ist also, in längeren Zeiträumen gesehen, zumindest die Deckung sämtlicher Kosten erforderlich. Durch das Rechnen mit Teilkosten wird aber die Preispolitik eines Unternehmens elastischer und ist viel eher in der Lage, kurzfristigen Veränderungen der Marktsituation und der eigenen Beschäftigungslage zu entsprechen.

Die theoretische Begründung der Teilkostenrechnung ergibt sich aus dem unterschiedlichen Verhalten der Kosten bei wechselndem Beschäftigungsgrad.

Die Gesamtkosten setzen sich zusammen aus den (gleichbleibenden) Fixkosten und den variablen Kosten, die bei steigendem Beschäftigungsgrad höher werden.

Die Höhe der gesamten Kosten je Stück ist abhängig vom jeweiligen Beschäftigungsgrad; je höher dieser ist, desto niedriger sind die Kosten je Stück (und umgekehrt). Während die Höhe der variablen Kosten, auf das Stück bezogen, gleich bleibt, wird der Fixkostenanteil geringer (Fixkostendegression). Siehe dazu die graphischen Darstellungen der Stückkosten.

2. Grundbegriffe

Gesamtkostenfunktion:

$x = f(r_1 q_1 + r_2 q_2 \ldots + r_n q_n) = f(K)$

x = Ausbringung

$r_1 \ldots r_n$ = Faktormengen

$q_1 \ldots q_n$ = Faktorpreise

K = Gesamtkosten

Umkehrfunktion:

$K = f(x)$

Die Gesamtkostenfunktion ergibt sich aus der Produktionsfunktion, wobei die Faktormengen mit den Faktorpreisen multipliziert werden. Im allgemeinen wird die Umkehrfunktion verwendet.

Durchschnittskosten (Einheits- oder Stückkosten) = k

$$k = \frac{K(x)}{x}$$

Grenzkosten = *k'*:

$$k' = \frac{dK}{dx}$$ Kostenzuwachs je Faktormengeneinheit

Beschäftigungsgrad = *BG*:

$$\text{BG} = \frac{\text{Istbeschäftigung} \times 100}{\text{Vollbeschäftigung}}$$

Vollbeschäftigung ist die größtmögliche Beschäftigung der jeweiligen Kapazitätsstufe. Istbeschäftigung ist die tatsächliche Beschäftigung eines bestimmten Zeitabschnittes.

Fixe Kosten = K_f:

fallen unabhängig vom Beschäftigungsgrad innerhalb einer Kapazitätsstufe an. Wird diese Kapazitätsstufe überschritten, entstehen *sprungfixe Kosten.*

Fixe Kosten bei einer Kapazitätsstufe

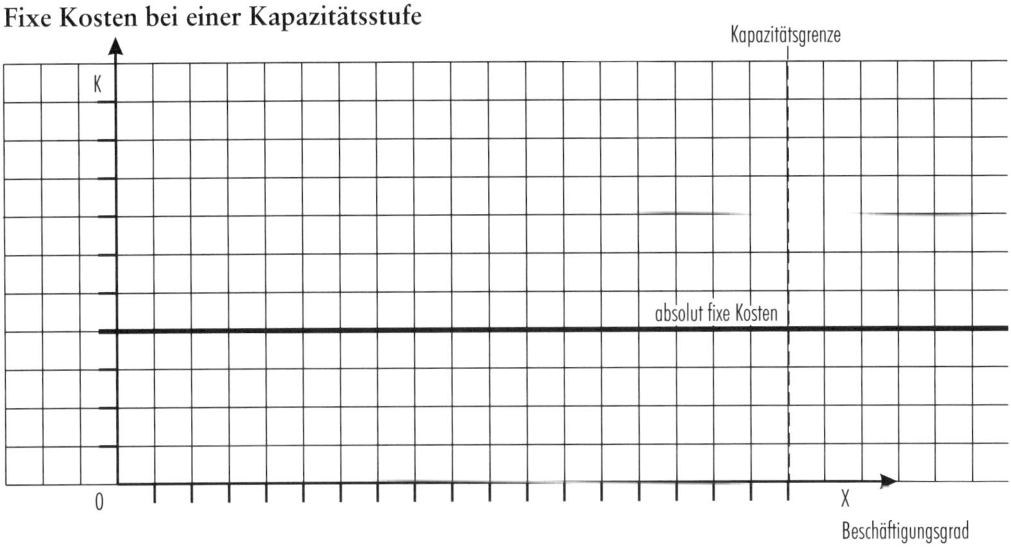

Sprungfixe Kosten bei mehreren Kapazitätsstufen

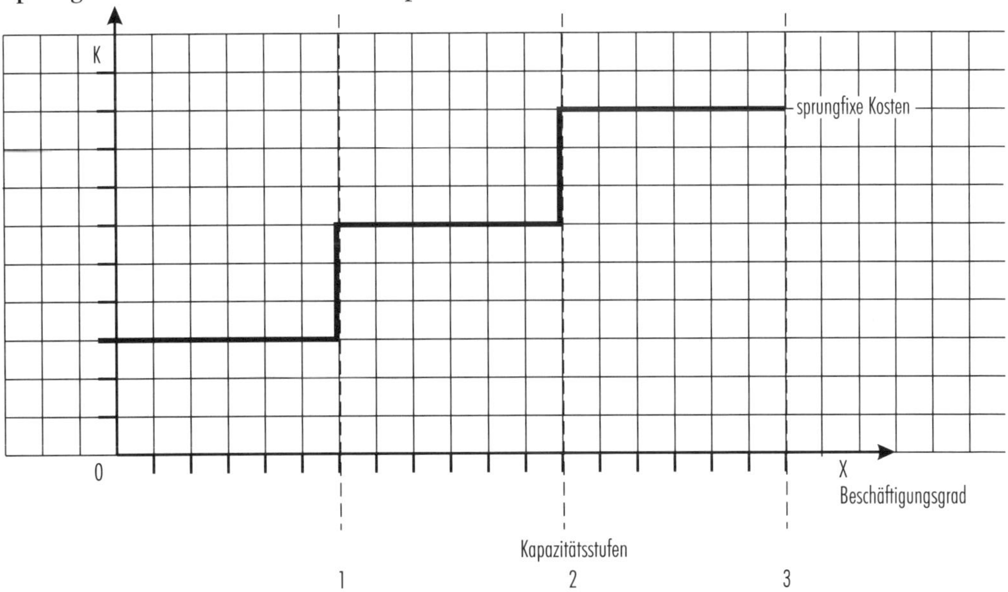

Variable Kosten:

„Man unterscheidet nach Schmalenbach vier Arten von variablen Kosten, auf die sich die ‚traditionelle Kostenlehre' stützt:

1. proportionale Kosten, die im gleichen Verhältnis mit der Veränderung der Ausbringung variieren;
2. degressive Kosten, die langsamer steigen als die Ausbringung;
3. progressive Kosten, die stärker als die Ausbringung steigen;
4. regressive Kosten, die beim Ansteigen des Beschäftigungsgrades nicht steigen, sondern sinken (z. B. Heizungskosten in einem Kino)."[1]

Proportionale Kosten

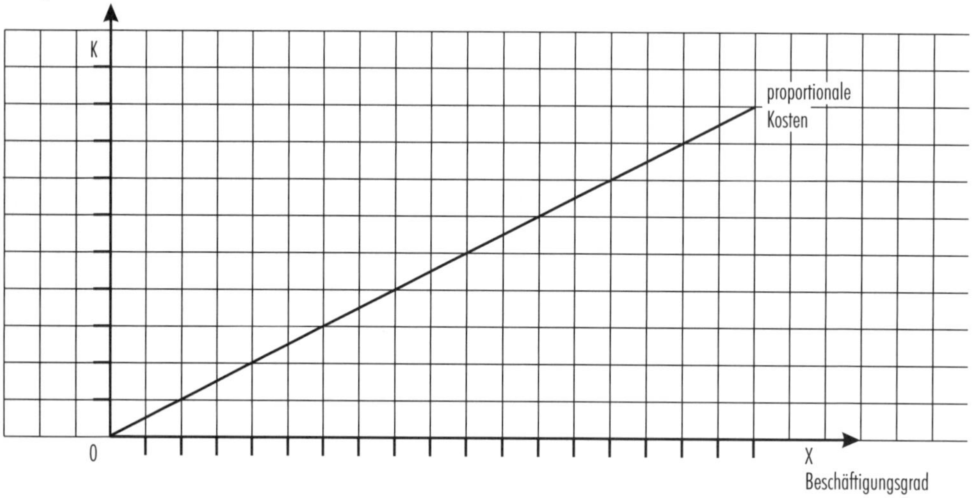

Degressive Kosten

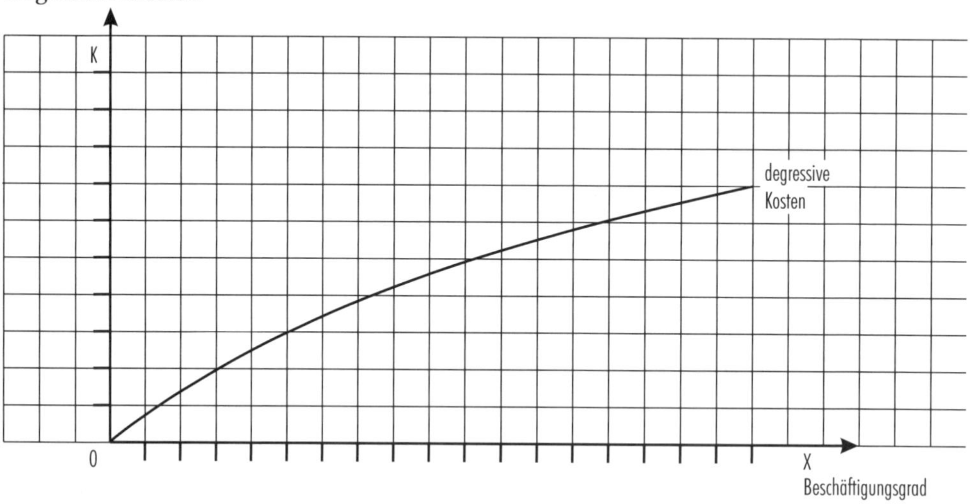

1 Löffelholz, J., Repetitorium der BWL, Wiesbaden 1980, 6. Aufl., S. 452.

Progressive Kosten

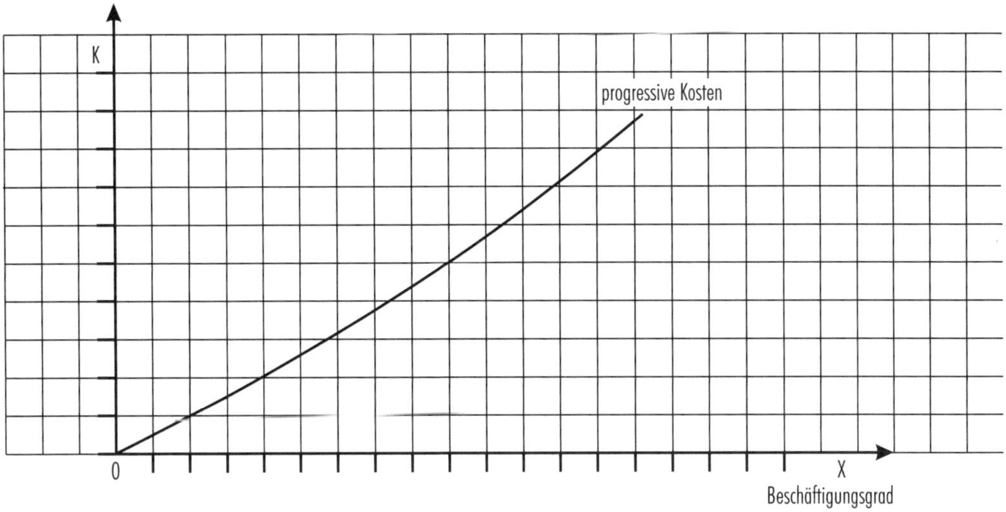

Regressive Kosten

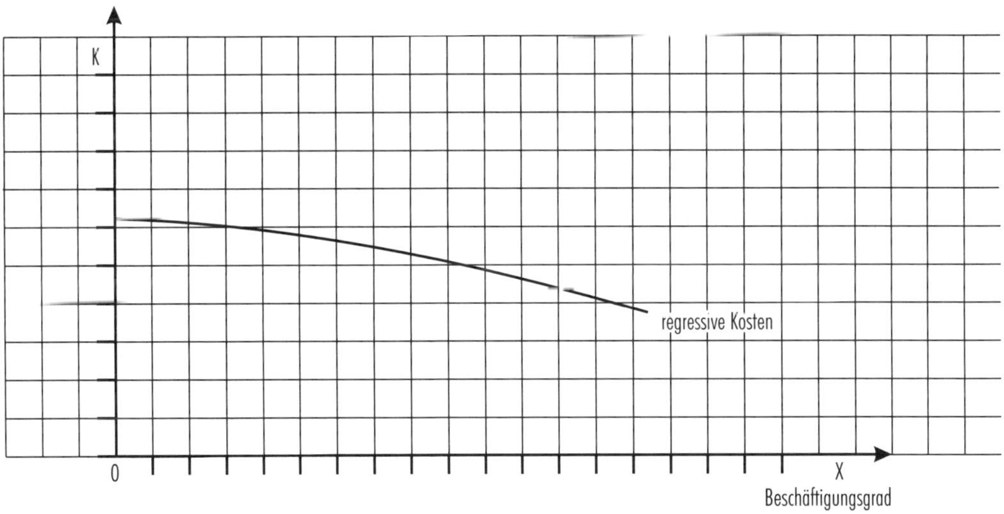

3. Kostenverläufe

Die Abhängigkeit der Kosten vom Beschäftigungsgrad dient als Grundlage für graphische Darstellungen der Kostenverläufe. Dabei werden in der Literatur zwei Meinungen vertreten, die zwei Kostenverläufe zur Folge haben.

Verwendete Abkürzungen:

BG = Beschäftigungsgrad

x = Menge (Stück, Stunden etc.)

K = Gesamtkosten = $K_f + K_v = K_f + k_v \times x$

K_f = fixe Kosten

K_v = variable Kosten insgesamt = $k_v \times x$

k_v = variable Kosten je Mengeneinheit

k = $\frac{K}{x}$ = Stückkosten, Einheitskosten, Kosten je Mengeneinheit x

BEP = Break Even Point = $E - K = 0$

KM = Kritische Menge

p = e = Nettoerlös je Mengeneinheit, Preis je Mengeneinheit

E = Bl = U = Gesamterlös, Betriebsleistung, Umsatz = $p \times x = e \times x$

K' = Grenzkosten insgesamt

k' = Grenzkosten je Mengeneinheit

DB = Deckungsbeitrag insgesamt = $E - K_v$

db = Deckungsbeitrag je Mengeneinheit = $p - k_v$

a) S-förmiger Kostenverlauf:

Gesamtkosten K

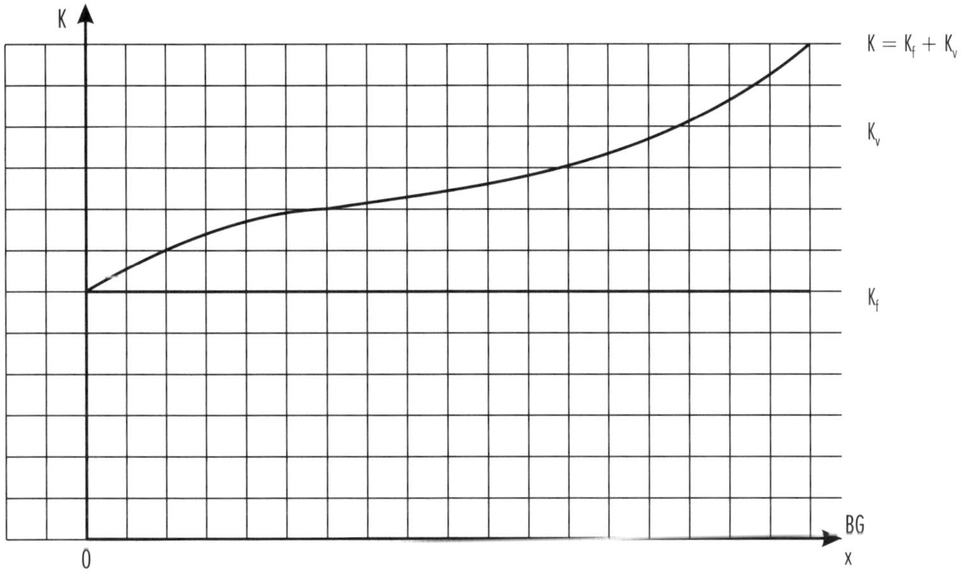

Stückkosten k

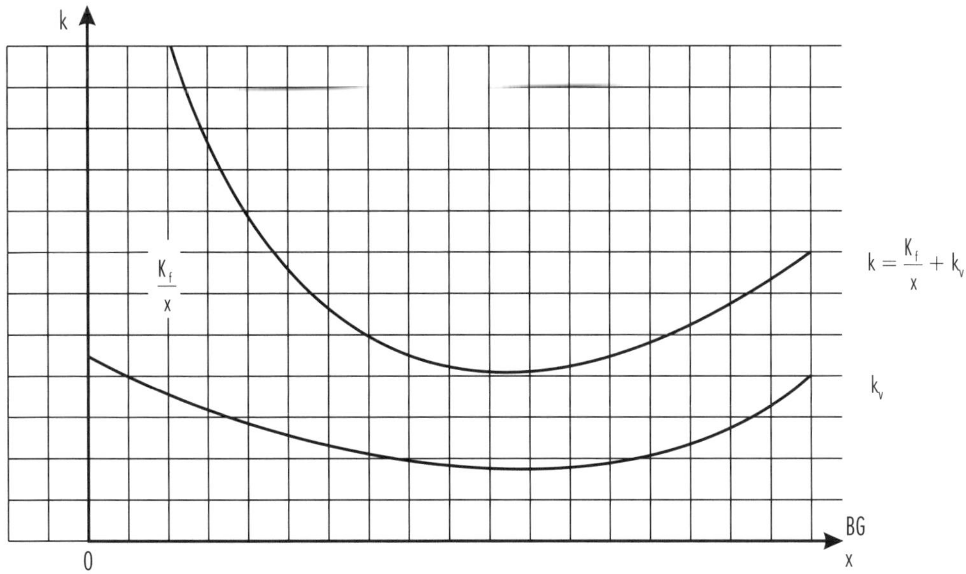

b) Linearer Kostenverlauf:

Gesamtkosten K

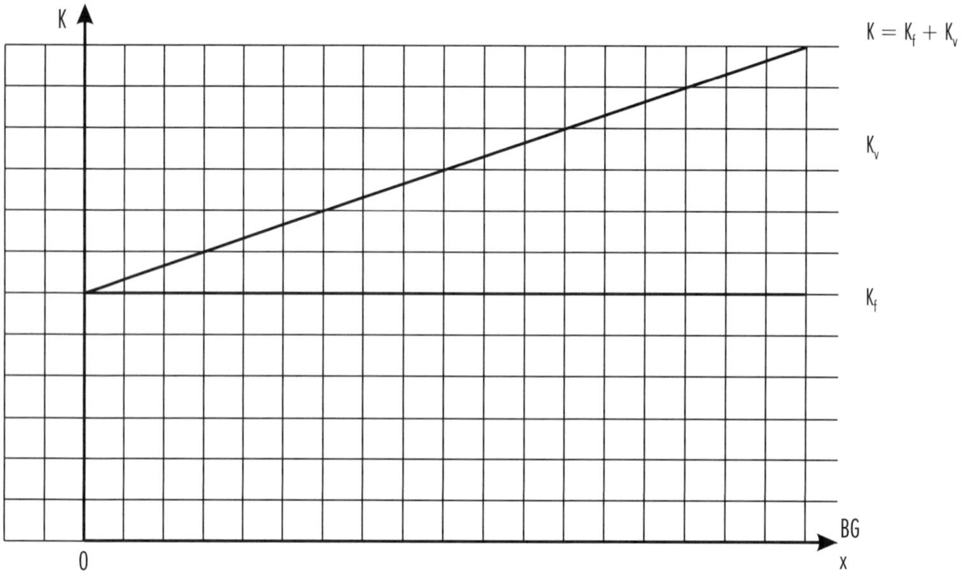

Stückkosten k

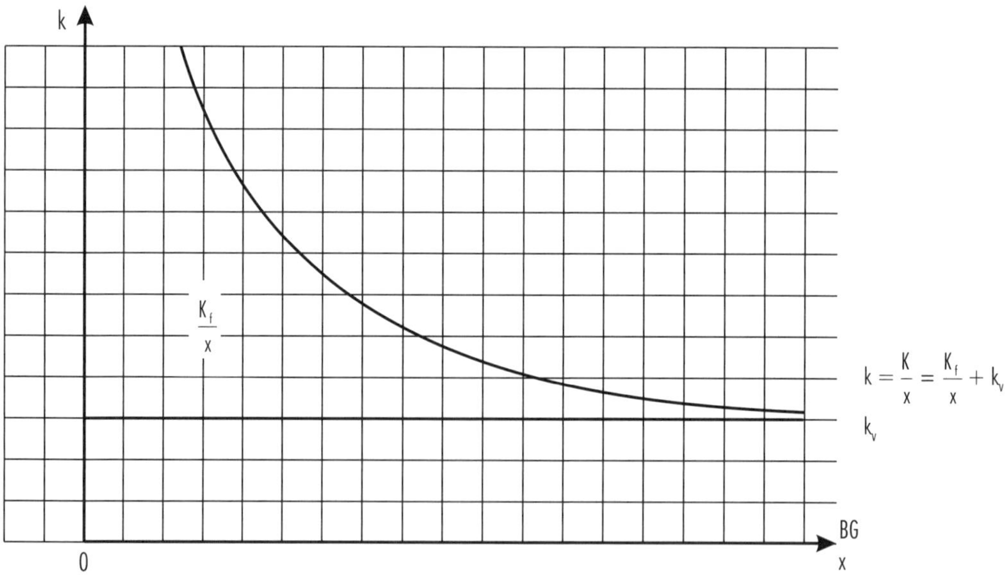

Vom Standpunkt der praktischen Kostenrechnung ist die theoretische Diskussion, welche der beiden Kostenverläufe die betriebliche Realität wiedergibt, nicht sehr bedeutsam, da

1. alle praktizierten Kostenrechnungen auf einem linearen Kostenverlauf basieren und
2. die Schwankungen im Beschäftigungsgrad derart gering sind, daß es oft bedeutungslos ist, ob der Kostenverlauf s-förmig oder linear ist.

4. Systeme der Teilkostenrechnung

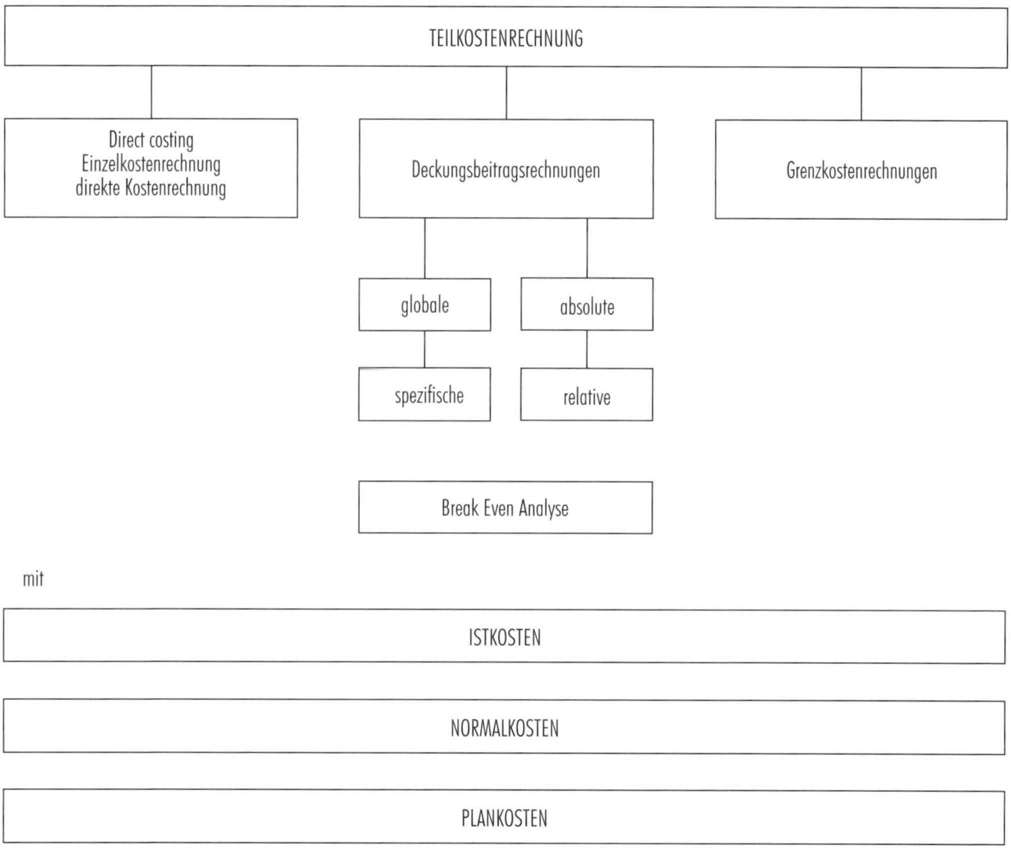

Die Grenzkostenrechnung Schmalenbachs ist die ursprüngliche Form aller heute in der Praxis verwendeten Systeme.

Bei direct costing (Einzelkostenrechnung oder direkte Kostenrechnung) werden die Einzelkosten (in der Regel Fertigungsmaterial, Fertigungslohn und Sonderkosten) als variable Kosten angenommen.

Alle Systeme der Teilkostenrechnung sind als Ist-, Normal- und Plankostenrechnung anwendbar.

Die verschiedenen Arten der Deckungsbeitragsrechnung bauen auf den variablen (proportionalen) Kosten auf.

Dabei wird die übliche graphische Darstellung des Kostenverlaufes

Gesamtkosten K

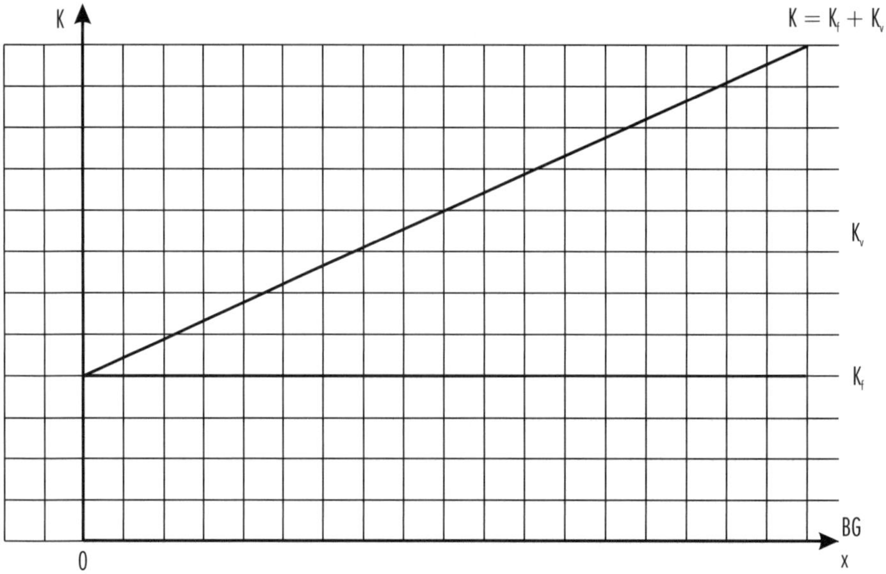

wie folgt modifiziert:

Gesamtkosten K

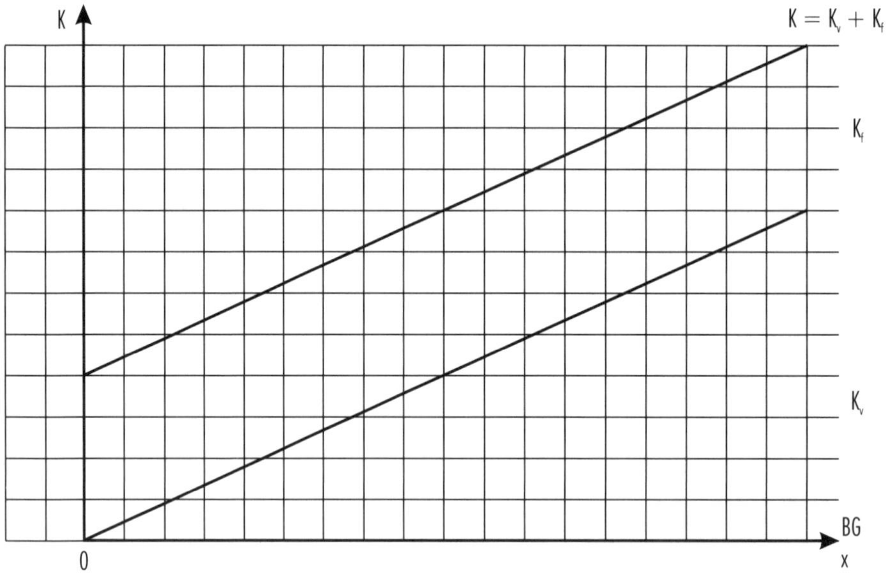

Und es lassen sich dann die Grundbegriffe der Teilkostenrechnung graphisch zeigen.

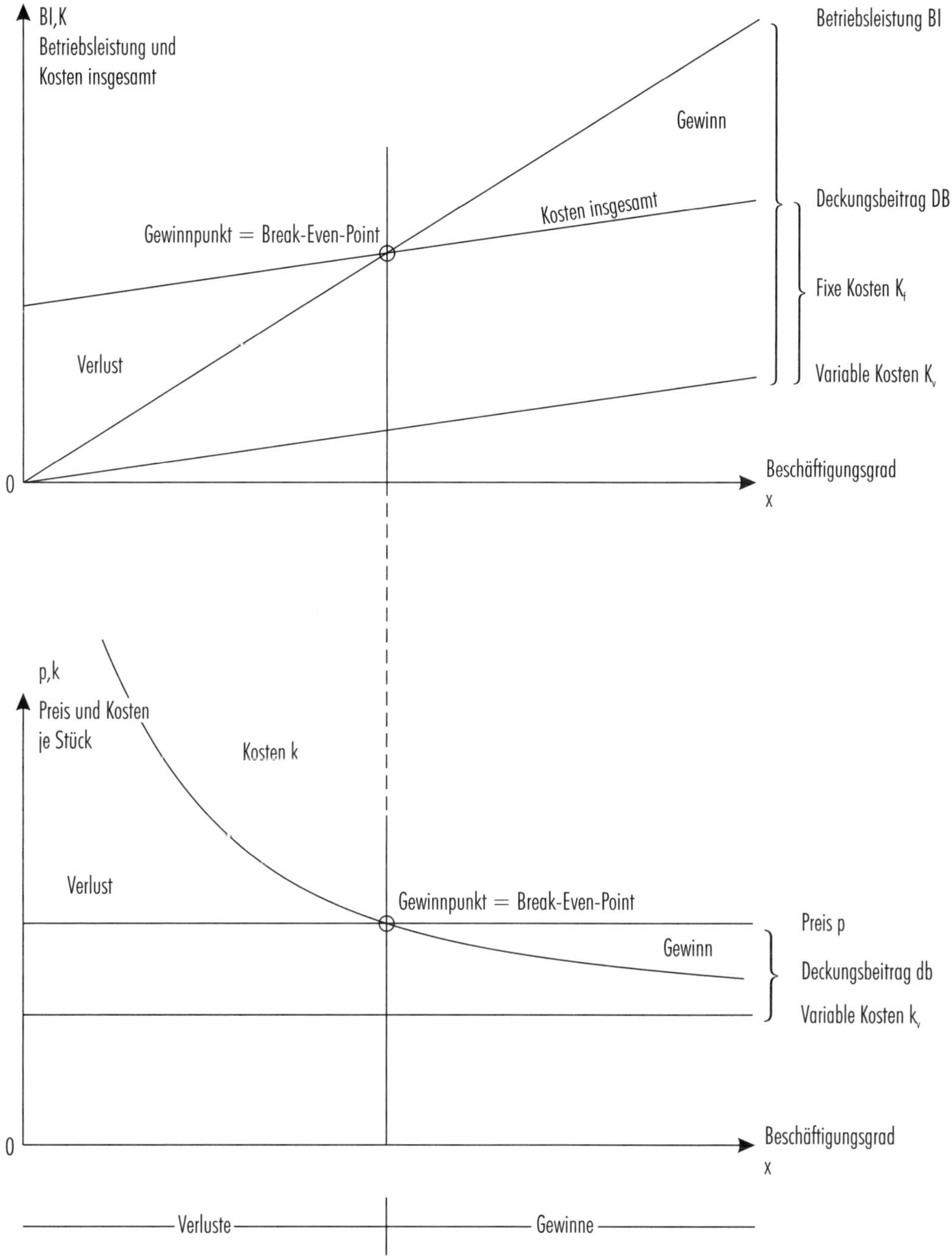

Die Graphik enthält folgende Grundbegriffe der Teilkostenrechnung:

Insgesamt für den Betrieb	Für den einzelnen Kostenträger
= Betriebsleistung oder Leistung *(Bl)* – variable Kosten insgesamt (K_v)	= Preis je Stück *(p, e)* – variable Kosten je Stück (k_v)
= Deckungsbeitrag insgesamt *(DB)* – fixe Kosten insgesamt *(Kf)*	= Deckungsbeitrag je Stück *(db)* – fixe Kosten je Stück = $\left(\frac{K_f}{x}\right)$
= Betriebsergebnis insgesamt	= Betriebsergebnis je Stück

Der Break-Even-Point ergibt sich wie folgt:

$$Bl - K = 0 \qquad p - k = 0$$

$$Bl - K_f - K_v = 0 \qquad p - k_v - \frac{K_f}{x} = 0$$

$$p \times x - K_f - k_v \times x = 0$$

$$(p - k_v) \times x - K_f = 0$$

$$p - k_v = \frac{K_f}{x} \qquad p - k_v = \frac{K_f}{x}$$

$$db = \frac{K_f}{x} \qquad db = \frac{K_f}{x}$$

$$x = \frac{K_f}{db} \qquad x = \frac{K_f}{db}$$

Diese Grundbegriffe werden für die nachstehenden Rechnungen verwendet.

Deckungsbeiträge werden als Rechnungsgrößen vor allem in den folgenden Rechnungen verwendet:

Ermittlung der Deckungsbeiträge und der Betriebsergebnisse für				
einen Kostenträger	eine Kostenträgergruppe	einen Betriebsbereich	ein Absatzgebiet	das gesamte Unternehmen
Marktpreis eines Kostenträgers – variable Kosten dieses Kostenträgers	Betriebsleistung einer Kostenträgergruppe – variable Kosten dieser Kostenträgergruppe	Betriebsleistung eines Betriebsbereichs – variable Kosten dieses Betriebsbereichs	Betriebsleistung eines Absatzgebietes – variable Kosten dieses Absatzgebietes	Betriebsleistung des gesamten Unternehmens – variable Kosten des gesamten Unternehmens
= Deckungsbeitrag dieses Kostenträgers + Deckungsbeiträge aller übrigen Kostenträger	= Deckungsbeitrag dieser Kostenträgergruppe + Deckungsbeiträge aller übrigen Kostenträgergruppen	= Deckungsbeitrag dieses Betriebsbereichs + Deckungsbeiträge aller übrigen Betriebsbereiche	= Deckungsbeitrag dieses Absatzgebietes + Deckungsbeiträge aller übrigen Absatzgebiete	= Deckungsbeitrag des gesamten Unternehmens
= Deckungsbeitrag des gesamten Unternehmens – fixe Kosten	= Deckungsbeitrag des gesamten Unternehmens – fixe Kosten	= Deckungsbeitrag des gesamten Unternehmens – fixe Kosten	= Deckungsbeitrag des gesamten Unternehmens – fixe Kosten	– fixe Kosten
= Betriebsergebnis	= Betriebsergebnis	= Betriebsergebnis	= Betriebsergebnis	= Betriebsergebnis

5. Kostenauflösung

Die Trennung der Kosten in einen fixen und einen variablen Anteil ist betriebsindividuell entsprechend dem Verhalten der verschiedenen Kostenarten in den einzelnen Kostenstellen bei verändertem Beschäftigungsgrad durchzuführen. Dabei ist zu beachten, daß einzelne Kostenarten wie Fertigungsmaterialverbrauch und Sonderkosten zur Gänze variable Kosten sind, andere Kostenarten wie die zeitabhängige Abschreibung zur Gänze fixe Kosten; außerdem gibt es Kostenarten – sogenannte semivariable Kosten –, die sowohl fixe als auch variable Elemente enthalten, wie Stromkosten (Grundgebühr fix, Arbeitspreis variabel). Zur Auflösung dieser Kosten in ihre fixen und variablen Bestandteile gibt es neben Schätzungen, die in der Praxis häufig durchgeführt werden, verschiedene Methoden.

5.1. Buchtechnische Methode

Während mehrerer Abrechnungsperioden werden die einzelnen Kostenarten auf ihre Abhängigkeit vom Beschäftigungsgrad beobachtet. Je nach ihrem Verhalten werden sie als fixe, variable oder semivariable Kosten eingeordnet.

5.2. Der proportionale Satz (mathematische Kostenauflösung) nach Schmalenbach

Dieses Verfahren bedient sich der Grenzkosten.

Es bedeuten

x_1 und x_2 = Ausbringungsmengen, wobei gilt $x_1 < x_2$

K_1 und K_2 = Gesamtkosten bei x_1 und x_2, wobei gilt $K_1 < K_2$

K' = Grenzkosten insgesamt

$K' = K_2 - K_1$

k' = Grenzkosten je Stück

$$k' = \frac{K_2 - K_1}{x_2 - x_1}$$

K_f = fixe Kosten

$K_f = K_2 - k' \times x_2$ *oder* $K_1 - k' \times x_1$

Beispiel zur Kostenauflösung mit Hilfe des proportionalen Satzes:

☞ **Angaben** $x_1 = 2.000$ Stück
$x_2 = 2.200$ Stück
$K_1 =$ € 2 Mio.
$K_2 =$ € 2,1 Mio.

☛ *Ermittlung der Grenzkosten*

$K' = K_2 - K_1 =$ € 2,1 Mio. – € 2 Mio. = € 0,1 Mio.

$$k' = \frac{€\ 0{,}1\ \text{Mio.}}{200} = €\ 500{,}–$$

Ermittlung der Fixkosten:

$K_f = K_2 - k' \times x_2$ oder $K_1 - k' \times x_1$

$K_f =$ € 2,1 Mio. – € 500,– × 2.200 = € 1 Mio.
oder
€ 2 Mio. – € 500,– × 2.000 = € 1 Mio.

Kostenverlauf

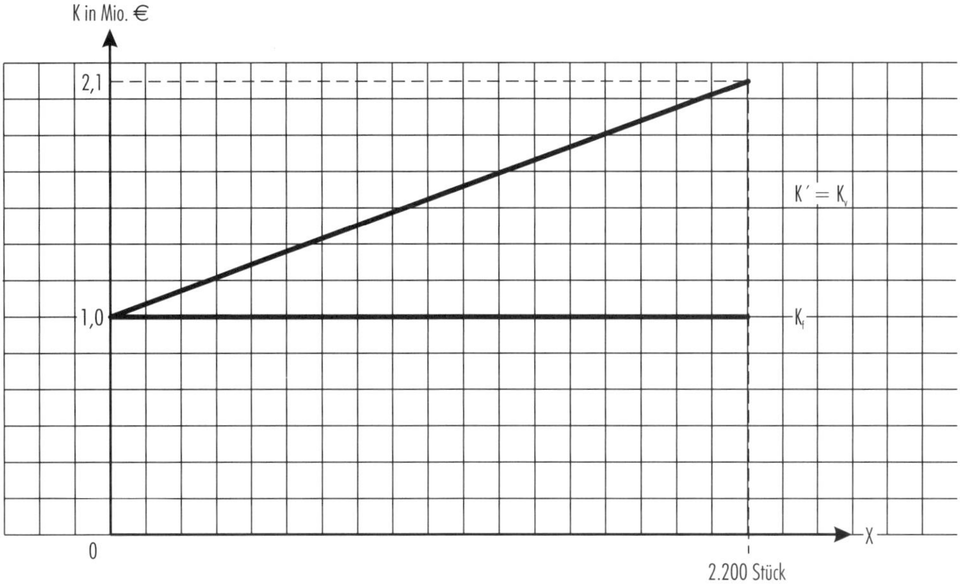

5.3. Mathematisch-statistische Verfahren der linearen Regressionsrechnung

Diese basieren auf dem proportionalen Satz von Schmalenbach. Die Regressionsrechnung wird entweder mit Hilfe eines Streupunktediagrammes oder rechnerisch – beispielsweise mit Hilfe der Methode der kleinsten Quadrate – durchgeführt.

Beispiel Angaben

Monate	Fertigungsstunden in 1.000	Energiekosten in Mio. €
Jänner	15	20,–
Februar	15	19,–
März	14	19,–
April	5	10,–
Mai	6	11,–
Juni	6	11,–
Juli	6	12,–
August	10	14,–
–	–	–
–	–	–
–	–	–
–	–	–

Rechnerische Lösung

Wir zeigen hier die sogenannte Methode der kleinsten Quadrate. Ziel dieser Rechnung ist, eine Gerade so durch eine Punktewolke zu legen, daß die Summe der Quadrate der (Vertikal-)Abstände der Punkte zur Geraden ein Minimum wird.

Formel

J = Zahl der Beobachtungen
x_j = Beschäftigung der Beobachtung *j* in h, Stk. etc.
y_j = Gesamtkosten der Beobachtung *j* in €
$\bar{x}$ = Mittelwert der Beschäftigung in h, Stk. etc.
$\bar{y}$ = Mittelwert der Gesamtkosten in €
r = Korrelationskoeffizient (1 ≥ r ≥ –1), mißt die Repräsentativität einer Kostenfunktion (r =1, –1 sehr repräsentativ; r = 0 nicht repräsentativ)

$$r=\sqrt{\frac{\left(n\times\sum xy-\sum x\times\sum y\right)^2}{\left[n\times\sum x^2-\left(\sum x\right)^2\right]\times\left[n\times\sum y^2-\left(\sum y\right)^2\right]}}$$

$$k_v=\frac{J\times\left(\sum x_j y_j\right)-\left(\sum x_j\right)\times\left(\sum y_j\right)}{J\times\left(\sum x_j^2\right)-\left(\sum x_j\right)^2} \qquad K_f=\bar{y}-k_v\times\bar{x}$$

Lösung

J = 8

Beobachtung j	Beschäftigung in 1.000 (x_i)	Gesamtkosten in Mio. € (y_i)
1	15	20
2	15	19
3	14	19
4	5	10
5	6	11
6	6	11
7	6	12
8	10	14
Summe	77	116

$$\bar{x}=\frac{77}{8}=9.625\text{ h}$$

$$\bar{y}=\frac{116}{8}=14{,}5\text{ Mio.€}$$

Beobachtung j	Beschäftigung × Gesamtkosten in Mrd. € ($x_i \times y_i$)	Quadrat der Beschäftigung in Mio. (x_i^2)	Quadrat der Gesamtkosten in Mrd. € (y_i^2)
1	300	225	400.000
2	285	225	361.000
3	266	196	361.000
4	50	25	100.000
5	66	36	121.000
6	66	36	121.000
7	72	36	144.000
8	140	100	196.000
Summe	1.245	879	1,804.000

$$k_v = \frac{8 \times 1.245 - 77 \times 116}{8 \times 879 - 77^2} = \frac{€\,9.960\ \text{Mrd.} - €\,8.932\ \text{Mrd.}}{€\,7.032\ \text{Mio.} - €\,5.929\ \text{Mio.}} = \frac{€\,1.028\ \text{Mrd.}}{€\,1.103\ \text{Mio.}} = €\ 932,–$$

$$K_f = 14{,}5\ \text{Mio.} - 932,– \times 9.625 = €\,14{,}5\ \text{Mio.} - €\,8{,}9705\ \text{Mio.} = €\ 5{,}529.500,–$$

$$K(x) = €\ 5{,}529.500,- + €\ 932,- \times h$$

$$r = \sqrt{\frac{(8 \times 1.245\ \text{Mrd.} - 77.000 \times 116\ \text{Mio.})^2}{\left(8 \times 879\ \text{Mio.}\ \ 77.000,\ ^2\right) \times \left(8 \times 1{,}804.000\ \text{Mrd.} - 116\ \text{Mio.}^2\right)}} = 0{,}9908\ ①$$

① . . . sehr repräsentativ

Die Regressionsgerade des Streupunktediagramms auf der folgenden Seite zeigt, daß die fixen Kosten bei ca. € 5,5 Mio. liegen. Von den Energiekosten, beispielsweise des Monats Jänner von € 20 Mio., sind daher € 5,5 Mio. fixe Kosten und € 14,5 Mio. variable Kosten. Die fixen Kosten der übrigen Monate betragen ebenfalls € 5,5 Mio.

Graphische Lösung (Streupunktediagramm)

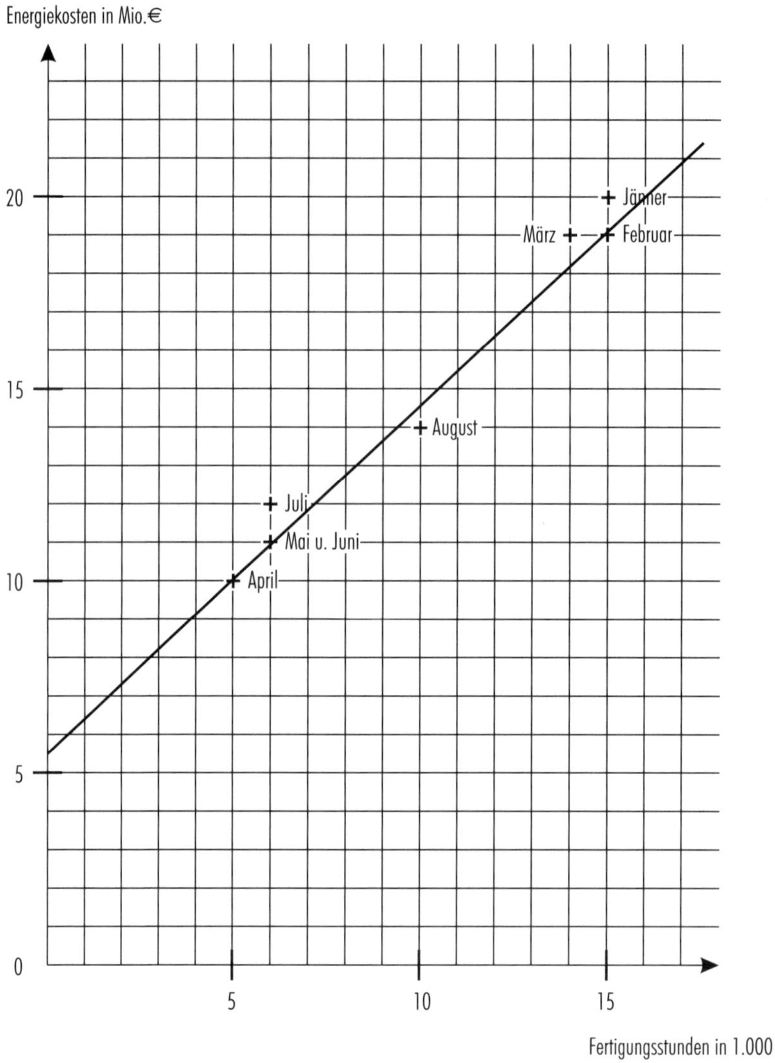

☞ Beispiel

Eine Abteilung eines Produktionsbetriebes weist innerhalb von fünf Jahren folgende Produktionsmengen bei den angegebenen Jahresgesamtkosten auf:

Jahr	Menge	Kosten in €
1	2.800	800.000,–
2	2.900	820.000,–
3	2.600	780.000,–
4	3.000	830.000,–
5	3.200	860.000,–

a) Ermitteln Sie die Kostenfunktion dieser Abteilung mit Hilfe der Regressionsanalyse.
b) Überprüfen Sie die Repräsentativität dieser Kostenfunktion.

Lösung (alle Kosten in €)

Jahr	Menge	Kosten	Mengendiff.	Kostendiff.	Covarianz	Varianz Menge	Varianz Kosten
1	2.800	800.000,–	-100	-18.000,–	1,800.000	10.000	324,000.000
2	2.900	820.000,–	0	2.000,–	0	0	4,000.000
3	2.600	780.000,–	-300	-38.000,–	11,400.000	90.000	1.444,000.000
4	3.000	830.000,–	100	12.000,–	1,200.000	10.000	144,000.000
5	3.200	860.000,–	300	42.000,–	12,600.000	90.000	1.764,000.000
Summe	14.500	4,090.000,–			27,000.000	200.000	3.680,000.000
Schnitt	2.900	818.000,–			5,400.000	40.000	736,000.000

$$k_v = \frac{27{,}000.000}{200.000} = 135{,}–$$

$$\text{bzw.} = \frac{5{,}400.000}{40.000} = 135{,}–$$

$$K_f = 426.500{,}– = (818.000{,}– - 135{,}– \times 2.900)$$

Kostenfunktion: 426.500,– + 135,– x

Der Korrelationskoeffizient r zeigt eine sehr hohe (die höchste wäre 1) Repräsentativität.

$$\mathbf{r = 0{,}99523} = \frac{5{,}400.000}{\sqrt{40.000} \times \sqrt{736{,}000.000}}$$

6. Ablaufschemata

6.1 Ablaufschema der Voll- und Teilkostenrechnung

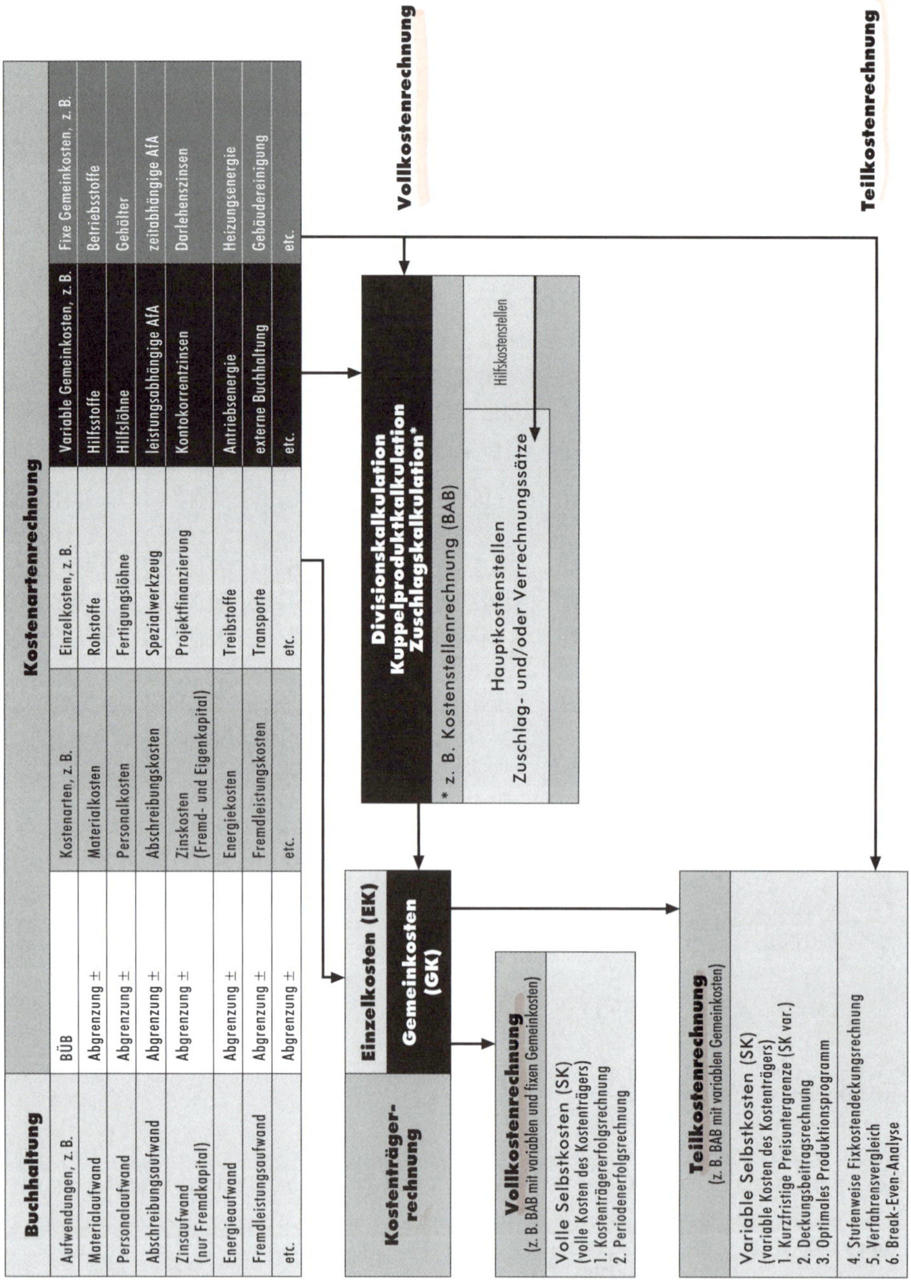

6.2 Ablaufschema der Teilkostenrechnung

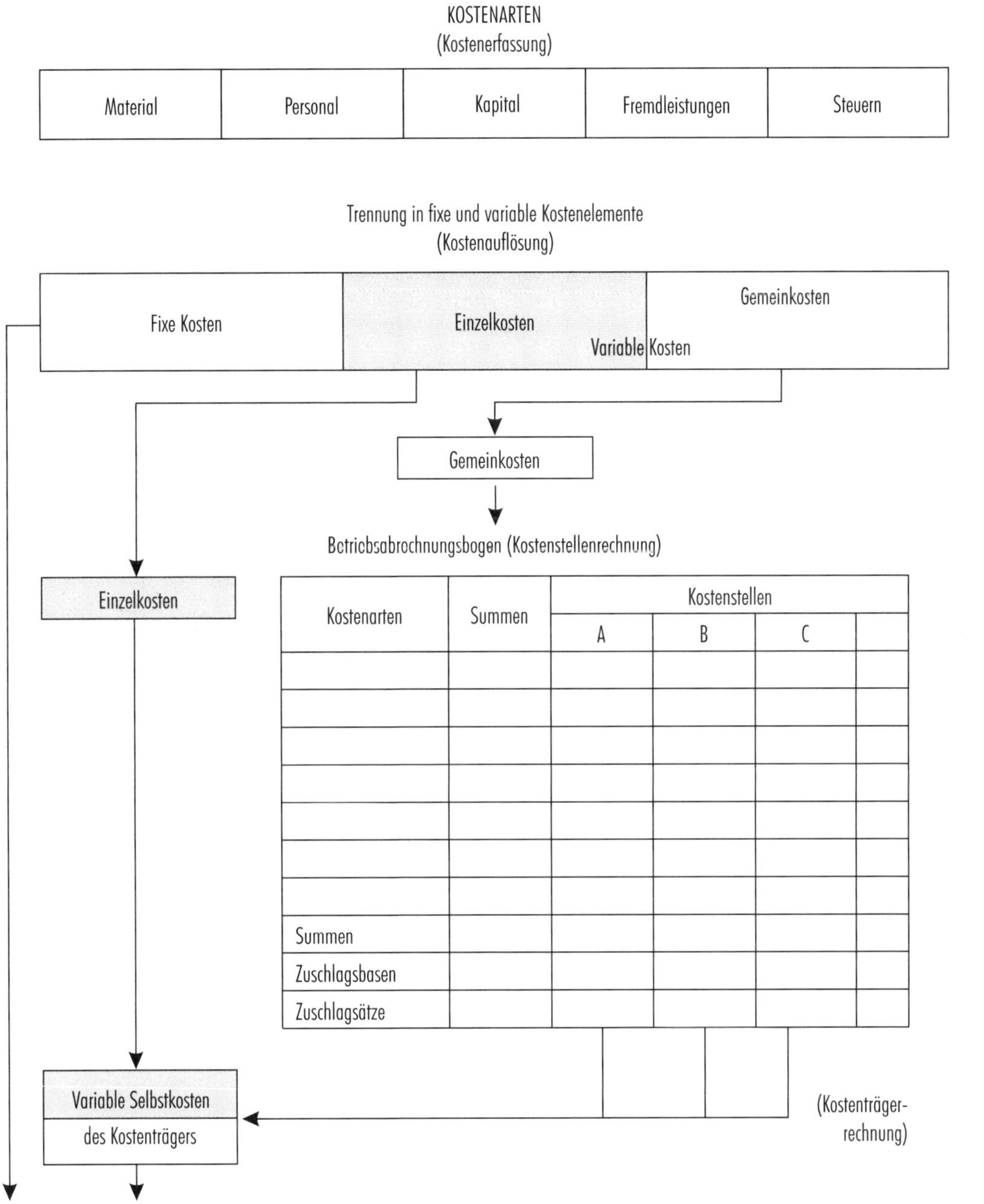

siehe nächste Seite

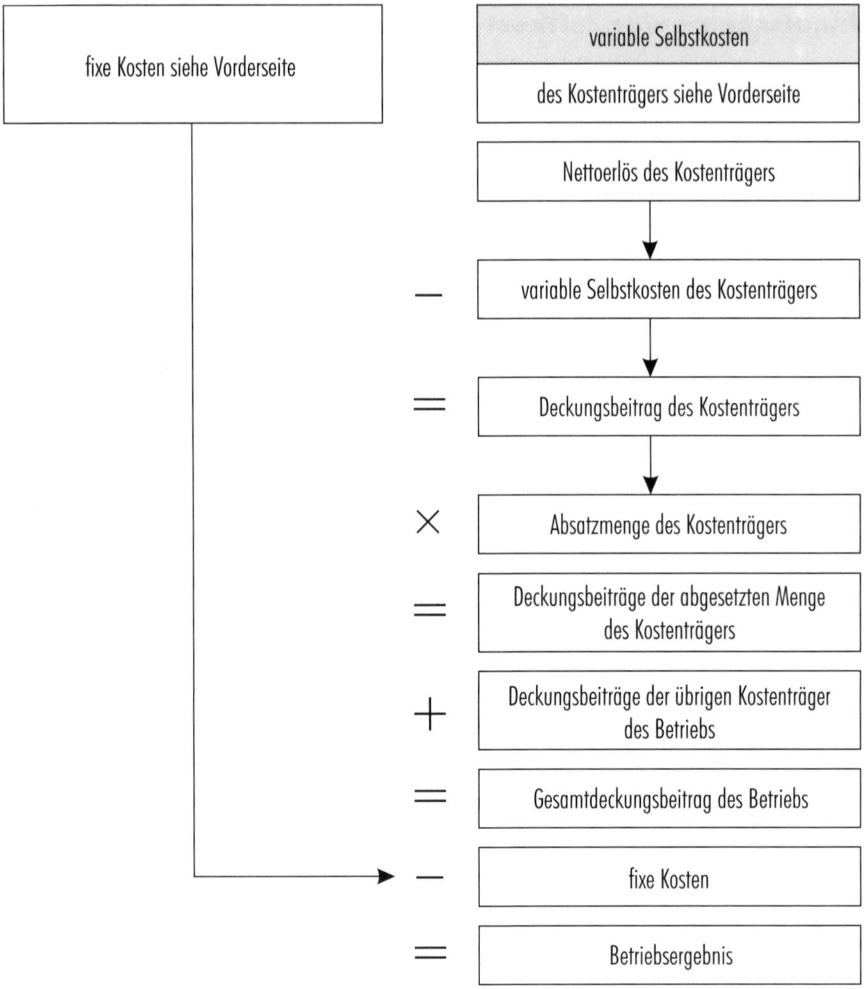
fixe Kosten siehe Vorderseite
variable Selbstkosten
des Kostenträgers siehe Vorderseite
Nettoerlös des Kostenträgers
− variable Selbstkosten des Kostenträgers
= Deckungsbeitrag des Kostenträgers
× Absatzmenge des Kostenträgers
= Deckungsbeiträge der abgesetzten Menge des Kostenträgers
+ Deckungsbeiträge der übrigen Kostenträger des Betriebs
= Gesamtdeckungsbeitrag des Betriebs
− fixe Kosten
= Betriebsergebnis

7. Betriebsabrechnungsbogen (BAB) zu Teilkosten

☞ **Beispiel** Angabe

	Kostenstellen (Angaben in € 1.000,–)									
	Materialstelle		Fertigung I		Fertigung II		Verwaltung		Fuhrpark	
Kostenarten	K_f	K_v	K_f	K_v	K_f	K_v	K_f	K_v	K_f	K_v
Einzelkosten:										
Fertigungslöhne				600,–		500,–				
Fertigungsmaterial		800,–								
Gemeinkosten:										
Gehälter	12,–		20,–		20,–		12,–		4,–	
Hilfslöhne	8,–	5,–	20,–	20,–	15,–	10,–	5,–	5,–		2,–
lohn- und gehalts-abhängige Kosten	16,–	4,–	32,–	496,–	28,–	408,–	13,6	4,–	3,2	1,6
Hilfsmaterial			5,–	10,–	1,–	3,–				
Energie	2,–	6,–	4,–	20,	6,–	21,5	2,–	1,–	2,–	4,4
Abschreibungen	4,2		18,–	5,–	15,–		1,–		2,5	2,–
Zinsen	1,–	5,–	7,8		4,4		0,6		0,3	
Sonstiges							57,81	14,69		
Bezugsgrößen für die variablen bzw. die vollen Gemeinkosten	Fertigungs-material		Fertigungs-löhne in Fertigung I		Fertigungs-stunden 200		volle bzw. variable Her-stellkosten		km-Leistung	

☛ *Lösung*

Gesamte Fixkosten = € 343.410,–

Kostenarten	Kostenstellen (Angaben in €)				
	Materialstelle	Fertigung I	Fertigung II	Verwaltung	Fuhrpark
Einzelkosten:					
Fertigungslöhne		(600.000,–)	(500.000,–)		
Fertigungsmaterial	(800.000,–)				
variable Gemeinkosten:					
Gehälter					
Hilfslöhne	5.000,–	20.000,–	10.000,–	5.000,–	2.000,–
lohn- und gehalts-abhängige Kosten	4.000,–	496.000,–	408.000,–	4.000,–	1.600,–
Hilfsmaterial		10.000,–	3.000,–		
Energie	6.000,–	20.000,–	21.500,–	1.000,–	4.400,–
Abschreibungen		5.000,–			2.000,–
Zinsen	5.000,–				
Sonstiges				14.690,–	
					10.000,–
Umlage Fuhrpark	4.000,–	1.000,–	500,–	4.500,–	–10.000,–
Gemeinkostensumme	24.000,–	552.000,–	443.000,–	29.190,–	0,–
Basis	800.000,–	600.000,–	200 Fh	2,919.000,–	
Zuschlagsatz bzw. Gemeinkostenstundensatz	3%	92%	2.215,–/Fh	1%	

Basis Verwaltung:

	€
Materialeinzelkosten	800.000,–
+ variable Materialgemeinkosten	24.000,–
+ Lohneinzelkosten Fertigung I	600.000,–
+ variable Fertigungsgemeinkosten Fertigung I	552.000,–
+ Lohneinzelkosten Fertigung II	500.000,–
+ variable Fertigungsgemeinkosten Fertigung II	443.000,–
= variable Herstellkosten	2,919.000,–

8. Kostenträgerrechnung (Kalkulation)

Bei der Teilkostenrechnung verzichtet man auf den Versuch, die fixen Kosten so genau wie möglich („verursachungsgemäß") den einzelnen Leistungen zuzurechnen, weil man von vornherein weiß, daß trotz aller Bemühungen in der Aufschlüsselung und Zurechnung Ungenauigkeiten und Fehlerquellen liegen. Da Fixkosten durch die Leistungsbereitschaft, nicht aber durch die Leistungsabgabe verursacht werden, ist eine verursachungsgerechte Zurechnung auf den einzelnen Kostenträger nicht möglich. Die Teilkostenrechnung berücksichtigt im wesentlichen die variablen Kosten und entspricht damit dem Verursachungsprinzip im engsten Sinn des Wortes. Auch der Abhängigkeit der Kosten vom Beschäftigungsgrad wird damit Rechnung getragen.

Im allgemeinen berücksichtigt die Teilkostenrechnung neben den variablen Kosten die Marktpreise; die Differenz zwischen Preis bzw. Betriebsleistung und variablen Kosten wird als Deckungsbeitrag bezeichnet, man nennt sie daher auch Deckungsbeitragsrechnung.

8.1. Kalkulationsschema für Erzeugungsbetriebe

progressive Kalkulation ↓		retrograde Kalkulation ↑
	Materialeinzelkosten (Fertigungsmaterial)	
	+ variable Materialgemeinkosten	
	= variable Materialkosten	
	+ variable Fertigungskosten	
	= variable Herstellkosten	
	+ variable Verwaltungsgemeinkosten	
	+ variable Vertriebsgemeinkosten	
	+ variable Sonderkosten des Vertriebes	
	= variable Selbstkosten	
+ vom Hundert	+ Deckungsbeitrag	– auf Hundert
	= Bar- oder Nettokassapreis	
+ im Hundert	+ Skonto (üblich 2%–3%)	– vom Hundert
	= Nettozielpreis	
+ im Hundert	+ Rabatt (sehr unterschiedlich)	– vom Hundert
	= Bruttozielpreis ohne Umsatzsteuer	
+ vom Hundert	+ Umsatzsteuer (20%, 10% oder 0%)	– auf Hundert
	= Bruttozielpreis inklusive Umsatzsteuer	

Die Fertigungskosten errechnen sich wie folgt:

	€
Fertigungslohnkosten (direkte Lohnkosten, Leistungslöhne, „produktive“ Löhne, direkt verrechenbare Löhne) + Lohnnebenkosten + variable Fertigungsgemeinkosten + variable Sonderkosten der Fertigung	
= variable Fertigungskosten	

oder

	€
Fertigungslohnkosten (direkte Lohnkosten, Leistungslöhne, „produktive“ Löhne, direkt verrechenbare Löhne) + lohnabhängige variable Gemeinkosten + variable Fertigungsgemeinkosten + variable Sonderkosten der Fertigung	
= variable Fertigungskosten	

oder

	€
Fertigungslohnkosten (direkte Lohnkosten, Leistungslöhne, „produktive“ Löhne, direkt verrechenbare Löhne) + variable Fertigungsgemeinkosten + variable Sonderkosten der Fertigung	
= variable Fertigungskosten	

☞ Beispiel einer Kostenträgerrechnung (Kalkulation)

Angaben:

– Fertigungsmaterialverbrauch	€ 1.000,—
– Maschinenlaufzeit in Fertigung 1	5 Stunden
– Bedienung der Maschine durch einen Mann (Bruttostundenlohn € 10,–)	5 Stunden
– direkt verrechenbare Stunden in Fertigung 2 (Bruttostundenlohn € 20,–)	10 Stunden
– direkt verrechenbare Stunden in Fertigung 3 (Bruttostundenlohn € 18,–)	3 Stunden
– Gewinn	10% der Selbstkosten
– Skonto	3% des Zielpreises
– Rabatt	10% des Bruttopreises
– Mehrwertsteuer	20%

	€
Nettokassapreis Inland	6.000,—
Nettokassapreis Ausland	5.000,—
Kosten der Auslandslieferung	300,—

Aufgaben:

1. Errechnung der variablen Selbstkosten als Untergrenze für die Festsetzung des Verkaufspreises.
2. Errechnung der Deckungsbeiträge.

Lösung

1. Errechnung der variablen Selbstkosten als Untergrenze für die Festsetzung des Verkaufspreises:

	€	
variable Fertigungsmaterialkosten	1.000,–	
+ variable Materialgemeinkosten (0,33%)	3,30	
= variable Materialkosten		1.003,30
variable Fertigungslohnkosten (20 Stunden à € 10,–)	200,–	
+ variable Lohnnebenkosten (80%)	160,–	
+ variable Fertigungsgemeinkosten (20 Stunden à € 8,70)	174,–	
= variable Fertigungskosten in Fertigung 1		534,–
variable Fertigungslohnkosten (25 Stunden à € 20,–)	500,–	
+ variable Lohnnebenkosten (80%)	400,–	
+ variable Fertigungsgemeinkosten (25 Stunden à € 4,96)	124,–	
= variable Fertigungskosten in Fertigung 2		1.024,–
variable Fertigungslohnkosten (10 Stunden à € 18,–)	180,–	
+ variable Lohnnebenkosten (80%)	144,–	
+ variable Fertigungsgemeinkosten (10 Stunden à € 4,149)	41,49	
= variable Fertigungskosten in Fertigung 3		365,49
= variable Herstellkosten		2.926,79
+ variable Verwaltungs- und Vertriebskosten (0,23%)		6,73
= variable Selbstkosten = kurzfristige Untergrenze des Verkaufspreises (ohne Fixkostendeckung, Gewinn, Skonto, Rabatt und MWSt)		2.933,52 (≈ 2.934,–)

2. Errechnung des Deckungsbeitrages für die Beurteilung der Wirtschaftlichkeit eines Kostenträgers auf dem Inlands- und Auslandsmarkt:

	€	
Nettokassapreis Inland	6.000,–	
Nettokassapreis Ausland		5.000,–
– variable Kosten für die Auslandslieferung		300,–
– variable Selbstkosten	2.934,–	2.934,–
= Deckungsbeitrag Inland	+3.066,–	
= Deckungsbeitrag Ausland		+1.766,–

Beurteilung:

Auf Grund der Kalkulation zu Teilkosten erzielt das Unternehmen für dieses Produkt auf dem Inlandsmarkt einen (positiven) Deckungsbeitrag von € 3.066,– und für das gleiche Produkt auf dem Auslandsmarkt einen solchen von € 1.766,–. Vom Standpunkt der Teilkostenrechnung ist daher der Inlandsmarkt, gleichzeitig aber auch der Auslandsmarkt verstärkt zu bearbeiten, da auch dort ein Beitrag zur Deckung der fixen Kosten erzielt wird. Dies gilt, wie bereits ausgeführt, jedoch nur innerhalb der jeweiligen nicht voll ausgelasteten Kapazitätsstufe.

Zur Durchführung der Kalkulation in der Teilkostenrechnung verwendet man zweckmäßigerweise ein Formular, das den betrieblichen Gegebenheiten entsprechend gestaltet werden muß. Die nachfolgende Graphik zeigt den grundsätzlichen Aufbau einer summarischen Deckungsbeitragsrechnung.

Aufbau der summerischen Deckungsrechnung:

Text	Kostenträger A			Kostenträger B			Summe der Gesamtbeträge
	Betrag je Einheit	Menge	Gesamtbeträge	Betrag je Einheit	Menge	Gesamtbeträge	
Verkaufspreis							
– variable Kosten Einzelkosten							
Gemeinkosten							
= Deckungsbeitrag							
– fixe Kosten							
= Gewinn oder Verlust							

Zuschlagsätze für die Verrechnung der variablen Gemeinkosten gemäß BAB (→ Gemeinkosten)

Fixe Kosten gemäß Trennung der fixen und variablen Kosten (→ fixe Kosten)

8.2. Kalkulationsschema für Handelsbetriebe

progressive Kalkulation		retrograde Kalkulation
	Bruttozieleinkaufspreis inkl. USt	
− auf Hundert	− Umsatzsteuer (20%, 10% oder 0%)	+ vom Hundert
	= Bruttozieleinkaufspreis ohne USt	
− vom Hundert	− Rabatt (sehr unterschiedlich)	+ im Hundert
	= Nettozieleinkaufspreis	
− vom Hundert	− Skonto (üblich 2%–3%)	+ im Hundert
	= Nettokassaeinkaufspreis	
	+ Bezugskosten	
	= Einstandspreis	
+ vom Hundert	+ variable Gemeinkosten („Regien")	− auf Hundert
	= variable Selbstkosten	
+ vom Hundert	+ Deckungsbeitrag	− auf Hundert
	= Selbstkosten	
+ vom Hundert	+ Gewinnzuschlag	− auf Hundert
	= Nettokassapreis	
+ im Hundert	+ Skonto (üblich 2%–3%)	− vom Hundert
	= Nettozielpreis	
+ im Hundert	+ Rabatt (sehr unterschiedlich)	− vom Hundert
	= Bruttozielpreis ohne USt	
+ vom Hundert	+ Umsatzsteuer (20%, 10% oder 0%)	− auf Hundert
	= Bruttozielpreis inklusive Umsatzsteuer	

9. Betriebsergebnisrechnung

9.1. Periodenbezogene Betriebsergebnisrechnung (Kurzfristige Erfolgsrechnung, Periodenerfolgsrechnung, Periodenergebnisrechnung)

Für diese Rechnung ist eine Trennung der Kosten in fixe und variable notwendig.

Werden die fixen Kosten – wie aus dem Schema der summarischen Deckungsbeitragsrechnung ersichtlich – in einer Summe dem Gesamtdeckungsbeitrag gegenübergestellt, nennt man dies globale (= summarische oder einfache) Deckungsbeitragsrechnung. Werden die fixen Kosten in Gruppen zusammengefaßt, z. B. für ein bestimmtes Produkt, eine bestimmte Produktgruppe, eine Sparte oder einen Zweigbetrieb, und den entsprechenden Deckungsbeiträgen gegenübergestellt, nennt man dies mehrstufige (stufenweise oder differenzierte) Deckungsbeitragsrechnung oder stufenweise Fixkostendeckungsrechnung oder stufenweise Grenzkostenrechnung.

Bei der stufenweisen Grenzkostenrechnung werden – aufbauend auf der finalen Zurechnung der Fixkosten bei der stufenweisen Fixkostendeckungsrechnung – in einer stufenweisen Analyse entscheidungsrelevante Deckungsbeträge hinsichtlich einer Fortführung bzw. einer (zeitlich begrenzten) Stillegung der Leistungserstellung durch einen Vergleich von in der Betrachtungsperiode erzielbaren Deckungsbeiträgen und im selben Zeitraum netto einsparbaren Fixkosten (= Nettokostenabbauwert) errechnet. Der Nettokostenabbauwert (NKAW) für Produkte, Produktgruppen, Unternehmensbereiche und das gesamte Unternehmen kann nach folgender Formel errechnet werden:

$$\text{NKAW} = \% \times \frac{\text{Jahresfixkosten}}{12} \times \begin{bmatrix} \text{Stillegungsdauer (in Monaten)} \\ \text{abz. Abbaudauer (in Monaten)} \end{bmatrix} - \begin{bmatrix} \text{Stillegungs- und Wieder-} \\ \text{ingangsetzungskosten} \end{bmatrix}$$

% . . . Prozentsatz der Fixkosten, die z. B. sofort, nach einem Monat, nach einem Quartal etc. abgebaut werden können.

Für die Berechnung des jeweiligen Nettokostenabbauwertes und die Entscheidung über eine Fortführung der Leistungserstellung im Betrachtungszeitraum ist folgendes zu beachten:

- Sind die Kosten für die Stillegung und Wiederingangsetzung höher als die im jeweiligen Betrachtungszeitraum abbaubaren Fixkosten, so ist es nicht sinnvoll, diese Fixkosten abzubauen, da sich dadurch die Kostensituation nur verschlechtern würde. Daher werden in diesen Fällen keine negativen Teil-NKAWs in den Gesamt-NKAW von Produkten, Produktgruppen, Unternehmensbereichen oder des gesamten Unternehmens einbezogen.
- Unter Berücksichtigung von ausschließlich Kostenaspekten ist immer dann eine zeitlich begrenzte Einstellung der Leistungserstellung sinnvoll, wenn die im Betrachtungszeitraum einsparbaren Fixkosten die erzielbaren Deckungsbeiträge von Produkten, Produktgruppen, Unternehmensbereichen oder des gesamten Unternehmens übersteigen.

Schema einer stufenweisen Fixkostendeckungsrechnung für eine Unternehmung mit drei Werken, acht Produktgruppen und siebzehn Produkten

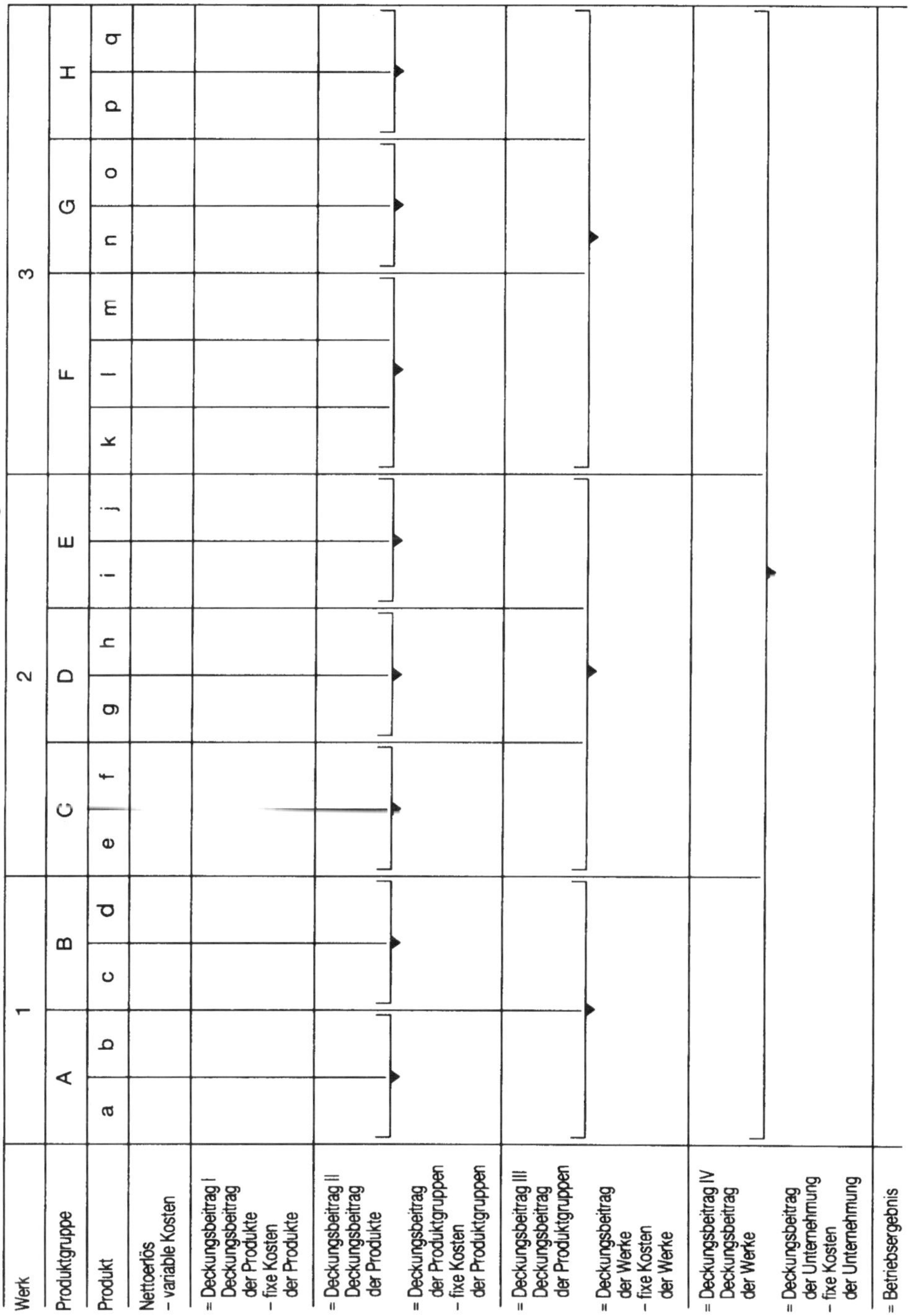

9.2. Auf die Einzelleistung (Ware, Stück, Stunde, Produkt usw.) bezogene Betriebsergebnisrechnung

Für diese Rechnung ist eine Trennung der Kosten in fixe und variable notwendig. Die nachstehende Übersicht beinhaltet das Rechenschema.

	€
Bruttozielpreis ohne Mehrwertsteuer – Rabatt (vom Hundert)	
= Nettozielpreis – Skonto (vom Hundert)	
= Bar- oder Netto-Kassapreis – Sonderkosten des Vertriebes – Variable Selbstkosten	
= Deckungsbeitrag je Stück	

Dieses Rechenschema läßt sich in analoger Weise auch für die Errechnung des Deckungsbeitrages je verkaufte Arbeitsstunde – wie das folgende Beispiel zeigt – anwenden.

☞ Beispiel Stundensatz

	€		
	Meister	Gehilfe	Lehrling
Bar- oder Nettokassapreis je Arbeitsstunde	45,–	30,–	17,–
Sonderkosten des Vertriebes	–	–	–
Bruttolohn	10,–	9,–	2,–
Lohnnebenkosten 90%	9,–	8,10	–
Nebenkosten bei Lehrlingsentschädigung 120%	–	–	2,40
variable Gemeinkosten	5,–	5,–	5,–
– variable Selbstkosten	24,–	22,10	9,40
= Deckungsbeitrag je Arbeitsstunde	21,–	7,90	7,60

Dieser Deckungsbeitrag je Arbeitsstunde ist jener Beitrag, den die jeweilige Arbeitsstunde zur Deckung der fixen Kosten und letztlich auch zur Erzielung eines positiven Betriebsergebnisses leistet. Unter der Annahme, daß in diesem Beispiel-Betrieb ein Meister, zwei Gehilfen und ein Lehrling folgende direkt verrechenbare Stunden leisten

	Stunden
Meister	1.000
Gehilfen	3.000
Lehrling	1.000

ergibt sich folgender Gesamtdeckungsbeitrag

		€
Meister	1.000 Stunden × € 21,–	21.000,–
Gehilfen	3.000 Stunden × € 7,90	23.700,–
Lehrling	1.000 Stunden × € 7,60	7.600,–
= Gesamtdeckungsbeitrag		52.300,–

Betragen die fixen Kosten beispielsweise € 40.000,–, verbleibt ein positives Betriebsergebnis von € 12.300,–.

Eine besondere Form der Betriebsergebnisrechnung – sowohl zu Vollkosten als auch zu Teilkosten – stellt die **Vor- und Nachkalkulation** dar. Im Rahmen der Vorkalkulation versucht man, die Selbstkosten einer zu erstellenden Leistung mit Hilfe von Erfahrungswerten aus früheren Nachkalkulationen und/oder geschätzten Arbeitszeit- und Materialeinsätzen im vorhinein festzustellen.

Bei der Nachkalkulation wird mit Vergangenheitswerten gerechnet, während die Vorkalkulation mit Zukunftswerten arbeitet. Durch die Nachkalkulation wird die„Treffsicherheit" der Vorkalkulation überprüft. Auf diese Weise können eventuell festgestellte Fehler oder Mängel des Rechenansatzes in der nächsten Vorkalkulation vermieden, aber auch Schwachstellen im Betriebsablauf erkannt und behoben werden.

10. Vor- und Nachteile der Teilkostenrechnung

Die Kostenrechnung zu Teilkosten bietet folgende wichtige Informationen für die Unternehmensleitung

1. Die errechneten variablen Selbstkosten (= Grenzkosten) als (kurzfristige) Untergrenze für die Festsetzung von Verkaufspreisen.

2. Der errechnete Deckungsbeitrag ist die Grundlage für die
   (1) Beurteilung der Wirtschaftlichkeit eines Kostenträgers, einer Kostenträgergruppe, eines Absatzgebietes, eines Betriebsbereiches; je höher der Deckungsbeitrag ist, desto wirtschaftlicher ist die Erstellung dieses Kostenträgers, dieser Kostenträgergruppe, die Betreuung dieses Absatzgebietes oder die Führung dieses Betriebsbereiches.
   (2) Beurteilung der Wirtschaftlichkeit größerer Erzeugungs- bzw. Absatzmengen zu geringeren Preisen. Dabei kann nach folgendem Schema vorgegangen werden:

	€
Deckungsbeitrag des Kostenträgers zum niederen Preis × geschätzte Absatzmenge des Kostenträgers zum niederen Preis – Deckungsbeitrag des Kostenträgers zum höheren Preis × geschätzte Absatzmenge des Kostenträgers zum höheren Preis	
= Differenz (+ oder –)	

   Ist der Deckungsbeitrag des Kostenträgers zum niederen Preis größer als der Deckungsbeitrag des Kostenträgers zum höheren Preis, ist unter der Annahme, daß die Kapazität der jeweiligen Stufe noch nicht vollständig ausgelastet ist, die größere Erzeugungsmenge zu wählen.
   (3) Beurteilung der Wirtschaftlichkeit von Zusatzaufträgen, falls noch freie Kapazitäten im Rahmen der jeweiligen Kapazitätsstufe vorhanden sind. Derartige Zusatzaufträge können vielfach auf anderen Märkten zu reduzierten Preisen abgesetzt werden. Für die Beurteilung gilt, daß derartige Zusatzaufträge zu reduzierten Preisen dann anzunehmen sind, wenn sie einen positiven Deckungsbeitrag erbringen.
   (4) Beurteilung der Wirtschaftlichkeit des Erzeugungs- oder Absatzprogrammes. Je höher der Deckungsbeitrag eines Produktes, einer Dienstleistung oder einer Handelsware ist, desto wirtschaftlicher ist deren Absatz. Können einzelne Produkte, Dienstleistungen oder Handelswaren des Absatzprogrammes durch neue ersetzt werden, sollte die Entscheidung auf Grund der Deckungsbeträge erfolgen. Diese Überlegung gilt aber nur dann, wenn die jeweilige Kapazitätsstufe nicht überschritten wird.

3. Das errechnete Betriebsergebnis ist die Grundlage für die Beurteilung der Wirtschaftlichkeit des gesamten Unternehmens.

4. Beurteilungsmöglichkeit verschiedener Verfahren im Hinblick auf ihre kostenmäßigen Vorteile durch kritische Mengen.

5. Erstellen von Break-Even-Rechnungen.

Trotz der angeführten Vorteile dürfen aber gewisse Nachteile dieser Rechnungsart nicht übersehen werden.

Die Anwendung der Teilkostenrechnung allein ist in jenen Fällen nicht zielführend, in denen die vollen Kosten einer betrieblichen Leistung als Ausgangsbasis für die Festsetzung des Verkaufspreises herangezogen werden müssen (z. B. als Kalkulationsnachweis bei preisgeregelten Waren). Das gilt auch für die Auftragsfertigung sowie für die Erstellung sonstiger spezieller Produkte und Leistungen, für die es keinen Marktpreis gibt. Durch die Teilkostenrechnung wird lediglich die (kurzfristige) Preisuntergrenze mit ziemlicher Genauigkeit ermittelt, die Preisobergrenze, die durch den Marktpreis gegeben wäre, fehlt jedoch.

Eine weitere Voraussetzung für die Anwendung der Teilkostenrechnung für die Preispolitik ist die Notwendigkeit, völlig voneinander getrennte Märkte zu beliefern. Beim Großbetrieb ist eine differenzierte Preisgestaltung z. B. für Lieferungen an den Inlandsmarkt und den Exportmarkt eher möglich. Der Klein- und Mittelbetrieb hat wegen seines in der Regel geschlossenen und räumlich begrenzten Absatzgebietes derartige Möglichkeiten nur in geringem Maße. Denkbar wäre z. B. für einen Elektro-Installationsbetrieb eine unterschiedliche Preisgestaltung für Arbeiten auf einer Großbaustelle und für Kleinaufträge.

Sowohl die Kostenrechnung zu Vollkosten als auch die Kostenrechnung zu Teilkosten bieten der Unternehmensleitung wichtige Informationen. Je nach der gewünschten Information muß die Unternehmensleitung Ergebnisse aus einer der beiden Rechnungsarten heranziehen. Für die Gesamtbeurteilung des Betriebes sind aber die Ergebnisse beider Rechnungsarten von Bedeutung.

11. Anwendungsbeispiele für die Teilkostenrechnung

11.1. Beispiele zur Demonstration der Unterschiede zwischen Voll- und Teilkostenrechnung

(1) Kalkulationsschema:

	Vollkostenrechnung	Teilkostenrechnung
Fertigungsmaterial	FM	FM
+ Materialgemeinkosten (fixe und variable) (MGK_f und MGK_v)	MGK_f + MGK_v	MGK_v
+ Fertigungslohn (FL)	FL	FL
+ Fertigungsgemeinkosten (fixe und variable) (FGK_f und FGK_v)	FKG_f + FGK_v	FGK_v
+ Sonderkosten der Fertigung (SF)	SF	SF
= Herstellkosten (fixe und variable) (HK_f und HK_v)	HK_f + HK_v	HK_v
+ Verwaltungsgemeinkosten (fixe und variable) ($VwGK_f$ und $VwGK_v$)	$VwGK_f$ $VwGK_v$	$VwGK_v$

+ Vertriebskosten (fixe und variable) ($VtGK_f$ und $VtGK_v$)	$VtGK_f$ + $VtGK_v$	$VtGK_v$
+ Sonderkosten des Vertriebes (SV)	SV	SV
= Selbstkosten (fixe und variable) (SK_f und SK_v)	SK_f + SK_v	SK_v

(2) Kalkulationsbeispiel (Parallelkalkulation zu Vollkosten und zu Teilkosten):

	€	
	Vollkostenrechnung	Teilkostenrechnung
Fertigungsmaterial (FM)	1.000,–	1.000,–
+ Materialgemeinkosten (MGK)	10,–	5,–
+ Fertigungslohn (FL)	500,–	500,–
+ Fertigungsgemeinkosten (FGK)	2.000,–	1.000,–
+ Sonderkosten der Fertigung (SF)	1.000,–	1.000,–
= Herstellkosten (HK)	4.510,–	3.505,–
+ Verwaltungsgemeinkosten (VwGK)	451,–	–
+ Vertriebsgemeinkosten (VtGK)	451,–	205,–
+ Sonderkosten des Vertriebes (SV)	100,–	100,–
= Selbstkosten (SK)	5.512,–	3.810,–

Die Vollkostenrechnung weist immer höhere Selbstkosten als die Teilkostenrechnung aus.

(3) Kfz-Mechaniker:

Zwei Kfz-Mechanikerbetriebe A und B haben monatlich Kosten von € 200.000,–, denen ein Umsatz von € 190.000,– gegenübersteht. Beide erzielen demnach einen Verlust von € 10.000,–.

Beide Betriebe sind nicht markengebunden und haben ihren Standort in einem abgelegenen Seitental, der die Kunden zwingt, ihre Autos und Landmaschinen entweder bei A oder B reparieren zu lassen, da die Anfahrtswege zu anderen Werkstätten zu weit wären.

Beide Unternehmer sind über ihre Verlustsituation informiert und beabsichtigen, den

Verlust abzubauen. Die Möglichkeiten der Fusion, Preisabsprache, Kooperation sind aufgrund der Persönlichkeit der Unternehmer auszuschließen.

A, als in der Vollkostenrechnung Geschulter, stellt fest, daß seine Preise nicht kostendeckend sind und erhöht sie um 10%.

B ist Teilkostenrechner. Er untersucht vorab seine Kosten und stellt dabei fest, daß von seinen € 200.000,– im Monat 70% oder € 140.000,– Fixkosten sind. Aufgrund dieser Fixkostenintensität und der mangelnden Auslastung seines Unternehmens weiß er, daß die relativ hohen Fixkosten nur durch entsprechend gesteigerte Umsätze abzudecken sind. Bei der Überlegung seiner absatzpolitischen Instrumente stellt er fest, daß von den traditionellen absatzpolitischen Instrumenten für ihn ausschließlich die Preispolitik in Frage kommt. Er entschließt sich daher, seine Preise um 10% zu senken. Er erwartet, damit Marktanteile von A und auch die Marktzuwächse zu gewinnen.

Die Konsequenzen dieser Entscheidungen der beiden Unternehmer A und B sind, daß A einen Absatzrückgang und B eine Absatzsteigerung mittelfristig zu verzeichnen hatten.

Die folgende Rechnung zeigt die Folgen.

Unternehmer A	€
ursprünglicher Umsatz	190.000,–
– 20% Umsatzrückgang	38.000,–
= neuer Umsatz zum alten Preis	152.000,–
+ 10% Preiserhöhung	15.200,–
= neuer Umsatz zum neuen Preis	167.200,–
fixe Kosten	140.000,–
+ variable Kosten	60.000,–
– 20% Kostensenkung (wie Umsatz)	12.000,–
= neue Kosten	188.000,–
neue Kosten	188.000,–
– neuer Umsatz	167.200,–
= Verlust	20.800,–
Unternehmer B	**€**
ursprünglicher Umsatz	190.000,–
+ 30% Absatzsteigerung	57.000,–

➤

= neuer Umsatz zum alten Preis	247.000,–
– 10% Preissenkung	24.700,–
= neuer Umsatz zum neuen Preis	222.300,–
fixe Kosten	140.000,–
+ variable Kosten	60.000,–
+ 30% Kostenerhöhung (wie Umsatz)	18.000,–
= neue Kosten	218.000,–
neuer Umsatz	222.300,–
– neue Kosten	218.000,–
= Gewinn	4.300,–

11.2. Kurzfristige Preisuntergrenzen

Beispiel Kunsttischler:

(1) Bei Unterbeschäftigung:

Ein Kunsttischler hat für den Monat Mai erst einen Auftrag A, der ihm einen Nettoerlös von € 9.000,– und variable Kosten von € 7.000,– bringt. Seine Fixkosten betragen € 1.000,– im Monat.

Er könnte im Mai einen Auftrag B annehmen, der € 6.500,– variable Kosten verursacht.

☞ **Frage:** Wo liegt die kurzfristige Preisuntergrenze für den Auftrag B?

☛ *Lösung*

Um sich durch den Auftrag B wirtschaftlich nicht schlechter zu stellen, muß der Tischler mindestens € 6.500,– (variable Kosten von B) verlangen.

(2) Bei Vollbeschäftigung:

Nehmen Sie zu obigem Beispiel an, der Tischler hätte beide Aufträge A und B bereits angenommen und für B einen Nettoerlös von € 8.500,– ausgehandelt. Für jeden Auftrag braucht er zwei Wochen und ist somit voll ausgelastet.

Er wird nun gefragt, ob er einen Auftrag C annehmen könnte, für den er auch zwei Wochen arbeiten müßte, der variable Kosten in Höhe von € 8.000,– verursacht.

☞ **Frage:** Wie hoch ist seine kurzfristige Preisuntergrenze für C?

☛ *Lösung*

Um sich nicht schlechter zu stellen, muß der Tischler für C mindestens die variablen Kosten und den ihm durch die Nichtdurchführung des Auftrages A oder B entgehenden Deckungsbeitrag (= € 2.000,–) verlangen. Die kurzfristige Preisgrenze beträgt somit € 10.000,–.

11.3. Deckungsbeiträge als Grundlage zur Beurteilung der Wirtschaftlichkeit

11.3.1. Beurteilung der Wirtschaftlichkeit eines Kostenträgers

☞ **Beispiel Produktionsprogramm**

Ein Unternehmen produziert die Produkte A, B, C und D mit Fixkosten von € 2,5 Mio. p. a.

Die Erlöse für die Produkte betragen € 7,2 Mio. (A), € 4,8 Mio. (B), € 5 Mio. (C) und € 12 Mio. (D). Es werden 9.000 Stück A, 4.500 Stück B, 8.000 Stück C und 15.000 Stück D erzeugt und abgesetzt. Die variablen Kosten pro Stück betragen € 725,– (A), € 1.000,– (B), € 700,– (C) und € 550,– (D). In der nächsten Abrechnungsperiode wird mit den gleichen Erlösen und Kosten gerechnet. Sollen alle Produkte weiterhin erzeugt werden?

☛ *Lösung*

		Produkte			
		A	B	C	D
Erlöse	€	7,2 Mio.	4,8 Mio.	5 Mio.	12 Mio.
Stückzahl		9.000	4.500	8.000	15.000
= Erlös/Stück	€	800,–	1.066,67	625,–	800,–
– variable Kosten/Stück	€	725,–	1.000,–	700,–	550,–
= Deckungsbeitrag/Stück	€	75,–	66,67	–75,–	250,–

Nach kostenrechnerischen Gesichtspunkten (z. B. Außerachtlassung von Absatzbeziehungen) wäre es günstiger, die Produktion von C einzustellen, da C einen negativen Stückdeckungsbeitrag von € 75,– erzielt.

11.3.2. Beurteilung der Wirtschaftlichkeit größerer Absatzmengen zu geringeren Preisen

☞ Beispiel Gebäudereinigung

Eine Gebäudereinigungsfirma bietet spezielle Reinigungsarbeiten zu einem Preis von € 29,–/Stunde an. Zu diesem Preis konnten in der abgelaufenen Periode 6.000 Stunden verkauft werden. Eine Marktforschungsstudie hat ergeben, daß bei einer Preissenkung um € 3,– eine Steigerung der absetzbaren Stunden um 15% möglich wäre. Bei unveränderten Preisen ist mit gleicher Absatzmenge zu rechnen.

Dem Unternehmen sind zur Entscheidung folgende Daten bekannt.

variable Lohnkosten	€ 6,50 je Stunde
Lohnnebenkosten	85%
= variable Materialkosten	€ 3,50 je Stunde

Soll die Preissenkung durchgeführt werden?

☛ *Lösung*

1. Deckungsbeitrag bei unverändertem Preis:

	€
Erlös je Stunde	29,–
– variable Lohnkosten je Stunde	6,50
– variable Lohnnebenkosten je Stunde	5,525
– variable Materialkosten je Stunde	3,50
= Deckungsbeitrag je Stunde	13,475
× 6.000 h = Deckungsbeitrag insgesamt	80.850,–

2. Deckungsbeitrag bei gesenktem Preis:

	€
Deckungsbeitrag je Stunde bei unverändertem Preis	13,475
– Preissenkung	3,–
= Deckungsbeitrag je Stunde	10,475
× 6.900 h = Deckungsbeitrag insgesamt	72.277,50

Eine Preissenkung ist nicht zu empfehlen, da der Deckungsbeitrag insgesamt dadurch geringer werden würde.

11.3.3. Beurteilung der Wirtschaftlichkeit von Zusatzaufträgen

Die Überlegungen, die bei den Preisuntergrenzen angestellt wurden, lassen sich hier analog anwenden.

11.3.4. Programmentscheidungen

(1) Programmentscheidungen ohne Engpaß:

Hierunter versteht man Entscheidungen über die Gestaltung des Produktions- oder Absatzprogrammes (z. B. Fertigung der Produkte A, B, C, D oder E) und die Errechnung von Rangfolgen entsprechend den Deckungsbeiträgen, ohne daß das Produktions- und Absatzprogramm die betrieblichen Kapazitätsgrenzen überschritte.

Derartige Entscheidungen können aufgrund der Deckungsbeitragssummen der einzelnen Produkte gefällt werden.

Ein Beispiel dazu finden Sie unter 11.3.1.

(2) Programmentscheidungen mit Engpaß:

In diesem Fall stoßen die geplanten Produktions- oder Absatzmengen auf betriebliche Kapazitätsgrenzen (Absatzengpaß). (Wir beschränken uns auf den Fall, daß nur eine Kapazitätsgrenze erreicht wird.)

Hier bieten die Deckungsbeitragssummen oder die Stückdeckungsbeiträge (= absolute Deckungsbeiträge) keine geeignete Entscheidungsgrundlage. Es muß vielmehr in die Erstellung von Rangordnungen die Überlegung einbezogen werden, in welchem Ausmaß ein Produkt den betrieblichen Engpaß in Anspruch nimmt.

Dies geschieht durch die Errechnung von **relativen Deckungsbeiträgen.**

$$\text{Relativer Deckungsbeitrag in €} = \frac{\text{absoluter Deckungsbeitrag in €}}{\text{in Anspruch genommene Engpaßeinheiten}}$$

☞ Beispiel Engpaß

Ein Betrieb produziert vier Produkte A, B, C und D, von denen folgende Daten bekannt sind:

		Produkte			
		A	B	C	D
Verkaufspreis je Stück	€	2.500,–	3.100,–	2.900,–	1.200,–
Variable Kosten je Stück	€	1.500,–	1.500,–	1.400,–	1.000,–
Absatzmenge	Stück	2.000	1.700	1.400	3.000

Alle vier Produkte durchlaufen einen Engpaß (z. B. eine Spezialmaschine, die in der Abrechnungsperiode 2.000 Stunden genützt werden kann).

Die Produkte haben im Engpaß folgende Durchlaufzeiten

A 30 min
B 10 min
C 20 min
D 15 min

Wie soll das Produktionsprogramm der nächsten Periode aussehen?

☛ *Lösung*

1. Überprüfung, ob ein Engpaß vorliegt, d. h. ob alle absetzbaren Mengen auch erzeugt werden können

	min
A 2.000 Stück × 30 min	60.000
B 1.700 Stück × 10 min	17.000
C 1.400 Stück × 20 min	28.000
D 3.000 Stück × 15 min	45.000
= erforderliche Engpaßzeit	150.000

Im Engpaß stehen nur 120.000 min zur Verfügung. Es können daher nicht alle absetzbaren Produkte erzeugt werden. Somit ist das optimale Produktionsprogramm mit Hilfe der relativen Deckungsbeiträge zu bestimmen.

2. Errechnung der relativen Deckungsbeiträge

		Produkte			
		A	B	C	D
Nettoverkaufspreis je Stück	€	2.500,–	3.100,–	2.900,–	1.200,–
– variable Kosten je Stück	€	1.500,–	1.500,–	1.400,–	1.000,–
= absoluter Deckungsbeitrag je Stück	€	1.000,–	1.600,–	1.500,–	200,–
: Engpaßeinheiten	min	30	10	20	15
= relativer Deckungsbeitrag je Minute	€	33,33	160,–	75,–	13,33
Rangfolge		❸	❶	❷	❹

3. Bestimmung des optimalen Programmes

Produkt	Stück	Minuten je Stück	Restkapazität in Minuten
B	1.700	10	103.000
C	1.400	20	75.000
A	2.000	30	15.000

In den verbleibenden 15.000 Minuten wird das Produkt D erzeugt. Nachdem ein Stück D den Engpaß 15 Minuten in Anspruch nimmt, können noch 1.000 D erzeugt werden.

Das optimale Produktionsprogramm lautet daher: 2.000 A + 1.700 B + 1.400 C + 1.000 D.

11.4. Betriebsergebnis als Grundlage für die Wirtschaftlichkeit des gesamten Unternehmens

Siehe vorher Abschnitt 11.3.1.

11.5. Verfahrensvergleich (Kritische Menge)

Mit Hilfe der kritischen Menge wird untersucht, welches von mehreren Verfahren, die sich hinsichtlich ihrer fixen und variablen Kosten unterscheiden, bei einem bestimmten Beschäftigungsgrad kostengünstiger ist.

Eine typische Entscheidungssituation ist z. B. die Kaufentscheidung zwischen einem Benzin- und einem Dieselauto. Das Benzinauto hat niedrigere Anschaffungskosten (fix) aber höhere laufende Betriebskosten (variable) als das Dieselauto. Die Entscheidung für eine der Alternativen wird demnach davon abhängen, mit welcher (Jahres-)Kilometerleistung der Entscheidungsträger rechnet.

Jenen Beschäftigungsgrad, bei dem zwei Verfahren die gleichen Gesamtkosten verursachten (der Vorteil des niedrigeren Anschaffungspreises des Benzinautos durch den Nachteil der höheren Betriebskosten gegenüber dem Dieselauto gerade kompensiert wird) nennt man die kritische Menge.

Ist der Beschäftigungsgrad kleiner als die kritische Menge, ist das Verfahren mit den niedrigeren Fixkosten aber höheren variablen Kosten vorzuziehen, bei einem Beschäftigungsgrad, der über der kritischen Menge liegt, jenes mit den höheren Fixkosten aber niedrigeren variablen Kosten.

Nachstehend sehen Sie eine Graphik mit drei Verfahren, die drei kritische Mengen ergeben.

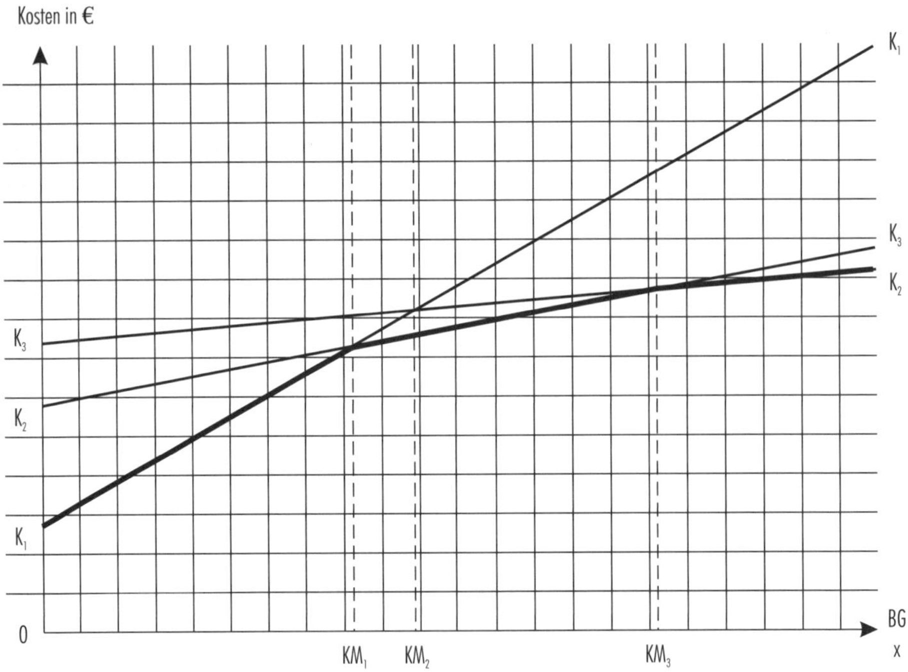

K_{1-3} = Kosten der drei Verfahren
KM_{1-3} = Kritische Mengen, wobei KM_2 irrelevant ist
Stark durchgezogene Linie: jeweils zu wählendes kostengünstigeres Verfahren

Wird eine Produktions- oder Absatzmenge geplant, die kleiner als die Kritische Menge 1 ist, ist das Verfahren 1 das kostengünstigste. Ist die geplante Menge größer als die Kritische Menge 1 aber kleiner als die Kritische Menge 3, ist das Verfahren 2 zu bevorzugen. Erst ab der Kritischen Menge 3 ist die Wahl des Verfahrens 3 zu empfehlen. Die Kritische Menge 2 ist irrelevant, da das Verfahren 2 dort kostengünstiger ist.

☞ Beispiel: Vergleich zweier Absatzwege

In einem Betrieb wird überlegt, ob in der Absatzorganisation ein weiterer Vertreter oder ein Angestellter aufgenommen werden soll. Der Angestellte würde jährlich Fixkosten von € 55.000,– und variable Kosten von € 0,50 je verkauftem Stück verursachen. Dem Vertreter wäre ein jährliches Fixum von € 10.000,– (Nebenkosten bereits enthalten) und eine Provision von € 2,– je verkauftem Stück zu zahlen. Welcher Absatzweg soll bei einer geplanten Absatzmenge von 38.000 Stück gewählt werden?

☛ *Lösung*

K_A = € 55.000,– + 0,50x

K_V = € 10.000,– + 2x

KM ist jene Menge, für die gilt: $K_A = K_V$

€ 55.000,– + 0,50x = € 10.000,– + 2x

$x = 30.000$

Legende:	K_A = Gesamtkosten Angestellter	K_V = Gesamtkosten Vertreter
	KM – Kritische Menge	x = Stück

Die geplante Absatzmenge liegt über der kritischen Menge, es ist daher die Alternative mit den höheren Fixkosten zu wählen. Somit wird ein Angestellter aufgenommen.

☞ Beispiel: Vergleich von vier Maschinen

Zur Produktion eines Produktes stehen vier Maschinen zur Auswahl, von denen folgende Daten bekannt sind:

		Maschine			
		A	B	C	D
fixe Kosten p. a.	€	100.000,–	150.000,–	200.000,–	340.000,–
variable Kosten je Stück	€	1,–	1,–	1,–	0,10
Kapazität p. a.	Stück	100.000	150.000	200.000	200.000

Welche Maschine soll gewählt werden?

☛ *Lösung*

Aus der nachfolgenden Graphik geht hervor, daß die Frage erst dann beantwortet werden kann, wenn bekannt ist, wieviel Stück tatsächlich erzeugt werden sollen.

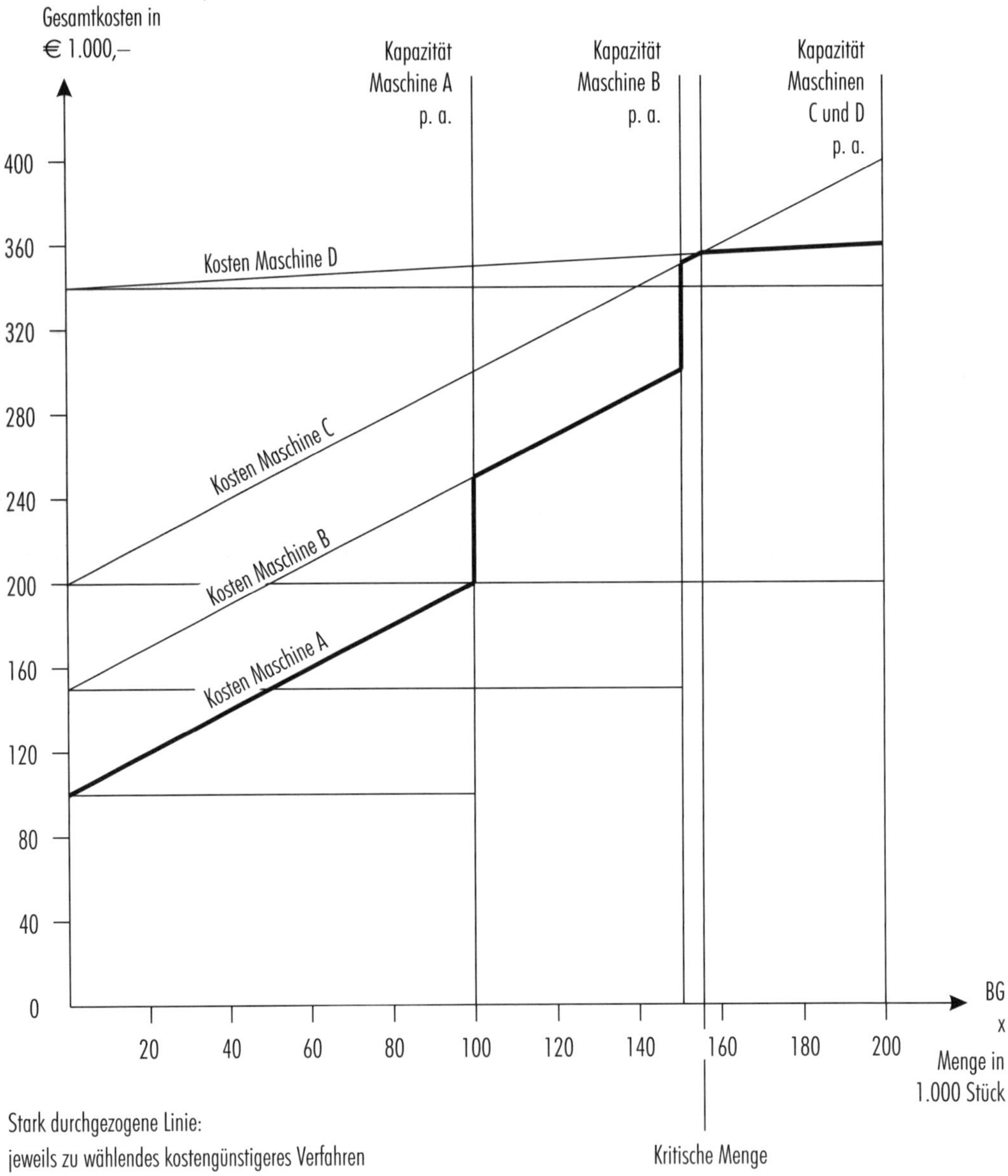

Stark durchgezogene Linie:
jeweils zu wählendes kostengünstigeres Verfahren

Aus der Graphik ergibt sich folgende Rangordnung:

Bis 100.000 Stück ist Maschine A am kostengünstigsten. Ab 100.001 bis 150.000 Stück ist Maschine B zu wählen. Da die Maschinen C und D je bis 200.000 Stück produzieren können, ist der exakte Verfahrensvergleich rechnerisch durchzuführen.

$K_{fC} + k_{vC} \times x = K_{fD} + k_{vD} \times x \qquad € \; 200.000,- \; + 1x = € \; 340.000,- \; + 0,1x$

$x = 155.555,55$ Stück

Legende: K_{fC} = Fixkosten der Maschine C
k_{vC} = variable Kosten je Stück der Maschine C
K_{fD} = Fixkosten der Maschine D
k_{vD} = variable Kosten je Stück der Maschine D

Es ist also die Maschine C für eine Menge ab 150.001 bis 155.555 Stück vorzuziehen. Über 155.556 Stück sollte D gewählt werden.

11.6. Berechnung des Break-Even-Points (BEP)

Zweck dieser Berechnung, kurz Break-Even-Rechnung genannt, ist es, jene Produktions- oder Absatzmenge zu errechnen, bei der die volle Kostendeckung erreicht wird (= Break-Even-Point, Gewinnschwelle, Mindestabsatz, Mindestumsatz).

Rechnerisch läßt sich der BEP wie folgt ermitteln.

Erlös = Kosten $\qquad E = K$

Erlös = Stückpreis × Stückzahl $\qquad E = p \times x$

Gesamtkosten = fixe Kosten + variable Kosten je Stück $\qquad K = K_f + k_v \times x$

$p \times x = K_f + k_V \times x \qquad p \times x - k_v \times x = K_f$

$x \; (p - k_v) = K_f \qquad x = \dfrac{K_f}{p - k_v}$

Stückdeckungsbeitrag = Stückpreis – variable Kosten je Stück: $db = p - k_v$

$$x = \frac{K_f}{db}$$

$$\text{BEP} = \frac{\text{Fixe Kosten in €}}{\text{Stückdeckungsbeitrag in €}}$$

Beispiel 1

Ein Großhandelsbetrieb erzielte in der abgelaufenen Abrechnungsperiode mit einer Absatzmenge von 1,250.000 Stück einen Umsatz von € 5 Mio. Stückpreise und variable Kosten je Stück waren konstant. Die Gesamtkosten betrugen € 4,6 Mio., davon waren € 1,6 Mio. fix.

Bestimmen Sie den Break-Even-Point.

Lösung

Verkaufspreis je Stück: $\frac{€\ 5{,}000.000,–}{1{,}250.000\ \text{Stück}} = €\ 4,–\ \text{je Stück}$

Variable Stückkosten: $\frac{€\ 4{,}600.000,– – €\ 1{,}600.000,–}{1{,}250.000\ \text{Stück}} = €\ 2{,}40\ \text{je Stück}$

Lösungsweg siehe folgende Graphik und Rechnung.

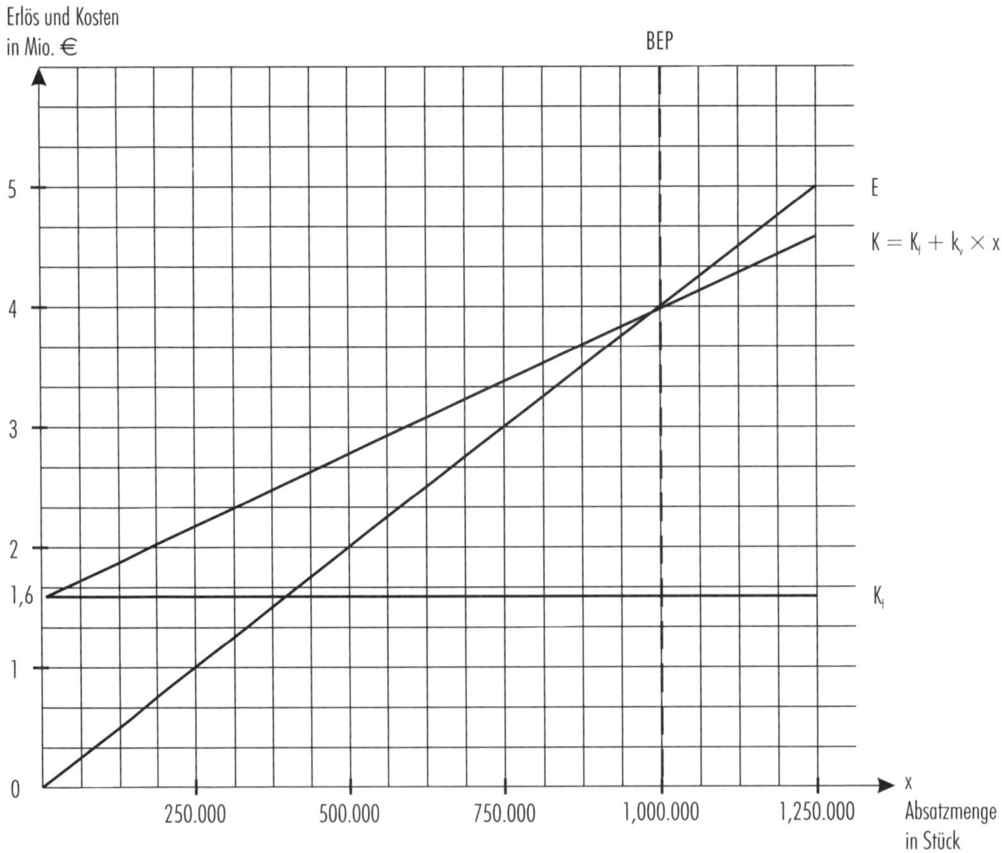

$$BEP = \frac{K_f}{db} = \frac{€\ 1{,}600.000,-}{€\ 1{,}60} = 1{,}000.000 \text{ Stück}$$

Eine zweite graphische Lösungsvariante zeigt auch den Deckungsbeitrag, und zwar dann, wenn zuerst die variablen Kosten und dann erst die fixen Kosten eingetragen werden.

☞

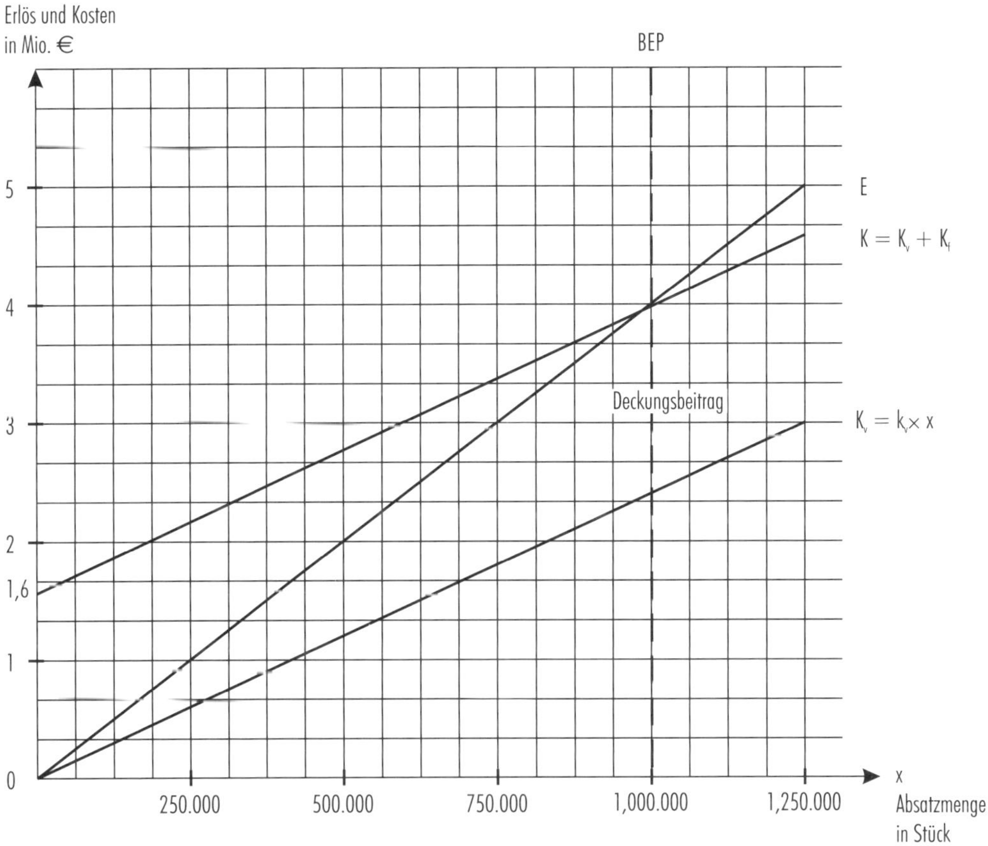

Beispiel 2

Ein Betrieb erzielte bei 10.000 Stück Absatz einen Erlös von € 8 Mio. Von den Gesamtkosten in Höhe von € 7,4 Mio. entfielen € 1 Mio. auf fixe Kosten.

Bestimmen Sie graphisch den Break-Even-Point und den Deckungsbeitrag.

☛ *Lösung*

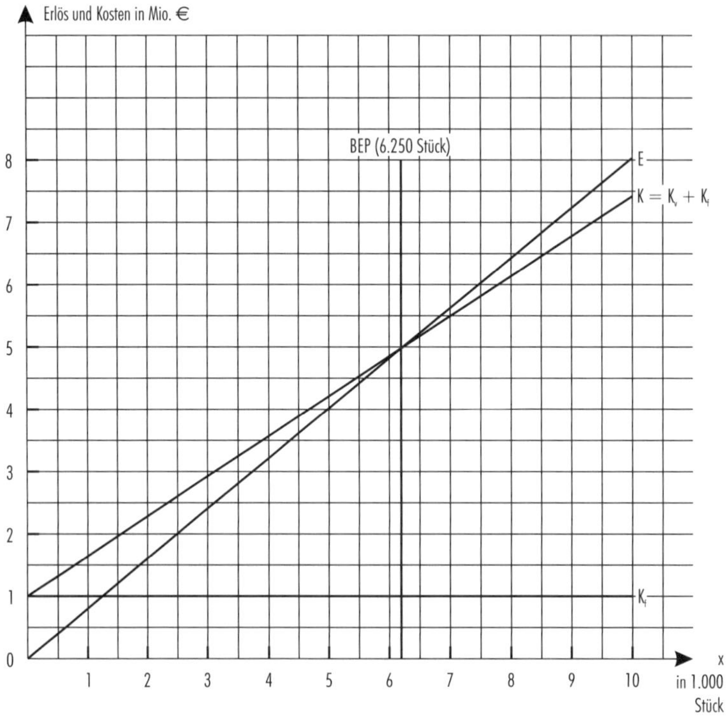

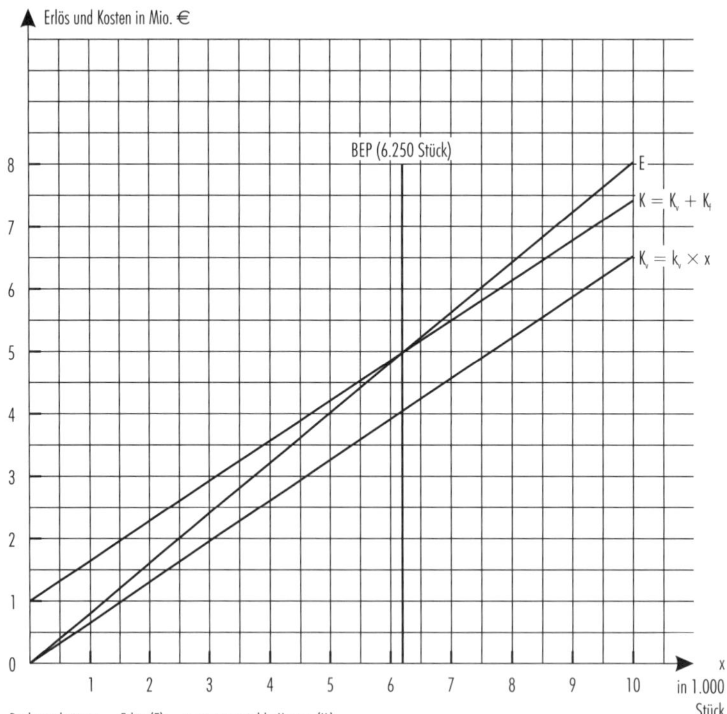

Deckungsbeitrag = Erlös (E) – gesamte variable Kosten (K_v)

☞ Beispiel 3

Ein Betrieb hat Fixkosten von € 1 Mio. Es kann entweder das Produkt A oder das Produkt B gefertigt werden. Ein Stück A bringt einen Deckungsbeitrag von € 0,20, ein Stück B von € 0,30. Es können von beiden Produkten je 12 Mio. Stück abgesetzt werden.

Stellen Sie die Entwicklung des Betriebsergebnisses bei steigenden Mengen graphisch mittels eines Break-Even-(BE-)Diagrammes dar.

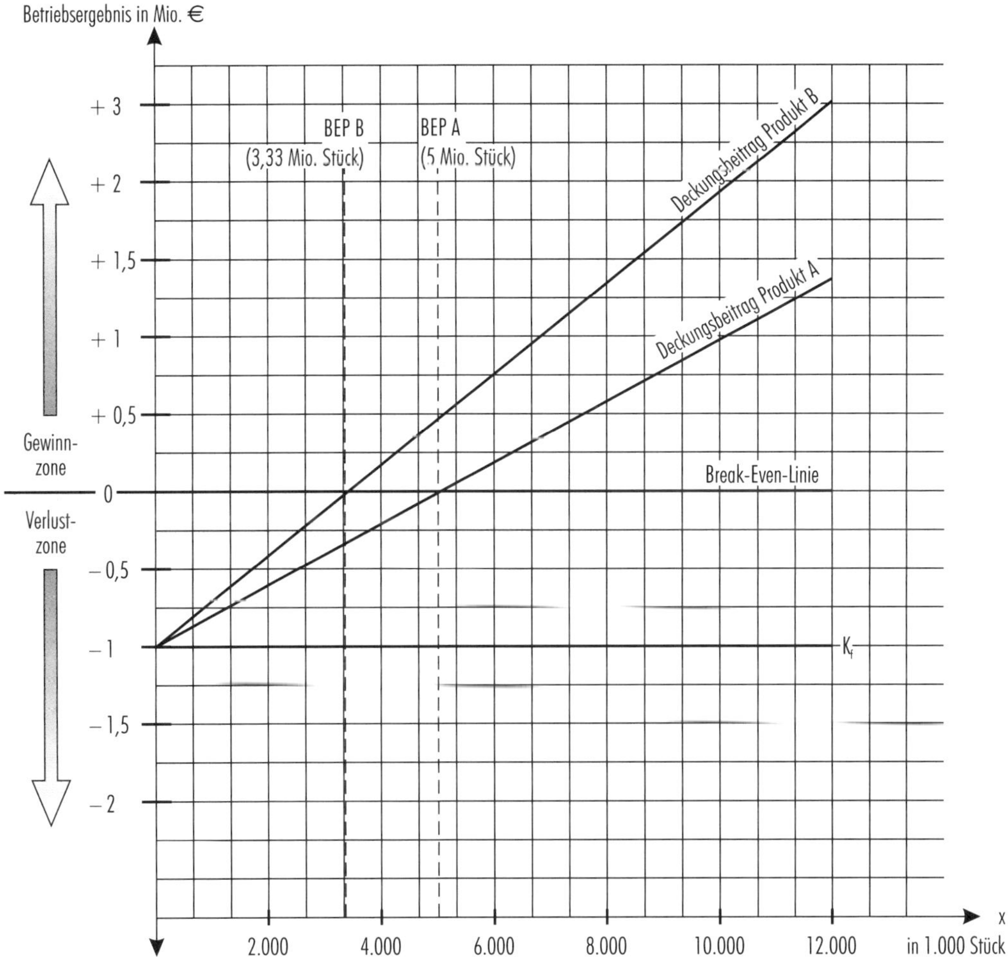

☞ Beispiel 4

Ein Betrieb verkaufte das Produkt X bisher zu einem Stückpreis von € 0,60. Die variablen Kosten betragen € 0,40 je Stück, die fixen € 750.000,– p. a. Im letzten Jahr wurde ein Gewinn von € 500.000,– erzielt.

Wie hoch muß die Absatzmenge sein, wenn der Preis auf € 0,55 reduziert wird, die Kostenstruktur gleich bleibt und ein Gewinn von € 500.000,– erzielt werden soll?

Lösung graphisch mit Break-Even-Diagramm

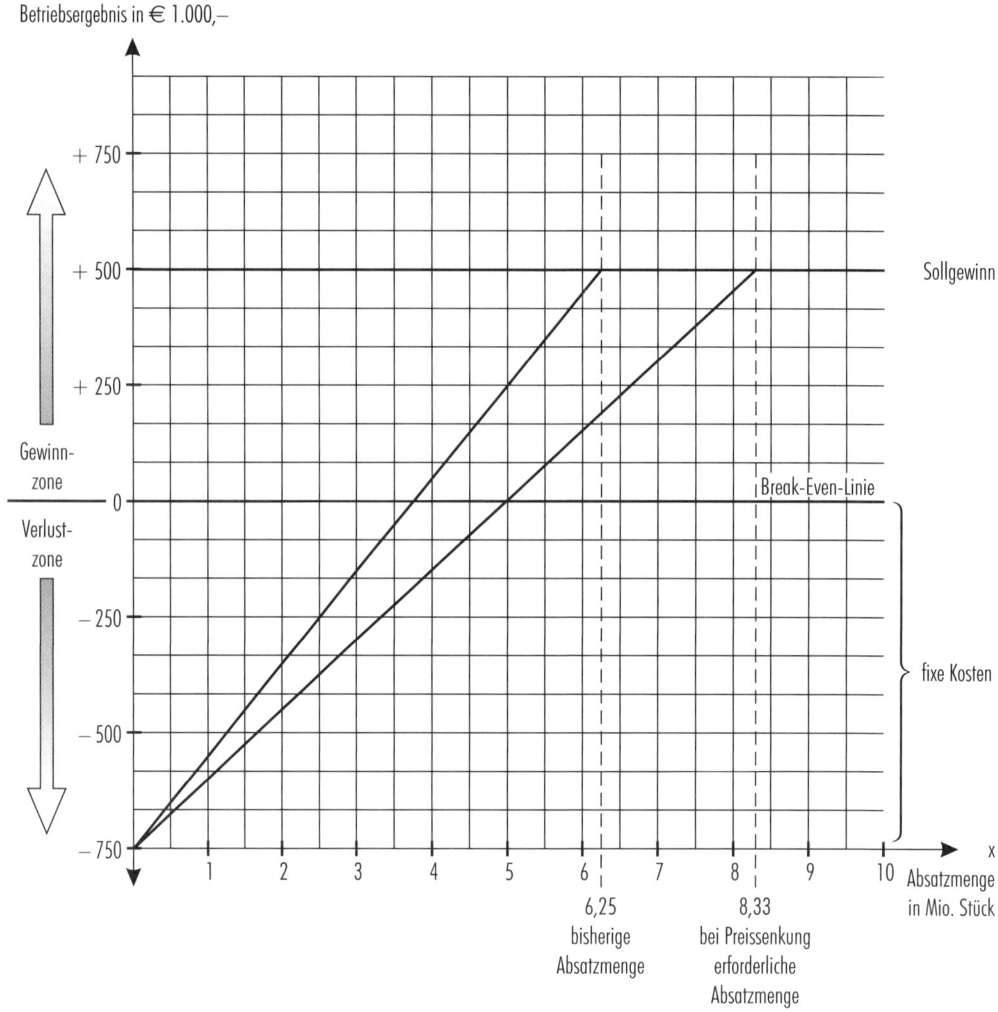

Die Preissenkung ist nur dann zu empfehlen, wenn zumindest 8,33 Mio. Stück abgesetzt werden können.

Lösung rechnerisch

Betriebsleistung	– Gewinn	= Kosten
€ 0,60 × x	– € 500.000,–	= € 0,40 × x + € 750.000,–
€ 0,20 × x = € 1,250.000,–		
x = 6,250.000 Stück (Absatzmenge beim Preis von € 0,60 je Stück)		

Betriebsleistung	– Gewinn	= Kosten
€ 0,55 × x	– € 500.000,–	= € 0,40 × x + € 750.000,-
€ 0,15 × x = € 1,250.000,–		
x = 8,333.334 Stück (Absatzmenge beim Preis von € 0,55 je Stück		

11.7. Kennzahlen-Analysen und Diagramme

Bei der Break-Even-Analyse sind folgende Kennzahlen von Bedeutung:[1]

- Mindestumsatz (U/min) bei einem angestrebten Mindestgewinn

$$U\,(min) = \frac{K\,(fix) + G\,(min)}{DB\ in\ \%\ U\,(min)}$$

- Mindestverkaufspreis *(E/min)* bei gegebenen variablen Stückkosten *(k/var)*, gegebenen Fixkosten *(K/fix)* und gegebener Absatzmenge *(M)*

$$E\,(min) = \frac{K\,(fix)}{M} + k\,(var)$$

- Mindestdeckungsbeitrag *(DB/min)* in Prozent vom Umsatz *(U)*

$$DB\ (min) = \frac{\text{Fixkosten}}{\text{Planumsatzerlöse}}$$

- Mindestprodukterlös *(E/min)* bei geplantem *DB*/Stückerlös

$$E\,(min) = \frac{k\,(var)}{1 - \frac{DB}{E}}$$

Die Struktur und die Deckung von Fixkosten kann in speziellen Break-Even-Diagrammen dargestellt werden. Als Beispiele werden im folgenden die stufenweisen Fixkosten (Gliederung von den Artikelfixkosten bis zu den Unternehmensfixkosten) und Fixkosten nach Kostenarten in entsprechenden Diagrammen dargestellt:

1 Vgl. Seicht, G., Moderne Kosten- und Leistungsrechnung, Wien 1990, S. 245 f.

Graphische Darstellung stufenweise Fixkosten

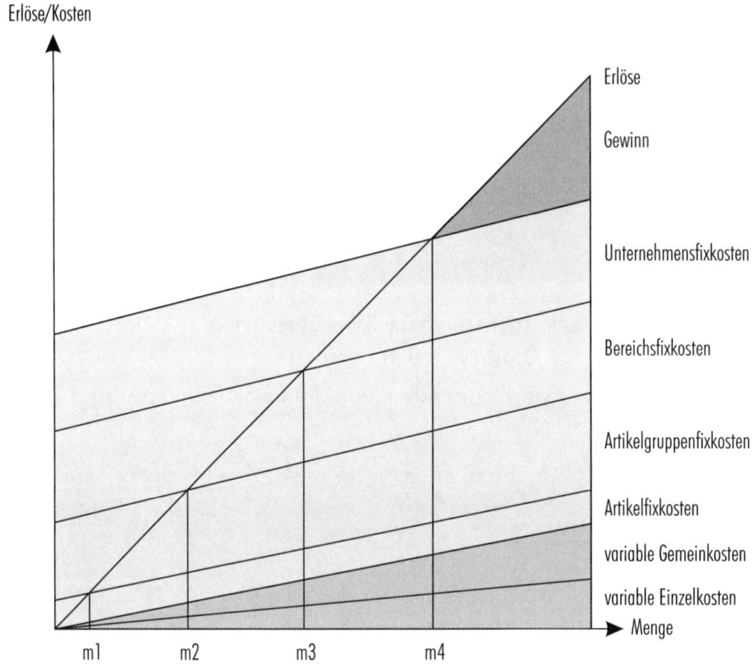

Graphische Darstellung Fixkosten nach Kostenarten

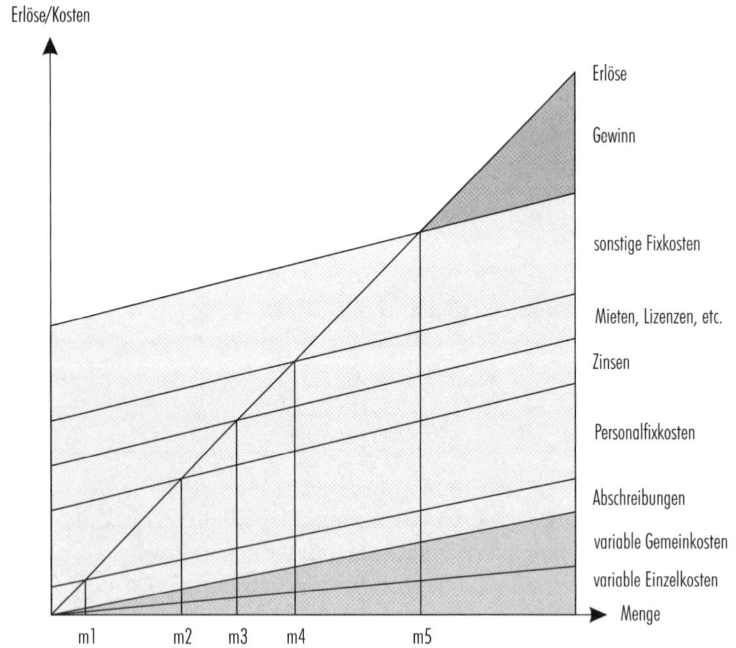

m1 bis m5: Mengen, die erforderlich sind, die jeweiligen Kosten abzudecken

F.
Plankostenrechnung

1. Einführung

Die Plankostenrechnung ist im Gegensatz zur Ist-Kostenrechnung ein Verfahren, das eindeutig zukunftsorientiert ist. Es werden sowohl für das Mengengerüst als auch für die Preise geplante Größen verwendet. Dadurch wird es möglich, Abweichungen bei den Kosten sowohl bezüglich ihrer Mengen-(Beschäftigungs-)abhängigkeit als auch ihrer Wertabhängigkeit festzustellen. In der allgemeinen Form gilt folgende Bestimmungsgleichung:

Plankosten = Planmenge × Planpreis

$$K(p) = M(m) \times P(p)$$

2. Aufgaben der Plankostenrechnung

Die Plankostenrechnung selbst und somit auch ihre Aufgaben sind aus den Mängeln der Ist- bzw. Normalkostenrechnung entstanden. Diese lassen sich in folgenden zwei Thesen zusammenfassen:[1]

- Wirksame Kosten- bzw. Wirtschaftlichkeitskontrollen können nicht allein auf Basis einer Ist- oder Normalkostenrechnung erfolgen, da bei dieser Vorgangsweise die Gefahr besteht, Fehler aus der Vergangenheit in die Zukunft fortzuschreiben.
- Die Fundierung unternehmenspolitischer Entscheidungen durch Daten aus der Ist- bzw. Normalkostenrechnung ist insofern problematisch, als die Orientierung an vergangenheitsbezogenen Rechnungen für zukunftsbezogene Entscheidungen leicht zur Fehldisposition der Unternehmensressourcen führen kann.

Entsprechend diesen zwei Thesen lassen sich die Hauptaufgaben der Plankostenrechnung wie folgt definieren:

- Wirtschaftlichkeitskontrolle und Budgetierung
- Rechnerische Fundierung unternehmenspolitischer Entscheidungen

1 Schierenbeck, H., Grundzüge der BWL, München 1989, S. 643.

3. Arten der Plankostenrechnung

Unter Berücksichtigung des Umfangs der einbezogenen Kosten (Voll- oder Teilkostenrechnung) und von explizit angeführten Kosteneinflußgrößen (starr/flexibel) können folgende drei Arten (Hauptformen) der Plankostenrechnung unterschieden werden:

- starre Plankostenrechnung auf Vollkostenbasis
- flexible Plankostenrechnung auf Vollkostenbasis
- flexible Plankostenrechnung auf Teilkostenbasis (Grenzplankostenrechnung)

3.1. Starre Plankostenrechnung auf Vollkostenbasis

Bei der starren Plankostenrechnung werden jeder Kostenstelle die Plankosten (Einzel- und Gemeinkosten) nur für einen einzigen Beschäftigungsgrad (Planbeschäftigung) vorgegeben. Diese Plankosten bei Plan-Beschäftigung (= Basisplankosten, BPK oder Kps) bilden somit den Ausgangswert zur Bestimmung eines Plankalkulationssatzes für die Kostenstellen im Unternehmen. Dieser Plankalkulationssatz ist ein Verrechnungssatz zu Vollkosten, da in der starren Plankostenrechnung sowohl fixe als auch variable Kostenbestandteile auf die Kostenträger verrechnet werden.

Preisschwankungen werden bei der starren Plankostenrechnung nicht berücksichtigt, die Einsatzmengen werden mit festen Verrechnungspreisen bewertet. Aufgrund dieser Vorgangsweise können jedoch keine Preisabweichungen mittels der starren Plankostenrechnung festgestellt werden. Kostenabweichungen können demnach immer nur als Mengenabweichungen gemessen werden.

Bei der Analyse der Abweichungen zwischen den Ist-Kosten und den Plankosten weist die starre Plankostenrechnung aufgrund ihrer Konzeption folgende Mängel auf:[1]

- Die Differenz zwischen den Ist-Kosten und den Plankosten bei Plan-Beschäftigung hat nur geringe Aussagekraft, weil sich die Kostenwerte auf verschiedene Beschäftigungsgrade beziehen und somit nicht direkt vergleichbar sind.
- Die Differenz zwischen den Ist-Kosten und den verrechneten Plankosten der Istbeschäftigung (Istbeschäftigung × Plankalkulationssatz) ist ebenfalls nicht besonders aussagekräftig, da in den meisten Fällen in den verrechneten Plankosten „künstlich“ proportionalisierte Fixkosten enthalten sind. Diese Tatsache führt bei einer Unterbeschäftigung im Unternehmen möglicherweise zu einer falschen Einschätzung der Kostenabweichungen, da in Wirklichkeit der Anteil des Fixkostenblocks an den Gesamtkosten steigt.

Zusammenfassend kann bezüglich der Vor- und Nachteile der starren Plankostenrechnung folgendes festgehalten werden:

- Wenn eine schnelle und einfache Handhabung für die laufende Abrechnung erforderlich ist, kann die starre Plankostenrechnung auf sinnvolle Weise eingesetzt werden.
- Ist jedoch eine Aufspaltung der Kostenabweichung nach ihren einzelnen Ursachen gefragt, dann ist die starre Plankostenrechnung kein geeignetes Instrument zur Abweichungsanalyse der Kosten.

1 Vgl. Schierenbeck, H., a. a. O., S. 645 f.

Zum besseren Verständnis der Funktionsweise der starren Plankostenrechnung wird diese abschließend noch anhand des folgenden kurzen Beispiels praktisch erläutert:

Kostenstelle A	Planperiode März	€
Planbeschäftigung	7.560 Stück	
Kostenarten (EK und GK)	KA 1 KA 2 KA 3 " " KA n	30.996,– 6.580,– 5.264,– 1.190,–
Plankosten bei Plan-Beschäftigung		83.160,–
Plankalkulationssatz	$\frac{€\ 83.160,–}{7.560} = €\ 11,–$	

In der Abrechnungsperiode März .... betragen die Ist-Kosten € 75.000,–, die Ist-Beschäftigung erreicht nur eine Menge von 5.500 Stück.

Die Abweichungsanalyse der Kosten läßt sich bei der starren Plankostenrechnung wie in der umseitigen Graphik darstellen.

Dieses Beispiel verdeutlicht nochmals die oben angeführten Nachteile der starren Plankostenrechnung. Die unterlassene Trennung mengenbedingter Veränderungen des Fixkostenanteils von sonstigen Kostenveränderungen, die z. B. durch einen ineffizienten Gütereinsatz bedingt sein können, zeigt sich deutlich, wenn die Periodenwerte auf Stückwerte umgerechnet werden. So beträgt der Ist-Kalkulationssatz im Beispiel € 13,64 pro Stück, der Plankalkulationssatz jedoch € 11,– pro Stück. Die Kostenveränderung von € 2,64 pro Stück ist sowohl durch die gestiegenen Fixkostenanteile pro Stück als auch durch sonstige Abweichungen entstanden.

3.2. Flexible Plankostenrechnung auf Vollkostenbasis

Die flexible Plankostenrechnung auf Vollkostenbasis wurde wegen der Nachteile der starren Plankostenrechnung entwickelt. Durch die explizite Einbeziehung bestimmter Kosteneinflußgrößen wird bei diesem Verfahren die Möglichkeit gegeben, die Ursachen für Kostenabweichungen differenzierter zu analysieren.

In der Grundversion wird lediglich die Beschäftigung als zusätzliche Kosteneinflußgröße miteinbezogen. Bei erweiterten Rechenmodellen werden zusätzlich Kosteneinflußgrößen wie z. B. Auftragsgrößen und Auftragszusammensetzung miteinbezogen.

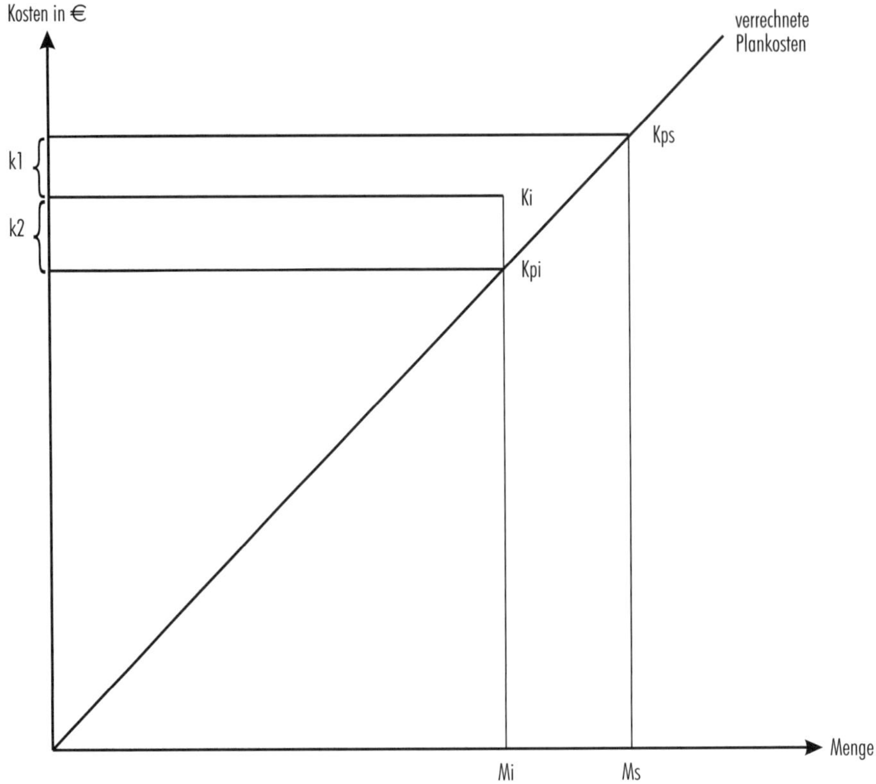

Ki	Ist-Kosten bei Ist-Beschäftigung	€ 75.000,–
Mi	Menge (Stück) der Ist-Beschäftigung	5.500 Stück
Ms	Menge (Stück) der Planbeschäftigung	7.560 Stück
Kpi	Plankosten bei Ist-Beschäftigung	€ 60.500,–
Kps	Plankosten bei Planbeschäftigung	€ 83.160,–

Kps – Ki	Plankosten bei Planbeschäftigung – Ist-Kosten bei Ist-Beschäftigung	8.160,–
Ki – Kpi	Ist-Kosten bei Ist-Beschäftigung – Plankosten bei Ist-Beschäftigung	14.500,–
Kps – Kpi	Plankosten bei Planbeschäftigung – Plankosten bei Ist-Beschäftigung	22.660,–

Bei der flexiblen Plankostenrechnung auf Vollkostenbasis werden die Periodenkosten in beschäftigungsunabhängige Fixkosten und in beschäftigungsabhängige Proportionalkosten aufgeteilt. Trotz dieser Aufspaltung wird jedoch wie bei der starren Plankostenrechnung mit einem Vollkostenverrechnungssatz gearbeitet.

Die Kostenabweichungen zwischen Ist- und Planwerten können bei diesem Verfahren in folgende Komponenten zerlegt werden:

- Beschäftigungsabweichungen
- Verbrauchsabweichungen

Eine Beschäftigungsabweichung liegt dann vor, wenn die in der Plankostenrechnung angenommene Optimalbeschäftigung nicht erreicht wird, d. h. die Beschäftigungsabweichung ist ein Signal für das Unterschreiten der Planbeschäftigung (Vollbeschäftigung). Weiters gibt die Beschäftigungsabweichung an, welche Anteile der Fixkosten für das Unternehmen Leerkosten bzw. Nutzkosten darstellen. Wird nun die optimale Beschäftigung erreicht, so sind die Fixkosten zu 100% Nutzkosten. Im umgekehrten Fall, wenn die Ist-Beschäftigung gleich null ist, sind die Fixkosten zu 100% Leerkosten. Diese Aufspaltung der Fixkosten in Nutz- und Leerkosten wird anhand des folgenden Beispiels graphisch erläutert:

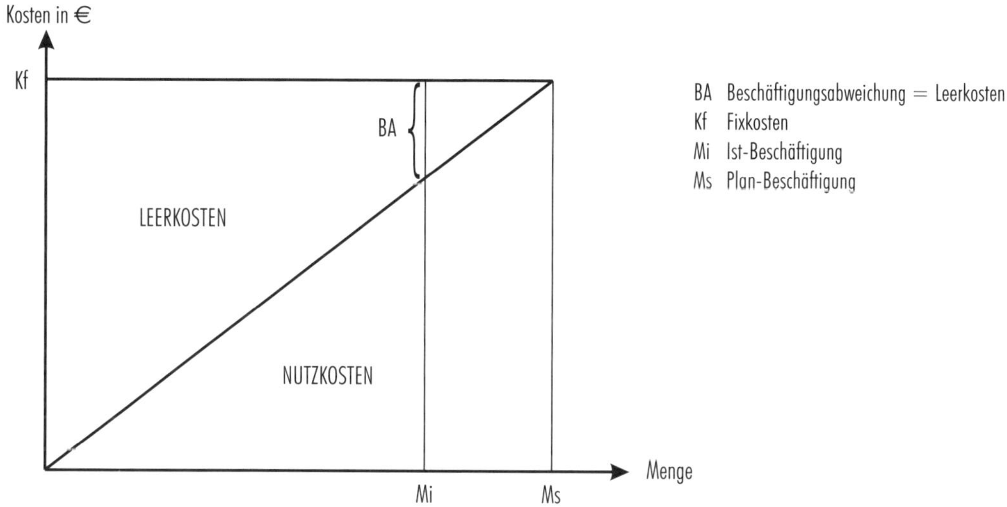

Die Diagonale gibt für jede Ist-Beschäftigung zwischen null und der Soll-Beschäftigung (Planbeschäftigung) den Anteil an Nutz- und Leerkosten an, wobei die Differenz zwischen den Fixkosten und den Nutzkosten die jeweilige Beschäftigungsabweichung (= Leerkosten) darstellt. Die Sichtbarmachung der Leerkosten soll es ermöglichen, diese durch geeignete Maßnahmen zu beseitigen und damit zu einer höheren Kostenwirtschaftlichkeit im Unternehmen beizutragen.

Die Verbrauchsabweichung ist jener Bereich der Kostenabweichung, der sich aus der Differenz zwischen den verrechneten Plankosten bei Ist-Beschäftigung (Kpi) und den Ist-Kosten bei Ist-Beschäftigung (Ki) abzüglich der Beschäftigungsabweichung (BA) ergibt. Die Verbrauchsabweichung (VA) ist ein Indikator dafür, ob die in der Planrechnung vorgegebene Kostenwirtschaftlichkeit bezüglich des Mengenverbrauchs eingehalten wurde. Eine Verbrauchsabweichung weist auf einen gegenüber dem Planansatz gestiegenen Mengenverbrauch hin. Das bedeutet, daß in einer Kostenstelle z. B. der Werkstoffeinsatz überhöht ist und diese Kostenstelle in unwirtschaftlicher Weise arbeitet. Diese mangelnde Wirtschaftlichkeit kann anschließend durch entsprechende Maßnahmen korrigiert werden.

Um in der flexiblen Plankostenrechnung die Beschäftigungsabweichung und die Verbrauchsabweichung berechnen zu können, sind nun folgende zwei Kostenverläufe von Interesse:

- Verrechnete Plankosten = ideale Plankosten
- Soll-Kosten = reale Plankosten

Die verrechneten Plankosten enthalten sowohl die variablen Kosten als auch die jeweiligen Nutzkosten in der Form von proportionalisierten Anteilen der Fixkosten. Sie ergeben sich aus der Multiplikation des Plankalkulationssatzes mit der jeweiligen Ist-Beschäftigung und entsprechen somit den verrechneten Plankosten der starren Plankostenrechnung.

Die Soll-Kosten entsprechen jenen Kosten, die sich bei der gegebenen Ist-Beschäftigung aus den jeweiligen variablen Kosten und den gesamten Fixkosten ergeben.

Anhand des folgenden Beispiels wird nun die Funktionsweise der flexiblen Plankostenrechnung auf Vollkostenbasis praktisch erläutert:

Kostenstelle A	Planperiode März	
Planbeschäftigung	7.560 Stück	
Basisplankosten € 83.160,– (Kps)	Variable Kosten € 45.360,–	Fixkosten € 37.800,–
Ist-Kosten € 75.000,– (Ki)	Soll-Kosten bei Ist-Beschäftigung € 70.800,– (Ksi)	
Ist-Beschäftigung 5.500 (Mi)	Plan-Beschäftigung 7.560 (Ms)	Plankosten bei Ist-Beschäftigung € 60.500,– (Kpi)

Die Beschäftigungsabweichung, Verbrauchsabweichung und die Gesamtabweichung lassen sich nun sowohl für die Periodenkosten als auch für die Stückkosten ermitteln:

	Periodenkosten	Stückkosten
Beschäftigungsabweichung (BA)	Ksi – Kpi = BA € 70.800,– – € 60.500,– = € 10.300,–	(Ksi – Kpi) : Mi = BA : Mi € 10.300,– : 5.500 = € 1,873
Verbrauchsabweichung (VA)	Ki – Ksi = VA € 75.000,– – € 70.800,– = € 4.200,–	(Ki – Ksi) : Mi = VA : Mi € 4.200,– : 5.500 = € 0,764
Gesamtabweichung (GA)	Ki – Kpi = GA € 75.000,– – € 60.500,– = € 14.500,–	Ki : Mi – Kpi : Mi = GA : Mi € 14.500,– : 5.500 = € 2,64

Graphisch lassen sich die einzelnen Kostenabweichungen wie folgt darstellen:

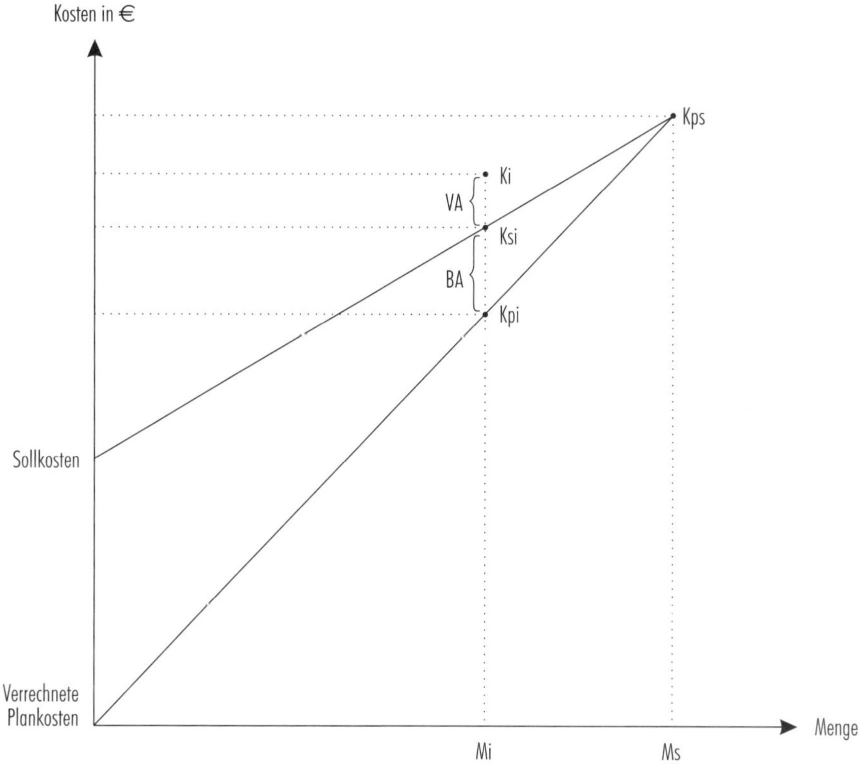

3.3. Flexible Plankostenrechnung auf Teilkostenbasis

Die flexible Plankostenrechnung auf Teilkostenbasis (= Grenzplankostenrechnung) unterscheidet sich von der flexiblen Plankostenrechnung auf Vollkostenbasis dadurch, daß dieses Verfahren auf eine Proportionalisierung der Fixkosten verzichtet. Dementsprechend gehen unter Anwendung des Prinzips der relevanten Kosten nur die variablen Kosten in den Plankalkulationssatz ein. Der Plankalkulationssatz und die variablen Soll-Kosten sind somit identisch. Deshalb haben die verrechneten Plankosten und die Soll-Kosten eine kongruente Kostenfunktion.

Der Nachteil dieses Verfahrens liegt in erster Linie darin, daß durch die kompromißlose Orientierung an den relevanten Kosten (Kostenverursachungsprinzip) keine Beschäftigungsabweichungen gemessen werden können. Aus diesem Grund sind Kostenabweichungen immer nur Verbrauchsabweichungen.

Der entscheidende Vorteil der Grenzplankostenrechnung liegt jedoch darin, daß sie die dispositiven Aufgaben der Kostenrechnung viel besser als die übrigen Varianten der Plankostenrechnung erfüllen kann.

In Fortführung des bisherigen Beispiels läßt sich die Kostenkontrolle im System der Grenzplankostenrechnung graphisch wie folgt darstellen:

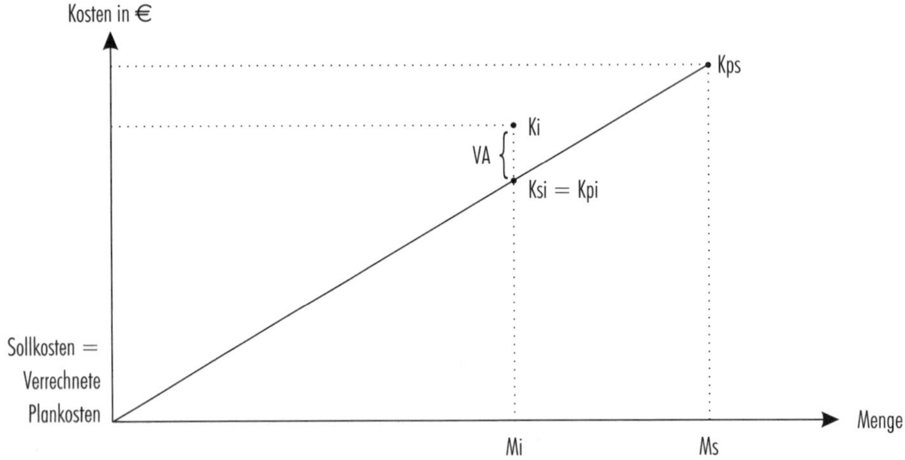

4. Grundbegriffe der Plankostenrechnung

4.1. Kapazität

Unter dem Begriff Kapazität versteht man sowohl das quantitative (mengenmäßige) als auch das qualitative Leistungsvermögen von Betriebsmitteln und Mitarbeitern. Dabei kann das Leistungsvermögen entweder in der Leistungsabgabe (z. B. bei einer Maschine) oder in der Leistungsaufnahme (z. B. bei einer Lagerhalle) bestehen.

Weiters kann zwischen Totalkapazität und Periodenkapazität unterschieden werden. Die Totalkapazität umfaßt jene Leistung, die während der gesamten Nutzungsdauer einer Anlage abgegeben wird. Die Periodenkapazität hingegen umfaßt nur jene Leistung, die innerhalb des Abrechnungszeitraumes abgegeben wird. Die Summe der Periodenkapazitäten ist somit gleich der Totalkapazität.

4.2. Beschäftigung

Unter dem Begriff Beschäftigung versteht man die Inanspruchnahme der zur Verfügung stehenden Kapazität. Die Beschäftigung kann entweder in Zeitmaßen (z. B. in Minuten, Stunden etc.) oder in Mengenmaßen (z. B. kg, Liter etc.) angegeben werden.

Unter dem Begriff der Planbeschäftigung versteht man die geplante Nutzung der zur Verfügung stehenden Kapazität. In der Plankostenrechnung wird die Planbeschäftigung mit 100% gleichgesetzt und kann sich an folgenden Werten orientieren:

- (technische) Maximalbeschäftigung
- (ökonomische) Optimalbeschäftigung
- (durchschnittliche) Normalbeschäftigung

4.3. Beschäftigungsgrad

Der Beschäftigungsgrad z. B. einer Maschine wird dadurch ermittelt, daß die tatsächliche Beschäftigung (Ist-Beschäftigung) in Beziehung zur Planbeschäftigung gesetzt wird. Durch diese Vorgangsweise kann die Auslastung der Maschine in einem Prozentsatz ausgedrückt werden:

$$\text{Ist-Beschäftigungsgrad} = \frac{\text{Istbeschäftigung} \times 100}{\text{Planbeschäftigung}}$$

Ein Beschäftigungsgrad von 80% bedeutet z. B., daß eine Maschine in Bezug auf die Planbeschäftigung nur zu vier Fünfteln ausgelastet ist.

4.4. Leistung (Intensität)

Unter dem Begriff Leistung (Intensität) versteht man das mengenmäßige Ergebnis (mengenmäßigen Output) an Gütern oder Dienstleistungen aus dem betrieblichen Produktionsprozeß. Während die Beschäftigung in erster Linie an der zeitlichen Nutzung einer Anlage orientiert ist, bezieht sich die Leistung auf das konkrete Ergebnis eines Produktionsprozesses. Für den Fall, daß die Beschäftigung in Mengenmaßen gemessen wird, unterstellt man ein streng lineares Verhältnis zwischen Beschäftigungszeit und mengenmäßigem Output einer Anlage. Diese Prämisse ist in der praktischen Anwendung jedoch nur selten realisierbar.

4.5. Leistungsgrad (Intensitätsgrad)

Analog zum Beschäftigungsgrad wird der Leistungsgrad (Intensitätsgrad) dadurch ermittelt, daß die tatsächliche Leistung (Ist-Leistung der Ist-Beschäftigung) zur Planleistung der Ist-Beschäftigung in Bezug gesetzt wird. Dieses Verhältnis läßt sich in folgender Formel wie folgt darstellen:

$$\text{Leistungsgrad} = \frac{\text{Istleistung der Istbeschäftigung} \times 100}{\text{Planleistung der Istbeschäftigung}}$$

☞ Beispiel

Planbeschäftigung:	10.000 Stunden
Planleistung:	100.000 Stück
Ist-Beschäftigung:	8.000 Stunden
Ist-Leistung:	75.000 Stück

☛ *Lösung*

$$\text{Ist-Beschäftigungsgrad} = \frac{8.000 \times 100}{10.000} = 80\%$$

$$\text{Ist-Leistungsgrad} = \frac{75.000 \times 100}{100.000 \times 80\%} = 93{,}75\%$$

4.6. Variator

Unter dem Begriff „Variator" versteht man jene Kennzahl, die die Abhängigkeit der Kosten einer Kostenart von der Kosteneinflußgröße Beschäftigung zum Ausdruck bringt. Der Variator wird nach folgender Formel berechnet:

$$\text{Variator (V)} = 10 \times \frac{K_v}{K_v + K_f}$$

Entsprechend dieser Formel kann der Variator folgende Werte erreichen:

$V = 10$	Kosten sind zu 100% variabel
$V = 0$	Kosten sind zu 100% fix
$0 < V < 10$	Kosten sind semivariabel, z. B.: V = 6 → Kosten zu 60% variabel, 40% fix

4.7. Reale Plankosten (Soll-Kosten)

Die realen Plankosten (Soll-Kosten) sind jene Kosten, die sich bei einer gegebenen Istbeschäftigung aus den gesamten Fixkosten und den jeweiligen variablen Kosten ergeben. Sie werden auch als „gesamte geplante Gemeinkosten (Ksi)"[1] bezeichnet (vgl. Abb. Seite 261).

4.8. Ideale Plankosten (verrechnete Plankosten)

Die idealen Plankosten (verrechnete Plankosten) sind jene Kosten, die sich aus der Multiplikation des Plankalkulationssatzes mit der jeweiligen Ist-Beschäftigung ergeben. Sie werden auch als „auf die Beschäftigung (Leistung) anteilig verrechnete Plangemeinkosten (Kpi)"[2], bezeichnet (vgl. Abb. Seite 261).

4.9. Ist-Kosten

Unter dem Begriff der Ist-Kosten versteht man jene Kosten, die durch einen zu Tagespreisen bewerteten, tatsächlichen Verbrauch an Produktionsfaktoren entstanden sind:

Ist-Kosten = Ist-Menge (Ist-Verbrauch) × Ist-Preis (Tagespreis)

1 Seicht, G., Moderne Kosten- und Leistungsrechnung, Wien 1990, S. 456.
2 Seicht, G., a. a. O., S. 456.

4.10. Abweichungen

Unter dem Begriff Abweichung versteht man in der Plankostenrechnung die Differenz zwischen Plan-(Soll-)Werten und tatsächlichen Werten (Ist-Werten).

Entsprechend den unterschiedlichen Ursachen für derartige Abweichungen können Gesamtabweichungen in folgende Teilabweichungen gegliedert werden:
- Preisabweichungen
- Mengenabweichungen

5. Voraussetzungen der Plankostenrechnung

Um die Plankostenrechnung sinnvoll im Rahmen der Abweichungsanalyse einsetzen zu können, ist die Existenz einer funktionierenden Ist-Kostenrechnung unbedingt erforderlich. Die Plankostenrechnung ist dementsprechend keine Alternative zur Ist-Kostenrechnung, sondern eine wertvolle Ergänzung. Erst mit ihrer Hilfe kann die Abweichungsanalyse durchgeführt werden.

Der für die Abweichungsanalyse erforderliche Soll-Ist-Vergleich kann nur dann durchgeführt werden, wenn die Plankostenrechnung und die Ist-Kostenrechnung kongruent sind. Das bedeutet, daß der Aufbau der beiden Kostenrechnungssysteme bezüglich der Kostenartengliederung, der Kostenstellengliederung, der Kalkulationsschemata, etc. ident sein muß.

Für die Ist-Kostenrechnung ist die Existenz folgender Voraussetzungen zu beachten:

Kostenartenplanung	Bezugsgrößenplanung
Kostenstellenplanung	Kostenverteilung
Kostenträgerplanung	Innerbetriebliche Leistungsverrechnung etc.

6. Grundlagen der Plankostenrechnung

Als Grundlage für die Plankostenrechnung müssen bezüglich folgender Parameter grundlegende Festsetzungen getroffen werden:
- Produktionsprogramm
- Planbeschäftigungen
- Ablauf der Produktion
- Planleistungen
- Marketingmaßnahmen
- Planverfahren
- Verwaltung
- Planpreise
- Planungszeitraum
- Planlosgrößen

etc.

7. Arten von Abweichungen in der Plankostenrechnung

Die Gesamtabweichung kann in folgende Teilabweichungen gegliedert werden:

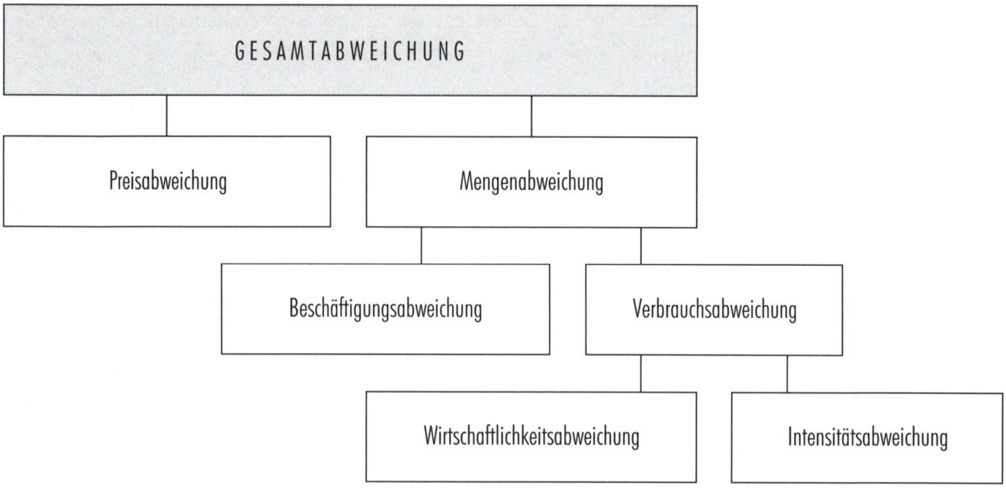

7.1. Preis- und Wirtschaftlichkeitsabweichung

Die Preis- und Wirtschaftlichkeitsabweichungen ergeben sich aus der Veränderung des Preis- und Mengengerüstes der Plan- und Istkosten.

	Plankosten	= Planmenge	×	Planpreis	
–	Istkosten	= Istmenge	×	Istpreis	
=	Preis- und Wirtschaftlichkeitsabweichung				

Beispiel:	Planmenge 3	× Planpreis 3	= Plankosten	9
	Istmenge 4	× Istpreis 4	= Istkosten	16
	= Preis- und Wirtschaftlichkeitsabweichung			7

Die Preisabweichung läßt sich wie folgt errechnen:

reine Preisabweichung = (Istpreis – Planpreis) × Planmenge

Preisabweichung inklusive gemischte Abweichung:

= *(Istpreis – Planpreis) × Istmenge*

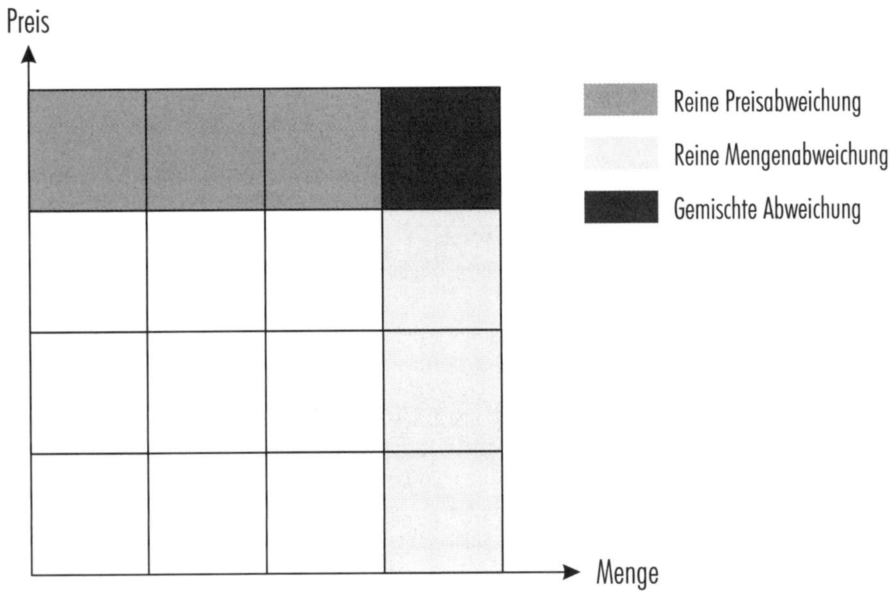

Die Wirtschaftlichkeitsabweichung läßt sich wie folgt errechnen:
reine Wirtschaftlichkeitsabweichung = (Istmenge – Planmenge) × Planpreis

Wirtschaftlichkeitsabweichung inklusive gemischte Abweichung =
= *(Istmenge – Planmenge) × Istpreis*

Die gemischte Abweichung ergibt sich wie folgt:
= *(Istpreis – Planpreis) × (Istmenge – Planmenge)*

Wird die Preis-, Wirtschaftlichkeits- und gemischte Abweichung im Rahmen einer Berechnung ermittelt, ist wie folgt vorzugehen:

Die reine Preis- und Wirtschaftlichkeitsabweichung ergibt sich als Vom-Hundert-Rechnung der realen Plankosten.

Im obigen Beispiel beträgt die Preis- und Mengensteigerung $\frac{1}{3}$.

Daher $\frac{1}{3}$ der Plankosten von 9 = 3 reine Preis- und Wirtschaftlichkeitsabweichung. Die Preis- und Wirtschaftlichkeitsabweichung inklusive gemischte Abweichung ergibt sich auf Hundert von den Istkosten.

Z. B. 33,33% der Istkosten auf Hundert von 12 = 4.

Die gemischte Abweichung ist die Differenz der beiden Rechnungen und somit +1.

Bei Preis- und Mengenreduktion ergibt sich die reine Preis- und Mengenabweichung durch vom Hundertrechnung von den realen Plankosten. Die Preis- und Mengenabweichung inklusive die gemischte Abweichung ergibt sich als im Hundertrechnung von den Istkosten.

7.2. Beschäftigungsabweichung

Die Beschäftigungsabweichung entsteht durch ein Über- bzw. Unterschreiten der Planbeschäftigung, wodurch sich entweder eine Fixkostenüberdeckung oder eine Fixkostenunterdeckung ergibt.

Bei einer Fixkostenunterdeckung entspricht die Beschäftigungsabweichung in identer Weise den Leerkosten, die bei einer bestimmten Beschäftigung anfallen. Der Zusammenhang zwischen Beschäftigungsgrad, Beschäftigungsabweichung, Leerkosten und Nutzkosten läßt sich graphisch wie folgt darstellen:

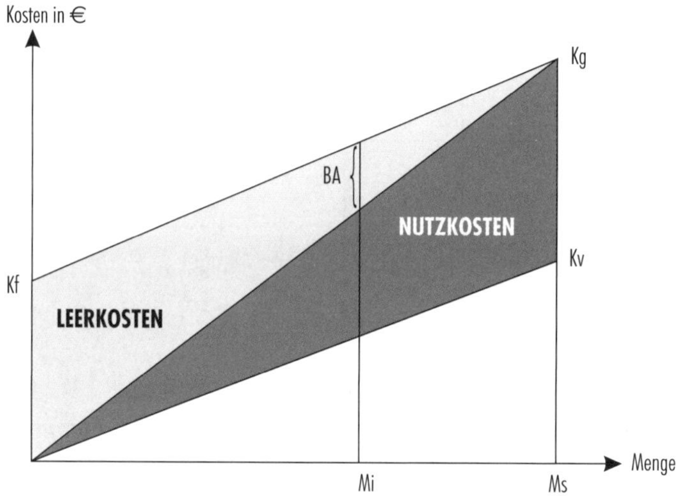

Kf	Fixkosten	BA	Beschäftigungsabweichung
Mi	Ist-Menge	Kg	Gesamtkosten
Kv	variable Kosten	Mi : Ms	Beschäftigungsgrad
Ms	Planmenge		

7.3. Wirtschaftlichkeitsabweichung (Verbrauchsabweichung)

Unter dem Begriff Wirtschaftlichkeitsabweichung ist der Mehr- bzw. Minderverbrauch zu verstehen, der bei Ist-Beschäftigung im Vergleich zu dem für die Ist-Beschäftigung geplanten Verbrauch eingetreten ist. Dieser Mehrverbrauch kann entweder zu Planpreisen oder zu Ist-Preisen bewertet werden (siehe Abb. bei Kap. 7.7.).

7.4. Intensitätsabweichung (Leistungsgradabweichung)

Intensitätsabweichungen (= Leistungsgradabweichungen) entstehen dadurch, daß die Ist-Leistung nicht der Planleistung entspricht. Die Ursachen dieser Abweichungen sind sehr vielfältig, z. B. können

- zu kleine Lose
- Fehler in der Arbeitsvorbereitung
- mangelnde Qualifikation der Mitarbeiter

- Maschinenschäden etc.

Intensitätsabweichungen verursachen.

Der Zusammenhang zwischen Planbeschäftigungsgrad (PBG), Ist-Beschäftigungsgrad (IBG), Planleistungsgrad (PLG), Planleistung bei Ist-Beschäftigung und Ist-Leistung läßt sich anhand des folgenden Beispiels einfach darstellen:

Planbeschäftigung	in h	10.000
Ist-Beschäftigung	in h	8.000
Planleistung bei Planbeschäftigung	in Stk.	100.000
Planleistung bei Ist-Beschäftigung	in Stk.	80.000
Ist-Leistung bei Ist-Beschäftigung	in Stk.	75.000
Leistungsgradabweichung	in Stk.	5.000

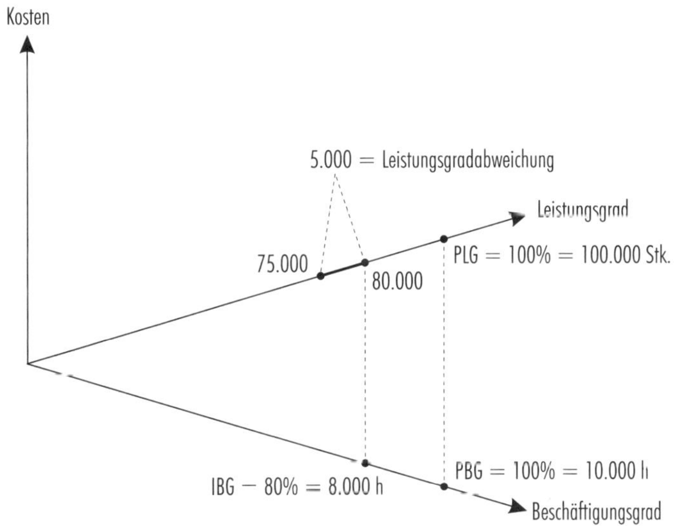

7.5. Verfahrensabweichungen

Verfahrensabweichungen sind Kostenabweichungen, die den Kostenträgern zugerechnet werden und dementsprechend auch als Kostenträgerabweichungen bezeichnet werden können. Die Ursachen für diese Abweichungen liegen z. B. an:

- der Verwendung unterschiedlicher Produktionstechnologien
- der Verwendung anderer Fertigungsmaterialien
- der Verwendung anderer Werkzeuge etc.

Berechnet wird die Verfahrensabweichung durch den Vergleich zwischen:

- den verrechneten Plankosten des Ist-Verfahrens und
- den verrechneten Plankosten des Planverfahrens.

7.6. Sonstige Abweichungen

Entsprechend der jeweiligen Branche können spezielle Abweichungsarten, die in der Wirtschaftlichkeitsabweichung bzw. in der Intensitätsabweichung enthalten sind, noch zusätzlich berechnet werden (z. B. Losgrößenabweichungen, Ausbringungsabweichungen etc.).

7.7. Graphische Darstellung der Abweichungen

Abschließend werden in den folgenden Graphiken nochmals alle wesentlichen Abweichungen zusammen dargestellt.

7.7.1. Istbeschäftigung liegt unter der Planbeschäftigung und die Istpreise und der Istverbrauch liegen über den Plankosten

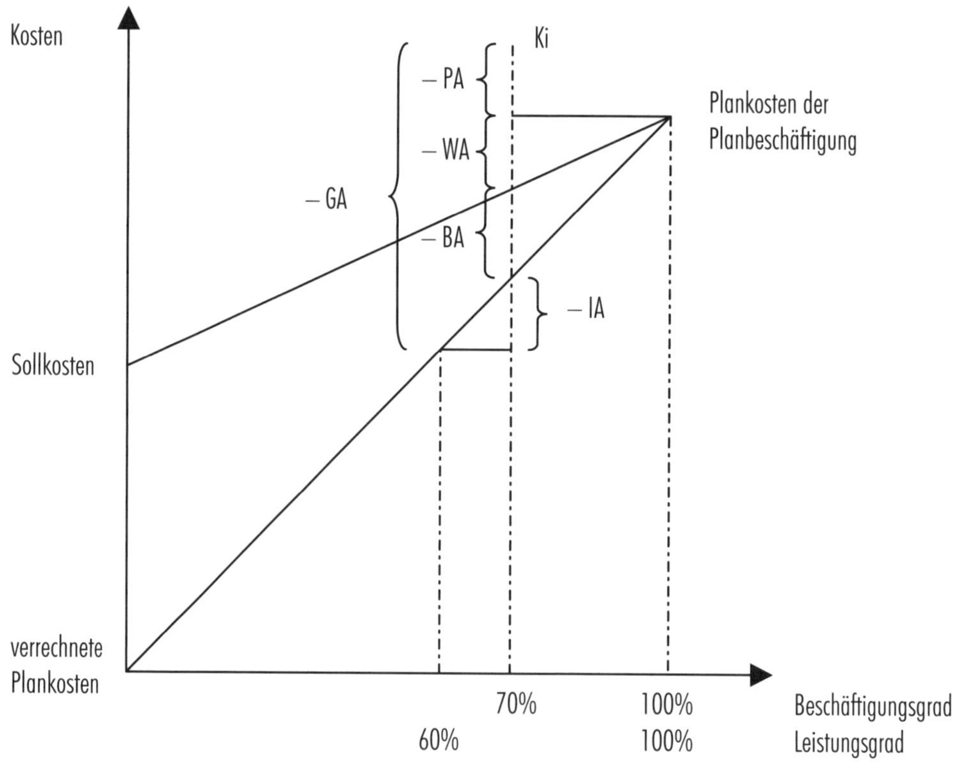

Ki Ist-Kosten
–BA Beschäftigungsabweichung negativ
–IA Intensitätsabweichung negativ
–PA Preisabweichung negativ
–WA Wirtschaftlichkeitsabweichung negativ
–GA Gesamtabweichung negativ

7.7.2. Istbeschäftigung liegt unter der Planbeschäftigung und die Istpreise und der Istverbrauch liegen unter den Planwerten

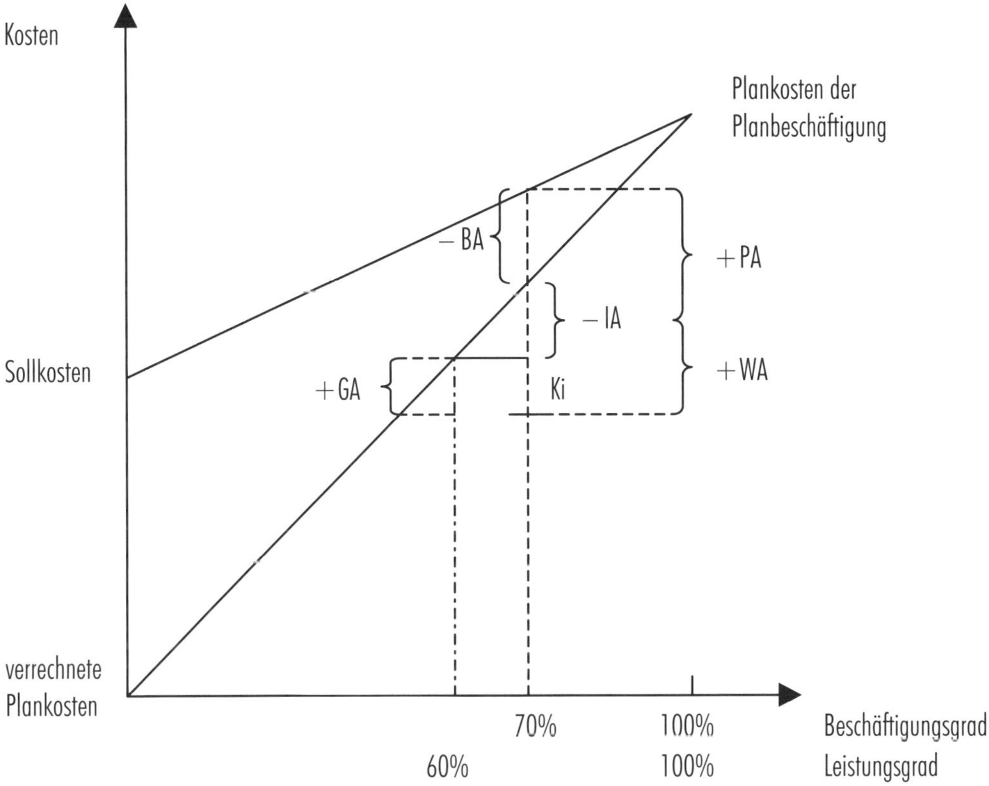

Ki	Ist-Kosten	+ PA	Preisabweichung positiv
–BA	Beschäftigungsabweichung negativ	+ WA	Wirtschaftlichkeitsabweichung positiv
–IA	Intensitätsabweichung negativ	+ GA	Gesamtabweichung positiv

7.7.3. Istbeschäftigung liegt über der Planbeschäftigung und die Istpreise und der Istverbrauch liegen über den Planwerten

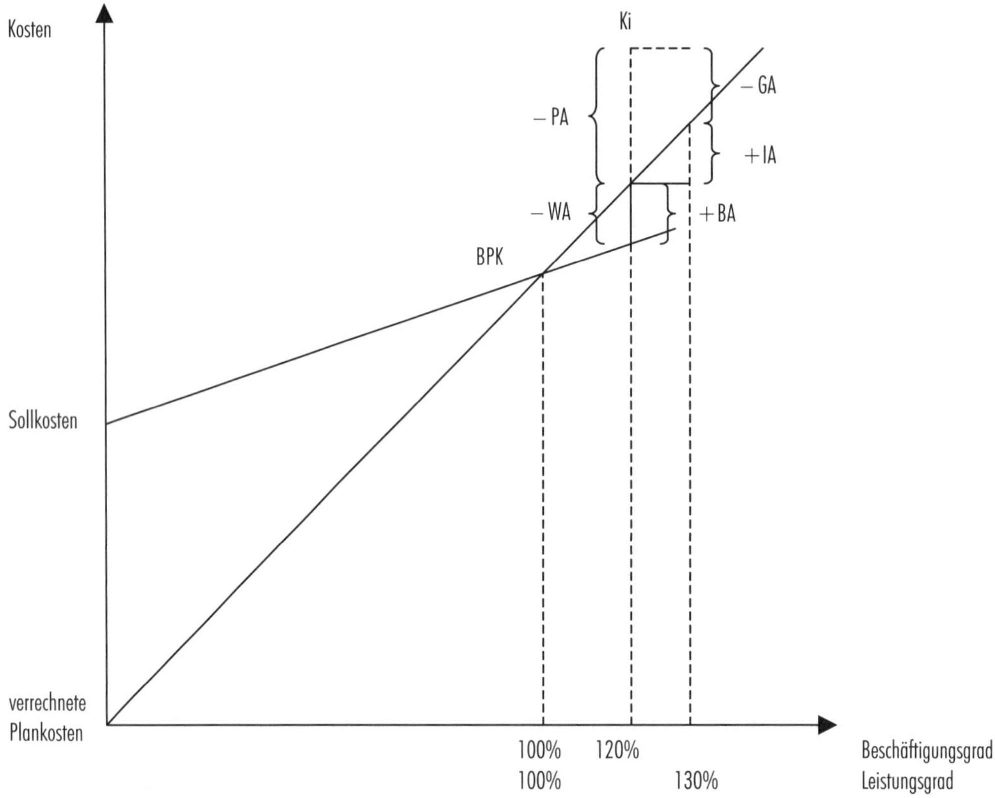

BPK	Basisplankosten = Plankosten der Planbeschäftigung	–PA	Preisabweichung negativ
Ki	Ist-Kosten	–WA	Wirtschaftlichkeitsabweichung negativ
+BA	Beschäftigungsabweichung positiv	–GA	Gesamtabweichung negativ
+IA	Intensitätsabweichung positiv		

7.7.4. Istbeschäftigung liegt über der Planbeschäftigung und die Istpreise und der Istverbrauch liegen unter den Planwerten

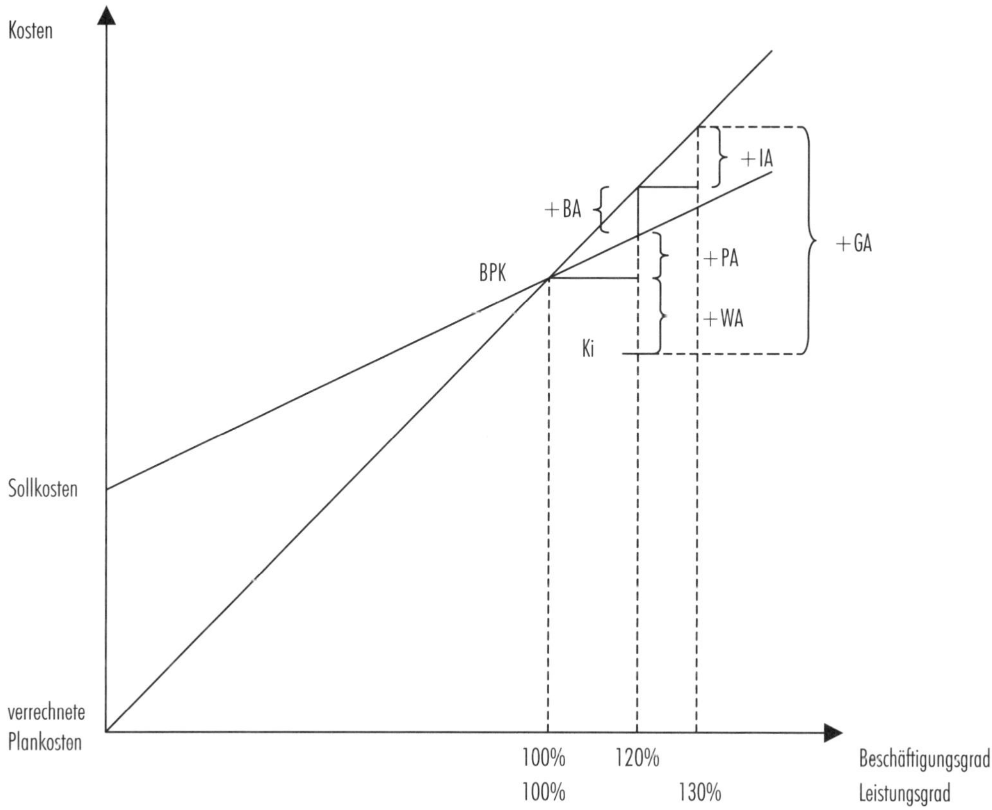

BPK Basisplankosten = Plankosten der Planbeschäftigung
Ki Ist-Kosten
+BA Beschäftigungsabweichung positiv
+IA Intensitätsabweichung positiv
+PA Preisabweichung positiv
+WA Wirtschaftlichkeitsabweichung positiv
+GA Gesamtabweichung positiv

Beispiel:

Ein Dachdecker weist für den Monat Juni die Kostenstruktur lt. Tableau in € aus. Ein Sturm in der Nacht vom 1. Juni hat einen Großteil der Dächer des Einzugsgebietes beschädigt. Zusätzliche Arbeiter sind auf dem Markt nicht verfügbar, sodaß durch Überstunden der Beschäftigungsgrad auf 120% gesteigert wurde.

Durch zusätzliche Prämien konnte die Leistung in der Dachverlegung auf 140% gesteigert werden. Durch die Verknappung des Fertigungsmaterials erhöhte der Großhandel den Preis um 5%, außerdem stiegen der Verschnitt und der Bruch. Der Verbrauch an Hilfsmaterial stieg um 10%. Die Personalkosten stiegen um 25% durch die Überstunden und Prämien. Der Treibstoffpreis wurde im Juni um 10% reduziert. Der Steuerberater verlangte für die Verrechnung der Überstunden ein um 10% erhöhtes Honorar. Die Preise für das Mitarbeitercatering sanken um 2%. Der Strompreis und die Telefonkosten wurden um 10% gesenkt. Die Abschreibungen stiegen durch Investitionen. Der Zinssatz stieg um 10%. In der Verwaltung können 10% eingespart werden. Im Vertrieb werden 10% Mitarbeiter eingespart.

Aufgaben:

a) Führen Sie die Plankostenrechnung durch und errechnen Sie alle Abweichungen lt. Tableau.
b) Errechnen Sie die Plan- und Istkostensätze je m^2, wenn lt. Plan 10.000 m^2 verlegt werden sollten.
c) Führen sie die Vor- und Nachkalkulation über einen Auftrag von 300 m^2 durch.
d) Bereiten Sie für die Kostenart Personal alle Abweichungen graphisch auf.

☞ Lösungshinweis:

Dachdeckerbetriebe kalkulieren Quadratmeterpreise, die je nach Ziegelart unterschiedlich hoch sind. Diese Quadratmeterpreise sind meist ortsübliche Preise, die sich kalkulatorisch wie folgt errechnen lassen:

Quadratmeterpreis des Materials inkl. Verschnitt zu einem Verkaufspreis (enthält meist eine Deckung der Gemeinkosten) + Stundensatz für alle übrigen Kosten (exkl. USt umgerechnet auf die Quadratmeter)
= Selbstkosten + Gewinn
= Zwischensumme + USt
= **Verkaufspreis**

Die Planung der Monate ging von einer Leistung von 10.000 m^2 gedecktes Dach aus. Diese Leistung sollte mit 1.000 Mannstunden je Monat erbracht werden. Im Monat Juni werden 1.200 Mannstunden geleistet und 14.000 m^2 gedeckt.

Kostenarten	BPK	V	Kvp	Kfp	Ki	IP120	IP140	RP120	GA	IA	BA	PA (e)	WA (i)	PA (i)	WA (e)	GmA
Fertigungsmaterial	100.000,–	10,0			140.000,–											
Hilfsmaterial	10.000,–	9,0			12.930,–											
Personal	400.000,–	5,0			600.000,–											
Treibstoff	10.000,–	8,0			13.000,–											
Steuerberater	20.000,–	0,0			22.000,–											
Werksküche	15.000,–	10,0			15.000,–											
Strom	5.000,–	8,0			5.000,–											
Telefon	10.000,–	7,0			11.400,–											
Abschreibungen	50.000,–	0,0			60.000,–											
Zinsen	40.000,–	0,0			50.000,–											
Verwaltung	100.000,–	0,0			100.000,–											
Vertrieb	100.000,–	5,0			90.000,–											
Summe	860.000,–				1,119.380,–											

Ist-Beschäftigung	120%	10,0
Ist-Leistung	140%	9,0

Kostenarten	WA	PA
Fertigungsmaterial		5%
Hilfmaterial	10%	
Personal		25%
Treibstoff		–10%
Steuerberater	10%	
Werksküche		–2%
Strom		–10%
Telefon		–10%
Abschreibungen		0%
Zinsen		10%
Verwaltung	–10%	
Vertrieb	–10%	

Legende

V	Variator
BPK	Basisplankosten
Kvp	variable Basisplankosten
Kfp	fixe Basisplankosten
Ki	Istkosten
IP120	ideale Plankosten 120%
IP140	ideale Plankosten 140%
RP120	reale Plankosten 120%
GA	Gesamtabweichung
IA	Intensitätsabweichung
BA	Beschäftigungsabweichung
PA(e)	Preisabweichung exklusive GmA
WA(i)	Wirtschaftlichkeitsabweichung inklusive GmA
PA(i)	Preisabweichung inklusive GmA
WA(e)	Wirtschaftlichkeitsabweichung exklusive GmA
GmA	Gemischte Abweichung

Lösung a) (alle Beträge außer V in €)

Kostenarten	BPK	V	Kvp	Kfp	Ki	IP120	IP140	RP120	GA	IA	BA	PA (e)	WA (i)	PA (i)	WA (e)	GmA
Fertigungsmaterial	100.000,–	10,0	100.000,–	0,–	140.000,–	120.000,–	140.000,–	120.000,–	0,–	–20.000,–	0,–	6.000,00	14.000,00	6.666,67	13.333,33	666,67
Hilfsmaterial	10.000,–	9,0	9.000,–	1.000,–	12.980,–	12.000,–	14.000,–	11.800,–	–1.020,–	–2.000,–	–200,–	0,00	1.180,00	0,00	1.180,00	0,00
Personal	400.000,–	5,0	200.000,–	200.000,–	600.000,–	480.000,–	560.000,–	440.000,–	40.000,–	–80.000,–	–40.000,–	110.000,00	50.000,00	120.000,00	40.000,00	10.000,00
Treibstoff	10.000,–	8,0	8.000,–	2.000,–	13.000,–	12.000,–	14.000,–	11.600,–	–1.000,–	–2.000,–	–400,–	–1.160,00	2.560,00	–1.444,44	2.844,44	–284,44
Steuerberater	20.000,–	0,0	0,–	20.000,–	22.000,–	24.000,–	28.000,–	20.000,–	–6.000,–	–4.000,–	–4.000,–	0,00	2.000,00	0,00	2.000,00	0,00
Werksküche	15.000,–	10,0	15.000,–	0,–	15.000,–	18.000,–	21.000,–	18.000,–	–6.000,–	–3.000,–	0,–	–360,00	–2.640,00	–306,12	–2.693,88	53,88
Strom	5.000,–	8,0	4.000,–	1.000,–	5.000,–	6.000,–	7.000,–	5.800,–	–2.000,–	–1.000,–	–200,–	–580,00	–220,00	–555,56	–244,44	24,44
Telefon	10.000,–	7,0	7.000,–	3.000,–	11.400,–	12.000,–	14.000,–	11.400,–	–2.600,–	–2.000,–	–600,–	–1.140,00	1.140,00	–1.266,67	1.266,67	–126,67
Abschreibungen	50.000,–	0,0	0,–	50.000,–	60.000,–	60.000,–	70.000,–	50.000,–	–10.000,–	–10.000,–	–10.000,–	0,00	10.000,00	0,00	10.000,00	0,00
Zinsen	40.000,–	0,0	0,–	40.000,–	50.000,–	48.000,–	56.000,–	40.000,–	–6.000,–	–8.000,–	–8.000,–	4.000,00	6.000,00	4.545,45	5.454,55	545,45
Verwaltung	100.000,–	0,0	0,–	100.000,–	100.000,–	120.000,–	140.000,–	100.000,–	–40.000,–	–20.000,–	–20.000,–	11.111,11	–11.111,11	10.000,00	–10.000,00	–1.111,11
Vertrieb	100.000,–	5,0	50.000,–	50.000,–	90.000,–	120.000,–	140.000,–	110.000,–	–50.000,–	–20.000,–	–10.000,–	–10.000,00	–10.000,00	–9.000,00	–11.000,00	1.000,00
Summe	860.000,–		393.000,–	467.000,–	1,119.380,–	1,032.000,–	1,204.000,–	938.600,–	–84.620,–	–172.000,–	–93.400,–	117.871,11	62.908,89	128.639,33	52.140,67	10.768,22

Ist-Beschäftigung	120%	10,0
Ist-Leistung	140%	9,0

Kostenarten	WA	PA
Fertigungsmaterial		5%
Hilfsmaterial	10%	
Personal		25%
Treibstoff		–10%
Steuerberater	10%	
Werksküche		–2%
Strom		–10%
Telefon		–10%
Abschreibungen		0%
Zinsen		10%
Verwaltung	–10%	
Vertrieb	–10%	

Lösung b)

Kalkulation je m² in €

Kostenarten	Plan	Ist
Material	11	10,927
Rest	75	69,029
Summe	86	79,956
IA		–12,286
BA		–6,671
PA (e)		8,419
WA (e)		3,724
GmA		0,769
Summe Abweichungen		6,045

Lösung c)

Kalkulation in € m² 300

Material	3.300,00
Rest	22.500,00
Plankalkulation	25.800,00
IA	–3.685,71
BA	–2.001,43
PA (e)	2.525,81
WA (e)	1.117,30
GmA	230,75
Summe Abweichungen	–1.813,28
Istkalkulation	23.986,72

Legende

V Variator
BPK Basisplankosten
Kvp variable Basisplankosten
Kfp fixe Basisplankosten

Ki Istkosten
IP120 ideale Plankosten 120%

IP140 ideale Plankosten 140%
RP120 reale Plankosten 120%

IA Intensitätsabweichung
BA Beschäftigungsabweichung
PA(e) Preisabweichung exklusive GmA
WA(i) Wirtschaftlichkeitsabweichung inklusive GmA
PA(i) Preisabweichung inklusive GmA
WA(e) Wirtschaftslichkeitsabweichung exklusive GmA
GmA Gemischte Abweichung
GA Gesamtabweichung

d) graphische Lösung: Personalkosten

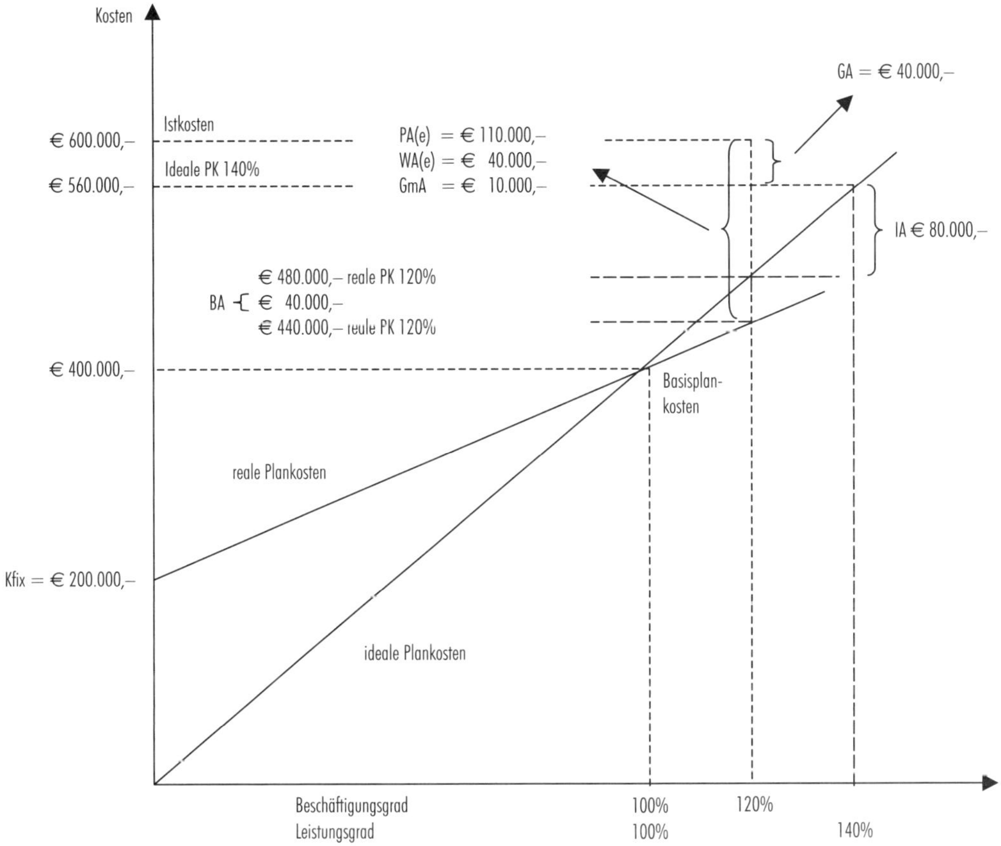

8. Zusammenfassende Übersicht über die Plankostenrechnungs-Systeme

In der folgenden Übersicht[1] werden die Gemeinsamkeiten und Unterschiede der Plankostenrechnungssysteme noch einmal abschließend dargestellt.

Merkmal	Starre PKR	Flexible PKR auf Vollkostenbasis	Flexible PKR auf Teilkostenbasis
PLANUNG			
Ermittlung echter Planwerte für die Planbeschäftigung	ja	ja	ja
jährliche Anpassung der Planwerte an veränderte Datenkonstellation	ja	ja	ja
laufende monatliche Anpassung der Planwerte an veränderte Beschäftigungsgrade	nein	ja	ja
laufende Anpassung der Planwerte an andere Kostenbestimmungsfaktoren	nein	fallweise	fallweise
KONTROLLE			
Trennung in fixe und variable Kostenbestandteile in der Kostenrechnung	nein	ja	ja
Ermittlung von Verbrauchsabweichungen	nein	ja	ja
Ermittlung Beschäftigungsabweichungen	nein	ja	nein
für Zwecke der Kostenkontrolle geeignet	nein	ja	ja
KALKULATION			
Trennung in fixe und variable Kosten in der Kostenträgerrechnung	nein	nein	ja
Verrechnung der Fixkosten auf die Kostenträger	ja	ja	nein
Kenntnis der Grenzkosten (variable Kosten) der betrieblichen Leistung	nein	nein	ja
Kalkulationsergebnisse als Entscheidungshilfe für kurzfristige Entscheidungen verfügbar	nein	nein	ja

1 Haberstock 1982, S. 136, zit. in Däumler, D., Grabe, F., Plankostenrechnung, Berlin 1991, S. 117.

G.
Von der Kostenrechnung zum modernen Kostenmanagement

1. Entwicklungen der Kostenrechnung

1.1. Voll- und Teilkostenrechnung

Historisch gesehen entsprang die (Voll-)Kostenrechnung dem Wunsch des mittelalterlichen Kaufmannes zu wissen, wieviel denn ein „Stück" nun wirklich „kostete". Daraus wurden Jahrhunderte lang Handelsspannen abgeleitet und Entscheidungen über Vorteilhaftigkeit getroffen.

Auch im einfachen Industriebetrieb (Produktionsstrukturen mit nur einem oder wenigen Produkten) fand dieses Rechenprinzip im Wege der einfachen oder mehrstufigen Divisionskalkulation seine Anwendung: Durch Durchschnittsbildung wurden die Vollkosten eines Stücks errechnet.

Die weitere industrielle und allgemein kommerzielle Entwicklung brachte wesentlich komplexere Sachverhalte in den Unternehmen mit sich. Die Anzahl der indirekten Leistungsbereiche wuchs rasch (Arbeitsvorbereitung, Entwicklung, Verwaltung . . .) und die verursachungsgerechte Kostenzurechnung wurde schwieriger.

Die Kostenrechnung formte sich daraufhin stärker als Kostenstellenrechnung mit Zuschlagskalkulation als Kostenträgerrechnung aus.

Der nächste wichtige Entwicklungsschritt war in der Industrie die Verschiebung der Kosten der direkten Leistungsbereiche zu den indirekten (Steigerung der Gemeinkosten, Rückgang der Einzelkosten). Die kostenrechnerische Antwort darauf war die Entwicklung der Maschinenstundensatzrechnung. Hier stand das erste Mal nicht mehr das Produkt (Stück), sondern ein Vorgang (Maschinenbelegungsdauer) im Zentrum des Interesses.

Unter zunehmendem Wettbewerbsdruck wuchs der Wunsch der Unternehmer, nicht nur eine betriebliche Vorgänge abbildende Kostenrechnung zu besitzen, sondern ein Instrument bei der Hand zu haben, das bei Entscheidungen herangezogen werden konnte. Die Antwort der Betriebswirtschaftslehre war die Teilkostenrechnung. In der gleichen Methodik wie die Vollkostenrechnung (Kostenarten-, -stellen- und -trägerrechnung) differenziert sie bei der Verrechnung der Gemeinkosten: In der Kostenstellenrechnung werden nur variable Gemeinkosten verrechnet, die fixen Gemeinkosten gehen direkt in die kurzfristige Betriebserfolgsrechnung. Wichtig ist, daß die Begriffe fix und variabel hier stück- bzw. erzeugnisbezogen gesehen werden.

1.2. Plankostenrechnung

Die nächste wichtige Antwort auf den Wunsch nach Entscheidungsunterstützung war die Entwicklung der Plankostenrechnung. Im voraus werden Plankosten als Produkt von Planmengen und Planpreisen für Kostenarten, Kostenstellen und Kostenträger berechnet, um dann im nachhinein Abweichungen analysieren und diese Analysen als Grundlagen für neue Entscheidungen verwenden zu können.

Die historischen Anstöße zur Entwicklung der Plankostenrechnung kamen insbesondere von Taylor und Gilbreth, den Initiatoren des Leistungslohnes. Mit dem Abgang vom Zeitlohn in Teilen der Industrie war man gezwungen, Vorgabe-, also Planzeiten einzuführen. Von da war es nur ein kleiner Schritt zu Planlohnkosten.

Ähnliche Vorgabestandards entwickelten sich bald auch für andere Produktionsfaktoren (Material, Energie etc.). Damit waren die (Planungs-)Voraussetzungen für die Plankostenrechnung gegeben.

Zusätzliche Anforderungen an die Brauchbarkeit der Kostenrechnung als Planungsinstrument ergaben sich aus den wirtschaftlichen Turbulenzen der zwanziger Jahre, so daß bereits in der Zwischenkriegszeit das methodische Instrumentarium der Plankostenrechnung entwickelt war.

Die einzelnen Ausprägungsformen der Plankostenrechnung finden Sie im Kapitel F dargestellt.

2. Modernes Kostenmanagement

In den letzten zwei Jahrzehnten war die wirtschaftliche Entwicklung durch eine besondere Dynamik geprägt, deren Hauptursachen in der Globalisierung der Märkte und in der raschen technologischen Entwicklung zu sehen sind. Aus strategischer Sicht kann in den meisten Branchen die allgemeine Situation wie folgt charakterisiert werden:

- Überkapazitäten in der Produktion
- Sättigung bzw. geringes Wachstum auf der Nachfrageseite
- zunehmende Differenzierung der Kundenwünsche
- Internationalisierung des Wettbewerbs
- Angleichung von Qualität und Know-how (hohe Qualitätsstandards als Norm)
- sinkender Einzelkosten- und wachsender Gemeinkostenanteil in der Leistungserstellung
- Die traditionellen Kostenrechnungssysteme sind einseitig auf die direkten Fertigungsbereiche ausgerichtet und verrechnen demgemäß die anfallenden Gemeinkosten nur zum Teil verursachungsgerecht.

Aufgrund dieser Situation war und ist es erforderlich, die traditionelle Kostenrechnung durch moderne Verfahren eines strategischen Kostenmanagements zu ergänzen.

Dem strategischen Kostenmanagement sind daher alle Maßnahmen zuzurechnen, die in einem Unternehmen mit der Zielsetzung eingeleitet werden, die Kosten unter Berücksichtigung einer gesamtbetrieblichen, strategischen Sichtweise zu analysieren und wettbewerbsrelevant zu beeinflussen. In den nachfolgenden Kapiteln werden folgende Instrumente des strategischen Kostenmanagements näher dargestellt:

- Target Costing
- Prozeßkostenrechnung
- Life-Cycle-Costing
- Fixkostenmanagement
- Benchmark Costing
- Öko-Costing

3. Strategisches Kostenmanagement

Ausgangspunkt für die Entwicklung der Prozeßkostenrechnung war die unbefriedigende Art der Verrechnung von Gemeinkosten in der betrieblichen Praxis. Besonders begünstigt wurde die Entwicklung der Prozeßkostenrechnung zudem vom Phänomen steigender Gemein- und Fixkostenblöcke, welches insbesondere auf die Verschiebung von produktiven zu administrativen (erhöhter Bedarf an Planung, Steuerung, Koordination und Kontrolle) Tätigkeiten, verursacht durch den Einsatz moderner Technologien sowie durch die zunehmende Komplexität der abgesetzten Produkte, zurückzuführen ist. Bestehende Kostenrechnungs- und Controllingsysteme sind daher an diese neuen Rahmenbedingungen anzupassen, um weiterhin dem Informationsbedürfnis des Managements entsprechen zu können. Trotz anfänglicher intensiver Diskussionen in der betriebswirtschaftlichen Theorie konnte sich die Prozeßkostenrechnung als Instrument in der Praxis etablieren, welches bereits in einer Vielzahl von Unternehmen eingesetzt wird, vom kleineren mittelständischen Industrieunternehmen bis zum Weltkonzern, von Banken, Versicherungen, Handelsunternehmen sowie öffentlichen Institutionen.[1]

Zudem gestaltet sich der Wettbewerb von Unternehmen zunehmend globaler. Um in diesem Konkurrenzkampf bestehen zu können, müssen Unternehmen qualitativ hochwertige Produkte und gleichzeitig kostengünstige Produkte am Markt anbieten. Ein wirksames Instrumentarium zur Wettbewerbsstärkung stellt dabei das Target Costing dar. Das Target Costing konzentriert sich auf die frühen Phasen der Produktentstehung und ermöglicht eine dynamische, an den Bedürfnissen des Kunden orientierte Steuerung der Kostenstrukturen über den gesamten Produktlebenszyklus.

Doch erst durch die Kombination der Kostenrechnungssysteme Prozeßkostenrechnung und Target Costing kann der Marktbezug der internen, gemeinkostenverursachenden Prozesse hergestellt und damit den Marktanforderungen sowie den Anforderungen des Unternehmens entsprochen werden.

3.1. Target Costing

Im deutschsprachigen Raum hat sich für den Begriff des Target Costing insbesondere die Bezeichnung der Zielkostenrechnung bzw. des Zielkostenmanagements durchgesetzt.[2] In Japan hingegen wird im Zusammenhang mit dem Target Costing der Begriff „Genka Kika-

1 Vgl. Horváth, P., Prozeßkostenmanagement, 1998, S. V.
2 Buggert, W./Wielpütz, A., Target Costing, 1995, S. 40.

ku" verwendet.[1] Für den Begriff Target Costing existiert derzeit keine einheitliche Definition. Es reichen die vorhandenen Definitionen von eng gefaßten Begriffsbestimmungen bis hin zu einem umfassenden Verständnis des Target Costing.[2]

In GABLER'S LEXIKON FÜR CONTROLLING UND KOSTENRECHNUNG wird das Target Costing bezeichnet als:

„Kostenrechnungssystem, das nicht auf die Kostenminimierung bei der Produktion, sondern auf die frühen Phasen im integrierten Produkt-Lebenszyklus (⇒ Lebenszykluskonzept) abzielt und versucht, bereits in der Entwicklungsphase eines Produktes Einsparungspotentiale zu realisieren. Die entscheidende Frage der Zielkostenrechnung lautet nicht *Wieviel kostet ein Produkt?* sondern *„Wieviel darf es höchstens kosten, um sich im Markt behaupten zu können?"*.[3]

Grundsätzlich handelt es sich beim Target Costing um einen Ansatz des Kostenmanagements, welcher ursprünglich in den USA als Value Engineering konzipiert und in späterer Folge in Japan weiterentwickelt wurde.[4] Im Jahre 1965 wurde der Ansatz des Target Costing von *Toyota* entworfen und wird nunmehr bereits seit den siebziger Jahren in japanischen Unternehmen eingesetzt. Im europäischen und amerikanischen Raum hat das Target Costing jedoch erst durch englische Publikationen japanischer Autoren (z.B. Hiromoto 1989, Sakurai 1989, Tanaka 1989) in den letzten Jahren Eingang gefunden.[5] Aufmerksamkeit wurde dabei vor allem dem Aufsatz von SAKURAI mit dem Titel „Target Costing and how to use it", welcher im Jahre 1989 erschien, geschenkt.[6]

Der Ansatz des Target Costing ist jedoch nicht vollkommen neu, da die Grundidee des Target Costing, die retrograde Kalkulation der Produktkosten ausgehend vom Produktpreis, bereits im Zuge der Entwicklung des Direct Costings in den USA aufgegriffen wurde[7] bzw. bereits vor allem von Kaufleuten bereits seit Jahrtausenden praktiziert wird.

3.1.1. Abgrenzung des Target Costing zur traditionellen Kostenrechnung

Eine der Hauptaufgaben traditioneller Kalkulationsverfahren kann vor allem darin gesehen werden, die voraussichtlichen und tatsächlichen Kosten von Absatzleistungen zu bestimmen, wobei hierbei die Herstell- bzw. Selbstkosten die Grundlage für Preisentscheidungen darstellen.[8]

Die wichtigsten Nachteile einer traditionellen Vollkostenkalkulation ergeben sich im Vergleich zum Target Costing wie folgt:[9]

1 Vgl. Hiromoto, T., Management Accounting in Japan, 1989, S. 320 f.
2 Vgl. Horváth, P., /Niemand, S./Wolbold, M., Target Costing, 1993, S. 3.
3 Vgl. Liessmann, K., Gabler Lexikon: Controlling und Kostenrechnung, 1997, S. 750.
4 Vgl. Monden, Y., Wege zur Kostensenkung, 1999, S. XIII.
5 Vgl. Horváth, P., /Niemand, S./Wolbold, M., Target Costing, 1993, S. 3.
6 Vgl. Franz, K.-P., Target Costing: Konzept und kritische Bereiche, 1993, S. 125.
7 Vgl. Buggert, W., Kosten- und Leistungsrechnung, 1994, S. 193, zitiert in: Buggert, W./Wielpütz, A., Target Costing, 1995, S. 42.
8 Vgl. Männel, W., Bedeutsame Ansätze, Konzepte und Instrumente des Kostenmanagements, 1992, S. 340.
9 Vgl. Buggert, W./Wielpütz, A., Target Costing, 1995, S. 22 f.

- Mögliche höhere Gewinnchancen können durch niedrige Gemeinkostenzuschläge, die wiederum zu einem niedrigen Angebotspreis führen, nicht realisiert werden.
- Werden den Produkten zu hohe Gemeinkosten zugewiesen, kommt es zu hohen Angebotspreisen. Dieser Sachverhalt kann wiederum dazu führen, daß das Produkt „aus dem Markt kalkuliert" wird.

Auch beim Rechnen mit Grenzkosten kann es zu ähnlichen Effekten wie bei der Vollkostenkalkulation kommen und zwar in jenem Fall, da den Absatzleistungen feste Fixkostendeckungsraten bzw. starre Soll-Deckungsbeiträge vorgegeben werden, welche über den Verkaufserlös generiert werden müssen.[1] Darüber hinaus ergibt sich durch den späten Einsatzpunkt der Grenzkostenrechnung ein weiterer großer Nachteil. Das Target Costing vermeidet diesen Nachteil, indem es den „Gewinn pro Produkt" als strategieabhängige und beständige Größe interpretiert.[2]

Ein weiterer Kritikpunkt resultiert im Zusammenhang mit der traditionellen Kostenplanung neuer Produkte mittels Plankostenrechnung aus dem späten Einsatzpunkt dieser, da die Anwendung erst bei Abschluß der Konstruktion möglich ist. Liegt eine Überteuerung des Produktes vor, so besteht dann lediglich die Möglichkeit, die Konstruktionsabteilung mit der Überarbeitung der Konstruktionszeichnungen zu beauftragen, wobei hier die Änderungsmöglichkeiten im Hinblick auf den vertretbaren Aufwand nur mehr gering sein dürften.[3]

Die traditionellen Kostenrechnungssysteme sind daher insbesondere im Hinblick auf die Notwendigkeit der Berücksichtigung von Qualitäts- und Preiserwartungen der Kunden durch die Unternehmen sowie angesichts des enormen Wettbewerbdrucks nicht mehr geeignet, zufriedenstellende Lösungen zur Verfügung zu stellen.[4]

Der Einsatz des Target Costing kann es daher ermöglichen, die unternehmensinterne Orientierung der traditonellen Kostenrechnung auszuschalten und aus den Preiserwartungen der Kunden „verdienbare Kosten" abzuleiten. Die Ermittlung dieser „verdienbaren Kosten" gestattet es den Unternehmen wiederum, konkurrenzfähige Produkte und Leistungen zu entwickeln bzw. jene Leistungen und Fertigungsprozesse, die nicht mehr konkurrenzfähig sind, einer marktorientierten Verbesserung zu unterziehen. Dennoch benötigt das Target Costing „traditionelle" Kostenrechnungssysteme, um die Standardkosten zu ermitteln.[5]

An dieser Stelle sei ausdrücklich darauf hingewiesen, daß das Target Costing von den im Unternehmen implementierten Kostrechnungssystemen weitgehend unabhängig ist, da es seine Vorgabegrößen aus den Marktanforderungen ableitet.[6]

---

1 Vgl. Buggert, W./Wielpütz, A., Target Costing, 1995, S. 23.
2 Vgl. Buggert, W./Wielpütz, A., Target Costing, 1995, S. 23.
3 Vgl. Buggert, W./Wielpütz, A., Target Costing, 1995, S. 24.
4 Vgl. Buggert, W./Wielpütz, A., Target Costing, 1995, S. 24.
5 Vgl. Seidenschwarz, W., Target Costing, 1991, S. 202.
6 Vgl. Horváth, P., /Niemand, S./Wolbold, M., Target Costing, 1993, S. 3.

3.1.2. Zielsetzung des Target Costing

Grundsätzlich verfolgt das Target Costing nachfolgend genauer beschriebene (Haupt-) Ziele. Gleichzeitig soll hier noch einmal darauf eingegangen werden, welche Vorteile das Target Costing im Vergleich zu traditionellen Kostenrechnungssystemen aufweist.

1. Unterstützung des strategischen Kostenmanagements

Festzuhalten ist, daß es beim strategischen Kostenmanagement insbesondere darum geht, einerseits Unternehmens- und Unternehmensbereichsstrukturen auf strategische Ziele hin auszurichten und andererseits Produktstrukturen in Abhängigkeit von den vom Markt gestellten Anforderungen möglichst frühzeitig zu beeinflussen.[1]

2. Marktbezogene Kostengestaltung

Ein häufig auftretender Kritikpunkt am traditionellen Kostenmanagement ist die mangelnde Ausrichtung am Markt, welche insbesondere ein sogenanntes Over-Engineering der Produkte zur Folge haben kann.[2]

Demgegenüber strebt das Target Costing eine Steuerung des Ressourceneinsatzes in der Weise an, als er den vom Kunden gewünschten Produktrelationen entspricht.[3] Die Kundenwünsche werden somit im Rahmen des Target Costing zum Bezugspunkt des Kosteneinsatzes.[4] Generell kann daher das Target Costing als Methode verstanden werden, welche die marktorientierte Erlös- und Kostenplanung an den Beginn produktpolitischer Entscheidungen stellt.[5]

3. Frühzeitige Beeinflussung der Kosten[6]

Wie bereits festgehalten wurde, zielt das Target Costing vor allem auf die Kostenbeeinflussung eines geplanten Neuproduktes bereits in der Entwicklungsphase ab und zieht daher im Gegensatz zu den traditionellen Kostenrechnungssystemen nicht die Produktion in den Mittelpunkt der Betrachtung.

1 Horváth, P./Seidenschwarz, W., Zielkostenmanagement, 1992, S. 143.
2 Buggert, W./Wielpütz, A., Target Costing, 1995, S. 50.
3 Horváth, P./Seidenschwarz, W., Zielkostenmanagement, 1992, S. 145.
4 Buggert, W./Wielpütz, A., Target Costing, 1995, S. 50.
5 Bauer, H./Herrmann, A., Preisfindung durch „Nutzenkalkulation" am Beispiel einer Pkw-Kalkulation, 1993, S. 239.
6 Buggert, W./Wielpütz, A., Target Costing, 1995, S. 51 ff.

3.1.3. Anwendungsbereiche und Hauptfunktionen des Target Costing

Die Anwendungsbereiche des Target Costing ergeben sich im einzelnen wie folgt:[1]

- Der Einsatz des Target Costing eignet sich vor allem in den Konzeptions- und Entwicklungsphasen, da in diesen Phasen die Entwicklung kostenoptimierter Produkte und Prozesse am ehesten gewährleistet werden kann.
- Zudem kann das Target Costing zur Rationalisierung bestehender Produkte eingesetzt werden. Hier dürften die Effekte des Target Costing jedoch sehr begrenzt sein, da die grundlegende Konzeption eines bereits existierenden Produktes nur in den seltensten Fällen geändert wird.
- Darüber hinaus eignet sich der Einsatz des Target Costing bezüglich der Kostensenkung und Leistungssteigerung im Produktionsprozeß.
- Weitere Effizienzsteigerungen können sich durch den Einsatz des Target Costing in den indirekten Bereichen ergeben. In diesem Zusammenhang kann Target Costing insbesondere dazu beitragen, die Marktanforderungen unter Zuhilfenahme des Prozeßmanagements umzusetzen.

Nachstehende Abbildung soll die Anwendungsbereiche des Target Costing nochmals graphisch veranschaulichen:

Anwendungsbereiche des Target Costing

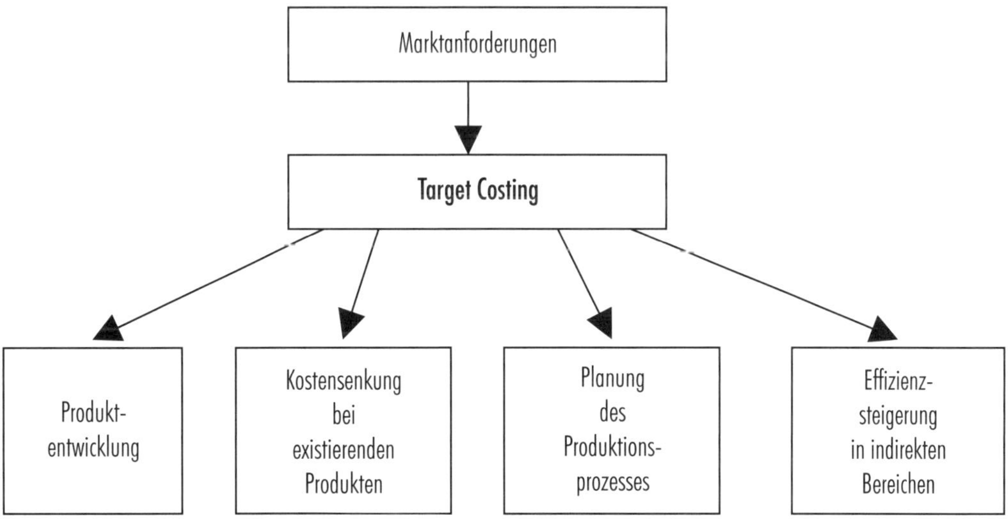

Quelle: Horváth, P./Niemand, S./Wolbold, M., Target Costing - State of the Art, 1993, S. 5

1 Vgl. Horváth, P., /Niemand, S./Wolbold, M., Target Costing, 1993, S. 5.

Die Hauptfunktionen des Target Costing Ansatzes umfassen insbesondere folgende Bereiche:[1]

- Marktausrichtung
- Strategieunterstützung
- Unterstützung des Managements der frühen Phasen
- Dynamisierung
- Motivation
- Straffung von Innovationsaktivitäten

Das Target Costing zielt auf die Beantwortung der Frage ab „*Wie effizient **muß** ein Produkt produziert werden, um einen maximalen Markterfolg damit zu erzielen?*" und nicht „*Wie effizient **kann** ein Produkt durch ein Unternehmen hergestellt werden?*".[2] Damit gewährleistet das Instrument Target Costing ein streng marktorientiertes Kostenmanagement, welches die kostenorientierte Koordination aller Unternehmensbereiche sicherstellt.[3]

3.1.4. Target Costing Ansätze

Marktorientierter Target Costing Ansatz

Der marktorientierte Target Costing Ansatz ist auf HIROMOTO zurückzuführen, welcher die Anwendung des Target Costing vor allem auf Unternehmen bezogen sieht, die in intensivem Wettbewerb stehen und deren Wettbewerbsfähigkeit nur durch wirtschaftliches Innovationsmanagement erhalten bzw. verbessert werden kann.[4]

Als Hauptfunktionen des Target Costing Ansatzes arbeitet HIROMOTO dabei die Marktorientierung, das Kostenmanagement der frühen Phasen im Produktentstehungsprozeß sowie das dynamische Kostenmanagement heraus, wobei der Marktorientierung das Hauptgewicht beigemessen wird, die ihrerseits sicherstellen soll, daß sich das Kostenmanagement eines Unternehmens auf die Erreichung von Zielkosten konzentriert und sich nicht nur auf „herrschende Konstruktionsmaßstäbe" verläßt. Die Funktion eines Kostenmanagements der frühen Phasen wird dem Ansatz insofern zugeschrieben, als das Target Costing bereits in der Produktplanung einsetzt und somit eine marktorientierte Produktgestaltung gewährleisten soll. Zur Erfüllung der Funktion des dynamischen Kostenmanagements trägt das Target Costing auf zweierlei Weise bei: einerseits durch die Erreichung der vorgegebenen Zielkosten und andererseits durch weitere Kostenreduktionsvorgaben im Laufe des Produktlebenszyklus.[5]

1 Vgl. Seidenschwarz, W., Target Costing und Prozeßkostenrechnung, 1991, S. 50 f.
2 Hiromoto, T., Another Hidden Edge, 1988, S. 132 zitiert in: Seidenschwarz, W., Target Costing und Prozeßkostenrechnung, 1991, S. 50 f.
3 Vgl. Seidenschwarz, W., Target Costing, 1991, n.o.S. zitiert in: Seidenschwarz, W., Target Costing und Prozeßkostenrechnung, 1991, S. 50 f.
4 Vgl. Seidenschwarz, W., Target Costing, 1993, S. 7.
5 Vgl. Hiromoto, T., Das Rechnungswesen als Innovationsmotor, 1989, S. 129 ff.

Ingenieurorientierter Target-Costing Ansatz

Begründet wurde der ingenieurorientierte Target-Costing Ansatz insbesondere von SAKURAI und MONDEN. SAKURAI hat mit seinem 1989 veröffentlichten Artikel „Target Costing and how to use it" die Methodik des Ansatzes erstmals den internationalen Expertenkreisen zugänglich gemacht.[1] SAKURAI sieht dabei die Anwendung des Target Costing vor allem für Großserienhersteller mit hoher Variantenzahl, für die Softwareindustrie sowie für die verarbeitende Industrie als geeignet an. In diesem Zusammenhang empfiehlt er den Einsatz des Target Costing insbesondere für High-Tech-Branchen wie die Automobil-, Elektronik-, Werkzeugmaschinen- und Präzisionsgeräteindustrie.[2]

Produktfunktionsorientierter Target Costing Ansatz

Die Ausführungen zum Target Costing von TANAKA, YOSHIKAWA u. a. lassen sich als sogenannte produktfunktionsorientierte Ansätze beschreiben.[3]

TANAKA bezieht sich in seinen Ausführungen auf keinen spezifischen Unternehmenskontext. Als zentrale Funktionen des Target Costing verweist TANAKA auf die Marktorientierung (= durch die Marktforschung als relevant erachtete Produktmerkmale sollen in konkrete Kostenvorgaben hinsichtlich einzelner Komponenten überführt werden) und das Kostenmanagement in frühen Phasen (= jene Maßnahmen werden in den Vordergrund gerückt, die eine entsprechende Zielkostenerreichung zulassen).[4] Den Ablauf der Zielkostenfestlegung und -erreichung unterteilt er dabei in fünf Stufen, wobei jede dieser Stufen Zielkostenkomponenten enthält. Diese fünf Stufen stellen sich im einzelnen wie folgt dar:[5]

- Produktplanung
- Konzeptentwurf
- Basiskonstruktion
- Detailkonstruktion
- Fertigungsvorbereitung

3.1.5. Der Target Costing Prozeß

Im nachfolgenden soll nun auf die einzelnen Phasen des Target Costing Prozesses eingegangen werden. Es können vier Phasen unterschieden werden:

1. Marktinformation als zentraler Ausgangspunkt
2. Bestimmung und Vorgabe der Target Costs
3. Zielkostenspaltung
4. Erreichung der Zielkosten

---

1 Sakurai, M., Target Costing and how to use it, 1989, S. 39 ff.
2 Seidenschwarz, W., Target Costing, 1993, S. 11.
3 Seidenschwarz, W., Target Costing, 1993, S. 23.
4 Tanaka, M., Cost planning and control systems in the design phase of a new product, 1989, S. 49 ff.
5 Burger, A., Kostenmanagement, 1995, S. 18 f.

Phase 1: Marktinformation als zentraler Ausgangspunkt

Der Target Costing Prozeß beginnt mit der Beschaffung von Marktinformationen. Hierbei ist die organisatorische Verbindung zwischen der Marktforschung und anderen am Produktentwicklungsprozeß beteiligten Bereichen erforderlich, um die Marktnähe in dieser Phase zu gewährleisten.[1] Um die Umsetzung der Kundenanforderung in ein erfolgversprechendes Produktkonzept zu ermöglichen, sind insbesondere nachfolgend genauer beschriebene Schritte zu beachten:

1. Zunächst sollte eine Marktsegmentierung vorgenommen werden, welche es dem Unternehmen wiederum ermöglichen soll, potentielle Kunden gezielt anzusprechen und über eine Produktdifferenzierung Wettbewerbsvorteile zu erzielen.[2]
2. Im Prozeß der gesamtproduktbezogenen Zielkostenberechnung sind weitere zielpreisbeeinflussende Faktoren zu identifizieren.[3] In nachstehender Abbildung werden mögliche Bestimmungsfaktoren des Zielpreises graphisch dargestellt:

Bestimmungsfaktoren des Zielpreises

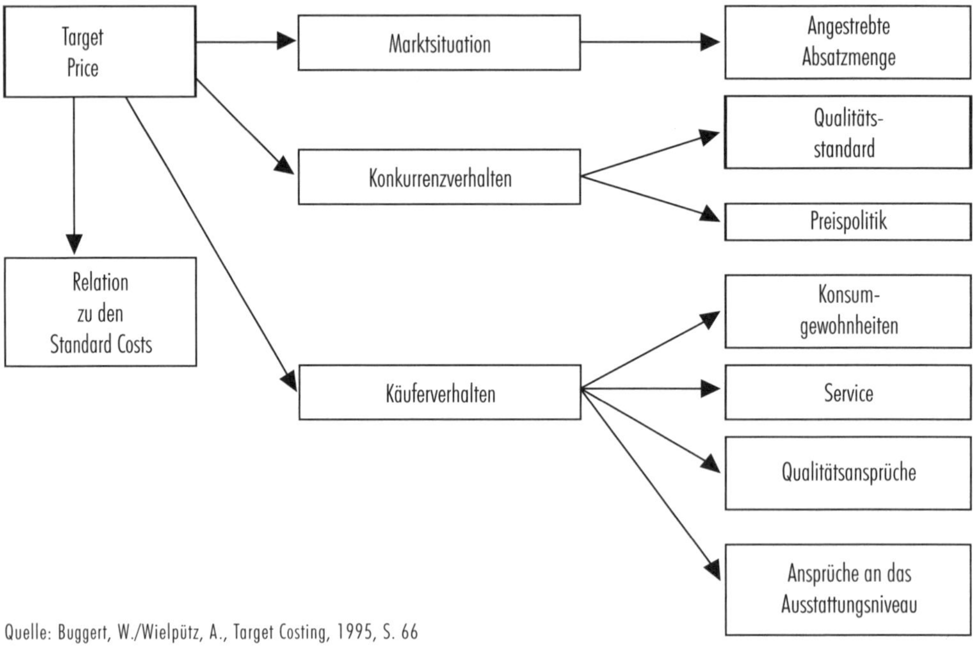

Quelle: Buggert, W./Wielpütz, A., Target Costing, 1995, S. 66

3. Wurde der Zielmarkt, für welchen das Produkt entwickelt werden soll, festgelegt, so ist das Produkt nunmehr so zu entwickeln, daß es den Anforderungen der Konsumenten des Zielmarktes entspricht. Als Schlüsselfaktor ist hierbei der Faktor „Qualität" zu nennen.

1 Vgl. Horváth, P./Niemand, S./Wolbold, M., Target Costing, 1993, S. 7.
2 Vgl. Kotler, P., Marketing-Management, 1989, S. 201.
3 Vgl. Buggert, W./Wielpütz, A., Target Costing, 1995, S. 64.

4. Grundsätzlich beginnt der Target Costing Prozeß mit der Notwendigkeit, den Zielpreis für das Gesamtprodukt entsprechend den Kundenanforderungen abzuleiten.[1] Nach SIMON lassen sich insbesondere nachfolgend genauer beschriebene Ansätze zur Abschätzung der Preiswirkung und zu Zwecken der Preisoptimierung unterscheiden:[2]
   - Expertenbefragung
   - Preisexperiment
   - Beobachtung tatsächlicher Marktdaten
   - Direkte Kundenbefragung
   - Indirekte Kundenbefragung (auch Conjoint Measurement bzw. Conjoint Analyse)

Phase 2: Bestimmung und Vorgabe der Target Costs

Nach SEIDENSCHWARZ lassen sich insbesondere folgende Methoden der Zielkostenbestimmung unterscheiden:[3]
- „Market into Company"
- „Out of Company"
- „Into and out of Competitor"
- „Out of Competitor"
- „Out of Standard Costs"

SEIDENSCHWARZ führt dabei aus, daß es sich bei den vier letztgenannten Konzepten nur um Hilfsformen bzw. Spezialfälle handelt.[4] Hingewiesen sei darauf, daß es sich beim „Marketinto Company" und „Out of Competitor" um sogenannte Subtraktionsmethoden handelt, während „Out of Company" und „Out of Standard Costs" Additionsmethoden darstellen. Die Additionsmethodik wird in dieser Arbeit um den Ansatz des „Out of Value Chain erweitert.[5]

Als weiteres wichtiges Merkmal ist neben dem Zielpreis auch die nach strategischen Überlegungen und Rentabilitätsvorstellungen festzulegende Zielgewinnspanne (Target Margin) zu berücksichtigen, die erst die Berechnung der Target Costs ermöglicht.[6] Durch Abzug der Target Margin vom Zielpreis ergeben sich die sogenannten „allowable Costs", dies sind die aufgrund von Kundenanforderungen und Wettbewerberbedingungen maximal zulässigen Kosten.[7]

Subtraktionsmethoden

Market into Company

Beim „Market into Company" Konzept handelt es sich um die Reinform des Target Costings, da dieses von den am Markt realisierbaren Erlösen ausgeht.[8] Bei Anwendung der

1 Vgl. Buggert, W./Wielpütz, A., Target Costing, 1995, S. 69.
2 Vgl. Simon, H., Preismanagement, 1992, S. 109 ff.
3 Vgl. Seidenschwarz, W., Target Costing, 1991, S. 199.
4 Vgl. Seidenschwarz, W., Target Costing, 1991, S. 199.
5 Vgl. Buggert, W./Wielpütz, A., Target Costing, 1995, S. 79.
6 Vgl. Buggert, W./Wielpütz, A., Target Costing, 1995, S. 79.
7 Vgl. Horváth, P./Seidenschwarz, W., Zielkostenmanagement, 1992, S. 150.
8 Vgl. Seidenschwarz, W., Target Costing, 1991, S. 199.

Market into Company Variante ist zunächst derjenige Preis (= Target Price) zu ermitteln, der am Markt für ein geplantes Produkt erzielt werden kann.

Wichtige Informationen liefert dabei vor allem die Marktforschung.[1] Der über die Marktforschung ermittelte „Target (Sales) Price" stellt hierbei die durch den Markt determinierte Preisobergrenze dar.[2] Von diesem „Target Price" ist eine nach gesamtunternehmerischen Gesichtspunkten festgelegte Gewinnspanne (Target Margin) abzuziehen, wobei sich dabei in retrograder Vorgehensweise die sogenannten Allowable Costs ergeben. Diese Allowable Costs sind anschließend den Drifting Costs (oder auch Standardkosten) gegenüberzustellen.[3] Die Drifting Costs stellen dabei jene Plankosten dar, die in den Unternehmen unter Aufrechterhaltung der vorhandenen Technologie- und Verfahrensstandards, bezogen auf die Lebensdauer des Produktes (unter Beachtung einer vorgegebenen Qualität), erreicht werden können.

Nachstehende Abbildung soll die Vorgehensweise beim Market into Company Ansatz noch einmal verdeutlichen:

Vorgehensweise beim Market into Company

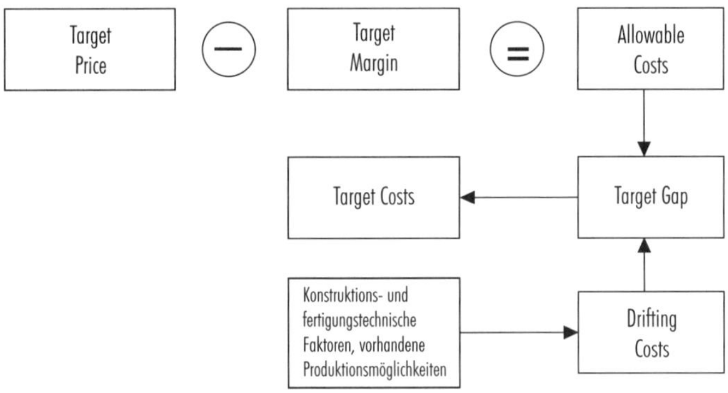

Quelle: Buggert, W./Wielpütz, A., Target Costing, 1995, S. 82

Die Target Gap oder auch Ziellücke gibt gleichzeitig den Kostenreduktionsbedarf im Unternehmen an. Die nachstehende Abbildung soll diesen Sachverhalt nochmals graphisch veranschaulichen[4]:

1 Vgl. Buggert, W./Wielpütz, A., Target Costing, 1995, S. 80.
2 Vgl. Buggert, W., Kosten- und Leistungsrechnung, 1994, S. 275, zitiert in: Buggert, W./Wielpütz, A., Target Costing, 1995, S. 80.
3 Vgl. Buggert, W./Wielpütz, A., Target Costing, 1995, S. 80 f.
4 Vgl. Jossé, G., Basiswissen Kostenrechnung, 1998, S. 172.

Kostenreduktionsbedarf

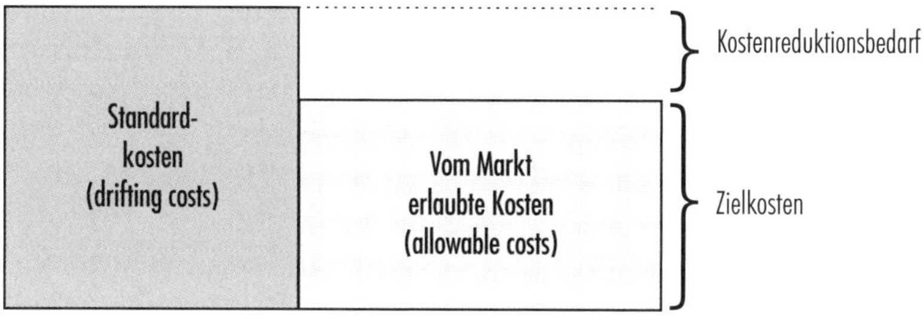

Quelle: Jossé, G., Basiswissen Kostenrechnung, 1998, S. 172

Out of Competitor

Bei der Out of Competitor Variante sind die Zielkosten aus den Standardkosten der Konkurrenz zu bestimmen, wobei hier vorgeschlagen wird, sich dabei auf den preis- und leistungsbezogen stärksten Mitbewerber zu konzentrieren. Bei Anwendungen dieses Ansatzes stehen grundsätzlich nachfolgend aufgezählte Quellen zur Verfügen, die eine Bestimmung der Standardkosten der Konkurrenz ermöglichen sollen:[1]

- Veröffentlichungen (zB. Jahresabschlüsse und Mitarbeiterzeitungen);
- Informationen aus der Wirtschaftspresse;
- eigene Vertriebsmitarbeiter[2];
- Produktpräsentationen auf Messen und Ausstellungen;
- analytisches „Sezieren" von Konkurrenzprodukten im Hinblick auf verwendete Teile und deren Kosten.

Problematisch erweist sich bei Anwendung der Out of Competitor Variante insbesondere die Prognose des zukünftigen Preisniveaus und der langfristigen Anbieterstruktur, da der Zielpreis auf Marktkonstellationen zukünftiger Perioden ausgerichtet werden sollte.[3] Dieser Ansatz erweist sich daher als Instrument eines aktiven und richtungsweisenden Kostenmanagements kaum geeignet, weil nur vergangenheitsorientierte Kostenwerte verfügbar sind und die bestehenden Kundenwünsche nur sehr indirekt in die Überlegungen mit einbezogen werden können.[4] Zudem birgt bezeichnete Methodik überdies auch die Gefahr, die Kosten der Konkurrenten zu imitieren und eigene Kostenstrukturen zu negieren.[5]

1 Vgl. Buggert, W./Wielpütz, A., Target Costing, 1995, S. 83.
2 Vgl. Brockmann, M., „Wie es die Japaner schaffen, Qualität immer noch billiger anzubieten", 1991, S. 130.
3 Vgl. Simon, H., Preismanagement, 1992, S. 63 f.
4 Vgl. Seidenschwarz, W., Target Costing, 1991, S. 200.
5 Vgl. Jossé, G., Basiswissen Kostenrechnung, 1998, S. 170 f.

Additionsmethoden

Grundsätzlich streben die Additionsmethoden nach einer Ableitung der Zielkosten basierend auf technischen und betriebswirtschaftlichen Faktoren. Bei den Additionsmethoden erfolgt jedoch die Ausrichtung des Unternehmens auf die Markterfordernisse nur indirekt, wobei die unternehmensinterne Kostensituation im Mittelpunkt der Überlegungen steht.[1]

Out of Company

Beim Out of Company Ansatz werden die Zielkosten aus dem Unternehmen heraus bestimmt und auf ihre Markttauglichkeit hin bewertet. Die Herleitung der Zielkosten erfolgt dabei aus konstruktions- und fertigungstechnischen Faktoren in Abhängigkeit vorhandener Fähigkeiten und Fertigkeiten, vorhandener Erfahrungswerte und vorhandener Produktionsmöglichkeiten. Voraussetzung für die Anwendung des Out of Company Ansatzes ist es, daß jeder beteiligte Mitarbeiter weitgehend über Markt- und Kostentransparenz verfügt.[2]

Out of Standard Costs

Die Zielkosten werden bei Anwendung des Out of Standard Costs Ansatzes auf Basis vorhandener Fähigkeiten, Erfahrungswerte und Produktionsmöglichkeiten abgeleitet. Bezeichnete Methodik stellt jedoch lediglich eine Spezialform des Target Costing dar, welche nur für unterstützende Bereiche (wie z.B. das Softwaremanagement) eingesetzt werden sollte.[3]

Out of the Value Chain

Grundsätzlich beschreibt eine Value Chain (oder auch Wertkette) alle Phasen, die ein Produkt auf dem Weg bis zur Marktreife zu durchlaufen hat, sowie alle Prozesse, die das Produkt im Unternehmen verursacht.[4] Charakterisiert ist der Out of the Value Chain Ansatz durch seine übergreifende und querschnittsbildende Betrachtung sämtlicher Bezugsobjekte mit der Absicht, eine frühzeitige und integrative Beeinflussung der Kosten zu erreichen.[5] Ziel ist es, eine geschlossene Marktausrichtung der Value Chain zu erreichen.[6]

Gegenstromverfahren (into and out of Company Ansatz)

Beim sogenannten into and out of Company Ansatz handelt es sich um eine Kombination der Ansätze Market into Company und Out of Company, wobei die Zielanforderungen des Marktes den Möglichkeiten des Unternehmens in einem Gegenstromprozeß gegenübergestellt werden. Bezeichnete Methodik birgt vor allem die Gefahr, daß der Marktbezug aufgeweicht wird und dadurch die Marktanforderungen relativiert werden.[7]

1 Vgl. Buggert, W./Wielpütz, A., Target Costing, 1995, S. 84.
2 Vgl. Seidenschwarz, W., Target Costing, 1993, S. 127 f.
3 Vgl. Seidenschwarz, W., Target Costing, 1993, S. 129.
4 Vgl. Fröhling, O., Strategisches Management Accounting, 1991, S. 8.
5 Vgl. Becker, W., Entwicklungslinien der betriebswirtschaftlichen Kostenrechnung , 1993, S. 17.
6 Vgl. Seidenschwarz, W., Target Costing, 1991, S. 200.
7 Vgl. Seidenschwarz, W., Target Costing, 1993, S. 128.

Phase 3: Zielkostenspaltung

Die Zielkostenspaltung dient der Aufgliederung der Gesamtzielkosten auf die einzelnen Baugruppen, Komponenten und Prozesse. Dabei wird von der Überlegung ausgegangen, daß eine Zielkostenvorgabe auf Gesamtproduktebene zu undifferenziert wäre, um die Zielkostenerreichung effektiv abstimmen sowie steuern zu können.[1] Die Zielkosten sind daher derart auf die Produktkomponenten zu verteilen, daß sie den von den Kunden an das Produkt gestellten Anforderungen gerecht werden, wobei sich die Komponentenkosten zu den Gesamtkosten genau so verhalten sollten, wie der Nutzenbeitrag der Komponenten zum Gesamtnutzen des Produktes.[2] Zur zentralen Fragestellung während der Zielkostenfindung – *„Was darf das Produkt kosten?"* – kommt nun in der Phase der Zielkostenspaltung die funktionale Frage – *„Was muß das Produkt können?"* – hinzu.[3]

Grundsätzlich werden zwei Methoden der Zielkostenspaltung, die Komponentenmethode und die Funktionsbereichsmethode, unterschieden:[4]

Komponentenmethode

Bei Anwendung dieser Methode werden die Zielkosten bereits in der ersten Stufe (d.h. bei Zerlegung des Produktes in seine Funktionen) auf die einzelnen Baugruppen und Komponenten verteilt, wobei Abweichungen zwischen Ist- und Zielkostenwerten den Kostenreduktionsbedarf darstellen. Die Anwendung dieser Methode eignet sich vor allem für Produkte mit geringem Innovationsgrad, sowie für Produkte, bei denen auf Kostenwerte von Vorgängermodellen zurückgegriffen werden kann.

Funktionsbereichsmethode

Bei der Funktionsbereichsmethode werden die Zielkosten zunächst entsprechend der Wertschätzung des Kunden auf die einzelnen Produktfunktionen verteilt. Anschließend erfolgt die Aufteilung der Kosten auf jene Baugruppen und Komponenten, die als Träger zur Realisierung der entsprechenden Funktion festgestellt wurden.

Vorgehensweise zur Zielkostenspaltung

Die Vorgehensweise zur Zielkostenspaltung, die ursprünglich auf TANAKA zurückzuführen ist und in späterer Folge von HORVÁTH und SEIDENSCHWARZ verfeinert wurde, läßt sich in acht Stufen unterteilen.[5]

1. Stufe Hier wird das Produkt in seine Funktionen zerlegt, wobei dabei zwischen „hard functions" (= objektiv physische, technische oder mechanische Eigenschaften)

1 Vgl. Buggert, W./Wielpütz, A., Target Costing, 1995, S. 84.
2 Vgl. Horváth, P./Seidenschwarz, W., Zielkostenmangement, 1992, S. 145.
3 Vgl. Krogh, H., Kunden im Visier, 1992, S. 262.
4 Vgl. Buggert, W./Wielpütz, A., Target Costing, 1995, S. 90.
5 Vgl. Buggert, W./Wielpütz, A., Target Costing, 1995, S. 91 ff.

und „soft functions“ (= dienen der Befriedigung geschmacklicher und prestigeorientierter Kundenanforderungen) unterscheiden wird.[1]

2. Stufe In der zweiten Stufe ist basierend auf eine Kundenbefragung eine Gewichtung der Teilfunktionen vorzunehmen.

3. Stufe Entsprechend der durch die Konsumenten vorgenommenen Gewichtung kann nun ein Grobentwurf des neuen Produktes erstellt werden, welcher die Produktkomponenten unter Zielkostengesichtspunkten sowie Beachtung der Funktionsstruktur und Bedeutung der Teilgewichte bestimmt.

4. Stufe Hier erfolgt die Kostenplanung der einzelnen Produktkomponenten.

5. Stufe Die Funktionskategorien werden in einer Matrix (siehe zum Begriff Funktionsmatrix die Ausführungen unter „Instrumente der Zielkostenspaltung und Zielkostenbearbeitung“ weiter unten) den – sie realisierenden – Produktkomponenten gegenübergestellt, wobei die Verbindung der beiden Kategorien Funktion und Komponente durch die Frage *„Mit welchem Gewicht einzelner Komponenten werden die harten und weichen Teilfunktionen realisiert?“* erfolgt.[2]

6. Stufe Die sechste Stufe umfaßt die Bestimmung von komponentenbezogenen Zielkostenindizes, welche sich aus der Division des Bedeutungsgrades der Produktkomponente durch den jeweiligen Kostenanteil der Komponente ergeben.

7. Stufe Hier erfolgt die Optimierung der Zielindizes der einzelnen Produktkomponenten unter Verwendung sogenannter Zielkostenkontrolldiagramme (siehe zur Erklärung dieses Begriffes die Ausführungen unter „Instrumente der Zielkostenspaltung und Zielkostenbearbeitung“ weiter unten).

8. Stufe In der achten Stufe sind, basierend auf der Positionierung der einzelnen Produktkomponenten im Zielkostendiagramm, weitere Optimierungsmaßnahmen einzuleiten.

Instrumente der Zielkostenspaltung und Zielkostenbearbeitung

Zur Zielkostenspaltung sowie -bearbeitung stehen nachfolgend genauer beschriebene Instrumente zur Verfügung.[3]

Funktionskostenmatrix

Ausgangspunkt der Funktionskostenmatrix ist die Bedeutung der einzelnen Produktfunktionen, welche beispielsweise im Rahmen einer Conjoint-Analyse erhoben wurden. Anschließend wird der relative Anteil der jeweiligen Produktkomponenten an der Erfüllung

1 Vgl. Tanaka, M., Cost Planning and Control Systems in the Design Phase of a New Product, 1989, S. 56.
2 Vgl. Jakob, F., Target Costing im Anlagenbau, 1993, S. 169.
3 Vgl. Burger, A., Kostenmanagement, 1995, S. 53 ff.

der einzelnen Produktfunktionen ermittelt, wobei hier zu bestimmen ist, in welchem Ausmaß die Produktkomponenten zur Erfüllung einer bestimmten Produktfunktion beitragen. Die beschriebene Vorgehensweise ermöglicht die Ermittlung des relativen Anteils der jeweiligen Produktkomponenten an den Gesamtzielkosten. Die Produktfunktionen werden dann zueinander in Relation gesetzt. Dergestalt kommt man über die Funktionserfüllung einzelner Komponenten schließlich zum prozentualen Anteil der Komponenten an den produktbezogenen Zielkosten. Nachstehende Abbildung zeigt eine Funktionskostenmatrix:

Funktionskostenmatrix

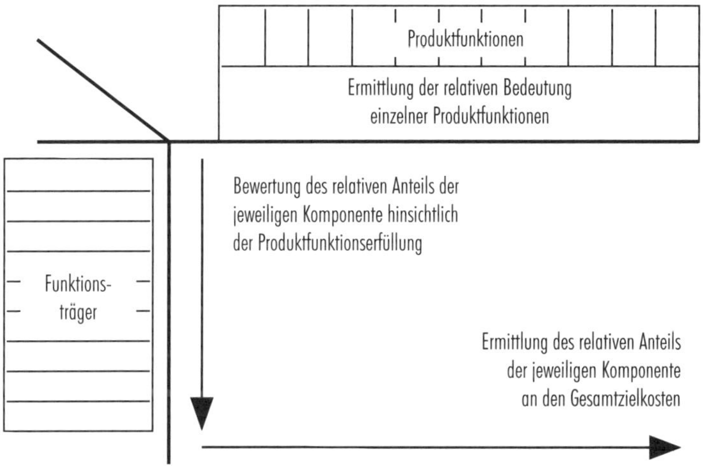

Quelle: Seidenschwarz, W., Target Costing, 1993, S. 174

Zielkostenkontrolldiagramm

Ausgangspunkte des Zielkostenkontrolldiagrammes sind a.) die Bestimmung der Funktionsstruktur des Produktes, b.) die Gewichtung der einzelnen Produktfunktionen, c.) der Produktgrobentwurf, d.) die Komponentenbestimmung und e.) die Schätzung des Anteils der Komponente an einer bestimmten Produktfunktion. Die Schwerpunkte des Zielkostenkontrolldiagrammes liegen dabei in der Festlegung der Zielkostenbandbreite, sowie in der graphischen Darstellung des Zielkostenerreichungsgrades, wobei die von der Unternehmensleitung festgelegte Zielkostenbreite um so enger gesetzt werden kann, je höher das Zielerreichungspotential im Unternehmen ist. In nachstehender Abbildung wird ein Zielkostenkontrolldiagramm dargestellt.

Wie aus der folgenden Abbildung ersichtlich ist, weisen Komponenten mit einer höheren relativen Gewichtung und einem höheren relativen Kostenanteil eine engere Zielkostenzone auf als geringwertigere Komponenten.

Zielkostenkontrolldiagramm

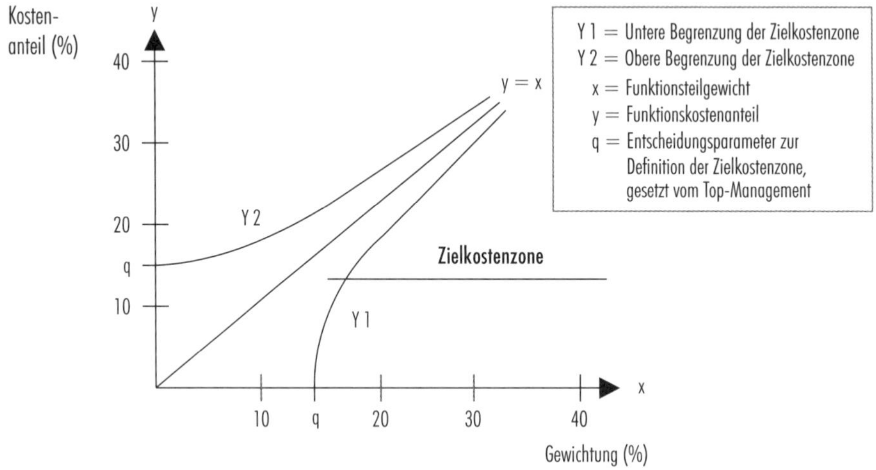

Quelle: Burger, A., Kostenmanagement, 1995, S. 55 in Anlehnung an: Horváth, P./Seidenschwarz, W., Zielkostenmanagement, 1992, S. 147

Kostentableau

Kostentableaus zeigen die Kostenwirkung von alternativen Vorgehensweisen im Hinblick auf das eingesetzte Material, auf den Fertigungsprozeß, sowie auf andere Prozesse bei den einzelnen Produktelementen auf. Kostentableaus sollen dazu beitragen, die Maßnahmen des Kostenmanagements zu bewerten und dabei jene Maßnahmen herausfiltern, die am ehesten eine Erreichung der Zielkosten gewährleisten. In nachstehender Abbildung wird der mögliche Aufbau eines Kostentableaus dargestellt.

Umfassende Kostentableaus

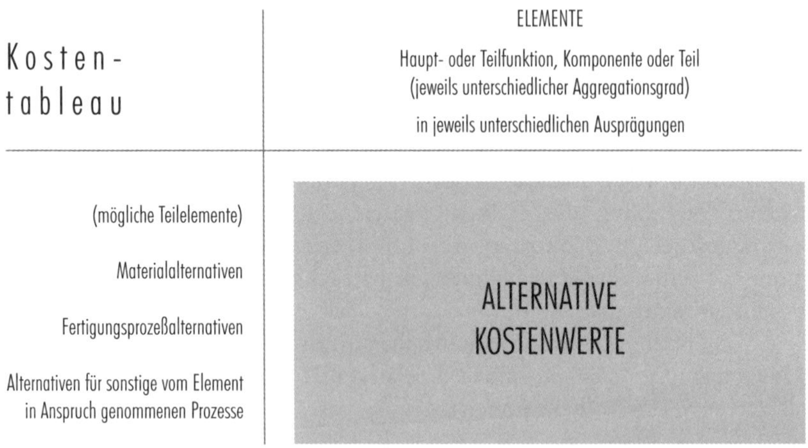

Quelle: Seidenschwarz, W., Target Costing, 1993, S. 197

Phase 4: Erreichung der Zielkosten

Wurden die Zielkosten vereinbart, ist es nunmehr Aufgabe der Entwicklung, ein Produktkonzept zu entwerfen, welches – unter Einhaltung der Zielkosten – alle Kundenanforderungen abdeckt. Die Entwicklung wird dabei durch verschiedene Methoden unterstützt, die eine Abwägung der Konstruktionsalternativen in bezug auf Kostensenkungspotentiale ermöglichen. Wurden die Kostensenkungspotentiale in der Entwicklungsphase ausgeschöpft, sind in der Folge weitere Kostensenkungsmöglichkeiten in der Produktionsplanungs- und Produktionsphase zu identifizieren und zu realisieren.

Das Target Costing ist daher bei seinen Anstrengungen zur Zielkostenerreichung, vorzugsweise durch übergreifende Konzepte zur Kostensenkung und Qualitätsverbesserung wie beispielsweise „Just in Time" sowie „Total Quality Management", zu unterstützen. Ferner sollte auch das klassische Konzept der Erfahrungskurve in der Produktionsphase berücksichtigt werden. Zudem wäre es vorteilhaft, den gesamten Kostensenkungsprozeß durch die flexible Plankostenrechnung und die Budgetierung zu begleiten, um eine ständige Erfassung, Bewertung sowie Lenkung der Verbesserungsaktivitäten zu gewährleisten.[1]

3.1.6. Kritische Würdigung

In diesem Kapitel soll das Instrument des Target Costing einer kritischen Würdigung unterzogen werden.

Nachteile und häufige Kritikpunkte des Target Costing:[2]

- Gegenstand des Target Costing sind die unmittelbar auf die Produkte zurechenbaren Kosten. Die nicht unmittelbar oder mittelbar produktbezogenen Kosten müssen in einer Vollkostenrechnung, wie dem Target Costing, über Kostenanlastungsprinzipien (= Zuschlagsätze) zugeordnet werden. Können im Verlauf des Target-Costing-Prozesses die Einzelkosten und die produktnahen Gemeinkosten gesenkt werden, sinkt damit auch die Grundlage für den Zuschlag der produktfremden Gemeinkosten.
  Grundsätzlich ergibt sich hier das Problem, ob nunmehr die rein rechnerische Senkung der produktfernen Gemeinkosten in der Kalkulation berücksichtigt werden soll, da eine bei Senkung der Zuschlagsgrundlage unterstellte Minderung der produktfernen Gemeinkosten ebenso eine relativ geringere Notwendigkeit der Kostensenkung der konstruktiv beeinflußbaren Kostenarten bedeuten würde.
  Der Ordnung halber möchten die Autoren an dieser Stelle auf die Ausführungen von SEIDENSCHWARZ hinweisen, welcher das Target Costing nicht als Vollkostenrechnungssystem charakterisiert. Seiner Meinung nach resultiert die Bewertung des Target Costing als Vollkostenrechnung aus der Tatsache, daß das Target Costing grundsätzlich eine langfristige Sichtweise verfolgt, sowie aufgrund der starken Marktorientierung des

1 Vgl. Horváth, P./Niemand, S./Wolbold, M., Target Costing, 1993, S. 13 ff.
2 Vgl. Franz, K.-P., Target Costing, 1993, S. 126 ff.

Ansatzes.[1] Auch REICH kommt in seinen Ausführungen zu dem Schluß, daß das Target Costing weder der Vollkostenrechnung noch der Grenzkostenrechnung eindeutig zugeordnet werden kann.[2]

- Nachteilig wirkt auch die Verwendung der Umsatzrendite (anstelle der in westlichen Unternehmen üblichen Kapitalrendite) zur Bemessung der Gewinnspanne. Problematisch erscheint hierbei insbesondere die Nichtberücksichtigung der Umschlagshäufigkeit des Kapitals, wobei dieser Nachteil durch den Einsatz des Just-in-time-Konzepts ausgeglichen werden soll.
- Unvorteilhaft erweist sich für westliche Unternehmen aus japanischer Sicht auch die mangelhafte Beziehung zu Zulieferbetrieben. Dieser Sachverhalt führt insbesondere dazu, daß a.) Kosteninformationen nicht offenbart werden, b.) die Fertigungslinien des Zulieferers nicht gezeigt werden würden, c.) unvernünftige Kostensteigerungen zu verzeichnen seien und daß d.) darüber hinaus keine adäquaten Kalkulationen von Teilekosten (= Kosten von Bauteilen) vorgelegt werden würden.
- Grundsätzlich liegt die größte Verantwortung für die Erreichung der Zielkosten bei den Entwicklern und Konstrukteuren, da in ihren Bereichen die Freiheitsgrade bei der Festlegung aller kostenbeeinflussenden Maßnahmen am größten sind. In westlichen Unternehmen ist zwar in den Entwicklungs- und Konstruktionsabteilungen häufig ein sehr hohes Maß an technischem Sachverstand vorzufinden, Kenntnisse über Kostenzusammenhänge sind hingegen teilweise sehr gering. Zudem sind im allgemeinen auch keine Informationssysteme vorhanden, die den Konstrukteuren in den einzelnen Phasen des Produktentwicklungsprozesses die Auswahl der kostengünstigsten Alternativen ermöglichen würden.
- Problematisch erweist sich darüber hinaus auch die Aufspaltung der globalen Zielkosten eines Produktes auf seine Funktionen bzw. Komponenten. Insbesondere die Erhebung der „hard functions“ und „soft functions“ im Rahmen einer Marktforschung dürfte für Unternehmen mit einer hohen Zahl an Varianten mit einem kaum vertretbaren Aufwand verbunden sein. Bei Serienfertigung wird man daher zu Zwecken der Unterstützung des Kostensegmentierungsvorganges auf Kosten vorangegangener Varianten zurückgreifen beziehungsweise auf die abschätzbaren Kosten der Produkte von Wettbewerbern.
- Bei Anwendung der Conjoint-Analyse im Rahmen der Marktforschung erweist sich vor allem die Annahme als problematisch, daß die einzelnen Produktmerkmale und ihre Ausprägungen voneinander unabhängig seien.
- Darüber hinaus ergeben sich Probleme bei der Herausarbeitung kaufentscheidender Produktmerkmale und -funktionen[3], sowie hinsichtlich der Genauigkeit der Umsatzprognose. Besonders kritisch ist auch die Tatsache anzusehen, daß das Target Costing ein weitgehend statisches Konzept darstellt. Dies hat zur Folge, daß Veränderungen an den festgelegten Zielkosten durch die Dynamik der Umwelt vernachlässigt werden.[4]

---

1 Vgl. Seidenschwarz, W., Target Costing, 1993, S. 82.

2 Vgl. Reich, T., Prozeßverbesserung durch Kosteninformation, 1995, S. 110.

3 Vgl. Burger, A., Kostenmanagement, 1995, S. 62.

4 Vgl. Coenenberg, A. G./Fischer, T. M./Schmitz J., Target Costing und Product Life Cycle Costing als Instrument des Kostenmanagements, 1994, S. 24, zitiert in: Müller, A., Grundzüge eines ganzheitlichen Controllings, 1996, S. 252.

- Der Erfolg des Target Costing wird insgesamt maßgeblich davon abhängig sein, daß die abgeleiteten Zielvorgaben von allen am Produktionsprozeß beteiligten internen und externen Gruppen akzeptiert werden.[1]

Abschließend sollen nochmals die Hauptziele des Target Costing aufgezeigt werden:[2]
- Target Costing soll dazu beitragen, eine Marktausrichtung des gesamten Unternehmens zu erreichen.
- Target Costing soll dazu beitragen, die Produktrentabilität auch bei steigender Wettbewerbsintensität sicherzustellen oder sogar zu steigern.

3.1.7. Zusammenfassung

Target Costing ist ein Ansatz des Kostenmanagements, welcher ursprünglich in den USA als Value Engineering konzipiert, in späterer Folge in Japan weiterentwickelt wurde und seit den siebziger Jahren dort seinen Einsatz findet. Im europäischen Raum fand das Target Costing erst Ende der achtziger Jahre seinen Einzug.
Grundsätzlich handelt es sich beim Target Costing um ein Bündel von Kostenplanungs-, Kostenkontroll- sowie Kostenmanagementinstrumenten, die schon in den frühen Phasen der Produkt- und Prozeßgestaltung zum Einsatz kommen, um die Kostenstrukturen bereits frühzeitig unter Beachtung der Marktanforderungen gestalten zu können. Die entscheidende Frage beim Target Costing lautet nicht *„Wieviel kostet ein Produkt?“*, sondern *„Wieviel darf ein Produkt höchstens kosten, um sich am Markt behaupten zu können?“*.

Target Costing verfolgt insbesondere die Ziele der Unterstützung des strategischen Kostenmanagements, der Marktorientierung sowie der frühzeitigen Beeinflussung der Kosten. Der Ansatz des Target Costing kann dabei in der Produktentwicklung, zur Kostensenkung existierender Produkte, zur Planung des Produktionsprozesses, sowie zur Effizienzsteigerung in den indirekten Bereichen angewandt werden. Generell konnte festgestellt werden, daß Target Costing branchenunabhängig anwendbar ist und in diesem Sinne auch durchaus für (industrielle) Dienstleistungen geeignet erscheint.

Zentraler Ausgangspunkt des Target Costing ist die Marktforschung, wobei sich der Target Costing-Prozeß grundsätzlich in nachfolgende vier Stufen unterteilen läßt:
- Marktsegmentierung;
- Identifizierung weiterer, den Zielpreis beeinflussender Faktoren;
- Entwicklung des Produktes gemäß Anforderungen der Konsumenten des Zielmarktes;
- Ableitung des Zielpreises für das Gesamtprodukt entsprechend den festgestellten Kundenanforderungen, wobei zur Abschätzung der Preiswirkung und zu Zwecken der Preisoptimierung die Instrumente Expertenbefragung, Beobachtung tatsächlicher Marktdaten, direkte Kundenbefragung sowie Conjoint-Analyse (= hierbei wird der Kunde gebeten, eine Abwägung zwischen Preis und wahrgenommem Produktnutzen abzugeben) verwendet werden können.

1 Vgl. Steinle, C./Thiem, H./Rothenhöfer, Target Costing, 1998, S. 363.
2 Vgl. Horváth, P., Controlling, 1996, S. 519.

Die wichtigsten Arten der Zielkostenbestimmung sollen anhand nachstehender Tabelle dargestellt werden.

Arten der Zielkostenbestimmung

Arten der Zielkostenbestimmung	Ableitung aus	Marktorientierung	Einsetzbarkeit für	
			Innovative Neuprodukte	Marktstandard-produkte
Market into Company	erzielbaren Marktpreisen	sichergestellt	empfehlenswert	möglich
Out of Company	konstruktions- und fertigungstechnischen Faktoren	möglich	möglich	möglich
Into and out of Company	Marktpreisen und technischen Faktoren	sichergestellt	möglich	möglich
Out of Competitor	Kosten der Konkurrenz	möglich	nicht möglich	empfehlenswert
Out of Standard Costs	eigenen Standardkosten	möglich	möglich	möglich

Quelle: Küpper, H.-U., Controlling Konzepte, 1997, S. 207

Nach erfolgter Bestimmung der Zielkosten sind diese auf die einzelnen Baugruppen, Komponenten sowie Prozesse „herunterzubrechen“, wobei zwei Arten der Zielkostenspaltung unterschieden werden, nämlich

a) die Komponentenmethode (= hier erfolgt die Zielkostenspaltung unmittelbar nach Zerlegung des Produktes in seine Funktionen), sowie
b) die Funktionsbereichsmethode (= Verteilung der Kosten entsprechend der festgestellten Produktfunktion und anschließender Zuweisung auf den Träger, welcher zur Realisierung der entsprechenden Funktion festgestellt wurde).

Wurden die Zielkosten vereinbart, so sind nunmehr die festgestellten Kostensenkungspotentiale zu realisieren, wobei das Target Costing bei seinen Anstrengungen zur Zielkostenerreichung vorzugsweise durch übergreifende Konzepte zur Kostensenkung und Qualitätsverbesserung, wie beispielsweise „Just in Time“ sowie „Total Quality Management“, zu unterstützen ist.

Kritisch erweisen sich bei Anwendung des Target Costing-Ansatzes vor allem folgende Punkte:

- Festlegung des Umfangs der einzubeziehenden Kosten (betrifft insbesondere die produktfremden Gemeinkosten),

- Bemessung der Gewinnspanne,
- Beziehung westlicher Unternehmen zu ihren Zulieferern,
- organisatorische Aspekte des Kostenmanagements, sowie
- Aufspaltung der globalen Zielkosten.

3.2. Prozeßkostenrechnung

Grundsätzlich finden sich für den Begriff der Prozeßkostenrechnung in der einschlägigen Literatur zur Kostenrechnung viele Äquivalente, wobei jedoch festzuhalten ist, daß die einzelnen Bezeichnungen zwar nicht identisch, aber weitgehend synonym verwendet werden.[1]

COENENBERG zufolge ist der Begriff der Prozeßkostenrechnung in der amerikanischen Literatur insbesondere unter den synonymen Bezeichnungen des „Activity Accounting" (nach ROMANO), „Transaction Costing" (nach COOPER), „Activity Based Costing" (nach COOPER/KAPLAN) sowie „Cost-Driver Accounting System" (nach BELANT/BROWNING/FOSTER) anzutreffen. COENENBERG vermerkt weiters, daß in der deutschsprachigen Literatur zur Kostenrechnung vor allem Bezeichnungen wie etwa „Vorgangskostenrechnung" (nach FRÖHLING), „Prozeßorientierte Kostenrechnung" (nach Fa. SIEMENS) oder „Aktivitätsorientierte Kostenrechnung" (nach FAULHABER/SCHULTEN) als Synonyme für den Begriff der Prozeßkostenrechnung verwendet werden.[2] Hingewiesen wird jedoch darauf, daß sich insbesondere der Begriff Prozeßkostenrechnung in der deutschen Literatur zur Kostenrechnung durchgesetzt hat. Zur inhaltlichen Definition des Begriffs Prozeßkostenrechnung wurden die Ausführungen nachfolgender Autoren herangezogen:

Nach HORVÁTH/MAYER kann die Prozeßkostenrechnung *„als neuer Ansatz verstanden werden, die Kostentransparenz in den indirekten Leistungsbereichen zu erhöhen, einen effizienten Ressourcenverbrauch sicherzustellen, die Kapazitätsauslastungen aufzuzeigen, die Produktkalkulation zu verbessern und damit strategische Fehlentscheidungen zu vermeiden. [. . .] Die Prozeßkostenrechnung ist kein völlig neues Kostenrechnungssystem, sondern bedient sich der traditionellen Kostenarten- und Kostenstellenrechnung. [. . .] Als grundsätzliches Merkmal muß noch herausgestellt werden, daß die Prozeßkostenrechnung ihrem Wesen nach eine Vollkostenrechnung ist."*[3]

MÄNNEL definiert den Begriff der Prozeßkostenrechnung wie folgt: *„Bei der [. . .] Prozeßkostenrechnung handelt es sich nicht um ein völlig neues, eine totale Umorientierung der Kostenrechnung auslösendes Gesamtkonzept. Die Prozeßkostenrechnung umfaßt vielmehr eine integrierte Methodik, die letztlich darauf abzielt, sämtliche Kosten konsequent kapazitäts-, prozeß- und produktorientiert zu erfassen, zu kalkulieren, zu verrechnen und zu steuern".*[4]

MAYER definiert die Prozeßkostenrechnung weiters als *„eine Methodik, mit deren Hilfe die Kosten der indirekten Bereiche des Unternehmens (Gemeinkostenbereiche) besser ge-*

1 Vgl. Reckenfelderbäumer, M., Entwicklungsstand und Perspektiven der Prozeßkostenrechnung, 1994, S. 19.
2 Vgl. Coenenberg, A. G., Kostenrechnung und Kostenanalyse, 1993, S. 193.
3 Horváth, P./Mayer, R., Prozeßkostenrechnung, 1989, S. 216.
4 Männel, W., Zur Bedeutung der Prozeßkostenrechnung, 1995, S. 15.

plant und gesteuert bzw. auf das Produkt verrechnet werden können."[1] sowie als „*Verfahren zur Planung, Steuerung und Verrechnung von Prozessen in Organisationen*".[2]

Entstehungsgeschichte

Entwicklung in den USA

Der Grundstein zur Entwicklung der Prozeßkostenrechnung wurde als Activity-Based-Costing in den USA gelegt, wo die Autoren MILLER und VOLLMANN im Jahre 1985 einen Artikel mit dem Titel „The hidden factory"[3] in der Harvard-Business-Review veröffentlichten. In diesem Artikel führen die Autoren unter anderem aus, daß die indirekten Bereiche eine weitgehend „verborgene Fabrik" darstellen, weil die dort erbrachten Leistungen im Gegensatz zur eigentlichen Fertigung kaum beachtet werden, obwohl die in den indirekten Bereichen entstehenden Kosten mindestens von gleicher Bedeutung sind.[4] Die Autoren kommen in ihren Ausführungen zu dem Schluß, daß die wesentliche Ursache der Gemeinkostenentstehung und -entwicklung in den Transaktionen und nicht in den physischen Produkten zu sehen ist.[5]

„*If as we believe, transactions are responsible for most overhead costs in the hidden factory, then the key to managing overheads is to control the transactions that drive them.*"[6]

Obwohl der eigentliche Durchbruch des Activity-Based-Costing bzw. der Prozeßkostenrechnung erst Ende der achtziger Jahre erreicht wurde, darf nicht darüber hinweg getäuscht werden, daß es in der Theorie bereits in den vierziger sowie fünfziger Jahren erste Anregungen zur Entwicklung einer aktivitätsbezogenen Kostenrechnung gab und auch in der Praxis viel früher Ansätze zu solchen Systemen vorhanden waren.[7] So trifft DRUCKER bereits im Jahre 1967 die Aussage, daß Kosten durch Aktivitäten getrieben werden.[8]

Entwicklung im deutschsprachigen Raum

Die Entwicklung der Prozeßkostenrechnung wurde im deutschsprachigen Raum insbesondere durch die Praxis vorangetrieben. So verfolgte die Siemens AG bereits im Jahre 1975 die Idee einer Prozeßkostenrechnung mit dem Zweck, die Kosten von betrieblichen Abläufen zu bestimmen und dadurch gezielt Prozesse zu optimieren sowie die Produktkalkulation zu verbessern.[9]

Der wesentliche Anstoß zur Entwicklung einer deutschen Version des Activi-

1 Vgl. Mayer, R., Prozeßkostenrechnung, 1991, S. 75.
2 Vgl. Mayer, R., Prozeßkostenrechnung, 1998, S. 5.
3 Vgl. Miller, J.G./Vollmann, T. E., The hidden factory, 1985, S. 142 ff.
4 Vgl. Horváth, P./Mayer, R., Prozeßkostenrechnung, 1989, S. 216.
5 Vgl. Braun, S., Die Prozeßkostenrechnung, 1994, S. 3 f.
6 Vgl. Miller, J.G./Vollmann, T. E., The hidden factory, 1985, S. 146.
7 Vgl. Pfohl, H.-C./Stölzle, W., Anwendungsbedingungen, Verfahren und Beurteilung der Prozeßkostenrechnung in industriellen Unternehmen, 1991, S 1297.
8 Vgl. Drucker, P.F., Managing for Business Effectiveness, 1963, S. 53 ff zitiert in Franz, K.-P./Kajüter, P., Kostenmanagement, 1997, S. 218.
9 Vgl. Ziegler, H., Prozeßorientierte Kostenrechnung im Hause Siemens, 1992, S. 304 f.

ty-Based-Costing ist jedoch auf HORVÁTH und MAYER zurückzuführen. Diese haben im Jahre 1989 das amerikanische Konzept des Activity-Based-Costing für deutsche Kostenrechnungszwecke modifiziert.[1] Der Ordnung halber soll darauf hingewiesen werden, daß die Veröffentlichungen von HORVÁTH und MAYER, welche durchwegs positiv zugunsten der Prozeßkostenrechnung gehalten sind, sehr häufig auf Kritik in wissenschaftlichen Fachkreisen stoßen. Im Gegensatz dazu fällt aber die Resonanz der praxisorientierten Literatur überwiegend positiv aus.[2]

3.2.1. Notwendigkeit der Prozeßkostenrechnung

Ursachen, welche zu einer Unzufriedenheit mit den herkömmlichen Kostenrechnungssystemen geführt haben, lassen sich insbesondere anhand nachfolgender Abbildung (Triade) interpretieren.

Problem-Triade

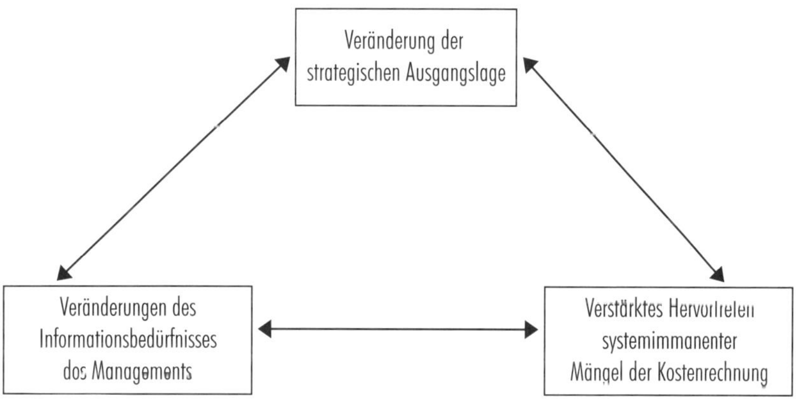

Quelle: Reckenfelderbäumer, M., Entwicklungsstand und Perspektiven der Prozeßkostenrechnung, 1994, S. 3

Veränderungen der strategischen Ausgangsposition

Veränderungen der Wertschöpfungsstruktur

In den letzten Jahren gab es erhebliche Änderungen auf allen Stufen des betrieblichen Wertschöpfungsprozesses, insbesondere im Hinblick auf die Erstellung von Produkten. Unternehmen, die erfolgreich am Markt agieren wollen, können sich der zunehmenden Computerisierung und Automatisierung nicht entziehen. In diesem Zusammenhang soll insbesondere auf den verstärkten Einsatz sogenannter CIM-Systeme (= Computer Integrated Ma-

1 Vgl. Remer, D., Einführen der Prozeßkostenrechnung, 1997, S. 13.
2 Vgl. Braun, S., Die Prozeßkostenrechnung, 1994, S. 8.

nufacturing) hingewiesen werden, welcher zu einer wesentlich flexibleren Fertigung der Produkte führt.[1] Dies ermöglicht die wirtschaftliche Produktion einer Vielzahl verschiedener Produkte mit den vorhandenen Produktionsanlagen (Economies of scope).

Durch die größere Variantenvielfalt und Flexibilität der Fertigung wurde der Einsatz sogenannter Just-in-time Systeme erforderlich, um eine optimale Synchronisation der betrieblichen Prozesse und dadurch eine Minimierung der Bestände und der, durch diese verursachten Kosten, zu erreichen.[2] Die Minimierung der Bestände hatte wiederum die Durchführung eines umfangreichen betrieblichen Qualtitätsmanagements erforderlich gemacht, um Störungen des Produktionsflusses möglichst auszuschließen.[3]

Der wachsende Einsatz neuer Technologien im Bereich Produktion sowie in anderen Unternehmensbereichen hat zu veränderten Rahmenbedingungen geführt. Die Anwendung neuer Technologien eröffnet dem Unternehmen große Chancenpotentiale, bedingt aber gleichzeitig auch existenzgefährdende Unternehmenskrisen, da vorhandenes Know-How sehr schnell veraltet. Dieser Tatbestand gilt für den Einsatz moderner Fertigungsverfahren, die Verwendung von Informations- und Kommunikationstechnologien sowie für die Implementierung integrierter Konzepte. Weiters hat die steigende Automatisierung eine erhöhte Anlagenintensität zur Folge und verstärkt somit die betriebliche Fixkosten- und Gemeinkostenproblematik.[4]

Tendenzen im Bereich des Wettbewerbs[5]

Viele Märkte haben die Sättigungsgrenze bereits erreicht oder tendieren hin zur Stagnationsphase. Diese Marktentwicklung führt zu verstärktem Wettbewerbsdruck, welcher durch die fortschreitende Internationalisierung und Globalisierung sogar noch verschärft wird. Die Unternehmen sind daher gezwungen, ihre Produkte in immer kürzer werdenden Abständen zu überarbeiten und neue Produkte auf den Markt zu bringen. Dies bedeutet, daß es eine Tendenz zu immer kürzeren Produktlebenszyklen gibt, was eine Versorgung des Managements mit exakter sowie umfassender Kostenmanagementinformation erforderlich macht.

Veränderung der Nachfrage

Die Kunden definieren ihre Wünsche und Bedürfnisse immer spezifischer und individueller. Sie wünschen ein - gezielt auf ihre Bedürfnisse zugeschnittenes - Bündel aus Sach- und Dienstleistung. Die Bemühungen der Unternehmen, den Bedürfnissen ihrer Kunden zu entsprechen, haben zu einem breiten Spektrum sogenannter „produktbegleitender Dienst-

1 Vgl. Reckenfelderbäumer, M., Entwicklungsstand und Perspektiven der Prozeßkostenrechnung, 1994, S. 5.
2 Vgl. McIlhattan, R. D., How Cost Management Systems can support the JIT philosophy, 1987, S. 20 ff.
3 Vgl. Lee, J. Y., Managerial Accounting Changes for the 1990's, 1987, zitiert in: Coenenberg, A. G., Kostenrechnung und Kostenanalyse, 1993, S. 194.
4 Vgl. Dellmann, K./Franz, K.-P., Von der Kostenrechnung zum Kostenmanagement, 1994, S. 16.
5 Vgl. Reckenfelderbäumer, M., Entwicklungsstand und Perspektiven der Prozeßkostenrechnung, 1994, S. 5 f.

leistungen", sowie zu einer drastischen Erhöhung der Variantenvielfalt geführt.[1] Dabei hat sich die Häufigkeitsverteilung im Bereich der Variantenvielfalt zu mehr „Exoten" und weniger „Standardprodukten" verflacht. Häufig werden jedoch die Exoten zu Preisen angeboten, die unterhalb der tatsächlich verursachten Kosten liegen. Grund hierfür ist die wert- und volumenorientierte Verrechnung der Gemeinkosten auf die Produkte.
Kosten werden jedoch in vielen Gemeinkostenbereichen nicht primär durch die bearbeitete Menge verursacht, sondern vielmehr dadurch, daß der Prozeß überhaupt durchgeführt werden muß.
So werden beispielsweise die durch einen Bestellvorgang verursachten Kosten durch die Bearbeitung der Bestellung und die Anzahl der Positionen bestimmt. Die Anzahl der tatsächlich bestellten Einzelteile je Bestellposition - welche für die wert- bzw. volumenbezogene Verrechnung maßgeblich sind - ist für die Ermittlung der effektiv entstandenen Kosten hierbei nicht ausschlaggebend.[2] Bei Anwendung einer wert- bzw. volumenbezogenen Verrechnung werden daher Teile mit geringem Volumen (wie z.B. Exoten) systematisch bevorteilt, während jene Teile mit hoher Stückzahl den Großteil der Gemeinkosten zu tragen haben. Dies führt dazu, daß Exoten zu kostengünstig angeboten werden und im Bereich der Standardprodukte zwangsläufig ein Wettbewerbsnachteil entsteht. Wettbewerber mit einem weniger variantenreichen Produkt können daher deutlich günstiger am Markt auftreten.[3]

Die veränderte Ausgangssituation der Unternehmen

Viele empirische Untersuchungen haben eine deutliche Veränderung der betrieblichen Kostenstrukturen gezeigt. So steigt der Anteil der Gemein- und Fixkosten, während die direkt produktbezogenen Kosten abnehmen. Die Abbildung auf der folgenden Seite soll diese Entwicklung verdeutlichen.

Die Graphik zeigt, daß sich der Anteil der Lohneinzelkosten an der Wertschöpfung seit 1850 von etwa 55 % auf 25 % verringert hat. Im Gegensatz dazu hat sich jedoch der Anteil der Gemeinkosten im gleichen Beobachtungszeitraum von ca. 15 % auf 75 % erhöht.[4] Es kann damit gerechnet werden, daß sich der in folgender Graphik dargestellte Trend auch künftig fortsetzen wird.[5] Der hohe Anteil der Gemeinkosten ist vor allem darauf zurückzuführen, daß der Umfang an vorbereitenden, planenden, steuernden und überwachenden Tätigkeiten in den Bereichen F&E, Beschaffung und Logistik, Produktionsplanung und -steuerung, Qualitätssicherung und –prüfung, sowie Auftragsabwicklung, Vertrieb und Service angestiegen ist.[6]

Einen wesentlichen Einfluß auf die Verschiebung der Kostenstruktur hat vor allem die flexible Automatisierung, da jede Automatisierung eine Verlagerung von produktiven zu admi-

1 Vgl. Reckenfelderbäumer, M., Entwicklungsstand und Perspektiven der Prozeßkostenrechnung, 1994, S. 6.
2 Vgl. Schuh, G., Wohin bewegt sich das Kostenmanagement?, 1997, S. 34.
3 Vgl. Schuh, G., Wohin bewegt sich das Kostenmanagement?, 1997, S. 34 f.
4 Vgl. Miller, J.G./Vollman, Th. E., The hidden factory, 1985, S 143 f.
5 Vgl. Peavey, D. E., It's time for a Change, 1990, S 31 ff, zitiert in: Coenenberg, A. G., Kostenrechnung und Kostenanalyse, 1993, S. 22.
6 Vgl. Mayer, R., Prozeßkostenrechnung, 1990, S. 74 f.

Veränderte Kostenstrukturen in der betrieblichen Wertschöpfung

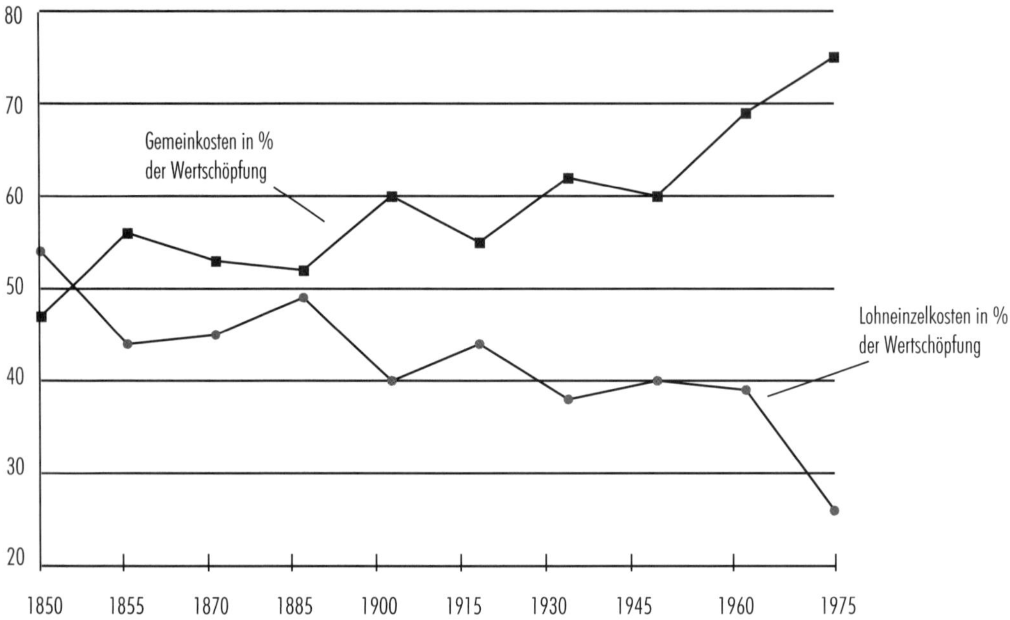

Quelle: Miller, J.G./Vollmann, Th.E., The hidden factory, 1985, S. 143

nistrativen Tätigkeiten bedingt.[1] Technologischer Fortschritt, Wettbewerbsdruck und Kundenwünsche haben unter anderem auch zu einer Zunahme der Komplexität der abgesetzten Produkte geführt.[2] Die Komplexität stellt jedoch einen bislang kaum beachteten und erfaßten Einflußfaktor der Kostenstruktur dar. Um jedoch die steigende Komplexität zu beherrschen, ist es erforderlich, die Anzahl der planenden und steuernden Tätigkeiten zu erhöhen. Bei diesen planenden und steuernden Tätigkeiten handelt es sich um sehr kostenintensive Aufgaben, welche größtenteils in den sogenannten indirekten Bereichen angesiedelt sind.[3]

Wandel in den Informationsbedürfnissen des Managements

Die neuen Rahmenbedingungen haben zur Folge, daß die traditionelle Kostenrechnung ohne entsprechende Modifizierung keine relevanten Kosteninformationen zur Verfügung stellen kann und die Aufrechterhaltung einer Kostentransparenz daher nicht gewährleistet werden kann. Die geänderten Marktanforderungen und die stärkere Anpassung an Kun-

1 Vgl. Horváth, P./Mayer, R., Prozeßkostenrechnung, 1989, S. 214.
2 Vgl. Reckenfelderbäumer, M., Entwicklungsstand und Perspektiven der Prozeßkostenrechnung, 1994, S. 9.
3 Vgl. Striening, H.-D., Rationalisierungsanalysen und -maßnahmen im Gemeinkostenbereich, 1991, S. 132.

denwünsche haben unter anderem ebenfalls zu einer Veränderung der Organisationsstrukturen geführt. Unternehmen haben sich vermehrt von der funktionalen Organisationsform abgewandt und tendieren zu einer marktorientierten Geschäftsfeld- bzw. Divisionalorganisation. Die Kostenrechnung muß daher an die geänderten Unternehmensstrukturen angepaßt werden, um weiterhin eine entscheidungsorientierte Ausgestaltung dieser gewährleisten zu können. Zukünftig wird daher erhöhter Bedarf an der Zurverfügungstellung nachfolgender Informationen bestehen:[1]

- Kosteninformation über einzelne Arbeitsgänge oder Arbeitsabläufe (Prozeßkosten);
- Kosteninformation betreffend variantenreiche versus einfache Produktion (Komplexitätskosten);
- Kosteninformation im Hinblick auf eine lebenszyklus- und marktorientierte Kostenplanung und Kostensteuerung.

Eine genaue Kenntnis der betrieblichen Kosten kann weiters als Schlüsselfaktor für die Verteidigung eines Kostenvorsprungs gegenüber den Konkurrenten, sowie für die erfolgreiche Durchführung einer Differenzierungs- bzw. Spezialisierungsstrategie angesehen werden.[2]

Verstärktes Hervortreten systemimmanenter Mängel „traditioneller" Kostenrechnungsverfahren

Der Ordnung halber sei darauf hingewiesen, daß unter „traditionellen Kostenrechnungsverfahren" im Zusammenhang mit der Prozeßkostenrechnung fast ausschließlich die Vollkostenrechnung verstanden wird. Dies begründet sich aus Tatsache, daß die Idee der Prozeßkostenrechnung sehr stark von der amerikanischen Denkweise geprägt ist und in den USA die Anwendung der undifferenzierten Vollkostenrechnung überwiegt. Wohingegen neuere Kostenrechnungsverfahren wie z.B. die Grenzplankosten- und Deckungsbeitragsrechnung kaum bekannt sind.[3]

Gravierende Mängel der Vollkostenrechnung ergeben sich insbesondere durch die:

- Konzentration auf den Fertigungsbereich, was zu einer Vernachlässigung der „indirekten Leistungsbereiche" führt;[4]
- Verteilung der Gemeinkosten mit Hilfe von Zuschlagsätzen. Diese Zuschlagsätze beziehen sich häufig auf Mengen- und Wertgrößen des direkten Leistungsbereiches und sind daher meist vom Volumen abhängig;[5]
- Nichtberücksichtigung der Produktkomplexität. Denn mit steigender Produktkomplexität erhöht sich auch die Anzahl der unterstützenden Aktivitäten des indirekten Bereichs;[6]
- Nichtberücksichtigung der Variantenvielfalt. Eine Vermehrung der Produktvariante führt häufig auch zu einem überproportionalen Wachstum der Gemeinkosten.[7]

1 Vgl. Dellmann, K./Franz, K.-P., Von der Kostenrechnung zum Kostenmanagement, 1994, S. 16.
2 Vgl. Cooper, R./Kaplan, R.S., How Cost Accounting Distorts Product Costs, 1988, S. 20 ff.
3 Vgl. Reckenfelderbäumer, M., Entwicklungsstand und Perspektiven der Prozeßkostenrechnung, 1994, S. 12.
4 Vgl. Horváth, P./Mayer, R., Prozeßkostenrechnung, 1989, S. 215.
5 Vgl. Jossé, G., Basiswissen Kostenrechnung, 1998, S. 39.
6 Vgl. Horváth, P./Mayer, R., Prozeßkostenrechnung, 1989, S. 215.
7 Vgl. Schulte, C., Aktivitätsorientierte Kostenrechnung, 1991, S. 19.

Die oben angeführten Probleme der traditionellen Vollkostenrechnung bergen häufig die Gefahr von Fehlinformationen in sich und zwar insbesondere auf produkt- und preispolitischer Ebene.[1]

Nach Ansicht der Vertreter der Prozeßkostenrechnung können auch Kostenrechnungsverfahren, wie etwa die Grenzplankosten- und Deckungsbeitragsrechnung die bestehenden Informationsdefizite nicht beseitigen, da diese als Teilkostenrechnungsverfahren zu kurzfristig ausgelegt sind.[2] Die bestehenden traditionellen Kostenrechnungsysteme entsprechen daher nicht mehr den veränderten Kostenstrukturen und bedürfen einer Neugestaltung.

Mit Hilfe der Prozeßkostenrechnung wird daher versucht, traditionelle Rechnungskonzepte zu ergänzen, um eine Verbesserung der vollkostenorientierten Kalkulationen zu erzielen.[3]

3.2.2. Vergleich Activity-Based-Costing und Prozeßkostenrechnung

Das Konzept des Activity-Based-Costing

Die Entwicklung des Activity-Based-Costing in den USA ist insbesondere auf die Kritik des sehr stark an externen Vorschriften ausgerichteten amerikanischen Rechnungswesens zurückzuführen.[4] Als Grund für die bestehenden Mängel wird insbesondere die fehlende Trennung von internem und externem Rechnungswesen genannt.[5]

Die Vollkostenrechnung auf Basis einer Lohnzuschlagskalkulation weist bei steigendem Gemeinkosten- und sinkendem Lohnkostenanteil folgende Schwächen auf:

- Zuschlagsätze von 1.000 % und mehr sind kaum noch interpretierbar;[6]
- Faktoren, die eine Beeinflussung der Gemeinkosten ermöglichen, werden auch bei Anwendung einer sehr differenzierten Lohnzuschlagskalkulation nicht ersichtlich;[7]
- Möglichkeit des Auftretens von Quersubventionen zwischen einzelnen Produkten.[8]

Nachfolgende Ausführungen sollen die Funktionsweise - welcher jener der Prozeßkostenrechnung sehr ähnlich ist - des Activity-Based-Costing Systems beschreiben:

Grundsätzlich besteht das Activity-Based-Costing aus einer Sammlung von wert- und mengenorientierten Daten zu den Aktivitäten eines Unternehmens. Wobei es sich bei den Aktivitäten um Vorgänge innerhalb einer betrieblichen Organisationseinheit handelt, welche zur Erreichung der Ziele dieser Organisationseinheit erforderlich sind.[9]

---

1 Vgl. Coenenberg, A.G./Fischer, T.M., Prozeßkostenrechnung, 1991, S. 22 f.
2 Vgl. Franz, K.-P., Die Prozeßkostenrechnung im Vergleich mit der Grenzplankostenrechnung und Deckungsbeitragsrechnung, 1990, S. 114.
3 Vgl. Witt, F.-J., Das Konzept des Prozeßmanagement, 1991, S. 5.
4 Vgl. Johnson, Th.H./Kaplan, R.S., Relevance Lost, 1987, S. 247 f.
5 Vgl. Beinhauer, M., Controlling im administrativen Bereich, 1995, S. 60.
6 Vgl. Miller, J.G./Vollmann, Th.E., The hidden factory, 1985, S. 142.
7 Vgl. Beinhauer, M., Controlling im administrativen Bereich, 1995, S. 60.
8 Vgl. Horngren, Ch. T./Foster, G./Datar, S. M., Cost Accounting, 1994; S. 114 ff; zitiert in: Beinhauer, M., Controlling im administrativen Bereich, 1996, S. 60.
9 Vgl. Berliner, C./Brimson, J. A., Cost Management for Today's Advanced Manufacturing, 1988, S. 6; zitiert in: Beinhauer, M., Controlling im administrativen Bereich, 1996, S. 60 ff.

Die dem Unternehmen zur Verfügung stehenden Ressourcen, wie z.B. Personal- und Maschinenkapazität, werden durch Aktivitäten verbraucht. Deshalb ist für jede Aktivität festzustellen, welche Ressourcen zur Durchführung dieser Aktivität eingesetzt werden und welche Kosten durch diese Ressourcenbeanspruchung anfallen.

Die Kosten einer bestimmten Kostenstelle werden vollständig auf die in dieser Kostenstelle anfallenden Aktivitäten aufgeteilt, wobei für jede Aktivität eine Mengengröße zu definieren ist, mit deren Hilfe die Kosten zu verrechnen sind. Anschließend werden die gesamten Kosten einer bestimmten Aktivität der definierten Mengengröße – genannt „Kostentreiber" oder „Cost Driver" – zugeordnet. Zusätzlich ist festzuhalten, daß bei Zuordnung der Kostentreiber zu den einzelnen Aktivitäten, sowie bei Ermittlung des Ressourcenverbrauches je Kostentreiber unterstellt wird, daß sich mit Veränderung der Kostentreibermengen einer bestimmten Aktivität auch die Ressourcenbeanspruchung dieser Aktivität sowie die ihr zugeordneten gesamten Kosten dementsprechend ändern.[1]

Einige Autoren nehmen weiters auch eine Differenzierung zwischen Kosten für werterhöhende und nichtwerterhöhende Aktivitäten vor. Wobei nichtwerterhöhende Aktivitäten eliminiert werden können, ohne daß hierdurch die Leistungsfähigkeit, Funktion, Qualität oder der Kundennutzen des Produktes vermindert wird. Beispiele für nichtwerterhöhende Aktivitäten sind Abläufe wie Sortieren, Transportieren, Warten, Lagern und Reparieren. Als Beispiel für eine werterhöhende Aktivität wäre die reine Bearbeitungszeit zur Erstellung eines Produktes zu nennen.[2]

Die nach Aktivitäten strukturierten Kosteninformationen sind nunmehr Basis für die weitere Vorgehensweise. Im Rahmen einer Kalkulation, nämlich der sogenannten „Zurechnungssicht" (Cost Assignment View), sind die ermittelten Kosten je Aktivität unter Zuhilfenahme der Kostentreiber auf Zurechnungsobjekte (Cost objects) weiterzuverrechnen, wodurch eine möglichst realitätsgetreue Nutzung der Unternehmensressourcen abgebildet werden soll. Die Vertreter des Activity Based-Costing nehmen hierbei bewußt in Kauf, daß die Verrechnung der Kosten der Kostentreiber auf die Produkte durch eine, in der Regel nur schwer begründbare, Kostenschlüsselung (Durchschnittsbildung) allein mit dem Ziel erfolgt, sämtliche Kosten auf die Produkte verrechnen zu können.[3]

Das Activity-Based-Costing ermöglicht somit eine verbesserte Gemeinkostenverteilung im Rahmen einer Vollkostenrechnung und unterstützt die durch die Einführung von Konzepten, wie beispielsweise Just-in-Time, angestrebte Prozeßverbesserung durch Kostenrechnungsinformationen.[4]

Unterschiede zur Prozeßkostenrechnung

Die Entwicklung des Activity-Based-Costing verfolgte in den USA insbesondere den Zweck der Verbesserung der Produktkalkulation durch verursachungsgerechte Zurechnung von Fertigungsgemeinkosten. Die Verrechnung von Prozeßkosten indirekter Be-

1 Vgl. Johnson, Th.H./Kaplan, R.S., Relevance Lost, 1987, S. 40 f.

2 Vgl. McIlhattan, R. D., How Cost Management Systems Can Support the JIT Philosophy, 1987, S. 20.

3 Vgl. Kaplan, R. S., The four-stage Model of cost systems design, 1990, S. 24 f sowie Kaplan, R. S., One cost system isn't enough, 1988, S. 65.

4 Vgl. Reich, T., Prozeßverbesserung durch Kosteninformation, 1995, S. 121.

Kostenrechnungsumfeld und dominante Zwecke von Prozeßkostenrechnung und ABC

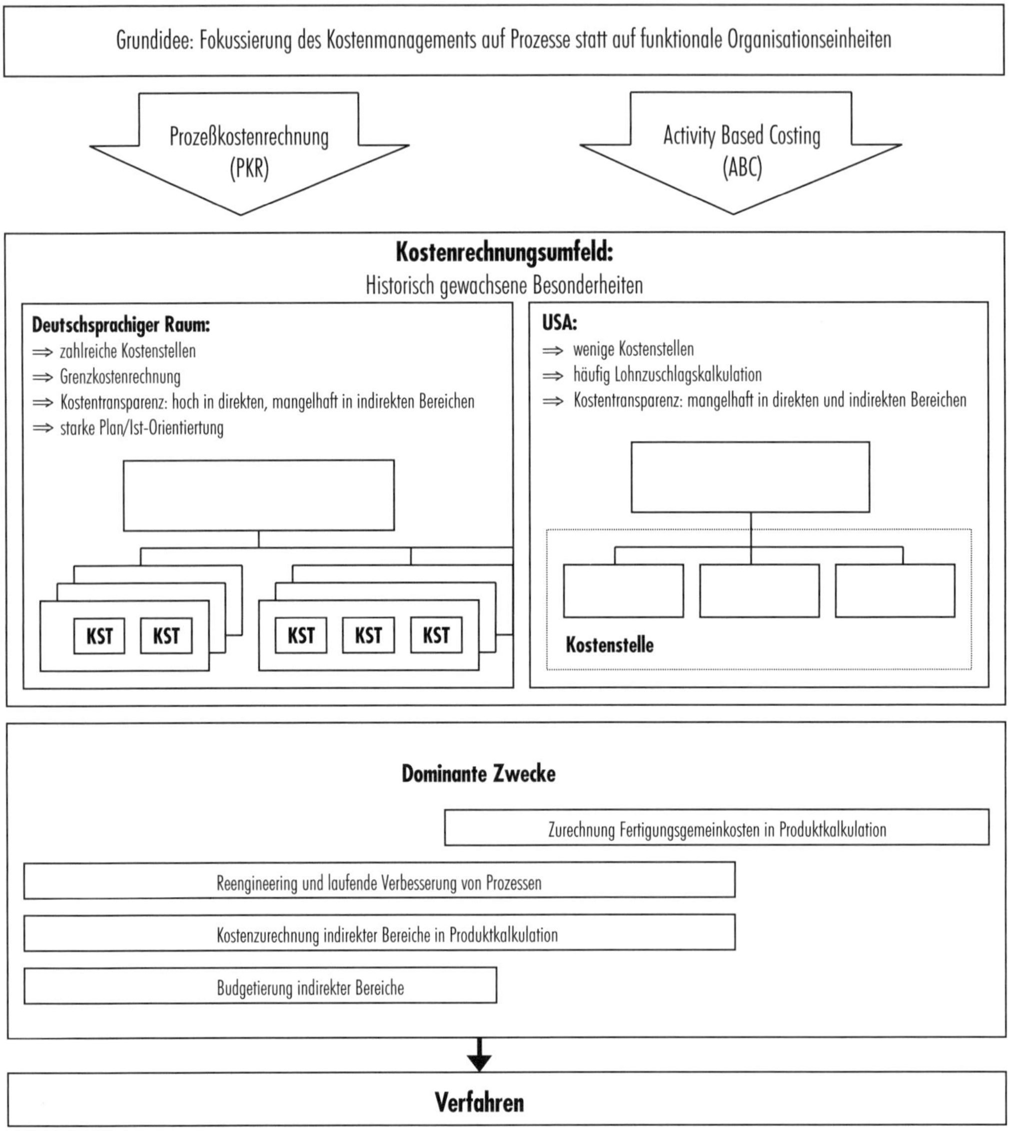

Quelle: Gaiser, B., Prozeßkostenrechnung und Activity Based Costing (ABC), 1998, S. 72

reiche nach demselben Verfahren wurde lediglich als „Beigeschäft" angesehen. Später wurde das Activity-Based-Costing in den USA auch dazu genutzt, Produktivitätsfortschritte von Geschäftsprozessen im Sinne des „Kaizen" beim permanenten Prozeßmanagement transparent zu machen und ein kostenorientiertes Reengineering von Geschäftsprozessen durchzuführen. Activity-Based-Costing wurde auch als Unterstützung zur Budgetierung indirekter Bereiche eingesetzt.[1]

Im deutschsprachigen Raum wurde mit der Entwicklung der Prozeßkostenrechnung zwar ebenfalls der Zweck der Produktkalkulation verfolgt, jedoch ausschließlich die Prozeßkosten indirekter Bereiche betreffend. Im Laufe der Zeit wurde die Prozeßkostenrechnung im deutschsprachigen Raum auch als Mittel zur Prozeßoptimierung im Sinne des Reengineering eingesetzt, indem in den häufig sehr feingegliederten Organisationsstrukturen nicht-wertschöpfungserhöhende Teilprozesse offengelegt und quantifiziert wurden. Weniger Verbreitung fand die Prozeßkostenrechnung hingegen als Hilfsmittel des „Kaizen".[2]

Unterschiede der Prozeßkostenrechnung im Vergleich zum Activity-Based-Costing ergeben sich insbesondere aus der stärkeren Differenzierung der Kostenstellen, dem Streben nach präzisen Kosteninformationen und weiters auch daraus, daß mittels Anwendung der Prozeßkostenrechnung versucht wird, Schnittstellenprobleme zwischen den Organisationseinheiten aufzuzeigen.[3]

Grundsätzlich bestehen nachfolgende drei Verfahrensunterschiede zwischen der Prozeßkostenrechnung und dem Activitiy-Based-Costing[4]:

1. Die Prozeßkostenrechnung unterscheidet zwischen Hauptprozessen und Teilprozessen und arbeitet somit mit zwei Ebenen in einer Prozeßhierarchie. Dem gegenüber stehend kennt das Activity-Based-Costing in der Regel nur eine Prozeßebene, nämlich jene der „Activities".
2. Die Verrechnung der Prozeßkosten auf Kostenträger (z.B. Produkte, Kunden, Aufträge etc.) erfolgt beim Activity-Based-Costing über die ermittelten Activities. Die Prozeßkostenrechnung hingegen verrechnet nicht Teilprozeßkosten sondern Hauptprozeßkosten. Zur Erklärung des Begriffes „Hauptprozeß" wäre festzuhalten, daß ein Hauptprozeß aus verschiedenen Teilprozessen unterschiedlicher Kostenstellen besteht. Diese Verrechnungsweise soll eine Reduzierung der Komplexität des Systems der Prozeßkostenrechnung bewirken.
3. Als letzter Verfahrensunterschied ist die vermehrte Nutzung aktivitätsorientierter Kosteninformation in der Phase der Produktentwicklung (beim Target Costing) im deutschsprachigen Raum zu nennen. Demgegenüber ist die Vorgehensweise der Einbindung von Prozeßkosten bei der Produktentwicklung im nordamerikanischen Raum nur wenig bekannt.

1 Vgl. Gaiser, B., Prozeßkostenrechnung und Activity Based Costing, 1998, S. 71 ff.
2 Vgl. Gaiser, B., Prozeßkostenrechnung und Activity Based Costing, 1998, S. 70 f.
3 Vgl. Gaiser, B., Prozeßkostenrechnung und Activity Based Costing, 1998, S. 70 .
4 Vgl. Gaiser, B., Prozeßkostenrechnung und Activity Based Costing, 1998, S. 71 ff.

3.2.3. Ziele, Aufgaben und strategische Konsequenzen der Prozeßkostenrechnung

Die Ziele der Prozeßkostenrechnung und die mit diesen verbundenen Aufgaben sind in der einschlägigen Literatur zwar häufig unterschiedlich strukturiert[1], laufen jedoch grundsätzlich auf die in nachstehender Abbildung aufgezeigten drei Komplexe hinaus. Der Ordnung halber sei an dieser Stelle festgehalten, daß es sich bei der gewählten Strukturierung nach RECKENFELDERBÄUMER[2] lediglich um eine mögliche Vorgehensweise handelt und die Ziel- bzw. Aufgabengebiete – *Transparenz, Effizienz und Kalkulation* – je nach Autor einer unterschiedlichen Gewichtung unterzogen und auch jeweils mit konkreten Inhalten versehen werden.

Ziele und Aufgaben der Prozeßkostenrechnung

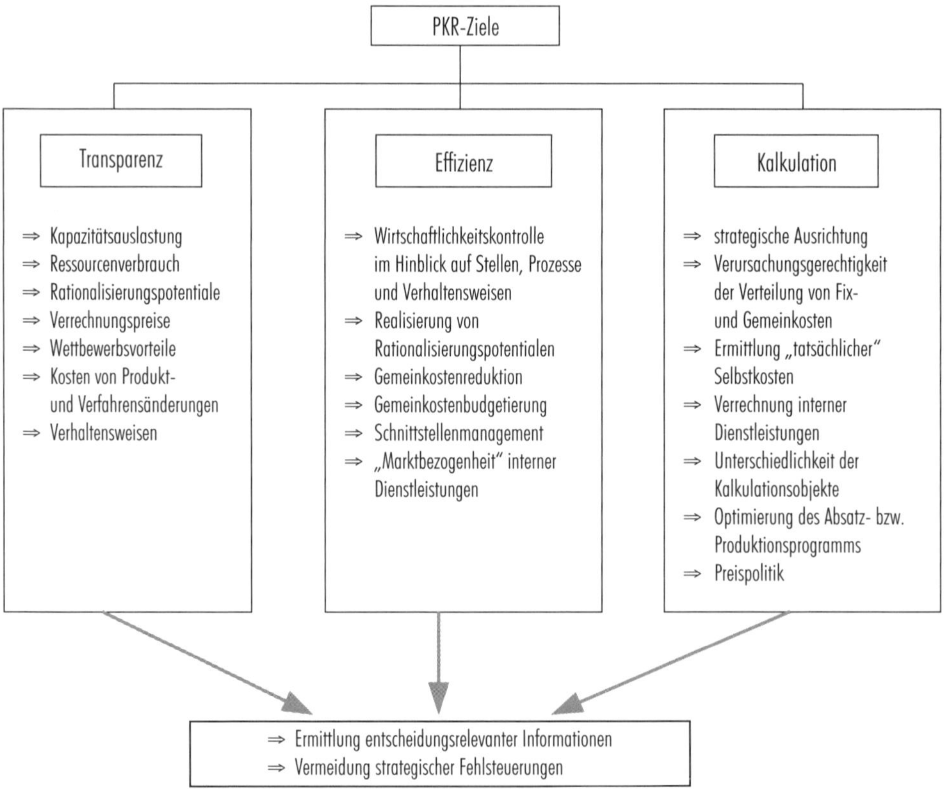

Quelle: Reckenfelderbäumer, M., Entwicklungsstand und Perspektiven der Prozeßkostenrechnung, 1994, S. 26

1 Vgl. z. B. Witt, F.-J., Das Konzept des Prozeßmanagement, 1991, S. 4 ff; Mayer, R., Prozeßkostenrechnung, 1990, S. 308; Pfohl, H.-Chr., Stölzle, W., Anwendungsbedingungen, Verfahren und Beurteilung der Prozeßkostenrechnung in industriellen Unternehmen, 1991, S. 1286.

2 Vgl. Reckenfelderbäumer, M., Entwicklungsstand und Perspektiven der Prozeßkostenrechnung, 1994, S. 26.

Die Prozeßkostenrechnung und insbesondere die prozeßorientierte Kalkulation liefern eine Fülle an Informationen, welche zur strategieorientierten Gestaltung des Produktmixes unter Berücksichtigung der im nachfolgenden beschriebenen Effekte genutzt werden können.[1]

Prozeßorientierte Produktkalkulation

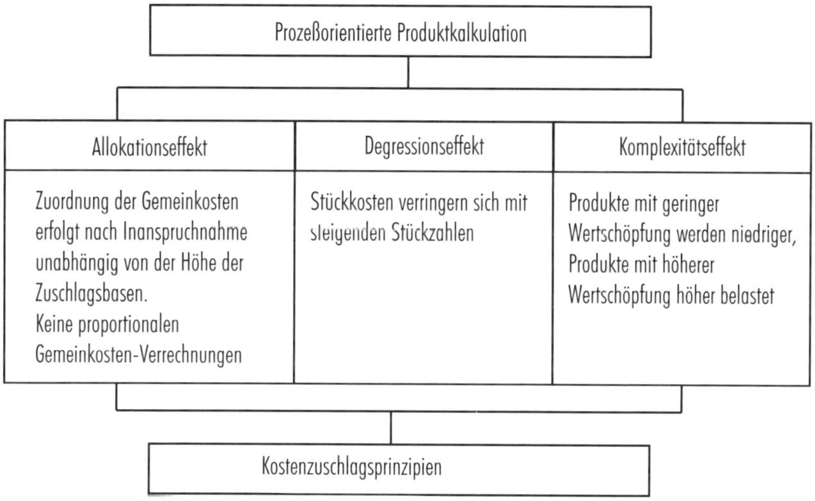

Quelle: Preißler, P. R., Entscheidungsorientierte Kosten- und Leistungsrechnung, 1995, S. 205

3.2.4. Kriterien für die Einführung der Prozeßkostenrechnung

Bevor entschieden wird, ob eine Prozeßkostenrechnung in einem Unternehmen eingeführt werden soll, ist zunächst einmal der dafür benötigte Aufwand abzuschätzen und dem erwarteten Nutzen gegenüberzustellen.[2] Nach COOPER sind insbesondere nachfolgende drei Einflußfaktoren zu analysieren, um zu einem optimalen Kostenrechnungssystem zu gelangen:[3]

- Erfassungskosten,
- Fehlerkosten und
- Heterogenität der Produkte (Unter dem Begriff „Heterogenität der Produkte“ ist insbesondere jener Sachverhalt zu verstehen, daß sich der Einsatz traditioneller Kostenrechnungssysteme vor allem dann als problematisch herausstellt, wenn Produkte eine unterschiedliche Inanspruchnahme der betrieblichen Ressourcen verursachen).

Um die Entscheidungsfindung zu unterstützen wird häufig die Anwendung des „Konzeptes des optimalen Kostenrechnungssystems“ empfohlen (siehe hierzu folgende Abbildung).[4] Dieses Konzept beruht auf der grundlegenden Überlegung, daß ein „einfaches“

1 Vgl. Remer, D., Einführen der Prozeßkostenrechnung, 1997, S. 202.
2 Vgl. Cooper, R., Acitivity-Based-Costing (Teil 2), 1990, S. 272 ff.
3 Vgl. Müller, A., Gemeinkostenmanagement, 1998, S. 100.
4 Vgl. Cooper, R., You Need a New Cost System When [. . .], 1989, S. 78; Cooper, R., Activity-Based-Costing (Teil 2), 1990, S. 272.

Kostenrechnungssystem zwar relativ geringe Erfassungskosten verursacht, dafür aber relativ ungenau ist und deshalb tendenziell höhere Fehlerkosten nach sich zieht. Dieser Sachverhalt verhält sich genau umgekehrt bei der Anwendung komplexer Kostenrechnungssysteme, d.h. verringerte Fehlerkosten stehen höheren Erfassungskosten gegenüber.[1] Nachstehende Abbildung erläutert den Zusammenhang der Einflußfaktoren, Erfassungskosten und Fehlerkosten. Das optimale Kostenrechnungssystem ist an dem Punkt erreicht, an welchem die Grenzkosten der Verbesserung gleich dem Grenznutzen der Verbesserung sind[2], d.h. wenn die Summe aus Erfassungs- und Fehlerkosten minimal ist.

Das optimale Kostenrechnungssystem

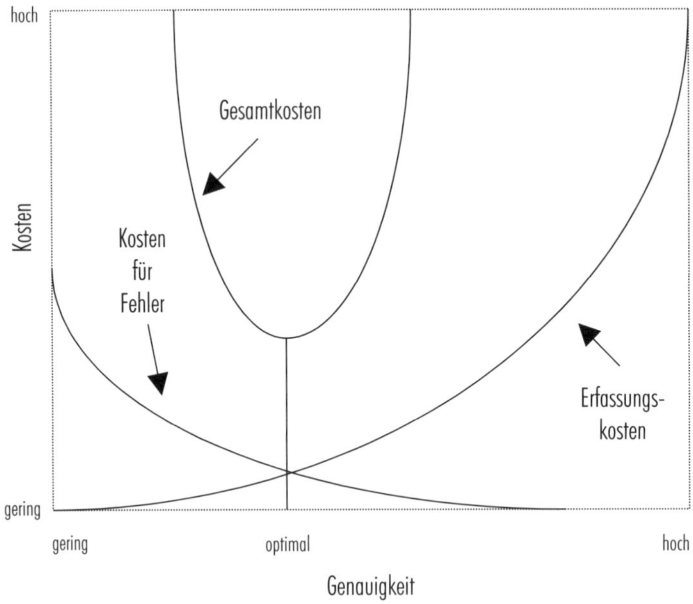

Quelle: Cooper, R., Activity-Based-Costing – Wann brauche ich ein Activity-Based Cost System und welche Kostentreiber sind notwendig? (Teil 2), 1990, S. 272

Bezüglich der praktischen Anwendung der Prozeßkostenrechnung wird in der Literatur vorgeschlagen, diese dort einzusetzen, wo große Differenzen in den Produktkosten bestehen, welche insbesondere auf eine unterschiedliche Inanspruchnahme der betrieblichen Ressourcen zurückzuführen sind, bzw. dort, wo herkömmliche Kostenrechnungsverfahren zu starken Verzerrungen führen oder Kostenschwerpunkte vorliegen.[3]

MÜLLER empfiehlt in seinen Ausführungen, vor vollständiger Implementierung einer Prozeßkostenrechnung Pilot-Prozesse auszuwählen, um vorerst einmal Erfahrungen zu

1 Vgl. Cooper, R., Activity-Based-Costing, 1992, S. 370.
2 Vgl. Müller, A., Gemeinkosten-Management, 1998, S. 100.
3 Vgl. Cooper, R./Kaplan, R. S., Measure Costs Right, 1988, S. 98.

sammeln. Die ausgewählten Pilot-Prozesse sollten vorzugsweise nachfolgende Eigenschaften erfüllen:[1]

- häufig auftretende, repetitive Tätigkeiten;
- bezeichnete Tätigkeiten werden in Kostenstellen erledigt, welche relativ hohe Gemeinkosten verursachen;
- es ist davon auszugehen, daß die Leistungen dieser Kostenstelle von den einzelnen Kostenträgern in unterschiedlichem Ausmaß in Anspruch genommen werden;
- für die Messung und Verrechnung der in den Kostenstellen durchgeführten Tätigkeiten können relativ einfach Bezugsgrößen (Prozeßmengen) ermittelt werden.

MÜLLER führt weiters aus, daß er davon ausgehe, *„daß der Nutzen einer Prozeßkostenrechnung den Einführungsaufwand übersteigen wird. Angesichts der fundamentalen Schwächen der herkömmlichen Kostenrechnungssysteme im Hinblick auf die Gemeinkostenproblematik verbietet sich eine kleinliche Abwägung von meßbarem Aufwand einerseits und schwer abschätzbarem Nutzen von vornherein"*.[2]

Wurde die Entscheidung zugunsten der Implementierung einer Prozeßkostenrechnung getroffen, so gilt es im einzelnen noch folgende Gestaltungsoptionen zu diskutieren und zu entscheiden:[3]

- Soll die Prozeßkostenrechnung in das bestehende Kostenrechnungssystem integriert werden, oder soll sie eigenständig – eventuell als Parallelrechnung zum bisherigen System – aufgebaut werden?
- Soll vor der Implementierung ein formales System-Design erstellt und verabschiedet werden?
- Auf wen/auf welche Verwendung sollte das System zugeschnitten sein?
- Wie genau soll das neue System sein? (*„It is better to be approximately right than exactly wrong."*)
- Soll das System Vergangenheits- oder Zukunftsdaten liefern?
- Soll das System bei seiner Einführung komplex oder eher einfach konzipiert sein?

3.2.5. Funktionsweise der Prozeßkostenrechnung

Nachfolgend soll nun die Funktionsweise der Prozeßkostenrechnung genauer beschrieben werden.

Definition und Klassifizierung der Prozesse

Unter dem Begriff „Prozeß" ist eine auf die Erbringung eines Leistungsoutputs gerichtete Kette von Aktivitäten zu verstehen, welche durch[4]

- ein Leistungsoutput,
- Qualitätsmerkmale (welche meist nicht explizit definiert werden),

---

1 Vgl. Müller, A., Gemeinkosten-Management, 1998, S. 101.
2 Müller, A., Gemeinkosten-Management, 1998, S. 102.
3 Vgl. Cooper, R., Implementing an Activity-Based Cost System, 1990, S. 33 ff.
4 Vgl. Mayer, R., Prozeßkostenrechnung, 1998, S. 6.

- eine Ressourceninanspruchnahme,
- einen Kosteneinflußfaktor,
- sowie analysierbare Durchlauf- bzw. Bearbeitungszeiten

gekennzeichnet ist.

Hypothesen über Hauptprozesse und Cost Driver

Bevor mit der Tätigkeitsanalyse begonnen wird, sollten Hypothesen über mögliche Hauptprozesse und Cost Driver auf Unternehmensebene generiert werden. Denn ohne Vorstellung über mögliche Hauptprozesse können in den anschließend zu führenden Gesprächen mit den jeweilig verantwortlichen Kostenstellenleitern keine gezielten Fragen gestellt werden. Zusätzlich können auch keine Anhaltspunkte identifiziert werden, die Aufschluß über die Weise der möglichen Strukturierung des Aufgabenvolumenseiner Kostenstelle, sowie der Aufteilung der festgestellten Teilprozesse geben würden.

Während der durchzuführenden Tätigkeitsanalyse können natürlich neue Anregungen für Hauptprozesse entstehen. Daher ist es häufig notwendig, mehrere Schleifen zu durchlaufen, bis eine endgültige Prozeßstruktur feststeht.

Tätigkeitsanalyse zur Teilprozeßermittlung

Die Anwendung der Prozeßkostenrechnung sollte sich aus Praktikabilitätsgründen nur auf repetitive Tätigkeiten beziehen, welche gleichzeitig einen vergleichsweise geringen Entscheidungsspielraum aufweisen.[2] Nachstehende Abbildung soll die Einsatzbereiche der Prozeßkostenrechnung nochmals graphisch veranschaulichen:

Einsatzbereiche der Prozeßkostenrechnung

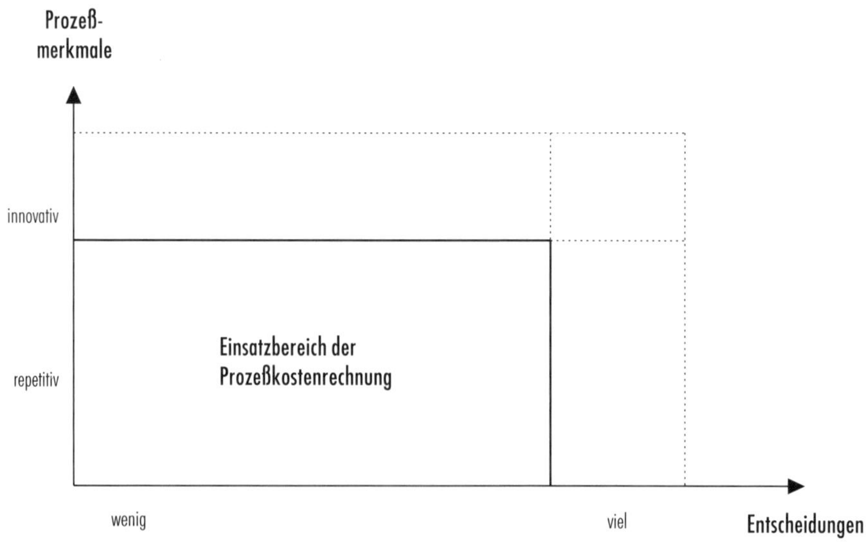

Quelle: Striening, H.-D., Prozeß-Management, 1988, S. 62

1 Mayer, R., Prozeßkostenrechnung und Prozeßkostenmanagement, 1991, S. 95 f.
2 Coenenberg, A. G., Kostenrechnung und Kostenanalyse, 1993, S. 199.

Dieser limitierte Einsatz der Prozeßkostenrechnung begründet sich vor allem aus der fehlenden Quantifizierbarkeit der Tätigkeiten und Teilprozesse jener Stellen, welche oben genannte Eigenschaften nicht aufweisen. Da sich die Einführung der Prozeßkostenrechnung sehr aufwendig gestaltet, sollten weiters noch folgende Kriterien bei der Entscheidungswahl über den zu untersuchenden Unternehmensbereich berücksichtigt werden: [1]

- Konzentration auf betriebliche Kostenschwerpunkte;
- Konzentration auf, durch verschiedene Produkte bzw. Produktarten unterschiedlich beanspruchte Ressourcen;
- Konzentration auf die Bereiche mit den im bestehenden System am wenigsten verursachungsgerecht verrechneten Kosten.

Die Tätigkeitsanalyse bildet den gleichzeitig zeitaufwendigsten, aber auch wichtigsten Schritt im Rahmen der Implementierung einer Prozeßkostenrechnung.[2] Hauptziel der Tätigkeitsanalyse ist es, die in den einzelnen Bereichen bzw. Stellen ablaufenden Tätigkeiten und Teilprozesse zu identifizieren[3] und weiters zu ermitteln, welchen Anteil an der Gesamtkapazität der Kostenstelle sie jeweils beanspruchen.[4] Im Rahmen der Tätigkeitsanalyse kann man auf sehr unterschiedliche Erhebungstechniken zurückgreifen. In der Abbildung auf der folgenden Seite werden die wichtigsten Hilfsmittel sowie Erhebungstechniken zur Durchführung der Tätigkeitsanalyse aufgezeigt, deren Vor- sowie Nachteile kurz beschrieben.

Kapazitäts- und Kostenzuordnung

Die Kostenzuordnung wird auf Ebene der Prozeßstellen durchgeführt[5], wobei unter dem Begriff *Prozeßstellen „räumlich und kompetenzmäßig abgrenzbare Bereiche, in denen meist mehrere Tätigkeiten (Teilprozesse) abgewickelt werden“*, zu verstehen sind. *„Prozeßstellen entsprechen im wesentlichen den vorhandenen Kostenstellen.“*[6]

Hauptprozeßverdichtung

Um einen gestrafften Überblick über die wesentlichen Abläufe des Untersuchungsgegenstandes sowie zur Ermittlung der Kosten zu erhalten, erfolgt eine kostenstellenübergreifende Aggregation von sachlich zusammengehörigen Teilprozessen[7]. Die Hauptprozesse stellen dabei gleichzeitig das Bindeglied zwischen Kostenstellen- und Kostenträgerrechnung dar, da die Hauptprozeßkostensätze für die Kalkulation verwendet werden. Die Grundlage für die Verrechnung der Kostenstellenkosten auf die Hauptprozesse wird hier-

---

1 Vgl. Coenenberg A. G./Fischer, T. M., Prozeßkostenrechnung, 1991, S. 26.
2 Vgl. Horváth, P./Renner, A., Prozeßkostenrechnung, 1990, S. 102.
3 Vgl. Coenenberg A. G./Fischer, T. M., Prozeßkostenrechnung, 1991, S. 26.
4 Vgl. Horváth, P./Renner, A., Prozeßkostenrechnung, 1990, S. 102.
5 Vgl. Wüest, G., Prozeßplanung und -steuerung, 1996, S. 423.
6 Wüest, G., Prozeßplanung und -steuerung, 1996, S. 418.
7 Vgl. Kajüter, P., Prozeßmanagement und Prozeßkostenrechnung, 1997, S. 222.

Erhebungsmethoden im Rahmen der Teilprozeßanalyse

Dokumentationsauswertung

Auswertung von Stellenbeschreibungen oder früheren Gemeinkostenanalysen wie Gemeinkostenwert- oder Wertanalysen

Vorteile:
- ⇒ geringer Aufwand
- ⇒ Dokumentation nicht erforderlich
- ⇒ keine Störung der Abläufe

Nachteile:
- ⇒ nur gültig bei hinreichender Dokumentation
- ⇒ nur zur Ergänzung/Kontrolle bestehender Ergebnisse

Interview

Persönliche Befragung der Kostenstellenleiter oder der Mitarbeiter

Vorteile:
- ⇒ keine Manipulation durch Dritte
- ⇒ kein Auslassen von Antworten
- ⇒ Einfachheit mündlicher Antworten

Nachteile:
- ⇒ Einfluß des Fragenden
- ⇒ zeitaufwendig
- ⇒ Aussagen evtl. verzerrt

Selbstaufschreibung

Erstellung von Berichten durch die Mitarbeiter über die von ihnen ausgeführten Arbeiten

Vorteile:
- ⇒ geringer Zeitaufwand
- ⇒ einfache Erstellung
- ⇒ Einheitlichkeit der Angaben durch Formulare

Nachteile:
- ⇒ Manipulierbarkeit
- ⇒ Angaben häufig Schätzung
- ⇒ nur Durchschnittsangaben

Dauerbeobachtung

Permanentes, optisches und akustisches Verfolgen von Prozessen über einen längeren Zeitraum

Vorteile:
- ⇒ systematisch/nicht zufallsabhängig
- ⇒ Abbildung des tatsächlichen Geschehens

Nachteile:
- ⇒ zeitaufwendig/kostenintensiv
- ⇒ keine Information über Sinnzusammenhänge

Multimomentaufnahme

Stichprobenverfahren, aus dem statistisch gesicherte Mengen- oder Zeitangaben abgeleitet werden

Vorteile:
- ⇒ beliebige Genauigkeit
- ⇒ beliebiger Umfang der Untersuchung
- ⇒ geringer Zeitaufwand

Nachteile:
- ⇒ erfordert korrekte Durchführung
- ⇒ Verzerrung der Ergebnisse aufgrund wahrgenommener Beobachtung

Quelle: Roolfs, G., Gemeinkostenmanagement unter Berücksichtung neuer Entwicklungen in der Kostenlehre, 1996, S. 195, zusammengestellt nach Fröhling, O./Krause, H., Gemeinkosten-Management, 1990, S. 224; Müller, A., Gemeinkosten-Management, 1992, S. 67 ff, Wittlage, H., Methoden, 1986, S. 45 ff.

bei von der mittels Prozeßkoeffizienten definierten Zusammensetzung der Hauptprozesse aus Teilprozessen gebildet.

Verdichtung von Teilprozessen zu kostenstellenübergreifenden Hauptprozessen

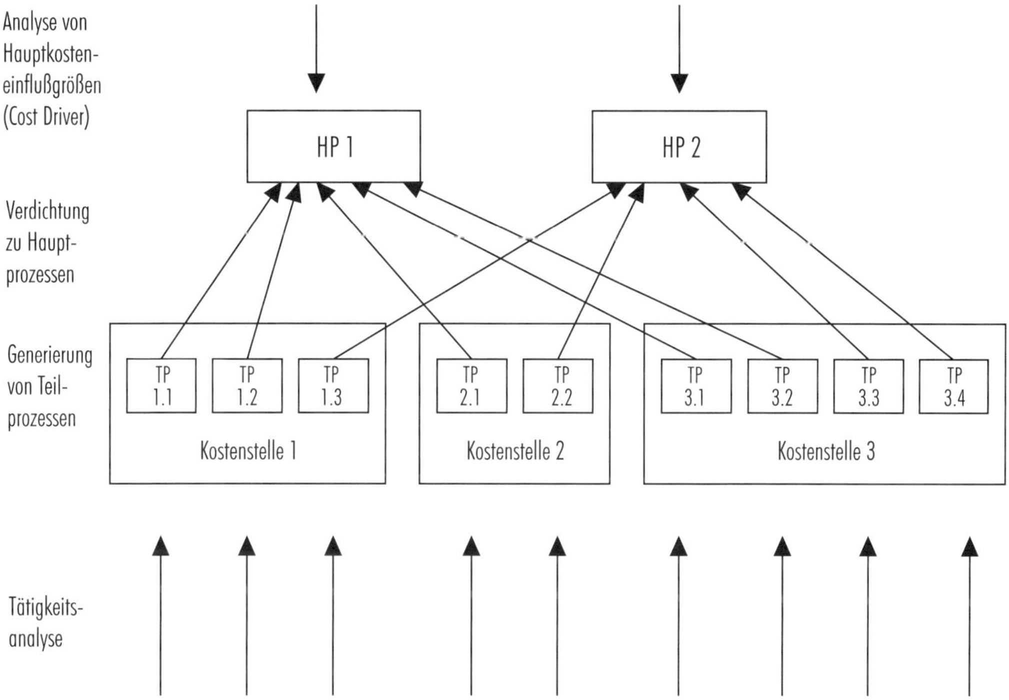

Quelle: Mayer, R., Prozeßkostenrechnung, 1990, S. 307

Grundsätzlich bestehen folgende Möglichkeiten der Hauptprozeßverdichtung:[1]

- mehrere Teilprozesse verschiedener Kostenstellen bilden einen Hauptprozeß;
- mehrere Teilprozesse einer Kostenstelle bilden einen Hauptprozeß;
- ein Teilprozeß einer Kostenstelle geht in mehrere Hauptprozesse ein;
- ein Teilprozeß ist gleichzeitig ein (unechter) Hauptprozeß (keine Verdichtung möglich).

Für die ermittelten Hauptprozesse sind nunmehr Cost Driver zu ermitteln, welche als Bezugsgröße die Basis für die Verrechnung der Gemeinkosten auf den Kostenträger darstellen.[2] Mögliche Cost Driver können z.B. die Anzahl der aufgegebenen Bestellungen, die Anzahl der Kundenaufträge etc. sein. Der Festlegung der Cost Driver kommt daher eine herausragende Bedeutung im Rahmen der Prozeßkostenrechnung zu.[3] Es handelt sich hier

1 Vgl. Kajüter, P., Prozeßmanagement und Prozeßkostenrechnung, 1997, S. 222.
2 Vgl. Coenenberg, A. G./Fischer, T. M., Prozeßkostenrechnung, 1991, S. 26.
3 Vgl. Reichling, P./Köberle, G., Gemeinkosten-Controlling mit der Prozeßkostenrechnung, 1992, S. 494.

um den vielleicht kreativsten Teil im Rahmen der Implementierung einer Prozeßkostenrechnung.[1] Der Unterschied zwischen Hauptprozeß-Cost-Driver und Teilprozeß-Maßgröße besteht darin, daß es sich hierbei um unterschiedliche Verrechnungsebenen innerhalb der Prozeßkostenrechnung handelt[2] und Hauptprozesse darüber hinaus durchaus Teilprozesse mit unterschiedlichen Maßgrößen enthalten können.[3]

Ermittelte Cost Driver sollten vor allem folgende Kriterien erfüllen[4]:

- aus den verfügbaren Informationsquellen einfach ableitbar sein;
- sich zur Beanspruchung der Ressourcen proportional verhalten und
- durchschaubar und verständlich sein.

Ermittlung der Prozeßkostensätze

Für Kalkulationszwecke ist es notwendig, Prozeßkostensätze zu bilden, welche sich aus der Division der jeweiligen Prozeßkosten durch die dazugehörige Planmenge ergeben[5]:

$$\text{Prozeßkostensatz} = \frac{\text{(Plan-)Prozeßkosten}}{\text{(Plan-)Prozeßmenge}}$$

Prozeßkostensätze beschreiben daher die durchschnittlichen Kosten für die einmalige Durchführung eines Prozesses.[6]

Im Rahmen einer Prozeßkostenrechnung lassen sich insgesamt drei Arten von Prozeßkostensätzen unterscheiden:[7]

1. Prozeßkostensätze, die nur die leistungsmengeninduzierten Kosten berücksichtigen

$$\text{Teilprozeßkostensatz}_{\text{lmi}} = \frac{\text{Teilprozeßkosten}_{\text{lmi}}}{\text{Prozeßmenge}}$$

2. Umlagesatz für die leistungsmengenneutralen Kosten:

Tätigkeiten, deren Kosten unabhängig von der Prozeßmenge entstehen, sind als „fix“ anzusehen (wie z.B. Kostenstelle leiten) und werden daher proportional zur Höhe der leistungsmengeninduzierten Prozeßkostensätze umgelegt.

$$\text{Umlagesatz} = \frac{\text{Lmi-Kosten}}{\text{Lmn-Kosten}}$$

1 Vgl. Coenenberg, A. G./Fischer, T. M., Prozeßkostenrechnung, 1991, S. 26.
2 Vgl. Pfohl, H.-Ch./Stölzle, W., Anwendungsbedingungen, Verfahren und Beurteilung der Prozeßkostenrechnung in industriellen Unternehmen, 1991, S. 1290.
3 Vgl. Franz, K.-P., Prozeßkostenrechnung, 1991, S. 180.
4 Vgl. Coenenberg, A. G., Kostenrechnung und Kostenanalyse, 1993, S. 202.
5 Vgl. Horváth, P./Mayer, R., Prozeßkostenrechnung, 1989, S. 217.
6 Vgl. Mayer, R., Die Prozeßkostenrechnung als Instrument des Gemeinkostenmanagement, 1991, S. 298.
7 Vgl. Horváth, P./Renner, A., Prozeßkostenrechnung, 1990; S. 103; Schmitt, A., Transparenz mit Prozeßkostenrechnung, 1992, S. 47.

Anstatt einer proportionalen Umlage der leistungsmengeninduzierten Kosten wird vereinzelt auch empfohlen, die lmn-Kosten in einer kostenstellenübergreifenden Sammelposition zusammenzufassen und diese im Rahmen der Kalkulation mittels prozentualer Zuschläge auf die Gesamtsumme der vorliegenden Produkteinzelkosten und -prozeßkosten aufzuschlagen. Diese Vorgehensweise soll Verzerrungen vermeiden.[1]

3. Gesamtprozeßkostensatz als Summe von lmi-Teilprozeßkostensatz und Umlagesatz:

$$\text{Gesamtprozeßkostensatz} = \text{lmi-Teilprozeßkostensatz} + \text{Umlagesatz}$$

Die Verwendung von Prozeßkostensätzen in der Kostenträgerstückrechnung (Kalkulation) ermöglicht eine verursachungsgerechtere Kostenzuordnung auf die Kostenträger (Produkte, Aufträge etc.) als die Zuschlagskalkulation, da nunmehr beispielsweise Aufträge, die mehrere Auftragspositionen umfassen und somit eine höhere Bearbeitungszeit verursachen, auch höhere Kosten zu tragen haben. Die Prozeßkostenkalkulation gibt daher Aufschluß über die durch die Bearbeitung eines Auftrages verursachte Beanspruchung der betrieblichen Ressourcen.[2]

Im Rahmen der Kostenträgerzeitrechnung können durch die Verwendung von Prozeßkosten verbesserte Informationen für die betriebliche Steuerung generiert werden. So kann durch die Verwendung von Prozeßkostensätzen eine Produktivitätsanalyse bei den innerbetrieblichen Vorgängen durchgeführt werden.[3]

Produktivitätsanalyse durch Prozeßkostensätze:

$$\text{Prozeßkostensatz} = \frac{\text{Prozeßkosten}}{\text{Prozeßmenge}} = \frac{\text{Input}}{\text{Output}} = \frac{1}{\text{Produktivität}}$$

Quelle: Coenenberg, A. G., Kostenrechnung und Kostenanalyse, 1993, S. 205.

Die Produktivitätsbetrachtung ermöglicht eine wirkungsvolle Unterstützung des Funktionscontrollings in den verschiedenen Wertschöpfungsstufen.[4] Dadurch können Ansatzpunkte zur kostenstellenübergreifenden Optimierung betrieblicher Prozeßstrukturen sichtbar gemacht werden. Produktivitätskennzahlen geben weiters Hinweise auf Rationalisierungspotentiale und liefern zusätzlich Informationen über bereits erreichte Verbesserungen in der Abwicklung von Vorgängen.[5] Nachfolgende Abbildung soll nochmals eine Übersicht über die Funktionen der Prozeßkostenrechnung in der Kostenträgerstück- und Kostenträgerzeitrechnung geben.

1 Vgl. Coenenberg, A. G./Fischer, T. M., Prozeßkostenrechnung, 1991, S. 30 f.
2 Vgl. Coenenberg, A. G., Kostenrechnung und Kostenanalyse, 1993, S. 205.
3 Vgl. Coenenberg, A. G., Kostenrechnung und Kostenanalyse, 1993, S. 205.
4 Vgl. Ostrenga, M. R., Activities, 1990, S. 42 ff.
5 Vgl. Coenenberg, A. G., Kostenrechnung und Kostenanalyse, 1993, S. 205.

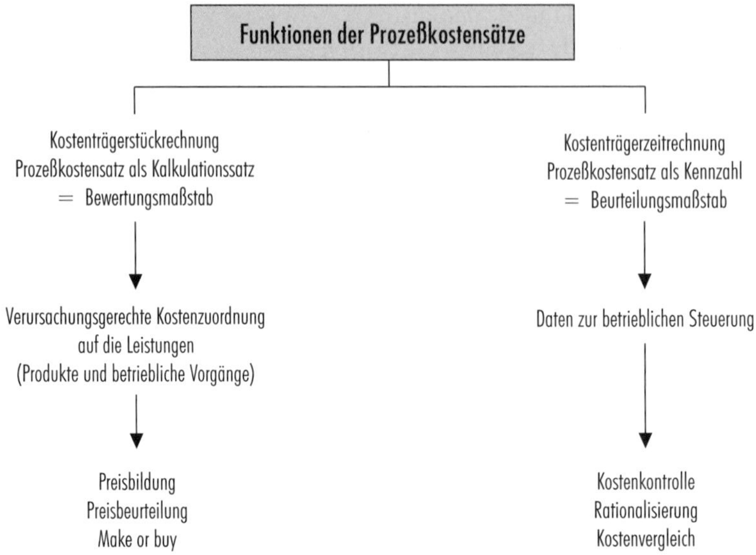

Quelle: Coenenberg, A. G., Kostenrechnung und Kostenanalyse, 1993, S. 206.

3.2.6. Kalkulation mit Prozeßkosten

Die Art der Zurechnung der Gemeinkosten auf den Kostenträger stellt wohl einen der umstrittensten Teile der Prozeßkostenrechnung dar. Einige Autoren sprechen im Zusammenhang mit der Zurechnung von Gemeinkosten mit Hilfe der Prozeßkostenrechnung von „Zufallsprodukten" und „Empfehlungen zum Würfeln" andere hingegen behaupten, daß durch die Prozeßkostenrechnung die Kalkulation zu einem strategischen Planungsinstrument werden würde.[1]

Durch die häufig von den Anhängern der Prozeßkostenrechnung verwendete Bezeichnung *„Strategische Kalkulation"*[2] wollen die Befürworter darauf hinweisen, daß der Betrachtungszeitraum der Prozeßkostenrechnung nicht mehr auf den für bisherige Kostenrechnungssysteme üblichen Zeithorizont von höchstens einem Jahr beschränkt wird, sondern auch darüber hinausgehende Wirkungen durch die Prozeßkostenrechnung erfaßt werden können.[3] Außerdem soll durch das Adjektiv „strategisch" der Anspruch der Prozeßkostenrechnung hervorgehoben werden, schlüssige Daten für bedeutende Produktentscheidungen zu liefern, wozu bestehende Kostenrechnungssysteme nicht in der Lage seien.[4]

1 Vgl. Mayer, R., Prozeßkostenrechnung und Prozeßkostenmanagement, 1991, S. 81.
2 Coenenberg, A. G./Fischer, T. M., Prozeßkostenrechnung, 1991, S. 21 ff.
3 Vgl. Braun, S., Die Prozeßkostenrechnung, 1994, S. 87 f.
4 Vgl. Müller, A., Gemeinkosten-Management, 1992, S. 60.

An dieser Stelle ist darauf hinzuweisen, daß hier noch nicht aufgezeigt werden soll, inwieweit sich die Prozeßkostenrechnung als strategisches Instrument eignet. In diesem Zusammenhang darf besonders auf die Folgekapitel verwiesen werden.

Im vorliegenden Kapitel soll vielmehr auf die möglichen Kalkulationsformen zur Verrechnung der Prozeßkosten eingegangen werden. Nachstehend genauer beschriebene Kalkulationsformen stehen im Rahmen der Prozeßkostenrechnung zur Verfügung.

Kalkulationsformen im Rahmen der Prozeßkostenrechnung

Prozeßanaloge Kalkulation

Die sogenannte „prozeßanaloge"[1] oder auch „prozeßspezifische"[2] Kalkulation stellt die folgerichtige Umsetzung der Prozeßkostenrechnung im Rahmen der Kalkulation dar und zeichnet sich vor allem dadurch aus, daß sämtliche Gemeinkosten lediglich über die Zwischenschaltung von Prozessen auf die Kalkulationsobjekte verrechnet werden. Bei dieser Vorgehensweise handelt es sich jedoch um einen theoretischen Sonderfall, der in der betrieblichen Praxis kaum vorkommt, da die Voraussetzungen zur Verrechnung des gesamten Kostenvolumens über Prozesse in den Unternehmen regelmäßig nicht vorhanden sein dürften.[3] Im Rahmen der prozeßanalogen Kalkulation lassen sich wiederum drei Ausgestaltungen unterscheiden:[4]

- die direkte (prozeßanaloge) Kalkulation;
- die indirekte (prozeßanaloge) Kalkulation sowie
- eine Kombination der direkten und indirekten Kalkulation.

Bei der direkten (prozeßanalogen) Kalkulation erfolgt die Verrechnung der Gemeinkosten auf die Kalkulationsobjekte über Bezugsgrößen, die als Maßstab zur Bestimmung der produktindividuellen Prozeßinanspruchnahme dienen und für die Prozeßkostensätze ermittelt wurden. Die Stückkosten bei direkter (prozeßanaloger) Kalkulation ergeben sich wie folgt:

Stückkosten bei direkter (prozeßanaloger) Kalkulation:

$$\text{Kosten des Kalkulationsobjektes} = \underbrace{\text{Einzelkosten} + \text{Prozeßkosten der Prozeßart i} \times \begin{array}{c}\text{Wiederholung der Prozeßart i}\\ \text{zur Erstellung einer Einheit}\\ \text{des Kalkulationsobjektes}\end{array}}_{\Sigma \text{ der Prozeßkosten}}$$

Quelle: in Anlehnung an: Braun, S., Die Prozeßkostenrechnung, 1994, S. 97

1 Vgl. Franz, K.-P., Die Prozeßkostenrechnung, 1990, S. 127.
2 Vgl. Ziegler, H., Prozeßorientierte Kostenrechnung im Hause Siemens, 1992, S. 307.
3 Vgl. Franz, K.-P., Die Prozeßkostenrechnung, 1990, S. 127.
4 Vgl. Braun, S., Die Prozeßkostenrechnung, 1994, S. 90 ff.

Die indirekte (prozeßanaloge) Kalkulation ist dann anzuwenden, wenn von einem Prozeß gleichzeitig mehrere Kalkulationsobjekte profitieren. So kann beispielsweise eine Bestellung mehrere Einheiten umfassen, denen die Prozeßkosten des Prozesses „Bestellung" zugerechnet werden sollen. Die Kosten des Kalkulationsobjektes ergeben sich bei indirekter (prozeßanaloger) Kalkulation wie folgt.

Stückkosten bei indirekter (prozeßanaloger) Kalkulation:

$$\text{Kosten des Kalkulationsobjektes} = \text{Einzelkosten} + \frac{\text{Prozeßkosten}}{\text{Anzahl der Kalkulationsobjekte}}$$

Quelle: Braun, S., Die Prozeßkostenrechnung, 1994, S. 99

Die Verrechnung von Prozeßkosten sowohl direkt über Prozesse als auch indirekt über die Zwischenschaltung eines weiteren Bezugsobjektes (z.B. Bestellung, Los, Variante) wird für jenen Fall empfohlen, wenn ein Teil der Prozeßkosten direkt vom Produktionsvolumen abhängig ist und für die restlichen Prozeßkosten eine direkte Abhängigkeit nur hinsichtlich des jeweiligen Bezugsobjektes festgestellt werden kann. Da dieses Kalkulationsverfahren häufig im Zusammenhang mit großen Variantenzahlen anzutreffen ist, wird es auch als Variantenkalkulation bezeichnet.

Bei der Variantenkalkulation handelt es sich um eine kostenstellenorientierte Kalkulation, im Vergleich zu den bisher aufgezeigten Kalkulationsformen, welche kostenträgerorientierte Kalkulationsformen darstellen.[1]

Bei der Variantenkalkulation ist in der Weise vorzugehen, als zunächst die gesamten Kosten eines Vorganges in sogenannte „volumenabhängige" und „variantenabhängige" Kosten aufzuspalten sind. Die volumenabhängigen Kosten werden direkt auf die Produkte über die in Anspruch genommenen Prozesse weiterverrechnet. Der variantenabhängige Teil der Kosten wird zunächst auf die gefertigten Varianten und dann innerhalb betreffender Varianten auf die gefertigten Produkte verrechnet. Die Abbildung auf der folgenden Seite soll das Verfahren der Variantenkalkulation nochmals graphisch veranschaulichen.

Prozeßorientierte Kalkulation

Die prozeßorientierte (Zuschlags-)Kalkulation unterscheidet sich nur durch einige Besonderheiten bei der Bestimmung der Zuschlagsätze von der traditionellen Zuschlagskalkulation.[2] Die Grundlage zur Ermittlung der Zuschlagsätze bilden hierbei nicht mehr die bekannten Wertgrößen Lohn- und Materialeinzelkosten, sondern prozessuale Aspekte wie beispielsweise die Anzahl der von einem Produkt durchlaufenen Prozesse oder dessen

1 Vgl. Roolfs, G., Gemeinkostenmanagement unter Berücksichtigung neuer Entwicklungen in der Kostenlehre, 1996, S. 204 ff.
2 Vgl. Franz, K.-P., Die Prozeßkostenrechnung, 1990, S. 127.

Verfahren der Variantenkalkulation

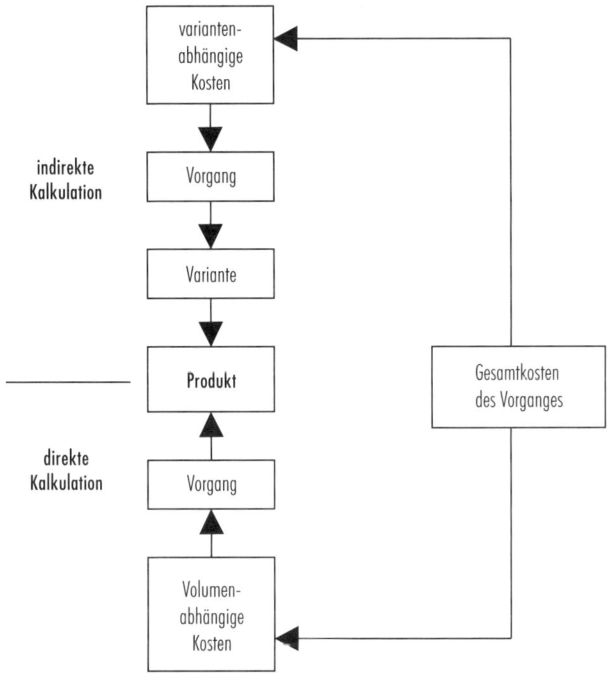

Quelle: Braun, S., Die Prozeßkostenrechnung, 1994, S. 191.

Komplexitätsgrad, welcher durch die Anzahl der verbauten Einzelteile gemessen wird.[1] Bei Anwendung der prozeßorientierten Kalkulation werden die Produkte zunächst anhand der oben genannten Kriterien (z.B. Anzahl der von einem Produkt durchlaufenen Prozesse) in homogene Gruppen unterteilt, für welche dann ein einheitlicher Zuschlagsatz gilt. Diese Vorgehensweise ermöglicht es, Produkte, die einer Produktgruppe angehören, welche im Vergleich zu anderen Produktgruppen eine größere Anzahl von Prozessen oder aufwendigere Prozeßtypen aufweisen, mit einem dementsprechend höheren (prozeßorientierten) Zuschlagsatz zu belasten. Damit soll zumindest im groben Umfang dem Grundgedanken der Prozeßkostenrechnung Folge geleistet werden.[2]

Da es in der Praxis häufig nicht möglich sein dürfte, das gesamte Gemeinkostenvolumen prozeßanalog auf die Kostenträger zu verteilen, weil z.B. für einen Teil der Gemeinkosten keine plausiblen direkten Bezugsgrößen zur Weiterverrechnung auf den jeweiligen Kostenträger eruiert werden konnten, wird die prozeßanaloge Kalkulation daher häufig der Ergänzung durch die traditionelle oder die prozeßorientierte Zuschlagskalkulation bedürfen.[3] Eine mögliche prozeßorientierte Kalkulation könnte sich daher wie folgt gestalten:

1 Vgl. Braun, S., Die Prozeßkostenrechnung, 1994, S. 91.
2 Vgl. Braun, S., Die Prozeßkostenrechnung – fortschrittliches Kostenrechnungssystem?, 1994, S. 91.
3 Vgl. Braun, S., Die Prozeßkostenrechnung – fortschrittliches Kostenrechnungssystem?, 1994, S. 93.

Vorschlag für ein prozeßorientiertes Kalkulationsschema

	Materialeinzelkosten	
+	Materialprozeßkosten..................	für Einkauf, Wareneingang und -prüfung, Kreditbuchhaltung und Materiallager
+	Materialgemeinkosten*zuschlag*	für restliche, nicht-prozeßbezogen verrechenbare Materialgemeinkosten
=	**Materialkosten**	
+	Fertigungslohn bzw. Maschinenkosten	
+	Fertigungsunterstützungs*prozeßkosten*	für Entwicklung, Konstruktion, Arbeitsvorbereitung, Fertigungsplanung und -steuerung, Qualitätswesen, Logistik etc.
+	Fertigungsgemeinkosten*zuschlag*	für restliche, nicht-prozeßbezogen verrechenbare Fertigungsgemeinkosten
+	Sondereinzelkosten der Fertigung	
=	**Fertigungskosten**	
	Materialkosten	
+	Fertigungskosten	
=	**Herstellkosten**	
+	Vertriebsprozeßkosten	für Marktforschung, Werbung, Verkaufsförderung, Messen, Außendienst, Verkaufsbüros, Kundendienst, Auftragsbearbeitung, Fakturierung, Debitorenbuchhaltung, Fertigwarenlager, Versand, Transport etc.
+	Vertriebsgemeinkosten*zuschlag*	für restliche, nicht-prozeßbezogen verrechenbare Vertriebsgemeinkosten
+	Sondereinzelkosten des Vertriebs	
+	Verwaltungsgemeinkosten*zuschlag*	für Geschäftsführung, Controlling, Registratur etc.
=	**Selbstkosten**	

Quelle: Remer, D., Einführen der Prozeßkostenrechnung, 1997, S. 194 in Anlehnung an: Warnick, B., Prozeßkostenrechnung, 1994, S. 59

Poolrechnung

Kann kein direkter Zusammenhang zwischen Prozeßkosten und Kostenträgern hergestellt werden, so könnte weiters auch die sogenannte Poolrechnung als Übergangslösung dienen. Bei diesem Verfahren werden die Prozeßkosten zunächst in einen Pool (= Sammel- bzw. Übergangskonto) verwaltet. In dem Moment, wo ein Kostenträger innerbetriebliche Leistungen aus diesem Pool in Anspruch nimmt, muß er ein buchhalterisches Entgelt an den Pool zahlen. Durch diese Methodik kann beispielsweise das Ausmaß der Inanspruchnahme innerbetrieblicher Leistungen durch bestimmte Produktgruppen festgestellt werden.[1]

1 Vgl. Witt, F.-J./Witt, K., Aktivitäts-Controlling und Prozeßkostenrechnung, 1990, S. 40.

Unterstützung der Kalkulation in Handelsbetrieben

Eine Verbesserung der Kalkulation in Handelsbetrieben könnte nach Ansicht von PFOHL/STÖLZLE durch eine Übertragung des Prozeßkostenaspekts auf das für den Handel vorgeschlagene Konzept der „Direkten Produkt-Rentabilität" (DPR) erreicht werden, indem die nicht den einzelnen Produkteinheiten zurechenbaren Kostenkomponenten, z.B im Bereich Logistik, auf Prozesse bezogen werden.[1] Die Methodik der DPR, welche in den USA entwickelt und vom Deutschen Handelsinstitut (DHI) übernommen wurde, basiert auf einer Stück-Kosten-Nutzenrechnung, welche danach strebt, jedem Artikel die tatsächlich entstandenen variablen Kosten zuzurechnen. Seiner Methodik nach entspricht das DPR-Verfahren daher einer modifizierten Deckungsbeitragsrechnung.[2]

Die Direkte Produkt-Rentabilität errechnet sich wie folgt:[3]

Netto-Verkaufspreis	Um MwSt sowie um Nachlässe und Erlösschmälerungen reduzierter Endverbraucher-Abgabepreis
Netto-Netto-Einkaufspreis	um Vorsteuer, alle Rabatte, Werbekostenzuschüsse und sonstige Vergünstigungen bereinigter Einkaufspreis
= Handelsspanne in € Direkte Produkt-Kosten (DPK)	direkt dem einzelnen Artikel zurechenbare Handlungskosten
= Direkte Produkt-Rentabilität (DPR)	verbleibender Betrag zur Abdeckung der direkt zurechenbaren Kosten und zur Erzielung des Gewinnes

Durch die Anwendung des DPR-Ansatzes wird nunmehr die Darstellung der Kosten für einzelne warenbezogene Funktionen ermöglicht, indem die Kosten des Handlungsblockes nach Tätigkeitsbereichen aufgelöst werden. Hierzu müssen zunächst die warenbezogenen Funktionsabläufe je nach Betriebstyp festgelegt werden. Anschließend sind für die einzelnen Artikel jene Arbeitszeiten zu messen, die für die Ausführung der nötigen Funktionen aufgewendet werden. Ein derart verfeinertes DPR-Verfahren liefert wertvolle Informationen zur Steuerung von Handelsbetrieben, insbesondere im Hinblick auf:[4]

- die Schaffung von Kostentransparenz und die Aufdeckung von Rationalisierungspotentialen;
- die Gewährleistung einer Regal- bzw. Plazierungsoptimierung;
- die Erreichung einer Sortimentsstreuung;

1 Vgl. Pfohl, H.-C./Stölzle, W., Anwendungsbedingungen, Verfahren und Beurteilung der Prozeßkostenrechnung in industriellen Unternehmen, 1991, S. 130.

2 Vgl. Hallier, B., DPR = Mehr Professionalität, 1988, S. 85 ff, zitiert in: Müller, A., Gemeinkosten-Management, 1998, S. 170.

3 Vgl. Günther, T., Operative und strategische Entscheidungsunterstützung im Konsumgüterbereich durch „Direkte Produkt-Rentabilität", 1993, S. 65 f; Schröder, H., Die DPR-Methode auf dem Prüfstand, 1990, S. 113.

4 Vgl. Schröder, H., Die DPR-Methode auf dem Prüfstand, 1990, S. 113 ff.

- die Überprüfung und Optimierung dispositiver Entscheidungen;
- den Aufbau von Kennzahlensystemen;
- die zielgerechte Gestaltung der Produkte sowie Verpackungen und
- die Miteinbeziehung ökologischer Aspekte in die Entscheidungen.

Prozeßorientierte Deckungsbeitragsrechnung

Der Nutzen, der sich durch die Einbeziehung von Prozeßkosten in eine Deckungsbeitragsrechnung ergibt, soll anhand eines Beispiels des Vertriebskostenblockes dargestellt werden:

Grundsätzlich sind die Vertriebsgemeinkosten von der Dringlichkeit eines Auftrages oder vom jeweiligen Vertriebsweg abhängig. Daher ist es nicht ersichtlich, weshalb Produkte mit höheren Herstellkosten auch automatisch höhere Vertriebsgemeinkosten zu tragen haben. Eine Analyse oder Bewertung einzelner Kunden gestaltet sich unter diesen Umständen äußerst schwierig und birgt die Gefahr von Fehlentscheidungen.[1] Die Prozeßkostenrechnung ermöglicht hier eine verursachungsgerechtere Verrechnung der Kosten als beispielsweise die herkömmliche Kalkulation oder eine Deckungsbeitragsrechnung.[2] Eine prozeßorientierte Kundendeckungsbeitragsrechnung ermöglicht daher genauere Aussagen über die Vorteilhaftigkeit einzelner Kunden für das Unternehmen, woraus sich wiederum strategische Entscheidungen ableiten lassen.[3] Eine prozeßorientierte Kundendeckungsbeitragsrechnung könnte sich wie folgt darstellen:

Schema einer prozeßorientierten Kundendeckungsbeitragsrechnung

	Nettoerlöse
–	prozeßorientiert ermittelte Herstellkosten
=	Deckungsbeitrag I (produktbezogen)
–	Hauptprozeßkosten Auftragsabwicklung
–	Hauptprozeßkosten Kundenauftragskommissionierung
=	Deckungsbeitrag II (abwicklungsbezogen)
–	Hauptprozeßkosten Kundenbetreuung
=	Deckungsbeitrag III (kundengesamtbezogen)

Quelle: Horváth,P./Mayer, R., Prozeßkostenrechnung, 1993, S. 27

1 Vgl. Stoi, R./Giehl, M., Prozeßkostenrechnung im Vertriebsmanagement, 1995, S. 141.
2 Vgl. Remer, D., Einführen der Prozeßkostenrechnung, 1997, S. 211.
3 Vgl. Remer, D., Einführen der Prozeßkostenrechnung, 1997, S. 211.

Hingewiesen sei an dieser Stelle darauf, daß der Schwerpunkt im Rahmen einer prozeßorientierten Deckungsbeitragsrechnung – welche aus der betriebsindividuellen Prozeßkostenrechnung aufgebaut werden sollte – selbstverständlich auch auf Produktgruppen, Auftragsarten oder Vertriebs- und Beschaffungswege etc. gelegt werden kann.[1]

3.2.7. Tauglichkeit der Prozeßkostenrechnung als Instrument des Gemeinkostenmanagements

Da herkömmliche Kostenrechnungs- und Controllingsysteme primär funktionsorientiert ausgestaltet sind, ist ihre Aussagefähigkeit im Hinblick auf die Planung, Kontrolle und Steuerung von Gemeinkosten indirekter Leistungsbereiche meist auch mangelhaft. Die Prozeßkostenrechnung bringt eine primär ablauf- und prozeßorientierte Sichtweise in die bestehenden Kostenrechnungssysteme und stellt damit die Basis für ein effektives Gemeinkostenmanagement dar.[2]

In diesem Kapitel soll zunächst auf die Kritikpunkte der Prozeßkostenrechnung als Instrument des Gemeinkostenmanagements eingegangen werden. In späterer Folge wird der Nutzen, der dem Gemeinkostenmanagement durch den Einsatz der Prozeßkostenrechnung entsteht, erläutert.

Kritik

Die bestehende Kritik an einer, auf der Prozeßkostenrechnung aufbauenden operativen Planungsrechnung richtet sich zunächst auf die Art und Weise der Ermittlung der Planprozeßmengen.

- Hier dürfte die lineare Hochrechnung der Prozeßmengen zur Vermeidung der Integration von Unwirtschaftlichkeit oder Zufälligkeit nicht ausreichen. Vielmehr wäre die Formulierung angemessener Rationalisierungsziele erforderlich.[3]
- Sofern Prozeßkostensätze einer Gemeinkostenplanung oder Budgetierung zugrunde gelegt werden sollen, ist zu beachten, daß mit der Ermittlung der Planprozeßkostensätze unter Zuhilfenahme kostenanalytischer Verfahren oder Schlüsselgrößen[4] allenfalls dem Beanspruchungs- bzw. Kosteneinwirkungsprinzip entsprochen wird[5]. Zudem kommt es bei Errechnung der Gesamtprozeßkostensätze durch die Umlage der lmn-Prozeßkosten zu einer Fixkostenproportionalisierung.[6]
- Die Eignung der Prozeßkostenrechnung zur Unterstützung der Gemeinkostenkontrolle erfordert die Zurverfügungstellung zusätzlicher Informationen, da die im Rahmen einer prozeßorientierten Abweichungsanalyse ermittelten Daten auf der Verrechnung fixer Gemeinkostenbestandteile basieren und langfristige vertragliche Bindungen einer kurzfristigen Realisierung möglicher Veränderungsmaßnahmen entgegenstehen. Eine

1 Vgl. Remer, D., Einführen der Prozeßkostenrechnung, 1997, S. 215.
2 Vgl. Böhler, W., Prozeßkostenrechnung als funktionale Komponente einer geschlossenen Kostenrechnungsstandardsoftware, 1995, S. 329.
3 Vgl. Lohmann, U., Prozeßkostenrechnung, 1991, S. 270.
4 Vgl. Mayer, R., Prozeßkostenrechnung, 1990, S. 307.
5 Vgl. Kloock, J., Prozeßkostenrechnung als Rückschritt und Fortschritt der Kostenrechnung, 1992, S. 188.
6 Vgl. Glaser, H., Prozeßkostenrechnung, 1992, S. 280; Lohmann, U., Prozeßkostenrechnung, 1991, S. 270.

adäquate Beurteilung der realen Umsetzungsmöglichkeiten der durch die Prozeßkostenkontrollrechnung unterstützten Entscheidungen, dürfte daher nur bei Vorhandensein zusätzlicher Informationen möglich sein.[1]

- Zudem liefert die Prozeßkostenrechnung auch keine operationalen Hinweise auf die Auswahl kostenoptimaler Prozeßverfahren bzw. die Auswahl und Bewertung alternativer Prozeßdurchführungsverfahren.[2] Dadurch wird der Einsatz der Prozeßkostenrechnung als Rationalisierungsinstrument erheblich erschwert.[3]
- Aufgrund der Tatsache, daß die Prozeßkostenrechnung eine Gemeinkostenrationalisierung und Steuerung der personellen Ressourcen in den indirekten Bereichen zum Ziel hat, sind Widerstände auf der Arbeitnehmerebene zu erwarten.[4] Diese Problematik ergibt sich insbesondere bei der Implementierung der Prozeßkostenrechnung.[5]
- Darüber hinaus darf auch der mit der Einführung der Prozeßkostenrechnung verbundene Zeit - und Kostenaufwand nicht unterschätzt werden.[6]

Proargumente

- Die Prozeßkostenrechnung erweist sich vor allem im Vergleich zu den outputorientierten Verfahren des traditionellen Gemeinkostenmanagements durch die Ermöglichung einer nicht nur punktuellen, sondern permanenten Unterstützung der Gestaltung und Lenkung von Gemeinkosten als vorteilhaft.
- Ein weiterer zentraler Vorteil der Prozeßkostenrechnung ergibt sich durch die Betrachtung kostenstellen- bzw. bereichsübergreifender Abläufe.[7]
- Selbst die Gegner der Prozeßkostenrechnung sind sich darüber einig, daß die Prozeßkostenrechnung zur Erhöhung der Kostentransparenz in den indirekten Leistungsbereichen führt[8] und ihr daher eine große Bedeutung als Analyseinstrument zur Strukturierung des Gemeinkostenbereiches zukommt.[9]
- Die Prozeßkostenrechnung eignet sich zudem zur Unterstützung des strategischen Gemeinkostenmanagements, da sie die gemeinkostentreibenden Faktoren offenlegt und somit eine langfristige, an dem Aufbau und der Nutzung von Erfolgspotentialen orientierte Gestaltung der Gemeinkosten ermöglicht.
- Schließlich zeichnet sich die Prozeßkostenrechnung durch ein breiteres Einsatzfeld als traditionelles Gemeinkostenmanagementverfahren aus. So liefert sie beispielsweise auch Informationen für die Kalkulation.[10]

1 Vgl. Fröhling, O., Thesen zur Prozeßkostenrechnung, 1992, S. 731 ff.
2 Vgl. Glaser, H., Prozeßkostenrechnung als Kontroll- und Entscheidungsinstrument, 1991, S. 227.
3 Vgl. Glaser, H., Zur Bedeutung der Prozeßkostenrechnung als Controllinginstrument, 1991, S. 299.
4 Vgl. Roolfs, G., Gemeinkostenmanagement unter Berücksichtigung neuerer Entwicklungen in der Kostenlehre, 1996, S. 251 f.
5 Vgl. Biel, A., Einführung der Prozeßkostenrechnung, 1991, S. 88 f.
6 Vgl. Striening, H.-D., Stellungnahme zum Beitrag von A. G. Coenenberg/T.M. Fischer, 1991, S. 395.
7 Vgl. Horváth, P./Mayer, R., Prozeßkostenrechnung, 1993, S. 22 f.
8 Vgl. Glaser, H., Prozeßkostenrechnung als Kontroll- und Entscheidungsinstrument, 1991, S. 237.
9 Vgl. Fröhling, O., 1989, Prozeßkostenrechnung, 1989, S. 69.
10 Vgl. Horváth, P./Mayer, R., Prozeßkostenrechnung, 1993, S. 22 f.

Somit stellt die Prozeßkostenrechnung aufgrund der Verdeutlichung von kostenverursachenden Faktoren und Wirkungszusammenhängen ein Verfahren zur permanenten und umfassenden Unterstützung des Gemeinkostenmanagements dar.

Die Prozeßkostenrechnung fördert das operative sowie strategische Gemeinkostenmanagement, indem sie Information für die Feststellung von Wirkungszusammenhängen zwischen Entscheidungen und daraus resultierenden Prozeßgrößen- und Prozeßmengenveränderungen gibt, sowie Daten zur Unterstützung der Gemeinkostenkontrolle – basierend auf der Analyse von prozeßbezogenen Soll-, Ist- und Wird-Werten – zur Verfügung stellt.[1]

Zu beachten ist jedoch, daß das Verfahren keine genauen Daten für die Gemeinkostenplanung, -steuerung und -kontrolle bereitstellt.[2]

3.2.8. Vergleich der Prozeßkostenrechnung mit ähnlichen Kostenrechnungssystemen

In diesem Kapitel wird die Prozeßkostenrechnung mit ähnlichen Kostenrechnungssystemen verglichen.

Prozeßkostenrechnung – traditionelle Vollkostenrechnung

Da auf die Fehler und Mängel der traditionellen Vollkostenrechnung bereits mehrfach eingegangen wurde und hierbei gleichzeitig die Vorteile, die durch den Einsatz der Prozeßkostenrechnung entstehen, aufgezeigt wurden, wurde ein Vergleich der Prozeßkostenrechnung mit der traditionellen Vollkostenrechnung einer Wiederholung gleichkommen.

In diesem Kapitel soll daher nochmals hervorgehoben werden, daß die Prozeßkostenrechnung die Kosten für die repititiven Tätigkeiten in den indirekten Bereichen verursachungsgerecht den Produkten zuordnet. Da in den indirekten Bereichen häufig die Personalkosten überwiegen, handelt es sich aufgrund von vertraglichen Bindungen und der sich aus anderen Gründen ergebenden Kostenremmanenz um Fixkosten. Die Prozeßkostenrechnung proportionalisiert daher genau wie die Vollkostenrechnung die fixen Gemeinkosten. Werden daher falsche Planprozeßmengen festgelegt bzw. falsche (Plan-)Produktmengen mit (falschen) Herstellkosten multipliziert, so führt dies auch zu falschen Prozeßkostensätzen bzw. falschen Zuschlägen und somit zu einer Über- oder Unterdeckung von Gemeinkosten.[3]

Da es sich bei der Prozeßkostenrechnung um eine die strategische Planung unterstützende strategische Kostenrechnung handelt, eignet sich diese daher auch nicht für operative Zwecke, wie beispielsweise die kurzfristige Programmplanung oder die kurzfristige Preisbestimmung. Die Prozeßkostenrechnung kann daher zwar die traditionelle Vollkostenrechnung ersetzen, nicht jedoch die Teilkostenrechnung.[4] In diesem Zusammenhang darf auf die Ausführungen von SCHILLER/LENGSFELD verwiesen werden, welche aufzei-

1 Vgl. Roolfs, G., Gemeinkostenmanagement unter Berücksichtigung neuerer Entwicklungen in der Kostenlehre, 1996, S. 223.
2 Vgl. Roolfs, G., Gemeinkostenmanagement unter Berücksichtigung neuerer Entwicklungen in der Kostenlehre, 1996, S. 253.
3 Vgl. Olshagen, O., Prozeßkostenrechnung, 1991. S. 71.
4 Vgl. Olshagen, O., Prozeßkostenrechnung, 1991. S. 71.

gen, daß bei Anwendung des Adam-Theorems die erfolgte Proportionalisierung fixer Kosten neutralisiert werden könne und damit die Prozeßkostenrechnung durchaus auch für operative Planungszwecke geeignet sei.[1]

Prozeßkostenrechnung – Grenzplankostenrechnung

Die Grenzplankostenrechnung unterscheidet sich von der Prozeßkostenrechnung durch die unterschiedliche Weiterverrechnung der indirekten Gemeinkosten auf die jeweiligen Kostenträger. Die Grenzplankostenrechnung verrechnet den variablen Teil der indirekten Gemeinkosten unter Zuhilfenahme von Bezugsgrößen aus den direkten Bereichen auf den Kostenträger. Die verbleibenden (fixen) Anteile der Gemeinkosten werden den Fixkostenblöcken zugerechnet und berühren damit nicht den Produkterfolg, sondern lediglich den Unternehmens- beziehungsweise Geschäftserfolg. Demgegenüber verrechnet die Prozeßkostenrechnung die gesamten indirekten Gemeinkosten (auch die fixen Bestandteile) über die Zwischenschaltung von Teil- und Hauptprozessen auf die Kostenträger.[2] Nachfolgende Graphik soll die Unterschiede in der Weiterverrechnung indirekter Gemeinkosten zwischen der Grenplankostenrechnung und Prozeßkostenrechnung nochmals verdeutlichen.

Grenzplankostenrechnung versus Prozeßkostenrechnung

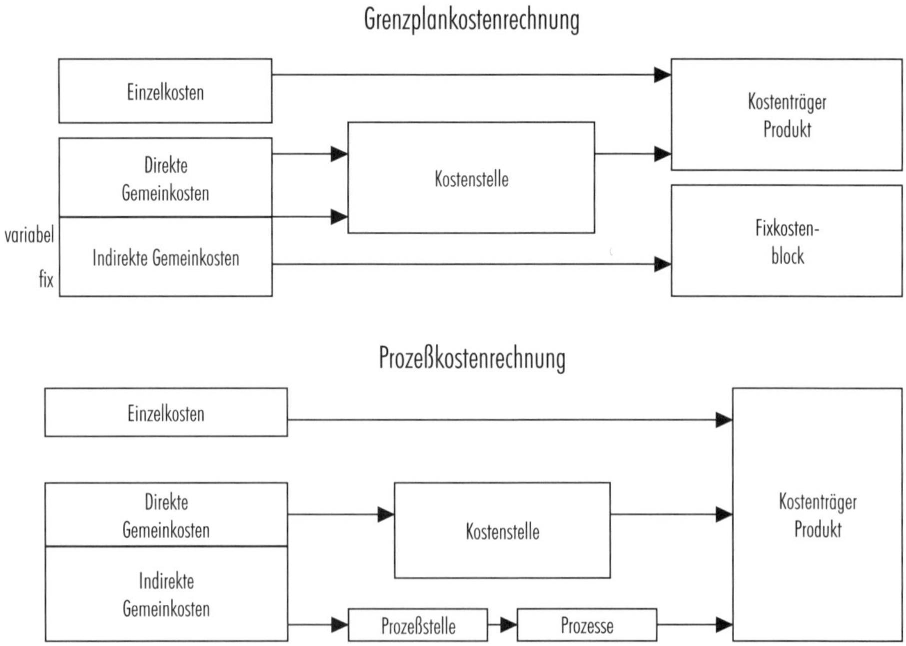

Quelle: Wüest, G., Prozeßplanung und -steuerung, 1996, S. 424

1 Vgl. Schiller, U./Lengsfeld, S., Strategische und operative Planung mit der Prozeßkostenrechnung, 1998, S. 525 ff.
2 Vgl. Wüest, G., Prozeßplanung und -steuerung, 1996, S. 424.

3.2.9. Kritische Würdigung

Die Prozeßkostenrechnung hat in den letzten Jahren heftige Diskussionen ausgelöst, wobei sich die bestehende Literatur zur Prozeßkostenrechnung grundsätzlich in drei Generationen unterteilen läßt.[1]

- Die erste Generation, welche den Ansatz der Prozeßkostenrechnung als neuartiges System anpreist, mit dem es erstmals möglich sei, ein umfassendes Gemeinkostenmanagement durchzuführen.
- Die zweite Generation führt bereits eine scharfe Diskussion über den Neuigkeitsgrad der Prozeßkostenrechnung und diskutiert zudem die Frage, ob die Prozeßkostenrechnung, vor allem aufgrund der Proportionalisierung fixer Kosten, tatsächlich in der Lage sei, den Anforderungen der strategischen und operativen Planung gerecht zu werden.
- Die dritte Generation verfolgt die erste Fragestellung bewußt nicht mehr und setzt sich inhaltlich ausschließlich mit der zweiten Frage auseinander.

3.2.10. Entwicklungstendenzen und Zusammenfassung

Entwicklungstendenzen im Zusammenhang mit der Prozeßkostenrechnung stellen sich insbesondere in der Forderung dar, die Prozeßkostenrechnung in eine Teilkostenrechnung zu integrieren.[2] So kommt ROGALSKI in ihren Ausführungen über die Integration der Prozeßkostenrechnung in eine Einzelkosten- und Deckungsbeitragsrechnung zu dem Schluß, daß die Prozeßkostenrechnung erheblich verbessert werden kann, wenn sie auf Teilkostenbasis durchgeführt wird.[3] Auch KLOOCK vertritt die Meinung, daß die Prozeßkostenrechnung in der Ausgestaltung als Teilkostenrechnung auf Basis von Kalkulationseinzelkosten, ergänzt um einen differenzierten, mehrstufigen Ausweis der nicht weiterverrechneten Kalkulationsgemeinkosten, zu einem einsatzflexiblen Kostenrechnungssystem zur Lösung operativer Mangagementaufgaben wird.[4] Er führt weiters aus, daß die Prozeßkostenrechnung grundsätzlich als Teilkostenrechnung unter dem Verzicht einer pauschalen und undifferenzierten Verrechnung von Fixkosten auf der Basis indirekter Schlüsselgrößen, wie Kostengrößen, in bestehende Kostenrechnungen integriert werden könne.[5]

Basierend auf dieser Überlegung ist die prozeßorientierte Ausrichtung der Kostenrechnung grundsätzlich auf zweierlei Weise möglich:

So können entweder bereits bestehende Kostenrechnungsansätze prozeßorientiert ausgebaut werden, oder neu einzurichtende Kostenrechnungssysteme direkt prozeßorientiert aufgebaut werden, indem nicht nur die indirekten Leistungsbereiche, sondern der gesamte Beschaffungs-, Produktions-, Verwaltungs- und Absatzbereich in die Prozeßkostenrech-

1 Vgl. Schiller, U./Lengsfeld, S., Strategische und operative Planung mit der Prozeßkostenrechnung, 1998, S. 526.
2 Vgl. Preißler, R., Controlling, 1998, S.179.
3 Vgl. Rogalski, M., Prozeßkostenrechnung im Rahmen der Einzelkosten- und Deckungsbeitragsrechnung, 1996, S. 97.
4 Vgl. Kloock, J., Flexible Prozeßkostenrechnung und Deckungsbeitragsrechnung, 1995, S. 137.
5 Vgl. Kloock, J., Flexible Prozeßkostenrechnung und Deckungsbeitragsrechnung, 1995, S. 140.

nung einbezogen werden.[1] Nachstehende Abbildung gibt einen Überblick über die Möglichkeiten der Ausgestaltung prozeßorientierter Kostenrechnungen:

Überblick über Integrations- und Aufbaumöglichkeiten der Prozeßkostenrechnung (unter Ausschluß möglicher Mischformen)

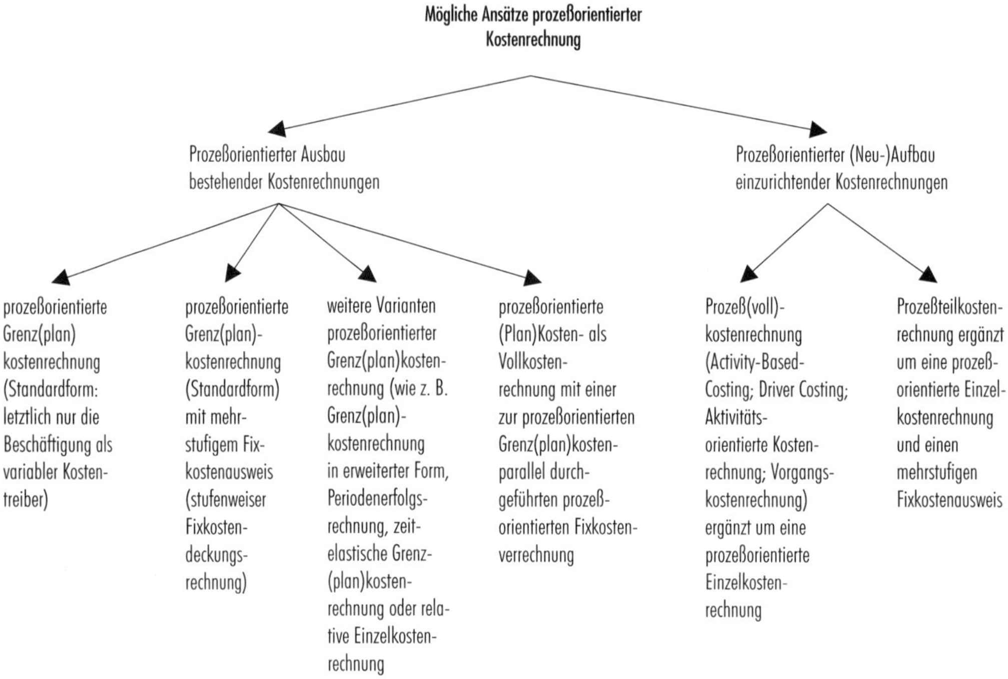

Quelle: Kloock, J., Flexible Prozeßkostenrechnung und Deckungsbeitragsrechnung, 1995, S. 141

MÜLLER vertritt ebenfalls den Standpunkt, daß eine Integration der Prozeßkostenrechnung in eine stufenweise Fixkostendeckungsrechnung durchaus denkbar wäre und damit die unbestrittenen Vorteile einer Prozeßkostenrechnung mit dem Vorteil einer detaillierten Erfolgsanalyse des Unternehmens und der entsprechenden Produkte/Aufträge kombiniert werden könne.[2]

Weitere Entwicklungstendenzen, die zu einer Verbesserung der Methodik der Prozeßkostenrechnung führen sollen, werden von der von BROKEMPER und GLEICH durchgeführten empirischen Analyse betreffend Gemeinkostenprozesse zur Herleitung eines branchenspezifischen Prozeß(kosten-)modells repräsentiert. Die Analyse wurde in zehn Unternehmen der Maschinenbaubranche durchgeführt und präsentiert als Ergebnis ein empirisch hergeleitetes Branchenprozeßmodell. Die Erkenntnisse der Analyse, welche

1 Vgl. Kloock, J., Flexible Prozeßkostenrechnung und Deckungsbeitragsrechnung, 1995, S. 140 f.
2 Vgl. Müller, A., Gemeinkostenmanagement, 1998, S. 200.

thesenartig formuliert wurden, sollen zur Weiterentwicklung des Prozeß(kosten)managements beitragen, sowie Unternehmen des Maschinen- und Anlagenbaus beim Aufbau einer Gemeinkostenmanagementkonzeption unterstützten. Nachfolgend werden die Ergebnisse der Analyse dargestellt:[1]

- Empirische Analysen ermöglichen die Formulierung unternehmensübergreifender Prozeßmodelle, welche neben einer wesentlichen Vereinfachung bei der Prozeßanalyse und -bewertung auch die Möglichkeit zum Benchmarking bieten;
- Die Anwendung zirkulärer Verfahren der Prozeßgenerierung führen zu einer höheren Validität des Prozeßmodells;
- Die Einführung von Komplexitätsfaktoren führt zu einer verbesserten Aussagekraft der Prozeßkostensätze;
- Teilprozesse sollten nur dann zu Hauptprozessen aggregiert werden, wenn die Prozesse logisch aufeinander folgen und eine identische Komplexität aufweisen. Ist dies nicht der Fall, so sollten die Teilprozesse beibehalten werden;
- Empirische Analysen, welche in mehreren Unternehmen und unter der Maßgabe einer einheitlichen Prozeßstruktur vorgenommen wurden, gewähren wichtige Einblicke in die Kostenstruktur der Unternehmen;
- Vergleiche der Prozeßkostensätze im Sinne eines Cost-Benchmarking geben Einblicke in die Leistung der Funktionsbereiche;
- Die Tatsache, daß alle Unternehmen innerhalb einer Branche aufgrund unterschiedlicher Strukturen auch über verschiedene Prozeßmengen verfügen, ermöglicht es den Unternehmen, voneinander zu lernen. Diese Erkenntnis sollte die Durchführung brancheninterner Prozeßbenchmarking-Studien anregen.

Grundsätzlich kann die Prozeßkostenrechnung als Methodik verstanden werden, die darauf abzielt, die Kosten der Gemeinkostenbereiche besser plan- bzw. steuerbar zu machen. Darüber hinaus strebt die Prozeßkostenrechnung eine verursachungsgerechtere Verrechnung der Gemeinkosten auf die Kostenträger an. Entwicklungstendenzen, die eine Verbesserung der Prozeßkostenrechnung zur Folge haben sollen, ergeben sich vor allem aus der Forderung der Integration der Prozeßkostenrechnung in ein Teilkostenrechnungssystem. Darüber hinaus soll die Herleitung branchenspezifischer Prozeß(kosten-)modelle zur Weiterentwicklung des Prozeß(kosten)managements beitragen und Unternehmen beim Aufbau einer Gemeinkostenmanagementkonzeption unterstützen.

3.3. Life-Cycle-Costing

Life-Cycle-Costs (Lebenszykluskosten) sind die Summe der Kosten, die für Forschung und Entwicklung, Fertigung, Wartung und Entsorgung betrieblicher Leistungen über den gesamten Lebenszyklus hinweg entstehen. Die durch die technologische Entwicklung bedingte Verkürzung der Produktlebenszyklen führt in vielen Branchen dazu, daß immer mehr Güter Lebenszyklen aufweisen, wie sie bisher z. B. von der Modeindustrie her be-

1 Vgl. Brokemper, A./Gleich, R., Empirische Analyse von Gemeinkostenprozessen zur Herleitung eines branchenspezifischen Prozeß(kosten-)modells, 1999, S. 76 ff.

kannt waren. Als Folge dieser Entwicklung kann eine Vorverlagerung der Festlegung der beim Fertigungsprozeß anfallenden Kosten festgestellt werden. Etwa 70% der Kosten werden bereits in der Konzeptphase eines Produktes festgelegt, in der Definitions- und Entwicklungsphase werden weitere 25% determiniert, womit lediglich etwa 5% der Kosten während der Produktionsphase beeinflußt werden können (siehe Abbildung[1]).

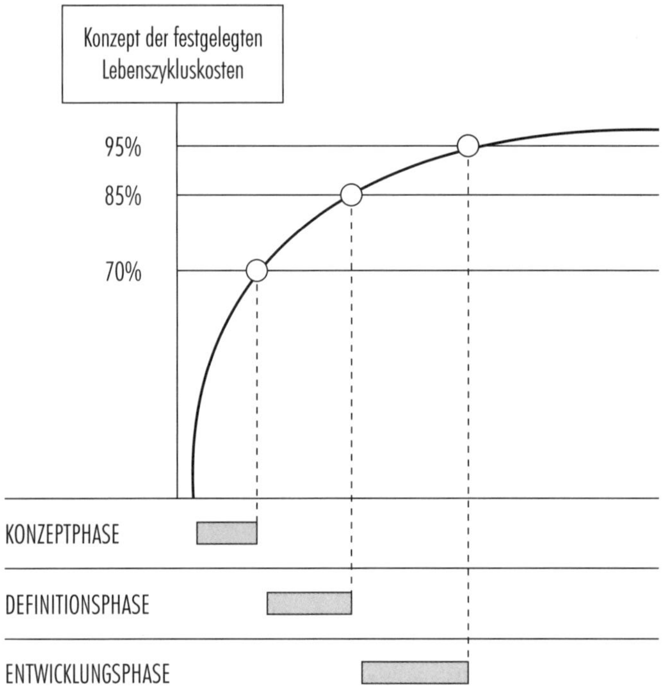

Für die Kostenrechnung bedeutet diese Entwicklung, daß eine Erfassung von entscheidungsrelevanten Kosten zu dem Zeitpunkt, in welchem diese tatsächlich anfallen, für eine Kostenbeeinflussung bereits zu spät ist. So steht z. B. bei kurzlebigen Produkten mit Lebenszyklen von maximal zwei Jahren bereits bei deren Markteinführung der Einführungszeitpunkt für das Nachfolgemodell fest. Daher muß eine Kostenrechnung, die Entscheidungen unterstützen soll, bereits in der Entwicklungsphase ansetzen und die Kosten des gesamten Produktlebenszeitraumes in die Berechnungen miteinbeziehen, woraus sich auch letztendlich der Begriff des Life-Cycle-Costing ableitet.

Durch die Verkürzung der Produktlebenszyklen sind in der Kostenrechnung folgende wichtige Aspekte zu beachten:

- Kosten können in zunehmendem Ausmaß nur mehr in der Konstruktions- und Entwicklungsphase von Produkten wirkungsvoll beeinflußt werden.
- Für eine sinnvolle Beurteilung des Produkterfolges ist zunehmend eine Einbeziehung des gesamten Produktlebenszeitraums erforderlich.

1 Entnommen aus: Coble, F., Life-Cycle-Costing Analysis, Hollywood 1981, S. 23.

In einer strategieorientierten Kostenrechnung sollten in Bezug auf eine relevante Kosteninformation für die Entwicklungsphase folgende Schritte eingehalten werden (vgl. auch Target Costing):

- Festlegung der wesentlichen Leistungsmerkmale.
- Bestimmung der mit dem derzeitigen Stand der Technik erreichbaren Kosten („current achievable costs") bezogen auf den gesamten Produktlebenszyklus.
- Bestimmung der auf dem Markt verdienbaren Kosten („allowable costs").
- Genehmigung desjenigen Produktdesigns, das sowohl auf der Kosten- als auch auf der Leistungsseite die Zielvorgabe erreicht.

Eine der wichtigsten, aber auch schwierigsten Aufgaben der Kostenrechnung besteht nun darin, kostenmäßige Konsequenzen von Änderungen z. B. in Design, Fertigung, Beschaffung oder Vertrieb offenzulegen. Insbesondere benötigen die CAD- und CAM-Systeme eine CIM-angepaßte Kalkulationsunterstützung, welche durch eine hohe Flexibilität auch Änderungen in den Produktionsabläufen etc. berücksichtigen kann. Wichtig ist dabei, daß sich die Entwicklung eines Kosteninformationssystems nicht auf die Bestimmung von Standardkosten beschränkt.

Ein weiterer wichtiger Aspekt ist die Betrachtung des gesamten Produktlebenszyklus aus kostenrechnerischer Sicht. Bei kurzen Lebenszyklen ist gerade der Bereich der Reifephase eines Produktes, in der normalerweise relativ stabile Markt- und Fertigungsbedingungen vorherrschen und auf welcher traditionelle Kostenrechnungsverfahren aufbauen, von einer wesentlichen Verkürzung betroffen. Weiters wird durch die Verkürzung aller anderen Lebenszyklusphasen die Veränderung von betrieblichen Erfolgsgrößen im Zeitablauf verstärkt spürbar.

Abschließend werden zum Life-Cycle-Costing folgende Punkte zusammengefaßt dargestellt, die bei der Anwendung dieses strategischen Kostenrechnungsinstruments zu beachten sind:

- Verknüpfung von traditioneller Kalkulation und Target Costing.
- Differenzen zwischen „drifting costs" und „allowable costs" sollten in erster Linie durch Produktmodifikationen, die bei möglichst geringen Einbußen an Produktnutzen und Verkaufserlösen möglichst große Kostensenkungen ermöglichen, bereinigt werden.
- Läßt sich die Lücke zwischen „allowable costs" und „drifting costs" nicht sofort zu Beginn der Produktions- und Vermarktungsphase schließen, sind unter umfassender Beachtung von Erfahrungs- bzw. Lernkurveneffekten Zielkosten zu einem Niveau festzulegen, daß zumindest über den gesamten Lebenszyklus des Produktes hinweg die angestrebte Umsatzrentabilität tatsächlich erreicht werden kann.
- Weiters ist zu beachten, daß neben den Wettbewerbsfaktoren Preis- und Konditionenpolitik zunehmend auch die Qualitätspolitik an Bedeutung gewinnt.
- Marktorientierte Unternehmen müssen immer mehr Ressourcen für Forschung, Entwicklung und Konstruktion aufwenden, wodurch ein starker Anstieg bei den Vorleistungskosten zu verzeichnen ist.
- In zunehmendem Maße sind andererseits auch zum Ende von Produktlebenszyklen Nachleistungen erforderlich. Es fallen sogenannte Nachleistungskosten an, insbesondere für Ausmusterung, Entsorgung und Verwertung nicht mehr benötigter Maschinen, etc.

- Aufgrund dieser Vor- und Nachleistungskosten ist es erforderlich, die Periodenkosten und -erlöse zu kumulieren und in einer Amortisationsrechnung den zu einem Gesamtbetrag aufzusummierenden Vorleistungs- und Nachleistungskosten gegenüberzustellen. Demgemäß sind auch die erst später in der Nachlaufphase anfallenden Kosten als summarische Deckungslast der gesamten Produktions- und Vermarktungsphase vorzugeben.

3.4. Fixkostenmanagement

Der Ausgangspunkt für die Notwendigkeit eines Fixkostenmanagements ist die in vielen Branchen zu beobachtende Verschiebung der Kostenstrukturen zu Lasten der Gemeinkosten und Fixkosten. In diesem Abschnitt wird im folgenden die gestiegene Fixkostenintensität näher erläutert, wobei Fixkosten hier als beschäftigungsunabhängige Kosten definiert werden, zu deren Veränderung eine Managemententscheidung notwendig ist, die sich nicht unmittelbar auf die Beschäftigung bezieht.

Die „Managementabhängigkeit“ von Fixkosten ist auch dadurch erklärbar, weil Fixkosten nicht zur Kostenstruktur eines Produktes zuzuordnen sind, sondern durch die organisatorische Struktur eines Unternehmens bedingt sind. Fixkosten entstehen somit in der Schaffung von Betriebspotentialen personeller, maschineller, organisatorischer sowie immaterieller Art.

Die Aufgabe des Fixkostenmanagements besteht nun in der Planung und Steuerung der Dimensionierung und Nutzung der Kapazität von Produktionsfaktoren mit dem Ziel, den Einsatz der Ressourcen zu optimieren. Dies impliziert daher sowohl eine höhere Verfügbarkeit (Flexibilität von Produktionsfaktoren) als auch eine optimierte Kapazitätsauslastung (geringere Leerkosten), womit Leistungsniveau und Leistungsintensität gegenüber einer reinen Kostenorientierung an Bedeutung gewinnen.

Wie oben schon erwähnt, erfordert eine Veränderung der Fixkosten zusätzliche Managemententscheidungen. Charakteristisch für Potentialfaktoren ist, daß sie über einen längeren Zeitraum der Unternehmung zur Verfügung stehen und für die Dauer ihrer Unveränderlichkeit Fixkosten verursachen.

Fixkosten können bezüglich ihrer zeitlichen Struktur und somit hinsichtlich ihrer Beeinflußbarkeit in kurzfristig (unter 6 Monate), mittelfristig (6 bis 12 Monate) und langfristig (über ein Jahr) abbaubare oder vermeidbare Fixkosten unterschieden werden. Der Fixkostenblock unterliegt somit einer beschränkten zeitlichen Disponierbarkeit und erfordert daher strategische Entscheidungen. Langfristig werden aber nahezu alle Fixkosten als beeinflußbar angesehen. Aufgabe des Fixkostenmanagements ist nun die Steuerung der Bindungsdauer, der Dispositionsfristen und der Quantengrößen (hinsichtlich sprungfixer Kosten), um eine wettbewerbsverbessernde Kostenflexibilität zu gewährleisten.

Dabei stehen die Prognose, Planung, Steuerung und Kontrolle der Fixkosten verursachenden Potentialfaktoren (Ressourcenmanagement) im Mittelpunkt der Analyse. Mit Hilfe des Fixkosten- und Leistungscontrollings kann die Potentialkapazität (quantitativ und qualitativ) dem jeweils erwarteten Betriebsleistungserfordernis angepaßt werden. Dazu ist eine frühzeitige Anpassung (Kostenflexibilität) der Bereithaltung und Nutzung der Ressourcen an die Veränderung des Leistungsniveaus notwendig.

Als Instrument des Fixkostenmanagements wird im allgemeinen die Prozeßkostenrechnung angesehen, da die zunehmende Kostenstrukturveränderung in Richtung Gemeinkosten und Fixkostenintensivierung der eigentliche Ursprung dieses Kostenrechnungsinstrumentes war. Somit verlieren Teilkostenrechnungssysteme an Bedeutung, sofern sich diese auf abnehmende variable Kosten- bzw. Einzelkostenanteile beziehen. Daraus ergibt sich die Schlußfolgerung, daß die Richtigkeit der (immer größer werdenden) Gemeinkostenzuschläge auf die einzelnen Kostenträger nicht mehr gegeben ist. Um eine verursachungsgerechtere Gemeinkostenzurechnung der indirekten betrieblichen Leistungsressourcen zu ermöglichen, werden in der Prozeßkostenrechnung auch fixe und variable Gemeinkosten auf die einzelnen Kostenträger zugerechnet.

Für das Fixkostenmanagement kann die Prozeßkostenrechnung folgende Informationen zu Verfügung stellen:

- Durch die Prozeßanalyse werden die Kostenintensitäten einzelner Teilleistungen sichtbar und Rationalisierungspotentiale feststellbar.
- Die kostenstellenübergreifende Aggregierung von Teilprozessen zu Hauptprozessen erlaubt eine Quantifizierung der Kostenwirkung von übergreifenden Einflußfaktoren der Ressourcenbeanspruchung. Die Identifizierung von Hauptkostentreibern ermöglicht gezielte Maßnahmen des Kostenmanagements wie beispielsweise Senkung der Rohstoff- und Teilevielfalt, der Prozeßmengen, etc.
- Durch die Gegenüberstellung von Prozeßkosten und Erlösen wird eine rentabilitätsorientierte Programm- und Ressourcenoptimierung gefördert.

Zusammenfassend kann festgestellt werden, daß die Prozeßkostenrechnung, deren Hauptkritikpunkt in der Proportionalisierung der Fixkosten bei Beschäftigungsschwankungen gesehen wird, wichtige Anhaltspunkte für die Umstrukturierung des Leistungsprogramms, für Rationalisierungsmaßnahmen und die Ressourcensteuerung bieten kann. Für ein optimales Fixkostenmanagement sollte aber trotzdem eine Kombination mit der stufenweisen Fixkostendeckungsrechnung vorgenommen werden.

3.5. Benchmark Costing

Benchmarking kann im allgemeinen als eine Weiterentwicklung von Konzepten wie etwa der Konkurrenz- und Marktanalyse, der Ansätze des Total Quality Managements u. ä. gesehen werden. Es ist somit in erster Linie ein Managementkonzept, das sowohl für strategische als auch operative Entscheidungen eingesetzt werden kann.

Für den Erfolg des Benchmark Konzeptes sind in erster Linie folgende Entwicklungen verantwortlich:

- Intensivierung des globalen Wettbewerbs,
- Entwicklung weltweiter Informationsnetze (z. B. Internet),
- Qualitätsorientierung in den Industrieländern und
- durchschnittliche Leistungsverbesserungen reichen für die Erhaltung von Wettbewerbsvorteilen nicht mehr aus.

Allgemein kann der Begriff des Benchmarking als kontinuierliche und systematische Vorgangsweise definiert werden, welche der Zielsetzung folgt, die Leistungen (Güter und

Dienstleistungen) und Arbeitsprozesse eines Unternehmens laufend im Vergleich zum direkten Mitbewerber bzw. zum jeweils „Besten“ in einem bestimmten Tätigkeitsbereich zu beurteilen und zu verbessern.

Grundsätzlich sind die Möglichkeiten zur Anwendung von Benchmarking sehr vielseitig, da in nahezu allen Unternehmensbereichen Vergleiche mit dem jeweils „Besten“ vorgenommen werden können. Ausgehend vom jeweiligen Vergleichsobjekt können folgende grundlegende Formen des Benchmarking unterschieden werden:

- Internes Benchmarking
- Konkurrenz Benchmarking
- Funktionales Benchmarking

Die Eigenschaften dieser drei Grundformen können wie folgt charakterisiert werden:

Art des Benchmarking	Analyseobjekte	Vorteile	Nachteile
Internes Benchmarking	ähnliche Tätigkeiten an unterschiedlichen Standorten, Ländern, Abteilungen, Sparten etc.	einfache Datenbeschaffung, gute Ergebnisse bei diversifizierten, internationalen Konzernen	mangelnde Objektivität, begrenzte Analysebereiche
Konkurrenz Benchmarking	direkte Mitbewerber, welche in den gleichen Märkten agieren	Branchenrelevante Informationen basierend auf vergleichbaren Technologien etc.	Probleme der Informationsbeschaffung
Funktionales Benchmarking	Unternehmen, die anerkannterweise Leistungen oder Prozesse „am letzten Stand der Technik“ haben	großes Innovationspotential, motivierende Ergebnisse, Entwicklung professioneller Datenbanken und Netzwerke	Probleme bei der Umsetzung in einem anderen Umfeld, zeitintensiv, nicht alle Informationen sind direkt übertragbar

In der Kostenrechnung kann das Benchmark Konzept auf unterschiedliche Weise angewendet werden. Für einen erfolgreichen Einsatz ist in erster Linie die Verwendung eines relativen Vergleichsmaßstabs von Bedeutung, weil gleichermaßen, ob Kostenarten, Kostenstellen oder Kostenträger zum Vergleich herangezogen werden sollen, die Vergleichbarkeit der Daten gewährleistet sein muß. Demgemäß eignen sich für das Benchmark Costing in erster Linie kosten- und leistungsorientierte Kennzahlen wie z. B.:

- Umsatzrentabilität
- Wertschöpfung/Mitarbeiter
- Umsatz/Mitarbeiter
- Bearbeitungskosten/Auftragseingang
- Bearbeitungskosten/Fertigungsauftrag
- Vertriebskosten/Auftrag

etc.

Die jeweils herangezogenen Kennzahlen sollten, aufgrund der Kosten der Recherche für Vergleichsdaten und der nahezu unbegrenzten Vielzahl an möglichen Kennzahlen, auf jeden Fall auf den für die Unternehmensstrategie und die Kostenstruktur des Unternehmens erforderlichen Bedarf abgestimmt werden.

Entsprechend den drei Grundvarianten des allgemeinen Benchmark Konzeptes kann zwischen folgenden Arten des Benchmark Costing unterschieden werden:

Internes Benchmark Costing:

Bei dieser Variante des Benchmark Costing werden Kostenvergleiche zwischen einzelnen Abteilungen bzw. Sparten eines Unternehmens vorgenommen. Grundsätzlich können diese Vergleiche anhand von Kostenstellen bzw. von Kostenträgern durchgeführt werden. Während die erste Vergleichsmethode eher dem „Process Benchmarking" zugerechnet werden kann, bei welchem die Kostenstrukturen einzelner funktioneller Bereiche untersucht und verglichen werden, entspricht der Vergleich der Kostenträger in erster Linie dem Product Benchmarking Konzept.

Konkurrenz Benchmark Costing:

Bei diesem Benchmark Costing Konzept werden Kostenvergleiche zwischen Unternehmen vorgenommen, die in direktem Wettbewerb stehen. Aus diesem Grund ist bei dieser Variante der Zugang zu Datenmaterial über fremde Leistungen bzw. Arbeitsverfahren sehr schwierig, daher überwiegt in diesem Bereich das Produkt Benchmark Costing. Durch den Kauf von vergleichbaren fremden „Spitzenprodukten" und einer ingenieurtechnischen Kostenschätzung der einzelnen Bauteile werden diese mit den eigenen Produkten vergleichbar gemacht.

Funktionales Benchmark Costing:

Bei diesem branchenübergreifenden Vergleich liegt das Hauptinteresse bei Prozeßvergleichen, wodurch die Kostenstrukturen einzelner Unternehmensbereiche wie z. B. Vertrieb oder Lagerhaltung ohne größere Schwierigkeiten mit ähnlichen Betrieben in anderen Branchen verglichen werden können. Bei dieser Vorgangsweise werden Kostenstellen analysiert, wobei die Abgrenzung und Definition derselben für das Ergebnis des Benchmark Costing von entscheidender Bedeutung ist.

3.6. Öko-Costing

Das Öko-Costing ist im Vergleich zu einigen der bisher angeführten Methoden des strategischen Kostenmanagements kein neues Kostenrechnungsverfahren, sondern es dient unter Anwendung aller bekannten Kostenrechnungsinstrumente der Einbeziehung ökologischer Aspekte und somit von Kostenelementen in der Kalkulation, die bisher in der traditionellen Denkweise der Kostenrechnung nicht in diese einbezogen wurden.

Dementsprechend soll das Öko-Costing dem Kostenverursachungsprinzip in erweitertem Ausmaß Rechnung tragen, indem z. B. folgende Kostenelemente in die Kosten- und Leistungsrechung einbezogen werden:

- direkte Inputs, z. B.: Materialkosten, Personalkosten
- direkte Outputs, z. B.: Umsatzerlöse
- indirekte Inputs, z. B.: Kosten der Entsorgung von nicht sachgemäß deponierten Industrieabfällen
- indirekte Outputs, z. B.: Minderung der Qualität der Lebensbedingungen im Umfeld von Industrieanlagen, Straßen etc.

Die Fassung der direkten In- und Outputs kann nach der traditionellen Kostenerfassung erfolgen, da diese aufgrund ihres Einflusses auf den Unternehmenserfolg vom Unternehmen im eigenen Interesse erfaßt werden. Bei den indirekten In- und Outputs hängt die Zurechnungsmöglichkeit in erster Linie vom jeweiligen Stand der Umweltgesetzgebung ab. Im Idealfall sollten diese In- und Outputs bereits vor entsprechenden Investitionsentscheidungen im Rahmen eines Life-Cycle-Costing mit Hilfe von Umweltverträglichkeitsprüfungsverfahren erfaßt und quantifiziert werden, da eine nachträgliche Bewertung und Aufnahme in die Kalkulation weder möglich noch sinnvoll ist.

3.7. Balanced Scorecard (BSC)

3.7.1. Einordnung und Abgrenzung der Balanced Scorecard

Die BSC ist kein Kennzahlensystem wie es die meisten der traditionellen Ansätze sind. Mit der BSC errechnet man nicht eine hierarchische Spitzenkennzahl wie zum Beispiel die Eigenkapitalrendite im ROI-Schema, sondern es ist gerade Sinn der BSC, auch tiefer in die Kennzahlenvielfalt hinein zu sehen und die für die Unternehmensstrategie relevanten Meßgrößen auszuwählen und nicht nur auf der operativen Rechenebene zu verbleiben. Deshalb benötigt die BSC zirka 15 bis 25 Kennzahlen. Mehr Meßgrößen sollten es auf keinen Fall sein, da die BSC kein Konzept zur Messung der Gesamtunternehmensperformance ist, sondern ein Instrument zur erfolgreichen Umsetzung der Unternehmensstrategie. Bei der Erstellung der BSC werden zuerst die Unternehmensziele definiert, welche die Strategie des Unternehmens am besten darstellen und erst dann werden die Kennzahlen bestimmt. Diese Kennzahlen sollen die Strategie des Unternehmens so gut wie möglich messen.

Die BSC besitzt auch keinen vorgegebenen Aufbau; der Vorschlag von Kaplan/Norton ist nur als Leitfaden zu verstehen. Im Gegensatz dazu sind die meisten traditionellen Kennzahlensysteme durch ein starres Raster charakterarisiert. Keinen starren Raster haben zum Beispiel der Intellectual Capital Ansatz, das Tableau de Bord, sowie das Konzept der Selektiven Kennzahlen. Diese vier Systeme kommen dem Gedanken der BSC sehr nahe. Besonders der Intellectual Capital Ansatz und das Tableau de Bord weisen sehr viele Ähnlichkeiten zur BSC auf. Aufgrund der unterschiedlichen Zielsetzung der erwähnten Instrumente ist der nicht-uniforme Aufbau Grundvoraussetzung für den gewünschten Zweck.

Des weiteren überwiegt bei diesen Systemen der Kontrollgedanke und teilweise der operative Planungsgedanke. Die BSC ist jedoch ein Instrument zur Strategieumsetzung, versucht also die Schnittstelle zwischen strategischer und operativer Unternehmensführung zu treffen. Da der BSC sowohl die adäquate Strategieumsetzung als auch eine Strategieanpassungsfunktion zugeschrieben werden kann, erfüllt sie nicht nur den Kontrollzweck, sondern hat auch den Charakter eines Steuerungsinstruments.

3.7.2. Denken in mehreren Perspektiven

Die BSC teilt das Unternehmen in vier Bereiche ein. Diese sollen das gesamte Unternehmen in vier strategieumsetzungsrelevante Bereiche gliedern.

„Die vier Perspektiven der BSC ermöglichen ein Gleichgewicht von kurzfristigen und langfristigen Zielen, zwischen gewünschten Ergebnissen und den Leistungstreibern für diese Ergebnisse, zwischen harten Zielkennzahlen und weichen, subjektiven Meßwerten.“[1]

Anstatt des Ausdruckes Perspektiven werden auch die Begriffe „Sichtweise“ bzw. „Problemkreise“ verwendet.[2]

3.7.2.1. Die Standardperspektiven

Kaplan/Norton haben in ihrer Arbeit vorgeschlagen, die Balanced Scorecard in vier Perspektiven aufzuteilen. Diese sind:

- Finanzen
- Kunden
- Interne Prozesse
- Lernen & Entwickeln

Die vier Perspektiven werden gleichgewichtet, es wird also keiner der Perspektiven ein Vorzug gegeben.[3]

Doch wird der Finanzperspektive immer wieder eine hierarchisch am höchsten gestellte Position zugeordnet, gefolgt von der Kundenperspektive, und der Internen Prozeßperspektive. Am unteren Ende steht die Lernen- & Entwicklungsperspektive.[4]

Schließlich sollen sich alle Aktivitäten eines erwerbswirtschaftlichen Unternehmens in einer Ergebnisgröße wiederfinden.[5]

Aufgabe der Perspektiven ist es, das grundsätzliche Geschäftsverständnis auszudrücken.[6]

---

1 Kaplan, R. S./Norton, D. P., Scorecard, 1997, S. 24.
2 Vgl. Wicki-Breitinger, J., Scorecard, 2000, S. 80.
3 Vgl. Kaplan, R. S./Norton, D. P., Scorecard, 1997, S. 20–27.
4 Vgl. Kaplan, R. S./Norton, D. P., Scorecard; 1997, S. 247.
5 Vgl. Kaplan, R. S./Norton, D. P., Scorecard, 1997, S. 46 und 147.
6 Horváth & Partner (Hrsg.), Scorecard, 2000, S. 25.

Die Standardperspektiven der Balanced Scorecard[1]

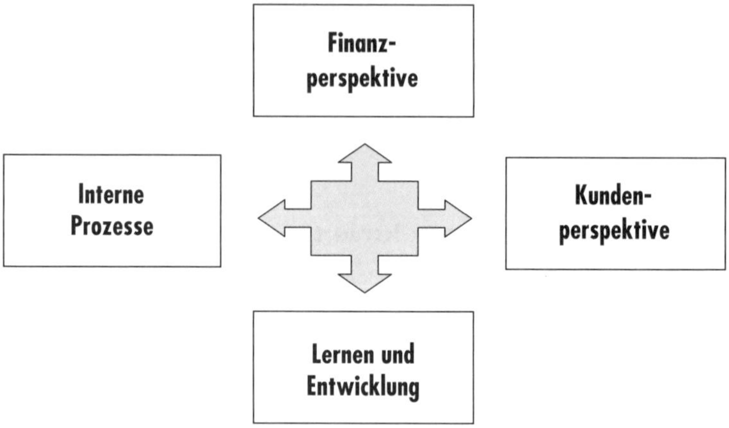

a) Finanzperspektive

„Die finanzwirtschaftlichen Ziele dienen als Fokus für die Ziele und Kennzahlen aller anderen Scorecard-Perspektiven. Jede gewählte Kennzahl sollte ein Teil der Ursachen-Wirkungskette sein, die schließlich zur Verbesserung der finanziellen Leistungen führt."[2]

Bei der Entwicklung der BSC kann man von der Finanzperspektive oder von der Lernen- und Entwicklungsperspektive ausgehen. Werden BSC's bei Konzerntöchtern oder Geschäftsfeldern implementiert, empfiehlt es sich sogar, bei der finanzwirtschaftlichen Perspektive zu beginnen. In diesem Bereich ist das oberste Ziel meist sehr strikt in Form einer Renditeerwartung vorgegeben. Die übrigen Richtpunkte der Strategie sind dann auf dieses höher geordnete Ziel auszurichten. Da verschiedene Geschäftseinheiten und Töchter divergierende Teilstrategien verfolgen werden, ist zu erwarten, daß nicht alle Ziele und damit alle Kennzahlen in dieser Perspektive identisch mit der übergeordneten BSC sind.[3]

Bei der Definition der Finanzziele und Finanzkennzahlen muß beachtet werden, daß den Zielen und Kennzahlen eine Doppelrolle zukommt: "Sie definieren die finanzielle Leistung, die von der Strategie erwartet wird und sie dienen als Endziele für die Ziele und Kennzahlen aller anderen Scorecard-Perspektiven."[4]

b) Kundenperspektive

Mit der Kundenperspektive sollen die Kunden- und Marktsegmente identifiziert werden, in denen das Unternehmen sein Geschäft betreiben will. Im Bereich der Kundenperspektive bringt das Unternehmen die Leistungen der Perspektiven „Interne Prozesse" und „Lernen- und Entwickeln" ein und versucht durch die Marktleistung die Vorgaben der Finanzperspektive zu erfüllen.[5]

1 Vgl. Kaplan, R. S./Norton, D. P., Scorecard, 1997, S. 9.
2 Kaplan, R. S./Norton, D. P., Scorecard, 1997, S. 46.
3 Vgl. Kaplan, R. S./Norton, D. P., Scorecard, 1997, S. 46.
4 Kaplan, R. S./Norton, D. P., Scorecard, 1997, S. 46.
5 Vgl. Kaplan, R. S./Norton, D. P., Scorecard, 1997, S. 62.

c) Interne Prozeßperspektive

In dieser Perspektive wurde die Grundlage des Balanced Scorecard Ansatzes gelegt. Der ursprüngliche Gedanke von Kaplan/Norton war es, ein prozeßorientiertes Performance Measurement-Tool zu bilden.[1]

Kaplan/Norton empfehlen in dieser Perspektive, sich nicht auf die Verbesserung von bestehenden Qualitäten, Lebenszykluszeiten, Ausbeute, Ausstoß und Kosten für Geschäftsprozesse zu konzentrieren, da dadurch kein herausragender Unternehmensvorteil geschaffen werden kann.[2]

In der Prozeßperspektive sollen nicht alte Prozesse verbessert werden, sondern aufgrund der Anforderungen aus der Finanz- und Kundenperspektive völlig neue, den alten Prozessen überlegene Prozesse entstehen.[3]

d) Lernen- und Entwicklungsperspektive

Es herrscht vielfach die Meinung, daß in die Lernen- und Entwicklungsperspektive nur die Mitarbeiter gehören. In diese Perspektive gehören jedoch alle Möglichkeiten, die eine Verbesserung der bestehenden Infrastruktur zulassen, also auch Anlagen, IT-Systeme, Rechte usw.[4] „Die Lern- und Entwicklungsperspektive (oder Lern- und Wachstumsperspektive) schafft die zur Erreichung der höheren Ziele der drei anderen Perspektiven notwendige Infrastruktur. Ziele der Lernen- und Entwicklungsperspektive sind die treibenden Faktoren für hervorragende Ergebnisse der ersten drei Scorecard-Perspektiven."[5]

Wird bei der Erstellung der BSC bei der Lernen- und Entwicklungsperspektive begonnen, so ist diese Perspektive als interne Ressourcenbegrenzung bzw. Potential für alle anderen Bereiche zu sehen.

3.7.2.2. Andere Perspektivenauswahl

Kaplan/Norton meinen, daß die Standardperspektivenauswahl für 80 % der Unternehmen passend sein dürfte.[6] Eine Untersuchung von Brabänder/Hilcher zeigt, daß 73 % der Unternehmen die vier Perspektiven verwenden, 59 % benutzen die Standardperspektiven von Kaplan/Norton.[7]

Für Unternehmen, die stark von Zuliefern abhängig sind empfiehlt sich zusätzlich die Einführung einer Perspektive „Zulieferer", oder Unternehmen, die sehr stark von Skontoerträgen abhängig sind, wie zum Beispiel der Handel, sollten die Einführung einer „Rechnungen-Perspektive" überlegen.[8]

---

1 Vgl. Kaplan, R. S./Norton, D. P., Scorecard, 1997, S. 90.
2 Vgl. Kaplan, R. S./Norton, D. P., Scorecard, 1997, S. 90.
3 Vgl. Kaplan, R. S./Norton, D. P., Scorecard, 1997, S. 90.
4 Vgl. Kaplan, R. S./Norton, D. P., Scorecard, 1997, S. 121–141.
5 Kaplan, R. S./Norton, D. P., Scorecard, 1997, S. 121.
6 Vgl. Kaplan, R. S./Norton, D. P., Scorecard, 1997, S. 33.
7 Vgl. Brabänder, E./Hilcher, I., Scorecard, 2001, S. 255–256.
8 Vgl. Horváth & Partner (Hrsg.), Scorecard, 2000, S. 25.

Eine große Anzahl an Perspektivenvorschlägen findet sich bei Probst, zum Beispiel:[1]

Mögliche Perspektiven bei der BSC
Energieperspektive
Rohstoffperspektive
Ökologische Perspektive
Forschungs- und Entwicklungsperspektive
Informationsperspektive
Sicherheitsperspektive
Soziale Perspektive

Eine weitere Aufzählung von möglichen Perspektiven findet sich in Friedag/Schmidt:[2]

Mögliche Perspektiven bei der BSC
Mitarbeiterperspektive
Lieferantenperspektive
Marketingperspektive
Konzernperspektive
Wettbewerbsperspektive
Cooperationsperspektive
Organisationsperspektive
Kommunikationsperspektive
Einführungsperspektive
Internetperspektive
Innovationenperspektive
Behördliche Perspektive
Öffentliche Perspektive

Petry/Riepenhausen/Klenk beklagen, daß die BSC die Konkurrenz des Unternehmens nicht berücksichtigt.[3] Diesem Umstand kann entgegengewirkt werden, indem man die

1 Vgl. Probst, H-J., Scorecard, 2001, S. 154–158.
2 Vgl. Friedag, H. R./Schmidt, W., Scorecard, 2000, S. 179–184 und 260–267.
3 Vgl. Petry, M./Riepenhausen, J./Klenk, P., Scorecard, 2001, S. 131.

Strategie eines Unternehmens als eine Reaktion auf das wirtschaftliche Gesamtumfeld sowie die Mitbewerber am Markt sieht. In Literatur und Praxis finden sich BSC's mit einer Adaptierung der Standard-BSC um eine Mitbewerberperspektive oder einer Ausweitung der Kundenperspektive auf eine Marktperspektive.[1]

3.7.3. Entwickeln der Ursachen-Wirkungs-Kette

Im Vergleich zu anderen Kennzahlensystemen beinhaltet die BSC keinen mathematischen Aufbau, wie wir es zum Beispiel vom ROI-Schema her kennen. Aufgrund des offenen Designs der BSC gibt es in diesem Bereich keine strengen Vorgaben.

Bei der BSC werden die Ziele mittels einer Ursachen-Wirkungskette (= UWK) verknüpft. Diese UWK soll die Auswirkungen eines Zieles auf die Änderungen einer Größe im Zielgeflecht darstellen. „Die Kette von Ursachen und Wirkungen sollte sich durch alle vier Perspektiven auf der Balanced Sorecard ziehen".[2]

Wird durch die Veränderung einer Größe in der UWK eine übergeordnete Größe nicht beeinflußt, ist von der Maßnahme, welche die untergeordnet Größe verändert, Abstand zu nehmen. Es kommt durch die Darstellung der UWK zu einer Fokussierung auf die höchsten Ziele der BSC und zu einer Konzentration der Ressourcen im Unternehmen.

Die UWK verdeutlicht auch, daß eine Strategie, die den Unternehmenserfolg beeinflussen soll, meistens abteilungsübergreifend aufgebaut ist und fordert so das gegenseitige Verständnis des Managements.[3]

Das Augenmerk sollte auf die strategisch beabsichtigten Ursachen-Wirkungsbeziehungen gelegt werden. Denn die Strategie soll sich auf die wesentlichen Dinge beschränken, die vom Unternehmen beabsichtigt werden und Nebensächlichkeiten als angenehmen Nebeneffekt hinnehmen.[4]

Siehe Graphik auf der Folgeseite.

3.7.4. Nutzen der Balanced Scorecard

Der Hauptnutzen der BSC liegt im Umsetzungsprozeß der festgelegten Unternehmensstrategie. Durch den Einsatz der BSC soll im Unternehmen ein verbessertes Strategieverständnis erreicht werden und das strategische Lernen der Mitarbeiter erhöht werden.

Wichtigster Nebeneffekt beim Prozeß des Erstellens der BSC ist die intensive Kommunikation, die im Unternehmen ausgelöst wird. Ist vor der Erstellung der BSC die Unternehmensstrategie zu aktualisieren oder sogar erst zu erstellen, ist das Management gezwungen, sich in gemeinsamer Diskussion über den Weg, den das Unternehmen in den nächster Zeit bestreiten wird, Gedanken zu machen.

---

1 Vgl. Hartmut, W., Scorecard, 2000, S. 456.
2 Kaplan, R. S./Norton, D. P., Scorecard, 1997, S. 28.
3 Vgl. Horváth & Partner (Hrsg.), Scorecard, 2000, S. 163–164.
4 Vgl. Horváth & Partner (Hrsg.), Scorecard, 2000, S. 170.

Ursachen-Wirkungs-Kette

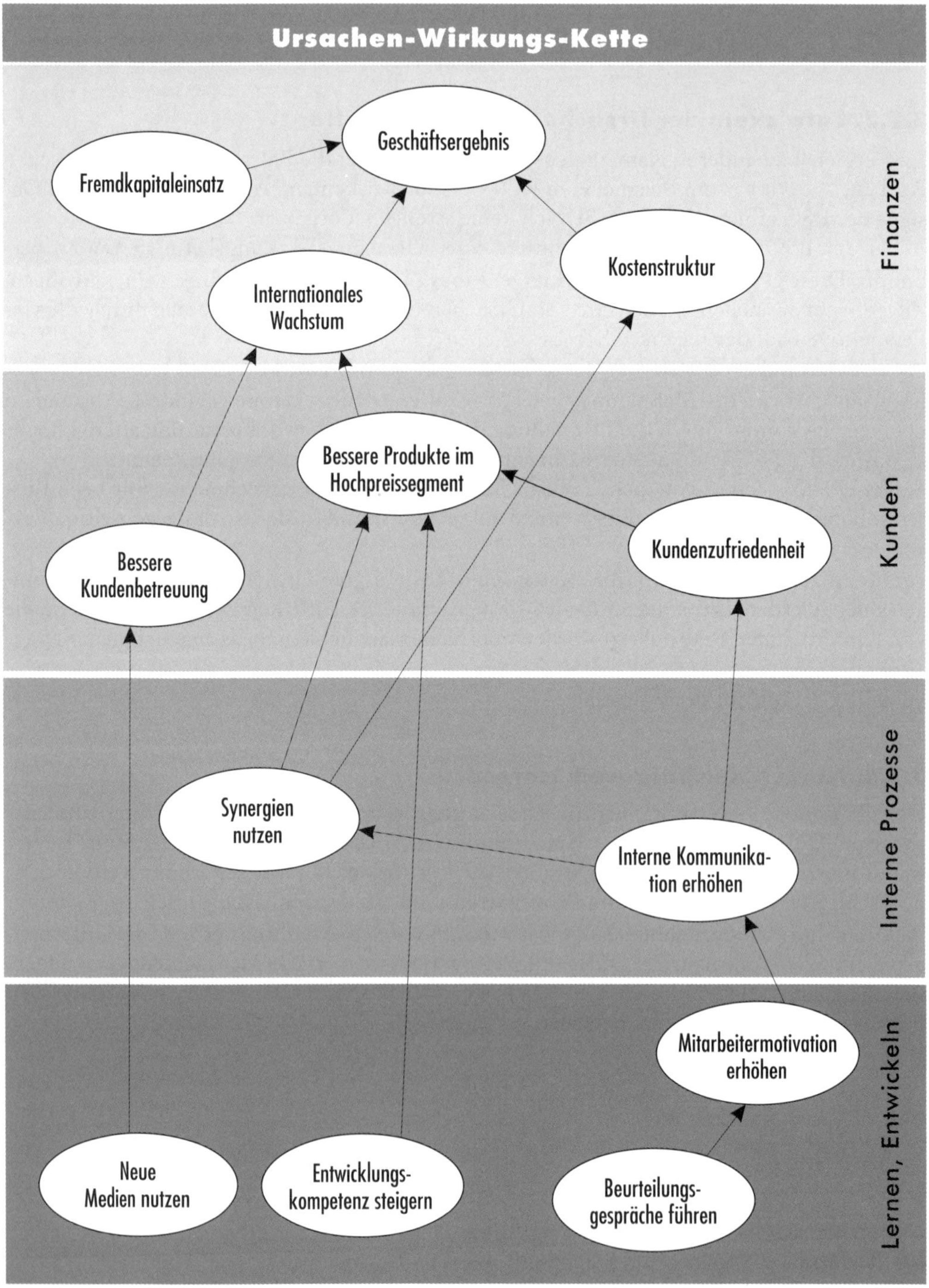

3.7.5. Grenzen der Balanced Scorecard

Die BSC ist kein Ersatz zur Strategiefindung, sie baut auf eine ausreichend und eindeutig formulierte Strategie auf. Die BSC dient nur der Umsetzung dieser Strategie.

Die Erstellung der Balanced Scorecard bindet sehr viele Ressourcen, die vorhanden sein müssen, da sonst der Prozeß der Implementierung versandet oder das Ergebnis der Balanced Scorecard nicht zufriedenstellend ist.

Die BSC führt zur kennzahlenorientierten Führung von Unternehmen. Durch die starke Orientierung an den Meßgrößen der Zielerreichung kann es in Unternehmen, die durch Pionier- und Innovationsgeist oder eine charismatische Person geprägt sind – der Unternehmenserfolg also sehr stark von diesen Gegebenheiten abhängt – zu einer Einschränkung dieser Fähigkeiten aufgrund der strengen Ausrichtung am Zahlenwerk kommen und damit die Performance des Unternehmens eingeschränkt anstatt gefördert werden.[1]

Bei der Implementierung der BSC ergeben sich in der Praxis häufig sehr große Probleme, weshalb Forderungen nach einer BSC für jeden Mitarbeiter[2] zwar als visionär zu bezeichnen, jedoch mit Vorsicht und Blick auf das Wesentliche zu genießen sind.

1 Vgl. Wicki-Breitinger, J., Scorecard, 2000, S. 88.
2 Gehringer, J./Michel, W., Frühwarnsystem, 2000, S. 207.

H.
Preispolitik

Unter Preispolitik versteht man die Grundsätze der Unternehmensleitung, nach denen sie die Preise für die betrieblichen Marktleistungen festlegt. Die maßgeblichen Ausgangsgrößen hiefür sind einerseits die Kostenstruktur des Betriebes, andererseits Konkurrenzpreis sowie Angebot und Nachfrage auf dem Absatzmarkt.

Als Anhaltspunkt für die Preisfestsetzung dient das Ergebnis der jeweiligen Kalkulation. Der Preis wird jedoch nicht „berechnet". Es ist Sache der Unternehmensleitung, sich an den auf dem Markt erzielbaren Preis „heranzufühlen" (Preisfindung).

In den erzielten Preisen sollen zumindest alle entstandenen Kosten ihre Deckung finden (kostendeckender Preis); erst dann ist die Substanzerhaltung gewährleistet. Was darüber hinausgeht, ist Gewinn.

Das Unternehmen sollte Leistungen erbringen, für die auf dem Markt ein der Kapazität des Betriebes angemessener Bedarf besteht. Es müssen marktkonforme Leistungen angeboten werden, d. h., es muß einerseits ein Bedarf nach den betreffenden Leistungen bestehen, andererseits muß der Preis der Werteinschätzung der künftigen Käufer (Partner auf dem Markt) entsprechen.

Der für eine bestimmte Leistung auf dem Markt erzielbare Preis muß über den für die Erstellung dieser Leistung erforderlichen Kosten liegen. Diese Forderung kann sich entweder auf eine einzelne Leistung, z. B. ein bestimmtes Produkt, oder auf eine Zeitdauer, z. B. ein Jahr, beziehen. Je nach der Lage auf dem Absatzmarkt muß es dem Unternehmen gelingen, zumindest die zweite der Bedingungen, nämlich die Gewinnerzielung in einem bestimmten Zeitraum, zu realisieren. Für alle Unternehmen, die keine Monopolstellung auf dem Markt haben, ist die Preispolitik mehr als Kalkulation: Für sie gilt es, durch ständiges Abwägen der erzielbaren Preise mit den Kosten einen größtmöglichen Gewinn zu erzielen, also eine aktive Preispolitik zu betreiben; die erforderlichen Informationen kommen einerseits vom Absatzmarkt und andererseits aus der Kostenrechnung.

Die freie Entfaltung eines Unternehmens auf dem Markt ist einerseits durch Beschränkungen von seiten übergeordneter Stellen, andererseits durch die Konkurrenz eingeengt. Die Einflußnahme übergeordneter Stellen wirkt sich z. B. in gebundenen Preisen aus. Diese werden amtlich oder sozialpartnerschaftlich festgelegt (z. B. in Österreich die Mieten). Die freie Konkurrenz zwingt das Unternehmen, bei seiner Preispolitik neben der Kostenentwicklung des eigenen Betriebes sowohl das Verhalten der Mitbewerber als auch das Verhalten der Abnehmer genau zu beachten.

Die Höhe der Preise, die für die einzelnen Leistungen erzielt werden, hängt von folgenden Faktoren ab:

1. **Art der Leistungen** (Erzeugnis, Handelsware, Dienstleistung), die das Unternehmen absetzt. Massenleistungen (z. B. maschingeformte Semmeln, Waschpulver) haben mehr oder weniger fast einheitliche Preise und können von Großbetrieben im allgemeinen wesentlich kostengünstiger hergestellt werden. Individuelle Leistungen haben mangels Markttransparenz keinen Marktpreis. Ihr Preis richtet sich nach der Einschätzung des persönlichen Nutzens für den Käufer (z. B. intarsierte Möbel). Diese individuellen Leistungen gestatten den Klein- und Mittelbetrieben einen wesentlich größeren Spielraum für ihre Preisgestaltung.
2. **Zusammensetzung des Leistungsprogrammes**. Der Klein- oder Mittelbetrieb sollte mit seinem Leistungsprogramm in eine „Marktnische" vorstoßen, in der er den Käufern abgerundete Problemlösungen anbietet (z. B. durch die Zusammenarbeit zwischen Tischlereibetrieb und Architekten wird das Wohnproblem gelöst).
3. Die **Marktsituation** für alle Unternehmen ist heute im allgemeinen ein Käufermarkt. Es genügt daher nicht mehr, erstklassige Leistungen zu erstellen. Vorerst muß für diese Leistungen ein Kundenkreis gefunden werden. Dies bedeutet eine Umorientierung auf eine marktorientierte Unternehmensführung. Je mehr es dem Betrieb dadurch gelingt, sich auf dem Markt eine besondere Stellung (Qualität, Service, Spezialisierung) zu erwerben, desto größer ist sein Preisspielraum.
4. **Werbung**. Klein- und Mittelbetriebe sollten zweckmäßigerweise den Weg der direkten Werbung wählen (z. B. durch individuelles Verkaufsgespräch, gezielte Postwurfsendungen, Anzeigen in einschlägigen Fachzeitschriften). Großbetrieben steht auch die indirekte Werbung über verschiedene Medien zur Verfügung.
5. Die Gestaltung der **Absatzwege** hängt vom anzusprechenden Kundenkreis ebenso wie von der Eigenart der Leistung ab und muß auf die Preispolitik abgestimmt werden.
6. Das Anbieten von günstigen **Konditionen** für die Lieferung und Zahlung, von Serviceleistungen und von Garantieleistungen erleichtert vielfach eine aktive Preispolitik.
7. Die **Kosten** und ihr Einfluß auf die Preispolitik wurden in den Abschnitten Kostenträgerrechnung zu Vollkosten und zu Teilkosten ausführlich behandelt.
8. **Firmenimage**, geprägt durch Tradition, durch die Lage, die Verkehrsverbindungen, entsprechende Gestaltung der Verkaufs- und Bedienungsräume etc.
9. **Preisdifferenzierung** nach der Lage (vom Standort abhängige Raumkosten), nach unterschiedlichen Preiserwartungen der Kunden (Innenstadt und Randgebiete), nach unterschiedlichen Märkten (Export und Inlandsabsatz) und nach Verwendungsgruppen sowie durch Deckungsbeitragsüberlegungen bei saisonalen Schwankungen (Fremdenverkehr; Hauptsaison und Nachsaison).
10. Die **Preisregelung**, die für viele Leistungen der Betriebe Bedeutung hat, erfordert von den Unternehmen Preispolitik auf einer überbetrieblichen Ebene (Standesvertretung).

Grundsätzlich ist es wohl die Aufgabe der Preispolitik, darauf zu achten, daß mit den erzielten Preisen zumindest die Selbstkosten gedeckt sind. Der zunehmende Wettbewerb erfordert aber eine gewisse Elastizität in der Preiserstellung. Preisuntergrenzen für einzelne Kostenträger sind die variablen Kosten, wenn die Deckungsbeiträge der übrigen Kostenträger die gesamten Fixkosten abdecken, ansonsten entstehen Verluste, die nur so lange tragbar sind wie das Eigenkapital zu ihrer Abdeckung ausreicht.

Liquiditätsschwierigkeiten können Unternehmen dazu veranlassen, bei ihrer Preiserstellung im äußersten Fall nur die ausgabenwirksamen Kosten in Rechnung zu stellen, um Aufträge zu erhalten. Langfristig gesehen sind wohl fast alle Kosten ausgabenwirksam. Es werden bei einer derartigen Kalkulation jedoch nur die kurz- bzw. mittelfristig ausgabenwirksamen Kosten angesetzt. Die Gefahren einer derartigen Preispolitik liegen auf der Hand.

Da das Wirtschaftsgeschehen immer stärker nach rationalen Gesichtspunkten gesteuert wird, können die Betriebe auf die Kostenrechnung und Kalkulation als das Instrument einer rationalen Betriebsführung immer weniger verzichten.

I.
Umfassendes Beispiel eines Kfz-Reparaturbetriebes mit Handel

☞ Angaben

Ein Kfz-Betrieb weist für ein Geschäftsjahr folgende Gewinn- und Verlustrechnung aus:

G & V für ....
(Angaben in €)

Aufwand		Ertrag	
Neu- und Gebrauchtwagen	588.500,–	Werkstättenerlös aus Arbeitsleistungen	358.000,–
Ersatzteile	232.200,–	Werkstättenerlös aus Materialverkauf	325.200,–
Heizung (Gas)	7.000,–	Neu- und Gebrauchtwagenverkauf	658.000,–
Energie (Strom)	6.300,–	Schrotterlöse	1.500,–
Kleinmaterial	4.300,–	Bankzinsen	2.500,–
Arbeitskleidung	1.900,–	Erlöse für verkaufte Sachanlagen	12.300,–
Fremdarbeit	20.000,–		
Löhne einschließlich sozialer Lasten	159.868,80		
Gehälter einschließlich sozialer Lasten	40.320,–		
Provision an Gehaltsempfänger	13.160,–		
Instandhaltung durch Dritte	5.200,–		
Reinigung	2.100,–		
Porto und Telefon	6.300,–		
Miete	7.200,–		
Werbung	6.700,–		
Bürobedarf	1.400,–		
Fachzeitschriften	600,–		
Versicherungen	6.300,–		
Rechts- und Beratungsaufwand	7.300,–		
Reiseaufwand	4.300,–		
Zinsen	21.000,–		
Normalabschreibungen	67.200,–		
Vorzeitige Abschreibung	35.000,–		
Geringwertige Wirtschaftsgüter	6.300,–		
Schadensfälle	1.000,–		

➤

➤ Werbesteuer	12.000,–		
Sonstige Abgaben	4.100,–		
Steuernachzahlung	7.100,–		
Gewinn	82.851,20		
	1,357.500,–		1,357.500,–

Zusatzangaben:

In diesem Jahr betrug das durchschnittlich gebundene Kapital € 0,70 Mio. Davon entfielen € 0,21 Mio. auf Fremdkapital. Die Stillen Reserven betrugen € 0,04 Mio.

Zinssatz für Eigenkapitalzinsen 8% p. a.

Der Betrieb besteht aus den Sparten:

- Neu- und Gebrauchtwagenverkauf
- Werkstatt i. w. S. mit den Untergruppen
  - Ersatzteile (= Lager)
  - Arbeit (= Werkstatt i. e. S., in der Folge Werkstatt)
- Verwaltung

Der Betrieb wird als Einzelunternehmen geführt.

Mitarbeiter:

Ein Unternehmer, der zur Hälfte in der Verwaltung und zu gleichen Teilen im Neu- und Gebrauchtwagenhandel, im Lager und in der Werkstatt, jeweils in dispositiver Funktion, tätig war.

Für eine Ersatzkraft müßte ein monatliches Bruttogehalt von € 1.500,– gezahlt werden (Gehaltsnebenkosten 60%).

Der Betrieb rechnet mit einem Dispositionszuschlag von 10%.

Eine angestellte, mittätige Ehegattin, Bruttomonatsgehalt € 900,–. Sie ist ausschließlich in der Verwaltung tätig.

Ein Neu- und Gebrauchtwagenein- und -verkäufer mit einem Monatsbruttogehalt von € 1.200,–. Ihm wird eine 2%ige Provision für den Autoverkauf bezahlt.

Sechs Gehilfen mit einem durchschnittlichen Bruttostundenlohn von € 8,–. Die Lohnnebenkosten betrugen 95%. Die durchschnittliche Abwesenheit ergab sich aus 2,4 Wochen Krankenstand, 4,5 Wochen Urlaub, 2,2 Wochen Feiertagen und 0,2 Wochen sonstigen Dienstverhinderungen.

Von der Anwesenheitszeit (40-Stunde-Woche) werden 80% direkt verrechnet. Fünf Gehilfen sind in der Werkstatt, einer ist im Lager tätig. Die Arbeitszeit des im Lager beschäftigten Gehilfen ist indirekt verrechenbar.

Neuwagen wurden im Ein- und Verkauf um 4% teurer.

Die durchschnittliche Teuerung bei Gebrauchtwagen betrug 3%. Das Verhältnis von Neu- zu Gebrauchtwagenumsätzen betrug 3 : 2.

Der Einstandspreis der Ersatzteile erhöhte sich um durchschnittlich 5%.

Die Gas- und Stromkosten stiegen um 10%.

Beim Kleinmaterial und bei der Arbeitskleidung ergab sich keine Teuerung.

In der Fremdarbeit sind € 1.500,– für ein Modell eines Segelflugzeuges, dem Hobby des Unternehmers, enthalten. Im übrigen muß bei den Fremdarbeiten mit Preissteigerungen von ca. 7% gerechnet werden.

Beim Aufwand für Instandhaltung durch Dritte, Reinigung, Porto und Telefon entsprechen die Tagespreise den Anschaffungspreisen.

Der Mietvertrag enthält eine Indexklausel, wonach im nächsten Jahr mit um 5% höheren Mietzahlungen gerechnet werden muß.

Die Versicherungsprämien werden im nächsten Jahr um 13% steigen.

Die buchhalterischen Abschreibungen ersehen Sie aus nachfolgendem vereinfachten Anlagenverzeichnis.

Sparte	ursprünglicher Anschaffungswert in €	durchschnittliche betriebsgewöhnliche Nutzungsdauer in Jahren	AfA in €
Neu- und Gebrauchtwagen (Parkplatz etc.):	64.000,–	20	3.200,–
Lager:	60.000,–	10	6.000,–
Werkstatt:	180.000,–	4	45.000,–
Verwaltung:			
Büroeinrichtung:	40.000,–	10	4.000,–
Gebäude:	180.000,–	20	9.000,–
			67.200,–

Der Wiederbeschaffungspreis der Lagereinrichtung ist um ca. 10% höher als der Anschaffungswert. Darüber hinaus wird aufgrund der Notwendigkeit der Neuorganisation des Lagers mit nur fünf Jahren betrieblicher Nutzung gerechnet.

Die Werkstatt ist sehr modern ausgestattet, die Wiederbeschaffungswerte liegen nur um 3% über den Anschaffungswerten. Der Unternehmer rechnet mit einer tatsächlichen Nutzungsdauer der Werkstatteinrichtung von fünf Jahren. Die buchhalterischen Ansätze der Büroeinrichtung entsprechen den kalkulatorischen.

Der Baukostenindex (für Gebäude, Parkplatz etc.) betrug zum Zeitpunkt der Anschaffung bzw. Errichtung 170, Stand 1. 1. des nächsten Jahres 205.

Die geringwertigen Wirtschaftsgüter (GWG) wurden in gleichen Zeitabständen während des Jahres angeschafft. Erfahrungsgemäß betrug ihre Nutzungsdauer zwei Jahre. Im Vorjahr wurden GWG um € 6.150,– angeschafft, vor zwei Jahren um € 5.700,–.

Die Schadensfälle entsprechen dem langjährigen Durchschnitt.

Aufgabenstellung:

1. Leiten Sie den Aufwand in Kosten über.
2. Führen Sie die Betriebsabrechnung zu Voll- und Teilkosten durch.
3. Ermitteln Sie das Betriebsergebnis im Wege der DB-Rechnung als Spartenrechnung.
4. Erstellen Sie Kalkulationsschemata (kurzfristige Preisuntergrenze und Normalfall) für die Sparten Neu- und Gebrauchtwagen und Ersatzteile.
5. Ermitteln Sie den Arbeitsstundensatz und erstellen Sie ein Kalkulationsschema für die Werkstatt.

Betriebsüberleitungsbogen (BÜB) – Angaben in €

Position	Aufwand	zeitliche Abgrenzung –[1]	sachliche Abgrenzung		Kosten
			+	–	
Neu- und Gebrauchtwagen[①]	588.500,–		21.186,–		609.686,–
Ersatzteile	232.200,–		11.610,–		243.810,–
Gas und Strom	13.300,–		1.330,–		14.630,–
Kleinmaterial	4.300,–				4.300,–
Arbeitskleidung	1.900,–				1.900,–
Fremdarbeit[②]	20.000,–		1.295,–	1.500,–	19.795,–
Löhne	159.868,80				159.868,80
Gehälter[③]	40.320,–		31.680,–		72.000,–
Provisionen[④]	13.160,–		473,76		13.633,76
Instandhaltung	5.200,–				5.200,–
Reinigung	2.100,–				2.100,–
Porto und Telefon	6.300,–				6.300,–
Miete[⑤]	7.200,–		360,–		7.560,–
Werbung	6.700,–				6.700,–
Bürobedarf	1.400,–				1.400,–
Fachzeitschriften	600,–				600,–
Versicherungen[⑥]	6.300,–		819,–		7.119,–
Rechts- und Beratungsaufwand	7.300,–				7.300,–
Reiseaufwand	4.300,–				4.300,–
Zinsen[⑦]	21.000,–		42.400,–		63.400,–
Normalabschreibung[⑧]	67.200,–		75.066,765	67.200,–	75.066,765
Investitionsfreibetrag	35.000,–	35.000,–			0,–
GWG[⑧]	6.300,–			6.300,–	0,–
Schadensfälle, Wagnisse	1.000,–				1.000,–
Werbesteuer	12.000,–				12.000,–
Sonstige Abgaben	4.100,–				4.100,–
Steuernachzahlung	7.100,–	7.100,–			0,–
Summe	1,274.648,80	42.100,–	186.220,525	75.000,–	1,343.769,325

1 Die Spalte zeitliche Abgrenzung „+" wird in diesem Beispiel nicht benötigt. Die Fußnoten ①–⑧ verweisen auf die folgenden Nebenrechnungen.

Nebenberechnungen zum BÜB:

① Neu- und Gebrauchtwagen	€
€ 588.500,– : 5 = € 117.700,–	
€ 117.700,– × 3 = € 353.100,– + 4% Preissteigerung	367.224,–
€ 117.700,– × 2 = € 235.400,– + 3% Preissteigerung	242.462,–
Kosten Neu- und Gebrauchtwagen	609.686,–
Aufwand Neu- und Gebrauchtwagen	–588.500,–
Abgrenzung	21.186,–

② Fremdarbeit	€
€ 20.000,– – € 1.500,– = € 18.500,– + 7% Preissteigerung	19.795,–

③ Gehälter	€
€ 40.320,– + € (1.500,– + 10%) × 1,6 × 12 = € 40.320,– + € 31.680,–	72.000,–

④ Provisionen	€
€ 658.000,– : 5 = € 131.600,–	
€ 131.600,– × 3 = € 394.800,– + 4% Preissteigerung	410.592,–
€ 131.600,– × 2 = € 263.200,– + 3% Preissteigerung	271.096,–
= Betriebsleistung	681.688,–
davon 2% Provision	13.633,76

⑤ Miete	€
€ 7.200,– + 5% Preissteigerung	7.560,–

⑥ Versicherungen	€
€ 6.300,– + 13% Preissteigerung	7.119,–

➤

➤

⑦ Zinsen	€
Gesamtkapital	700.000,–
– Fremdkapital	210.000,–
= Eigenkapital	490.000,–
+ Stille Reserven	40.000,–
= Korrigiertes Eigenkapital	530.000,–
davon 8%	42.400,–

⑧ Normalabschreibung und GWG		€
Lager: € 60.000,– + 10% = € 66.000,– : 5		13.200,–
Werkstatt: € 180.000,– + 3% = € 185.400,– : 5		37.080,–
Büroeinrichtung: € 40.000,– : 10		4.000,–
Gebäude, Parkplatz etc. : € 244.000,– × 205 : 170 = = € 294.235,29 : 20 = € 14.711,765		
davon entfallen auf Gebäude		9.480,915
Parkplatz etc.		5.230,850
	€	
GWG dieses Jahr: € 6.300,– : 2 = € 3.150,– vereinfachende Annahme Anschaffung Jahresmitte	1.575,–	
GWG letztes Jahr: € 6.150,– : 2	3.075,–	
GWG vorletztes Jahr: € 5.700,– : 4	1.425,–	
Summe GWG		6.075,–
Summe Abschreibung und GWG		75.066,765

Angaben zur Betriebsabrechnung

Position	Einzel-/ Gemein-kosten	fix/ variabel	Kostenstellen (Verteilung)
Neu- und Gebrauchtwagen	EK	v	Neu- und Gebrauchtwagen
Ersatzteile	EK	v	Lager
Gas und Strom	GK	25% f	Neu- und Gebrauchtwagen : Werkstatt : Lager : Verwaltung = 0,2 : 1 : 2 : 2
Kleinmaterial	GK	v	Lager
Arbeitskleidung	GK	f	Lager, Werkstatt nach Beschäftigten
Fremdarbeit	EK	v	Werkstatt
Löhne Werkstatt	80% EK	EK v GK 75% f	lt. Angaben zu Personalkosten
Löhne Lager	GK	GK 75% f	lt. Angaben zu Personalkosten
Gehälter	GK	80% f	lt. Angaben zu Personalkosten
Provisionen	EK	v	Neu- und Gebrauchtwagen
Instandhaltung	GK	70% f	Lager : Werkstatt : Verwaltung = 1 : 2 : 4
Reinigung	GK	90% f	nach m² (Neu- und Gebrauchtwagen 15 m², Lager 200 m², Werkstatt 350 m², Verwaltung 80 m²)
Porto und Telefon	GK	15% f	90% Verwaltung, 10% Neu- und Gebrauchtwagen
Miete	GK	f	nach m²
Werbung	GK	80% f	Werkstatt : Neu- und Gebrauchtwagen = 1 : 6
Bürobedarf	GK	95% f	Verwaltung
Fachzeitschriften	GK	f	Verwaltung : Werkstatt = 3 : 1
Versicherungen	GK	f	nach investierten Anschaffungswerten
Rechts- und Beratungskosten	GK	90% f	10% Neu- und Gebrauchtwagen, 90% Verwaltung
Reisekosten	GK	90% f	20% Neu- und Gebrauchtwagen, 80% Verwaltung
Zinsen	GK	90% f	nach investierten Anschaffungswerten
Abschreibungen und GWG	GK	80% f	lt. Nebenrechnung BÜB, GWG: 80% Werkstatt, 20% Verwaltung
Wagnisse	GK	90% f	nach Umsatz von Neu- und Gebrauchtwagen, Lager, Werkstatt
Werbesteuer	GK	90% f	siehe Wagnisse
Sonstige Abgaben	GK	80% f	Verwaltung

Legende: EK = Einzelkosten
GK = Gemeinkosten
v = variable Kosten
f = fixe Kosten

Betriebsabrechnungsbogen zu Vollkosten (BAB)

Position	Kostenstellen (Angaben in €)				
	Summe Kosten	Neu- und Gebrauchtwagen	Lager	Werkstatt	Verwaltung
Neu- und Gebrauchtwagen	609.686,–	609.686,–			
Ersatzteile	243.810,–		243.810,–		
Gas und Strom①	14.630,–	562,692	2.813,462	5.626,923	5.626,923
Kleinmaterial	4.300,–		4.300,–		
Arbeitskleidung②	1.900,–		350,–	1.550,–	
Fremdarbeit	19.795,–			19.795,–	
Löhne③	159.868,80		26.644,80	106.579,20	
				26.644,80	
Gehälter④	72.000,–	28.320,–	5.280,–	5.280,–	33.120,–
Provisionen	13.633,76	13.633,76			
Instandhaltung⑤	5.200,–		742,857	1.485,714	2.971,429
Reinigung⑥	2.100,–	48,80	651,20	1.139,60	260,40
Porto und Telefon	6.300,–	630,–			5.670,–
Miete⑦	7.560,–	175,80	2.344,20	4.102,30	937,70
Werbung	6.700,–	5.742,857		957,143	
Bürobedarf	1.400,–				1.400,–
Fachzeitschriften	600,–			150,–	450,–
Versicherungen⑧	7.119,–	869,50	815,10	2.445,50	2.988,90
Rechts- und Beratungskosten	7.300,–	730,–			6.570,–
Reisekosten	4.300,–	860,–			3.440,–
Zinsen⑨	63.400,–	7.743,50	7.259,50	21.778,60	26.618,40
Abschreibungen	75.066,765	5.230,85	13.200,–	37.080,–	13.480,915
GWG				4.860,–	1.215,–
Wagnisse und Werbesteuern⑩	13.000,–	6.377,90	3.152,10	3.470,–	
Sonstige Abgaben	4.100,–				4.100,–
Summe der Kosten	1,343.769,325	680.611,659	311.363,219	242.944,78	108.849,667
davon Einzelkosten					
– Neu- und Gebrauchtwagen	609.686,–	609.686,–			
– Provisionen	13.633,76	13.633,76			
– Ersatzteile	243.810,–		243.810,–		
– Fremdarbeit	19.795,–			19.795,–	
– direkt verrechnete Löhne	106.579,20			106.579,20	
	993.503,96	623.319,76	243.810,–	126.374,20	0,–
davon Gemeinkosten	350.265,365	57.291,899	67.553,219	116.570,58	108.849,667

Die Fußnoten ①–⑩ verweisen auf die folgenden Nebenrechnungen.

Nebenberechnungen zum BAB zu Vollkosten:

① Gas und Strom		€
€ 14.630,– : 5,2 = € 2.813,4615		
Neu- und Gebrauchtwagen		562,692
Lager		2.813,462
Werkstatt		5.626,923
Verwaltung		5.626,923
= Summe		14.630,–
② Arbeitskleidung		€
Beschäftigte im Lager: Unternehmer	1/6	
Gehilfe	1	
Beschäftigte in der Werkstatt: Unternehmer	1/6	
Gehilfen	5	
Summe Beschäftigte Werkstatt + Lager	6 1/3	
€ 1.900,– : 6 1/3 = € 300,–		
Lager		350,–
Werkstatt		1.550,–
= Summe		1.900,–
③ Löhne		€
Lohnempfänger: Lager 1, Werkstatt 5 Lohnkosten € 159.868,80 : 6 = Lohnkosten je Mitarbeiter € 26.644,80		
80% EK	pro Kopf	21.315,84
20% GK	pro Kopf	5.328,96
= Zwischensumme		26.644,80
Lohnkosten		
Lager 1 Mitarbeiter (Gemeinkosten)		26.644,80
Werkstatt 5 Mitarbeiter	€ 133.224,–	
davon 80% EK		106.579,20
davon 20% GK		26.644,80
= Summe		159.868,80

➤

④ Gehälter	€
Neu- und Gebrauchtwagen: 1 Verkäufer, $\frac{1}{6}$ Unternehmer	
Lager: $\frac{1}{6}$ Unternehmer	
Werkstatt: $\frac{1}{6}$ Unternehmer	
Verwaltung: $\frac{1}{2}$ Unternehmer, 1 Gattin	
Verkäufer = (€ 1.200,– + 60%) × 12	23.040,–
Unternehmer	31.680,–
Gattin = (€ 900,– + 60%) × 12	17.280,–
Neu- und Gebrauchtwagen (€ 23.040,– + $\frac{1}{6}$ € 31.680,–)	28.320,–
Lager ($\frac{1}{6}$ € 31.680,–)	5.280,–
Werkstatt ($\frac{1}{6}$ € 31.680,–)	5.280,–
Verwaltung ($\frac{1}{2}$ € 31.680,– + € 17.280,–)	33.120,–
= Summe	72.000,–

⑤ Instandhaltung	€
€ 5.200,– : 7 = € 742,857	
Lager	742,857
Werkstatt	1.485,714
Verwaltung	2.971,429
= Summe	5.200,–

⑥ Reinigung	€
€ 2.100,–/645 m^2 = € 3,256 je m^2	
Neu- und Gebrauchtwagen	48,80
Lager	651,20
Werkstatt	1.139,60
Verwaltung	260,40
= Summe	2.100,–

⑦ Miete	€
€ 7.560,– : 645 m² = € 11,721 je m²	
Neu- und Gebrauchtwagen	175,80
Lager	2.344,20
Werkstatt	4.102,30
Verwaltung	937,70
= Summe	7.560,—

⑧ Versicherungen	€
Investierte Anschaffungswerte	
Neu- und Gebrauchtwagen	64.000,—
Lager	60.000,—
Werkstatt	180.000,—
Verwaltung	220.000,—
= Zwischensumme	524.000,—
€ 7.119,– : € 524.000,– = € 0,013585878	
Neu- und Gebrauchtwagen	869,50
Lager	815,10
Werkstatt	2.445,50
Verwaltung	2.988,90
= Summe	7.119,—

⑨ Zinsen	€
€ 63.400,– : € 524.000,– = € 0,1209924	
Neu- und Gebrauchtwagen	7.743,50
Lager	7.259,50
Werkstatt	21.778,60
Verwaltung	26.618,40
= Summe	63.400,—

➉ Wagnisse und Werbesteuer	€
Umsatz Neu- und Gebrauchtwagen	658.000,–
Umsatz Lager	325.200,–
Umsatz Werkstatt	358.000,–
= Zwischensumme	1,341.200,–
€ 13.000,– : € 1,341.200,– = 0,0096928124068	
Neu- und Gebrauchtwagen	6.377,90
Lager	3.152,10
Werkstatt	3.470,–
= Summe	13.000,–

Die Zuschlagsbasen der einzelnen Kostenstellen sind

Kostenstelle	Zuschlagsbasis
Neu- und Gebrauchtwagen	Einstandspreis der Kraftfahrzeuge
Lager	Ersatzteile
Werkstatt	direkt verrechenbare Stunden
Verwaltung	Herstellkosten

Kostenstellen

	Neu- und Gebrauchtwagen	Lager	Werkstatt	Verwaltung
zuzuschlagen sind	€ 57.291,899	€ 67.553,219	€ 116.570,58	€ 108.849,667
Basis	€ 609.686,–	€ 243.810,–	6.832 h①	€ 1,234.919,658②
Zuschlagsatz	9,397%	27,71%	17,062/h	8,81%

① Werkstatt: 5 Gehilfen
52 Wochen p. a.
– 2,4 Krankenstand
– 4,5 Urlaub
– 2,2 Feiertage
– 0,2 sonstige Dienstverhinderungen
= 42,7 Wochen Anwesenheitszeit × 0,8 = 34,16 Wochen Leistungszeit
34,16 × 40 h × 5 Gehilfen = 6.832 h

② Herstellkosten

Summe der Kosten	€ 1,343.769,325
– Verwaltungskosten	€ 108.849,667
= Herstellkosten	€ 1,234.919,658

Betriebsabrechnungsbogen (BAB) zu Teilkosten (variable Kosten)

Position	Kostenstelle (Angaben in €)				
	Summe variable Kosten	Neu- und Gebrauchtwagen	Lager	Werkstatt	Verwaltung
Neu- und Gebrauchtwagen	609.686,	609.686,			
Ersatzteile	243.810,		243.810,		
Gas und Strom①	10.972,50	422,	2.110,10	4.220,20	4.220,20
Kleinmaterial	4.300,		4.300,		
Fremdarbeit	19.795,			19.795,	
Löhne②	119.901,60			106.579,20	
			6.661,20	6.661,20	
Gehälter	14.400,	5.664,	1.056,	1.056,	6.624,
Provisionen	13.633,76	13.633,76			
Instandhaltung	1.560,		222,857	445,714	891,429
Reinigung	210,	4,88	65,12	113,96	26,04
Porto und Telefon	5.355,	535,50			4.819,50
Werbung	1.340,	1.148,60		191,40	
Bürobedarf	70,				70,
Rechts- und Beratungskosten	730,	73,			657,
Reisekosten	430,	86,			344,
Zinsen	6.340,	774,30	725,90	2.177,90	2.661,90
Abschreibungen	15.013,353	1.046,17	2.640,	7.416,	2.696,183
				972,	243,
Wagnisse und Werbesteuer③	1.300,	637,80	315,20	347,	
Sonstige Abgaben	820,				820,
Summe variable Kosten	1,069.667,213	633.712,01	261.906,377	149.975,574	24.073,252
davon Einzelkosten					
– Neu- und Gebrauchtwagen	609.686,	609.686,			
– Ersatzteile	243.810,		243.810,		
– Fremdarbeit	19.795,			19.795,	
– direkt verr. Löhne	106.579,20			106.579,20	
– Provisionen	13.633,76	13.633,76			
	993.503,96	623.319,76	243.810,	126.374,20	0,
davon Gemeinkosten	76.163,253	10.392,25	18.096,377	23.601,374	24.073,252

Nebenberechnungen BAB zu Teilkosten

① Gas und Strom	€
€ 10.972,50 : 5,2 = € 2.110,096	
Neu- und Gebrauchtwagen	422,–
Lager	2.110,10
Werkstatt	4.220,20
Verwaltung	4.220,20
Summe	10.972,50

② Löhne	€
Werkstätte	
Einzelkosten	106.579,20
+ 25% der Gemeinkosten von 26.644,80	6.661,20
Lager	
25% der Gemeinkosten von 26.644,80	6.661,20
Summe	119.901,60

③ Wagnisse und Werbesteuer	€
€ 1.300,– : € 1.341.200,– = € 0,00096928124068	
Neu- und Gebrauchtwagen	637,80
Lager	315.20
Werkstatt	347,–
Summe	1.300,–

Fortsetzung BAB zu Teilkosten

	Kostenstellen			
	Neu- und Gebrauchtwagen	Lager	Werkstatt	Verwaltung
zuzuschlagen sind	€ 10.392,25	€ 18.096,377	€ 23.601,374	€ 24.073,252
Basis	€ 609.686,—	€ 243.810,	6.832 h	€ 1,045.593,961 ①
Zuschlagsatz	1,70%	7,42%	€ 3,455/h	2,30%

① Herstellkosten variabel

	€
Summe variable Kosten	1,069.667,213
– variable Verwaltungskosten	24.073,252
	1,045.593,961

Betriebsergebnisrechnung:

	€
Betriebsleistung (= Arbeitsleistung + Materialverkauf + Autoverkauf + Bankzinsen)	1,367.388,— ①
– Kosten	1,343.769,325
= Betriebsergebnis (Gewinn)	23.618,675

① Errechnung der Betriebsleistung

	€
Werkstättenerlös aus Arbeitsleistungen	358.000,—
+ Werkstättenerlös aus Materialverkauf	325.200,—
+ Neu- und Gebrauchtwagenverkauf	658.000,—
+ 3% Preiserhöhung des Gebrauchtwagenkaufes von € 263.200,–	7.896,—
+ 4% Preiserhöhung des Neuwagenverkaufes von € 394.800,–	15.792,—
+ Bankzinsen (langjähriger Durchschnitt)	2.500,—
= Betriebsleistung	1,367.388,—

Errechnung der fixen Kosten in €:

	Summe Kosten	Neu- und Gebrauchtwagen	Lager	Werkstatt	Verwaltung
Vollkosten	1,343.769,325	680.611,659	311.363,219	242.944,780	108.849,667
– variable Kosten	1,069.667,213	633.712,010	261.906,377	149.975,574	24.073,252
= fixe Kosten	274.102,112	46.899,649	49.456,842	92.969,206	84.776,415

Betriebsergebnis im Wege der DB-Rechnung als Spartenrechnung:

	Kostenstelle (Angaben in €)				
	insgesamt	Neu- und Gebrauchtwagen	Lager	Werkstatt	Verwaltung
Betriebsleistung	1,367.388,–	681.688,–	325.200,–	358.000,–	2.500,–
– variable Kosten	1,069.667,213	633.712,01	261.906,377	149.975,574	24.073,252
= Deckungsbeitrag I	297.720,787	47.975,99	63.293,623	208.024,426	–21.573,252
– fixe Kosten	274.102,112	46.899,649	49.456,842	92.969,206	84.776,415
= Deckungsbeitrag II	23.618,675	1.076,341	13.836,781	115.055,220	–106.349,667
– Aufteilung der ungedeckten Kosten der Verwaltung nach der Betriebsleistung (€ 1,364.888,–)		–53.115,928	–25.339,012	–27.894,727	106.349,667
= Betriebsergebnis	23.618,675	–52.039,587	–11.502,231	87.160,493	0,–

Kalkulationssätze:

1. Neu-und Gebrauchtwagen	€
a) kurzfristige Preisuntergrenze	
Einstandspreis	
+ 1,7% Gemeinkostenzuschlag variable Kosten	
= variable Herstellkosten	

+ 2,3% variable Verwaltungskosten	
= Zwischensumme + 2% Provision im Hundert	
= variable Selbstkosten + Normverbrauchsabgabe (ca. 10%) bei Neuwagen	
= Zwischensumme + 20% Umsatzsteuer vom Hundert	
= Verkaufspreis inklusive USt	
b) Normalfall Einstandspreis + 9,397% voller Gemeinkostenzuschlag	
= volle Herstellkosten + 8,81% volle Verwaltungskosten	
= volle Selbstkosten + Gewinn	
= Zwischensumme + 2% Provision im Hundert	
= Verkaufspreis ohne NoVA und USt + Normverbrauchsabgabe (ca. 10%) bei Neuwagen	
= Zwischensumme + 20% Umsatzsteuer	
= Verkaufspreis inklusive USt	

2. Ersatzteile	€
a) kurzfristige Preisuntergrenze Einstandspreis + 7,42% Gemeinkostenzuschlag variable Kosten	
= variable Herstellkosten + 2,3% variable Verwaltungskosten	
= variable Selbstkosten + Umsatzsteuer 20% vom Hundert	
= Verkaufspreis inklusive USt	
b) Normalfall Einstandspreis + 27,71% voller Gemeinkostenzuschlag	
= volle Herstellkosten + 8,81% volle Verwaltungskosten	
= volle Selbstkosten + Gewinn	
= Verkaufspreis ohne USt + Umsatzsteuer 20% vom Hundert	
= Verkaufspreis inklusive USt	

3. Arbeit (Werkstatt)	Vollkosten €	Teilkosten €
a) Ermittlung des Stundensatzes		
Bruttolohn	8,–	8,–
+ 95% LNK	7,60	7,60
+ Gemeinkosten je Stunde	17,062	3,455
= Selbstkosten je Stunde	32,662	19,055

b) kurzfristige Preisuntergrenze	€
Anzahl der Arbeitsstunden × variabler Stundensatz € 19,055 + Fremdarbeit	
= variable Herstellkosten + 2,3% variable Verwaltungskosten	
= variable Selbstkosten + Umsatzsteuer 20% vom Hundert	
= Verkaufspreis inklusive USt *c) Normalfall* Anzahl der Arbeitsstunden × volle Stundenkosten € 32,662 + Fremdarbeit	
= volle Herstellkosten + 8,81% volle Verwaltungskosten	
= volle Selbstkosten + Gewinn	
= Verkaufspreis ohne USt + Umsatzsteuer 20% vom Hundert	
= Verkaufspreis inklusive USt	

J.
Normbegriffe[1]

1. Grundbegriffe

1.1 betriebliche Leistungen; Produkte (im weitesten Sinn): Leistungen eines Unternehmens, die entweder zum Verkauf (Tausch, Kompensation u. a.) auf dem (Absatz-)Markt vorgesehen sind (= Marktleistungen) oder die dazu bestimmt sind, im Unternehmen zu verbleiben, also nur der Erstellung und/oder dem Absatz von Marktleistungen dienen (= innerbetriebliche Leistungen).

1.1.1 Marktleistungen: Leistungen eines Unternehmens, die für den Verkauf (Tausch, Kompensation u. a.) vorgesehen sind; dies können sein
- (1) Erzeugungsleistungen (Eigenherstellung und Lohnarbeit)
- (2) Dienstleistungen
- (3) Handelsleistungen

1.1.2 innerbetriebliche Leistungen: Erzeugnisse oder andere Leistungen eines Unternehmens, die nicht für den Verkauf bestimmt sind. Innerbetriebliche Leistungen dienen vornehmlich der Erstellung und/oder dem Absatz von Marktleistungen (z. B. selbsterstellte Anlagen), umfassen aber auch soziale Leistungen (z. B. Werksküche u. ä.).

1.2 betriebliche Leistungsbereiche; Funktionsbereiche: örtlich festgelegte oder durch die Unternehmensorganisation abgegrenzte Bereiche, in denen betriebliche Leistungen erbracht werden.

Betriebliche Leistungsbereiche sind:
- (1) Planung
- (2) Organisation
- (3) betriebliches Rechnungswesen
- (4) Absatz (= Vertrieb)
- (5) Forschung, Entwicklung, Vorschlagswesen
- (6) Personalwesen, Aus- und Weiterbildung der Mitarbeiter
- (7) Finanzierung
- (8) Beschaffung
- (9) Lagerwesen

---

1 ON-Richtlinie 51, Betriebswirtschaftliche Begriffe: Benennungen und Definitionen, Kosten, Kostenrechnung und Kalkulation, Österreichisches Normungsinstitut, Wien 1988.

(10) Leistungserstellung, z. B. Produktion
(11) Schadensverhütung und Versicherung
(12) Kontrolle (= Hilfsleistung für alle Bereiche)

1.3 Kosten: Werteinsatz zur Leistungserstellung.
Unter „Werten" sind sowohl materielle Güter, die verbraucht werden (z. B. Material), zu verstehen als auch unverbrauchbare immaterielle Werte (z. B. Ideen, Patente, Organisationsleistungen).

1.3.1 Istkosten: Kosten, die in der letzten abgerechneten Periode entstanden sind und deren Höhe daher genau bekannt ist.

1.3.2 Normalkosten: Durchschnitt der Istkosten mehrerer Perioden.

1.3.3 Plankosten i. w. S.; budgetierte Kosten: Kosten, die in der Zukunft entstehen werden, deren Höhe daher nur geschätzt werden kann; sie werden benötigt z. B. für Investitionsrechnungen, Budgetrechnungen, Absatz- und Kapazitätsplanungen und insbesondere für die Plankostenrechnung (Plankosten i. e. S.).

Abgelehnte Benennungen:
- *Budgetkosten*
- *Normkosten*
- *Prognosekosten*
- *Richtkosten*
- *Standardkosten*
- *Vorgabekosten*

1.3.4 Plankosten i. e. S.: Kosten, die bei einem geplanten Beschäftigungsgrad und bei sparsamer Leistungserstellung voraussichtlich anfallen werden.

1.3.4.1 ideale Plankosten (unter Vernachlässigung der Fixkosten). Plankosten zur Ermittlung der Beschäftigungsabweichung.

1.3.4.2 reale Plankosten (unter Berücksichtigung der Fixkosten); Sollkosten: Plankosten entsprechend dem jeweiligen Istbeschäftigungsgrad.

1.3.4.3 Beschäftigungsabweichung: Differenz zwischen den idealen und den realen Plankosten auf Basis des Istbeschäftigungsgrades.

1.3.4.4 Preisabweichung: Differenz zwischen Planpreisen und Istpreisen, berechnet mit Planmengen.

1.3.4.5 Verbrauchsabweichung: Differenz zwischen dem Istverbrauch und dem geplanten Verbrauch, berechnet mit Istpreisen.

1.3.5 fixe Kosten; feste Kosten; Fixkosten: Kosten, die zur Aufrechterhaltung der Unternehmenstätigkeit im allgemeinen während eines Betrachtungszeitraumes – unabhängig vom jeweiligen Beschäftigungsgrad (jedoch im Rahmen einer Kapazitätsstufe) – erforderlich sind.

Abgelehnte Benennungen:
- *Bereitschaftskosten*
- *Kapazitätskosten*

1.3.5.1 absolut fixe Kosten: Kosten, die innerhalb einer Kapazitätsstufe in unveränderter Höhe unabhängig vom Beschäftigungsgrad anfallen.

1.3.5.2 sprungfixe Kosten: Kosten, die bei Überschreiten einer Kapazitätsstufe zusätzlich zu den absolut fixen Kosten der jeweils vorherigen Kapazitätsstufe entstehen und in der neuen Kapazitätsstufe unabhängig vom Beschäftigungsgrad anfallen.

1.3.6 variable Kosten; veränderliche Kosten: Kosten, deren Höhe vom jeweiligen Beschaftigungsgrad abhängt. Je nach dem Verhältnis, in welchem sie – bezogen auf den Beschäftigungsgrad – steigen oder sinken, unterscheidet man:
(1) proportionale Kosten (steigen/sinken in gleichem Maß)
(2) progressive Kosten (steigen/sinken stärker)
(3) degressive Kosten (steigen/sinken weniger stark).

Abgelehnte Benennungen:
- *beschäftigungsabhängige Kosten*
- *leistungsabhängige Kosten*
- *umsatzabhängige Kosten*

1.3.7 Grenzkosten: Kosten, die durch die Erstellung einer zusätzlichen Leistungseinheit über die bisherigen Kosten hinaus entstehen (jedoch nur solange, als sich die Leistungserstellung im Rahmen einer Kapazitätsstufe bewegt).

1.3.8 Vollkosten: alle in einer Periode anfallenden Kosten, die einer Leistung direkt oder indirekt über eine Kostenstelle möglichst verursachungsgemäß zugerechnet werden.

1.3.9 Teilkosten: Oberbegriff für variable Kosten (Grenzkosten) und Einzelkosten (direkte Kosten).

1.4 Kostenauflösung: Trennung der Kosten in einen fixen und einen variablen Anteil.

1.5 Deckungsbeitrag: Betrag, der sich nach Abzug der variablen Kosten von den Verkaufsnettoerlösen ergibt und der zur Deckung der Fixkosten dient; der über die Fixkostendeckung hinausgehende Teil ist Gewinn.

1.6 Kostenrechnung; Betriebsbuchführung: Errechnung, Sammlung und Auswertung aller Werteinsätze (= Kosten), die durch die betriebliche Leistungserstellung verursacht werden.
Bei Verwendung von Istwerten dient die Kostenrechnung der Kontrolle des Betriebsgeschehens und als Grundlage der Preiserstellung, bei Verwendung von budgetierten Werten dient sie der Unternehmensplanung und für Prognosen.

1.7 Kostenrechnungsrichtlinie: Empfehlung für die Gestaltung der Kostenrechnung. Die Kostenrechnung unterliegt in Österreich im allgemeinen keinen rechtlichen Vorschriften; Ausnahmen: Gemeinnützige Wohnungswirtschaft, Produkte mit staatlich geregelten Preisen (z. B. pharmazeutische Produkte, gewisse Grundnahrungsmittel).

1.8 Kostenrechnungssystem: System von Grundsätzen für Aufbau und Durchführung der Kostenrechnung. Hinsichtlich des verwendeten Mengengerüstes und der angesetzten Preise bzw. Werte unterscheidet man:

1.8.1 Istkostenrechnung: Rechnung mit tatsächlichen Mengen (Istmengen) und tatsächlichen Preisen (Istpreisen).

1.8.2 Normalkostenrechnung: Rechnung mit durchschnittlichen Mengen (Normalmengen) und durchschnittlichen Preisen (Normalpreisen).

1.8.3 Plankostenrechnung: Rechnung mit zukünftigen Mengen (Planmengen) und zukünftigen Preisen (Planpreisen).

Hinsichtlich der Zurechnung der Kosten auf den Kostenträger unterscheidet man:

1.8.4 Vollkostenrechnung: Rechnung, in deren Verlauf sämtliche Kosten dem Kostenträger zugerechnet werden.

1.8.5 Teilkostenrechnung: Rechnung, in deren Verlauf nur ein Teil der Kosten dem Kostenträger zugerechnet wird (z. B. in der Deckungsbeitragsrechnung die variablen Kosten). Für die Preiserstellung ist ein – der erforderlichen Abdeckung der Fixkosten entsprechender – Deckungsbeitrag zu berücksichtigen.

1.9 Mindestumsatz; Gewinnschwelle; Gewinnpunkt; Break-Even-Point: kritische Umsatzhöhe, bei der neben den variablen Kosten der gesamte Fixkostenblock durch die Betriebsleistung abgedeckt ist.

Abgelehnte Benennung:
- *Kostendeckungspunkt*

1.10 Betriebsleistung; berichtigter Umsatz: Summe der kalkulatorisch berichtigten ordentlichen Erträge während einer Abrechnungsperiode (d. h. ordentliche Erlöse, vermehrt oder vermindert um die Veränderung des Bestandes an Halb- und Fertigerzeugnissen und vermehrt um den Wert selbsterstellter aktivierbarer Leistungen).

1.11 Betriebsergebnis: nach den Grundsätzen der Kostenrechnung ermittelter Erfolg eines Unternehmens, eines Betriebes, eines Betriebsteiles, einer Sparte oder eines Kostenträgers.

1.12 Preis: in Geld ausgedrückter Wert eines Produktes oder einer anderen betrieblichen Marktleistung, zu dem sie auf dem (Absatz-)Markt angeboten und verkauft wird.

1.12.1 Einkaufspreis: Preis, der vom Lieferanten in Rechnung gestellt wird, d. h. fakturierter Preis abzüglich Rabatt, Skonto und Umsatzsteuer (Mehrwertsteuer), wenn Vorsteuerabzug möglich ist.

1.12.2 Einstandspreis: Preis, der wie folgt errechnet wird:

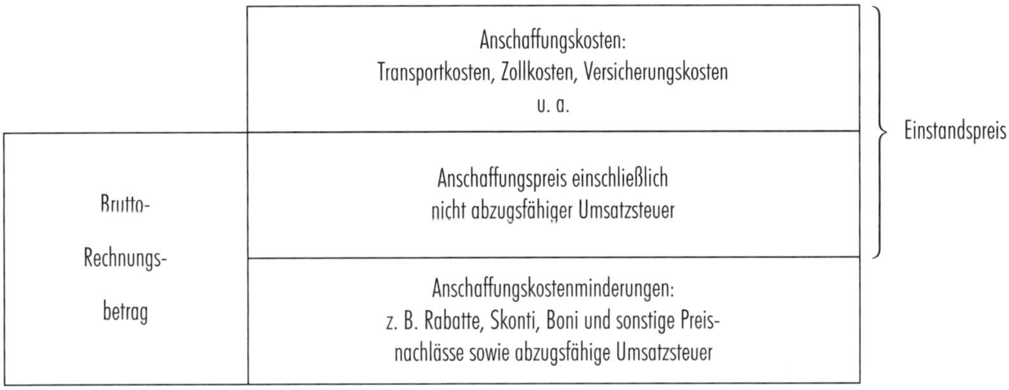

1.12.3 Tageswert(-preis): Wert eines Wirtschaftsgutes am betreffenden Tag; Preis, der für ein gleichwertiges Wirtschaftsgut am betreffenden Tag zu bezahlen wäre.

1.12.4 Verkaufspreis: Preis, der auf dem Absatzmarkt erzielt wird.

1.12.5 Verrechnungspreis: vom Unternehmen für interne Verrechnungszwecke festgelegter Wert (Geldbetrag) für Sachgüter und Leistungen.

1.12.6 Wiederbeschaffungswert(-preis): Preis, den das als Ersatz zu beschaffende Wirtschaftsgut zum Zeitpunkt der Ersatzbeschaffung voraussichtlich haben wird.

1.13 Betriebsüberleitungsbogen (BüB): Formular zur übersichtlichen zahlenmäßigen Darstellung der Überleitung des Aufwandes der Buchführung (= Finanzbuchhaltung) in die Kosten der Kostenrechnung (siehe auch die folgende schematische Darstellung).

Schematische Darstellung der Überleitung des Aufwandes in Kosten:

1.13.1 Zweckaufwand: Aufwand für die im betreffenden Abrechnungszeitraum erstellten Leistungen im Sinne des Unternehmenszieles, der seiner Entstehung nach nicht dem neutralen Aufwand zuzurechnen ist.
Betragsmäßig entspricht der Zweckaufwand den Grundkosten (siehe die obige schematische Darstellung).

1.13.2 neutraler Aufwand: Sammelbegriff für die folgenden bei der Aufwandsüberleitung auszuscheidenden Aufwandsarten:

1.13.2.1 betriebsfremder Aufwand: Aufwand für betrieblich nicht genutzte Vermögensteile und für Unterstützung Betriebsfremder u. a.

1.13.2.2 außerordentlicher Aufwand: Aufwand für Schadensfälle bei Anlagen und Beständen, die nicht durch Versicherungen gedeckt sind, für Forderungen aus Gewährleistungsverpflichtungen, Kursverluste u. a.

1.13.2.3 periodenfremder Aufwand: Aufwand, der einer anderen Abrechnungsperiode zuzurechnen ist, z. B. Vorauszahlungen, Sonderabschreibungen.

1.13.2.4 sonstiger neutraler Aufwand: sonstiger Aufwand, der mit dem eigentlichen Betriebsgeschehen in keinem ursächlichen Zusammenhang steht.

1.13.3 Zusatzkosten: Werteinsätze, die in der Finanzbuchhaltung nicht oder nicht in der für die Kostenrechnung richtigen Höhe aufscheinen.

Die Zusatzkosten umfassen:

(1) kalkulatorisches Entgelt für Unternehmer und mitarbeitende Familienangehörige, die in keinem Dienst- oder Lehrverhältnis zum Betrieb stehen (Lohn oder Gehalt)
(2) kalkulatorische Zinsen
(3) kalkulatorische Abschreibungen
(4) kalkulatorische Wagnisse

1.14 Betriebsabrechnungsbogen (BAB): entsprechend dem organisatorischen Aufbau eines Unternehmens zu gestaltendes Formular für die Durchführung der Kostenstellenrechnung.

1.15 Kapazität: mögliche Ausbringung eines Unternehmens oder eines Unternehmensteiles in einem bestimmten Zeitabschnitt.

1.16 Auslastungsgrad: Verhältnis der Istausbringung zur Kapazität.

1.17 Beschäftigung: Maßgröße für die Nutzung der im Unternehmen vorhandenen Kapazitäten zur Leistungserstellung in einem bestimmten Zeitabschnitt, größenmäßig ausgedrückt als Plan-, Normal- oder Istbeschäftigung.
Je nach Wirtschaftssparte wird die Beschäftigung unterschiedlich ausgedrückt.

1.18 Beschäftigungsgrad: Verhältnis der Istbeschäftigung zur Planbeschäftigung oder zur Normalbeschäftigung.

2. Begriffe aus dem Bereich „Kosten“

2.1 Kostenarten: Zusammenfassung der Kosten nach Gruppen, z. B, Materialkosten, Lohnkosten, Kosten durch Abschreibung der Güter des Anlagevermögens, Werbekosten.

2.2 Kostenartenrechnung; Kostenerfassung: Erfassung der Kosten nach ihrer Entstehung und Aufteilung in direkt verrechenbare Kosten (= Einzelkosten) und in indirekt verrechenbare Kosten (= Gemeinkosten) für die anschließende Kostenstellen- und Kostenträgerrechnung.

2.2.1 Einzelkosten; direkt verrechenbare Kosten: Kosten, die dem einzelnen Kostenträger (= betriebliche Leistung) direkt zugerechnet werden; die wichtigsten Einzelkosten sind Fertigungsmaterial- und Fertigungslohnkosten.

2.2.2 Gemeinkosten; indirekt verrechenbare Kosten: Kosten, die dem einzelnen Kostenträger (= betriebliche Leistung) nicht direkt zugerechnet werden.
Entsprechend dem Betriebsbereich, in welchem sie anfallen, unterscheidet man Material-, Fertigungs-, Verwaltungs- und Vertriebsgemeinkosten.

2.3 Materialkosten: Summe aus Materialeinzelkosten und Materialgemeinkosten.

Abgelehnte Benennung:
- *Stoffkosten*

2.3.1 Materialeinzelkosten: Materialkosten, die einem Kostenträger direkt zurechenbar sind, z. B. Fertigungsmaterialkosten.

2.3.2 Materialgemeinkosten: Materialkosten, die einem Kostenträger nicht direkt zurechenbar sind, z. B. Personalkosten für die im Materiallager Beschäftigten, Abschreibungs- oder Mietkosten für Lagergebäude oder Lagerraum und für Lagereinrichtungen.

2.4 Personalkosten: dem Unternehmen durch die Beschäftigung von Mitarbeitern und Lehrlingen, durch die Tätigkeit des Unternehmers und von Familienangehörigen, die in keinem Dienst- oder Lehrverhältnis zum Unternehmen stehen, sowie durch die Tätigkeit freiberuflicher Mitarbeiter entstehende Kosten.

Die Personalkosten umfassen:
(1) kalkulatorische Entgelte, z. B. kalkulatorischer Unternehmerlohn
(2) Lohnkosten
(3) Gehaltskosten
(4) Kosten der Lehrlingsausbildung
(5) sonstige Personalkosten, z. B. Provisionen, freiwillige soziale Leistungen

Abgelehnte Benennung:
- *personelle Kosten*

2.4.1 Personaleinzelkosten; direkt verrechenbare Personalkosten: Teil der Personalkosten, der dem Kostenträger direkt zugerechnet wird; d. s. vor allem die direkt verrechenbaren Lohnkosten und der direkt verrechenbare Anteil der kalkulatorischen Entgelte, der Gehaltskosten und der Lehrlingsentschädigungen zuzüglich der jeweiligen Nebenkosten sowie die Provisionen.

Abgelehnte Benennungen:
- *direkt verrechnete Löhne*
- *Fertigungslöhne*
- *produktive Löhne*

2.4.2 Personalgemeinkosten; indirekt verrechenbare Personalkosten: Teil der Personalkosten, der dem Kostenträger nicht direkt zugerechnet wird; d. s. vor allem Hilfs- und Gemeinkostenlöhne und der nicht direkt verrechenbare Anteil der kalkulatorischen Entgelte und der Gehaltskosten zuzüglich der jeweiligen Nebenkosten.

Abgelehnte Benennungen:
- *Hilfslöhne*
- *indirekt verrechnete Löhne*
- *innerbetriebliche Löhne*
- *nicht direkt verrechnete Löhne*
- *Nichtleistungslöhne*
- *Regielöhne*
- *unproduktive Löhne*

2.5 Kostenstelle: örtlicher oder durch die Unternehmensorganisation abgegrenzter Bereich, dem die betreffenden Kosten entsprechend ihrer Verursachung zugerechnet werden.

2.6 Arbeitszeit: Zeitdauer, während welcher der Arbeitnehmer aufgrund gesetzlicher, kollektivvertraglicher oder sonstiger vertraglicher Bestimmungen zur Erbringung der Arbeitsleistung verpflichtet ist.

2.7 gleitende Arbeitszeit: Form der Arbeitszeiteinteilung, bei der Beginn und Ende der Arbeitszeit innerhalb eines zwischen Arbeitgeber und Arbeitnehmer vereinbarten Rahmens (siehe Gleitzeit) unter Beachtung der gesetzlichen und/oder betrieblich vereinbarten Arbeitszeit und unter Einhaltung der Kernzeit vom Arbeitnehmer nach eigenem Ermessen variiert werden können.

2.7.1 Gleitzeit: Teil der Arbeitszeit, innerhalb dessen der Arbeitnehmer unter Bedachtnahme auf die Erfordernisse des Unternehmens und auf die Einhaltung der festgelegten Gesamtarbeitszeit seine Anwesenheit selbst bestimmen kann.

2.7.2 Kernzeit: Teil der Arbeitszeit, währenddessen der Arbeitnehmer anwesend sein muß.

2.8 Anwesenheitszeit: Zeitdauer, während welcher der Arbeitnehmer im Unternehmen, auf der Baustelle oder auf einer auswärtigen Arbeitsstelle anwesend oder im Auftrag des Unternehmens unterwegs ist.

Die Anwesenheitszeit umfaßt:
(1) tatsächliche Arbeitszeit (inklusive eventueller Überstunden)
(2) Stillstands- und Wartezeiten
(3) bezahlte Pausen
(4) Zeiten für Wege im Auftrag des Unternehmens

2.9 Nichtanwesenheitszeit: Zeitdauer, während welcher der Arbeitnehmer nicht im Unternehmen, auf der Baustelle oder auf einer auswärtigen Arbeitsstelle anwesend oder nicht im Auftrag des Unternehmens unterwegs ist, aber aufgrund gesetzlicher oder kollektivvertraglicher Regelungen trotzdem ein Entgelt erhält, z. B. Urlaub, gesetzliche Feiertage, Krankenstand, bezahlte Freizeit für Behördenwege, Arztbesuch, Schul- und Ausbildungszeiten.

2.10 Istzeit: tatsächlich benötigte Zeitdauer für die Erbringung einer bestimmten Leistung.

2.11 Planzeit; Sollzeit: geschätzte oder vorgegebene Zeitdauer für die Erbringung einer bestimmten Leistung.

2.12 Arbeitszeit-Aufschreibung: Erfassung der folgenden Zeiten:
(1) Arbeitszeit
- direkt verrechenbare Arbeitszeit
- indirekt verrechenbare Arbeitszeit

(2) Nichtarbeitszeit.

2.13 Lohnform: System, nach welchem die Höhe der Entlohnung ermittelt wird.

2.13.1 Zeitlohn: Lohnform, bei der die Höhe der Entlohnung zeitabhängig – ohne unmittelbare Beziehung zur erbrachten Leistung – ermittelt wird.

2.13.2 Leistungslohn: Lohnform, bei der die Höhe der Entlohnung leistungsabhängig ermittelt wird.

2.13.2.1 Akkordlohn: Leistungslohn, bei dem die Lohnhöhe in einem bestimmten Verhältnis zur erbrachten Mengenleistung steht.

2.13.2.1.1 Stückgeldakkordlohn: Art des Akkordlohnes, bei der für die Erbringung einer bestimmten Leistung ein festgelegter Geldbetrag bezahlt wird.

2.13.2.1.2 Stückzeitakkordlohn: Art des Akkordlohnes, bei der für die Erbringung einer bestimmten Leistung eine bestimmte Zeitspanne vorgegeben wird, die dann in einen Geldbetrag umzurechnen ist.

2.13.2.1.3 Gruppenakkordlohn: Art des Akkordlohnes, bei der die Höhe des Entgeltes für eine bestimmte Leistung zwischen dem Arbeitgeber und der Gruppe oder dem Gruppen(Partie)führer vereinbart wird.

2.13.2.2 Prämienlohn: Kombination aus Zeitlohn und Leistungslohn.
Der garantierte Mindestlohn für eine festgelegte Basisleistung ist als Zeitlohn zu werten, die Mehrleistung wird durch eine Prämie honoriert.

2.14 Lohnkosten: Personalkosten, die für das Unternehmen durch die Beschäftigung von Arbeitern entstehen; sie setzen sich aus der Summe der Bruttolöhne für die Anwesenheitszeit einschließlich allfälliger Zulagen für die Anwesenheitszeit und der Summe der Lohnnebenkosten zusammen.

2.15 Lohnnebenkosten: Personalkosten, die zusätzlich zu den Bruttolöhnen für die Anwesenheitszeit einschließlich allfälliger Zulagen anfallen, z. B. Kosten durch Urlaube, Feiertage, Sonderzahlungen, gehaltsabhängige Abgaben.

Abgelehnte Benennung:
- *Sozialkosten*

2.16 Fertigungskosten: Summe aus
(1) Fertigungslohnkosten einschließlich anteiliger Lohnnebenkosten,
(2) Fertigungsgemeinkosten (oder Maschinenstundensatz und restliche Fertigungsgemeinkosten) und
(3) Sonderkosten der Fertigung.

2.16.1 Fertigungslohnkosten: Kosten, welche durch die Bruttolöhne einschließlich der anteiligen Lohnnebenkosten für den Fertigungs- oder sonstigen Leistungsvorgang entstehen und welche dem einzelnen Kostenträger direkt zugerechnet werden können.
Den Fertigungslohnkosten sind auch die direkt zurechenbaren Personalkosten für Angestellte und/oder Lehrlinge, welche in der Fertigung tätig sind, zuzurechnen.

2.16.2 Fertigungsgemeinkosten: Kosten, welche beim Fertigungs- oder sonstigen Leistungsvorgang entstehen und welche dem einzelnen Kostenträger nicht direkt zugerechnet werden können.

2.16.3 Maschinenstundensatz: Summe der Gemeinkosten (kalkulatorische Abschreibungen, kalkulatorische Zinsen, Raumkosten, Energiekosten, Instandhaltungskosten) einer Maschinenkostenstelle, dividiert durch die Anzahl der Maschinenstunden dieser Kostenstelle.

2.16.4 restliche Fertigungsgemeinkosten; Restfertigungsgemeinkosten: verbleibende Gemeinkosten nach Abzug der gemäß 2.16.2 zugerechneten Gemeinkosten.

2.16.5 Sonderkosten der Fertigung: Kosten, welche für besondere Leistungen im Rahmen des eigentlichen Fertigungs- oder sonstigen Leistungsvorganges entstehen, z. B. Kosten für spezielle Formen, Entwürfe, Lizenzgebühren.

2.17 Hilfslohn: Leistungs-, Zeit- oder sonstiger Lohn für Arbeitsleistungen, die nur mittelbar der Erstellung betrieblicher Leistungen dienen.

2.18 Lehrlingskosten: Personalkosten, die dem Unternehmen durch die Beschäftigung von Lehrlingen entstehen; sie setzen sich aus der Summe der Brutto-Lehrlingsentschädigungen für die Anwesenheitszeit und der Summe der anteiligen Nebenkosten zusammen.

2.19 Nebenkosten bei Lehrlingsentschädigungen: Personalkosten, die zusätzlich zum Betrag der Brutto-Lehrlingsentschädigungen für die Anwesenheitszeit anfallen, z. B. Kosten durch Urlaube, Feiertage, Sonderzahlungen, lohnabhängige Abgaben.

2.20 Kosten der Lehrlingsausbildung: Kosten, die für die Bereitstellung der Ausbilder, des Materials, der Arbeitsstätte oder durch die überbetriebliche Ausbildung anfallen.

2.21 kalkulatorischer Unternehmerlohn: Betrag, der in der Kostenrechnung als Vergütung für die Ideen, die organisatorischen Leistungen und die Arbeitskraft des Unternehmers in Anrechnung gebracht wird.
Häufig wird der Begriff „Unternehmerentgelt“ als Überbegriff von Unternehmerlohn (hauptsächlich praktische Mitarbeit des Unternehmers) und Unternehmergehalt (hauptsächlich Tätigkeit in Verwaltung, Organisation, Planung u. dgl.) verwendet. In analoger Weise wird ein kalkulatorischer Lohn oder ein kalkulatorisches Gehalt für mitarbeitende Familienangehörige verrechnet, wenn sie in keinem Dienst-, Lehr- oder sonstigem Vertragsverhältnis zum Unternehmen stehen.

2.22 Gehaltskosten: Personalkosten, die für das Unternehmen durch die Beschäftigung von Angestellten entstehen; sie setzen sich aus der Summe der Brutto-Gehälter für die Anwesenheitszeit und der Summe der anteiligen Gehaltsnebenkosten zusammen.

2.23 Gehaltsnebenkosten: Personalkosten, die zusätzlich zum Brutto-Gehalt für die Anwesenheitszeit anfallen, z. B. Kosten durch Urlaube, Feiertage, Sonderzahlungen, gehaltsabhängige Abgaben.

2.24 kalkulatorische Abschreibung: Kosten, die durch die Wertminderung der Gegenstände des Anlagevermögens verursacht werden.

Man unterscheidet:

2.24.1 zeitabhängige Abschreibung: Kosten durch die Wertminderung entsprechend der zeitmäßigen Nutzung und Nutzungsbereitschaft innerhalb eines bestimmten Zeitraumes.

2.24.2 leistungsabhängige Abschreibung: Kosten durch die Wertminderung entsprechend der leistungsmäßigen Nutzung innerhalb eines bestimmten Zeitraumes.
Diese leistungsabhängige Abschreibung ist meist die genauere und korrektere Form, z. B. Abschreibung eines Pkw nach den gefahrenen Kilometern.

2.25 Zinskosten: Summe der in der Kostenrechnung verrechneten Zinsen.
Diese entspricht entweder den kalkulatorischen Zinsen oder sie setzt sich aus Fremdkapitalzinsen und kalkulatorischen Eigenkapitalzinsen zusammen.

Abgelehnte Benennung:
- *Kapitalkosten*

2.25.1 kalkulatorische Zinsen: Zinsen auf das dem Unternehmen zur Verfügung stehende betriebsnotwendige Kapital.

2.25.2 Fremdkapitalzinsen und kalkulatorische Eigenkapitalzinsen:

2.25.2.1 Fremdkapitalzinsen: Zinsen für das von Unternehmen aufgenommene Fremdkapital.
In der Praxis werden dazu auch die mit der Aufnahme von Fremdkapital verbundenen Spesen und Gebühren gezählt.

2.25.2.2 kalkulatorische Eigenkapitalzinsen: in der Kostenrechnung verrechnetes Entgelt für das zur Verfügung gestellte korrigierte Eigenkapital.

2.26 betriebsnotwendiges Vermögen; korrigiertes Vermögen: Teil des Gesamtvermögens, das dem eigentlichen Betriebszweck dient, d. h. Gesamtvermögen abzüglich allenfalls vorhandener Vermögensteile, die der Spekulation oder der Anlage überschüssigen Kapitals dienen, jeweils bewertet zu Tagesrestwerten.

2.27 betriebsnotwendiges Kapital: betriebsnotwendiges Vermögen minus Abzugskapital. Zum Abzugskapital zählen alle dem Unternehmen zinsenlos zur Verfügung gestellten Mittel, z. B. Kundenanzahlungen, zinsenlose Darlehen.

2.28 Eigenkapital: Teil des Gesamtkapitals, der durch den oder die Unternehmer oder Gesellschafter der Unternehmung zur Verfügung gestellt wird, in Form von Einlagen und/oder nicht entnommenen Gewinnen.

2.28.1 stille Reserven: buchmäßig nicht ausgewiesene Teile des Eigenkapitals, die durch Unterbewertung von Vermögen und/oder Überbewertung von Fremdkapital entstehen (Differenz zwischen Buchwert und Tages[-rest-]wert).

2.28.2 korrigiertes Eigenkapital; berichtigtes Eigenkapital: Differenz zwischen betriebsnotwendigem (= korrigiertem) Vermögen und (im allgemeinen) dem in der Bilanz ausgewiesenen Fremdkapital.

2.29 kalkulatorisches Wagnis: Betrag, der zur teilweisen Absicherung gegen die Folgen betrieblicher Risikofälle in der Kostenrechnung vorsorglich berücksichtigt wird (in der Regel Durchschnittswert der in den letzten Jahren angefallenen außerordentlichen Aufwendungen).

2.30 Selbstkosten: Summe der Kosten, die durch die Erstellung betrieblicher Leistungen (= Marktleistungen und innerbetriebliche Leistungen) entstehen.

Die Selbstkosten setzen sich zusammen aus:

2.30.1 Herstellkosten (der Kostenrechnung): Summe aus
(1) Materialkosten (d. h. Materialeinzel- plus anteilige Materialgemeinkosten) und
(2) Fertigungskosten (d. h. Fertigungslohnkosten plus anteilige Fertigungsgemeinkosten plus Sonderkosten der Fertigung).

2.30.2 Verwaltungs- und Vertriebskosten: Summe der Kosten, die im Verwaltungs- und Vertriebsbereich anfallen.
Während Verwaltungsgemeinkosten und Vertriebsgemeinkosten anteilsmäßig zuzurechnen sind (Bezugsbasis in der Regel Herstellkosten), sind die Sonderkosten des Vertriebes direkt zuzurechnende Kosten.

2.30.2.1 Verwaltungsgemeinkosten: Gemeinkosten, die im Bereich der Verwaltung anfallen, z. B. Kosten des gesamten Bürobetriebes, der Planung und Organisation, Steuerberatungs- und Rechtsberatungskosten.

2.30.2.2 Vertriebsgemeinkosten: Gemeinkosten, die im Bereich des Vertriebes anfallen, z. B. Kosten der Werbung, des Expedits, des Fuhrparks.

2.30.2.3 Sonderkosten des Vertriebes: Kosten, die im Vertriebsbereich anfallen und ausschließlich einer bestimmten Leistung zuzurechnen sind, z. B. Überseeverpackung für eine Lieferung.

3. Begriffe aus dem Bereich „Kalkulation"

3.1 Kostenträger: Leistungen eines Unternehmens, die für den Verkauf vorgesehen sind (= Marktleistungen) und denen letzten Endes die anfallenden Kosten zum Teil oder zur Gänze zugerechnet werden.
Marktleistungen können sein: Erzeugungsleistungen (Eigenherstellung und Lohnarbeit), Dienstleistungen und Handelsleistungen.

3.2 Kalkulation; Kostenträgerrechnung: Errechnung und Sammlung aller Kosten und deren direkte und/oder indirekte Zurechnung auf eine Einzelleistung oder Gesamtheit von Leistungen.

3.2.1 Vorkalkulation: Kalkulation, durch die die Selbstkosten einer zu erstellenden Leistung mit Hilfe von Erfahrungswerten aus früheren Nachkalkulationen, aus geschätzten und/oder aus errechneten Arbeitszeit- und Materialansätzen im vorhinein mehr oder minder genau festgestellt werden (meist für Zwecke der Angebotserstellung).

3.2.2 Nachkalkulation: Kalkulation, in der die tatsächlich aufgelaufenen Selbstkosten einer erstellten Leistung festgestellt werden (Rechnung mit Istwerten).

3.2.3 Einzelkalkulation: Ermittlung der Selbstkosten einer einzelnen betrieblichen Leistung; meist in Form einer Zuschlagskalkulation, in deren Verlauf die direkt zurechenbaren Kosten und die anteiligen Gemeinkosten der jeweiligen betrieblichen Leistung zugerechnet werden.

3.2.4 Spartenkalkulation: Kalkulation, durch welche die in einer Rechnungsperiode aufgelaufenen Kosten einer Betriebssparte ermittelt und der in dieser Sparte erzielten Betriebs-

leistung gegenübergestellt werden.
Die Differenz zwischen diesen beiden Beträgen ist das Spartenergebnis.

3.2.5 Divisionskalkulation: Kalkulation, bei der die Gesamtkostensumme durch die Stückzahl (Anzahl der erzeugten Einheiten) dividiert wird; anwendbar nur bei Massenfertigung gleicher Produkte, z. B. Zementfabrik, in der nur eine Sorte hergestellt wird.

3.2.6 Äquivalenzzahlenkalkulation: Divisionskalkulation, die nur für betriebliche Leistungen anwendbar ist, deren Sorten die gleichen Kosten – jedoch in unterschiedlichen Höhen – verursachen. Die Kostenzurechnung erfolgt im Verhältnis der Höhe der verursachten Kosten.
Die Voraussetzungen für die Anwendung dieser Kalkulationsart sind in der Praxis sehr selten gegeben.

3.2.7 Stundensatzkalkulation: Kalkulationsform, bei der die anteiligen indirekt verrechenbaren Kosten (Gemeinkosten) gemäß tieferstehendem Kalkulationsschema auf die direkt verrechenbaren Arbeitsstunden mit einem Gemeinkostenanteil pro Stunde in Form eines Geldbetrages verrechnet werden.

		€
A	Bruttostundenlohn je direkt verrechenbare Stunde	
B	+ anteilige Lohnnebenkosten (in % von A)	
C	+ Gemeinkostenanteil je Stunde	
D	= Selbstkosten je direkt verrechenbare Stunde (= Stundensatz der Kosten)	
E	+ Gewinn (in % von D)	
F	= Nettoverkaufspreis	
G	+ Umsatzsteuer (in % von F)	
	= Verkaufspreis je direkt verrechenbare Stunde (= Stundensatz im Verkauf)	

Die Kalkulation mit Stundensätzen wird in arbeits-(= lohn-)intensiven Betriebsabteilungen, Produktions- und Dienstleistungsunternehmungen angewendet, weil dort die Arbeitskosten den Hauptkostenfaktor darstellen.

3.2.8 Maschinenstundensatzkalkulation: Kalkulationsform mit Maschinenstundensätzen gemäß 2.16.3 unter Hinzurechnung der auf diese Kostenstelle entfallenden restlichen

Fertigungsgemeinkosten gemäß 2.16.4.
Die Maschinenstundensatzkalkulation wird in anlagenintensiven Unternehmen oder Betriebsabteilungen angewendet.

3.2.9 Zuschlagskalkulation: Kalkulationsform, bei der die Einzelkosten den Kosten direkt zugerechnet werden und die anteiligen indirekt verrechenbaren Kosten (Gemeinkosten) gemäß dem jeweiligen Kalkulationsschema mit Prozentzuschlag oder Index zugerechnet werden.

3.3 Kalkulationsschema: festgelegte Reihenfolge für die Verrechnung der einzelnen Kosten bei Durchführung der Kalkulation.

K.
Stichwortverzeichnis

G

H

I

K

R

S

L.
Weiterführende Literatur

Österreichische Literatur

ERNST Ch., RIEGLER Ch., SCHENK G.: Interne Unternehmensrechnung, Heidelberg, letzte Auflage

ERNST Ch., RIEGLER Ch., SCHENK G.: Übungen zur internen Unternehmensrechnung, Heidelberg, letzte Auflage

KEMMETMÜLLER W. (Hrsg.): Fallstudien zur Kostenrechnung, Wien, letzte Auflage

KEMMETMÜLLER W., MAURER H.: Kostenrechnung und Kalkulation, Broschüre 94 der Schriftenreihe Rationalisieren, Wien, letzte Auflage

KEMMETMÜLLER W. u. a.: Übungsbeispiele zur Kostenrechnung, Wien, letzte Auflage

MANDL D.: Kostenrechnungs-Handbuch, Wien, letzte Auflage

RÖHRENBACHER H.: Intensivkurs Kosten- und Leistungsrechnung, Wien, letzte Auflage

SCHNEIDER W.: Betriebliches Rechnungswesen für Einsteiger, Wien, letzte Auflage

SEICHT G.: Moderne Kosten- und Leistungsrechnung, Wien, letzte Auflage (Dieses Buch kann im Hinblick auf Ihr weiteres Studium an der WU besonders empfohlen werden.)

SWOBODA P.: Kostenrechnung und Preispolitik, Wien, letzte Auflage

Deutsche Literatur

CONENBERG A. G.: Kostenrechnung und Kostenanalyse, Stuttgart, letzte Auflage

DÄUMLER K. D., GRABE J.: Kostenrechnung 1 und 2, Berlin letzte Auflage

DÄUMLER D., GRABE: J.: Plankostenrechnung, Berlin 1991

DELLMANN K., FRANZ K. P. (Hrsg.): Neuere Entwicklungen im Kostenmanagement, Bern – Stuttgart – Wien 1994

IFUA HORVATH & PARTNER (Hrsg.): Prozeßkostenmanagement, München 1991

HUMMEL S., MÄNNEL W.: Kostenrechnung 1 und 2, Wiesbaden, letzte Auflage

KILGER W.: Einführung in die Kostenrechnung, Opladen, letzte Auflage

KILGER W., PAMPEL J., VIKAS K.: Flexible Plankostenrechnung und Deckungsbeitragsrechnung, Wiesbaden, letzte Auflage

MÄNNEL W. (Hrsg.): Handbuch Kostenrechnung, Wiesbaden 1992

MÄNNEL W. (Hrsg.): Kostenrechnungspraxis, Zeitschrift für Controlling, Wiesbaden

MÜLLER H.: Prozesskonforme Grenzplankostenrechnung, Wiesbaden, letzte Auflage

SCHÖNFELD H. M.: Kostenrechnung I–III, Stuttgart, letzte Auflage

SCHWEITZER M., KÜPPER H. U.: Systeme der Kosten- und Erlösrechnung, München, letzte Auflage

SEIDENSCHWARZ W.: Target Costing, München 1993

WILKENS K.: Kosten- und Leistungsrechnung (inkl. Lösungsheft), München – Wien, letzte Auflage

ZIMMERMANN G.: Grundzüge der Kostenrechnung, Stuttgart, letzte Auflage

ZIMMERMANN G.: Grundzüge der Kostenrechnung, Arbeitsbuch, Stuttgart, letzte Auflage